VORLESUNGEN

ÜBER

PROJEKTIVE GEOMETRIE

VON

FEDERIGO ENRIQUES,
ORD. PROFESSOR AN DER UNIVERSITÄT BOLOGNA.

DEUTSCHE AUSGABE

VON

Dr. HERMANN FLEISCHER.

MIT EINEM EINFÜHRUNGSWORT

VON

FELIX KLEIN

UND 187 FIGUREN IM TEXT.

LEIPZIG,
DRUCK UND VERLAG VON B. G. TEUBNER.
1903.

Zur Einführung.

Italien ist seit zwei Jahrzehnten das eigentliche Zentrum fortschreitender Arbeiten auf dem Gebiet der projektiven Geometrie. Dies ist in Fachkreisen bekannt genug, und in der Tat bildet die italienische Sprache für die Verbreitung theoretischer Kenntnisse kein ernstliches Hindernis. Aber die italienischen Forscher sind längst nach praktischer Seite weitergegangen: sie haben es nicht verschmäht, aus ihren Forschungen pädogische Folgerungen zu ziehen. Die sehr bemerkenswerten Lehrbücher für Hoch- und Mittelschulen, welche solcherweise entstanden sind, können den weiten Kreisen, für die sie Interesse haben, nur durch geeignete Übersetzungen zugänglich gemacht werden. Und daß dies geschieht, erscheint gerade in Deutschland um so erwünschter, als unsere Lehrbuchliteratur den Kontakt mit der vorwärts drängenden Forschung gar zu sehr verloren hat. Übersetzer und Verlagshandlung, welche uns hier eine deutsche Übertragung der projektiven Geometrie von Enriques vorlegen, dürfen also von vornherein vielseitiger Zustimmung sicher sein.

Es erübrigt, daß ich über den besonderen Inhalt des Buches einiges Empfehlende sage. Es fehlt ja bei uns nicht an anregend geschriebenen Werken, die zur Einführung in die projektive Geometrie geeignet sind, aber ich kenne keines, welches den systematischen Aufbau dieser Disziplin in einer dem heutigen Stande der Wissenschaft entsprechenden Form in so durchsichtiger und gleichzeitig so vollständiger Weise darböte, wie das vorliegende. Dabei ist die Darstellung überall anschaulich und doch völlig streng, wie man es nach den scharfsinnigen Untersuchungen über die Grundlagen der projektiven Geometrie, welche in früheren Aufsätzen des Verfassers niedergelegt sind, nicht anders erwarten wird. Besonders bemerkenswert ist die Behandlung des Metrischen: die klare Herausarbeitung seiner Begründung durch das „Absolute", — daher die Betonung, daß dieses Absolute gegeben sein muß (in der Ebene etwa durch einen Kreis mit bekanntem Mittelpunkte), wenn es sich um die projektive Lösung metrischer Aufgaben handelt —, die Herleitung von Kreiskonstruktionen aus Kegelschnittkonstruktionen, die Untersuchung metrischer Dinge in der unendlich fernen Ebene etc. etc.

Es ist nicht zu zweifeln, daß Enriques' Buch sich in der deutschen Übertragung ebenso zahlreiche Freunde erwerben wird, wie im italienischen Original. Vielleicht gestattet der Erfolg, den ich erwarte, recht bald, daß demnächst auch die interessanten Studien, welche Enriques vor kurzem über Fragen der Elementargeometrie veröffentlicht hat[1]), dem deutschen Publikum in Übersetzung vorgelegt werden.

Göttingen, den 22. Mai 1903.

F. Klein.

---

1) Questioni riguardanti la geometria elementare. Bologna, Zanichelli, 1900.

Vorrede.

Indem ich dem deutschen Publikum diese Vorlesungen über projektive Geometrie darbiete, hätte ich in Bezug auf sie nur die im Jahre 1898 für die italienische Ausgabe geschriebene Vorrede zu wiederholen und noch einige Worte über die hier eingereihten neuen Entwickelungen hinzuzufügen. Indessen werde ich auch kurz auseinandersetzen, in welcher Beziehung meine Ansichten über die Herstellung der Grundlagen zu den kürzlich in Deutschland ausgeführten bemerkenswerten kritischen Untersuchungen stehen.

Seit der Zeit, da ich — im Jahre 1894 — an die Universität Bologna berufen worden bin, um projektive Geometrie zu lehren, habe ich mir vorgenommen, die Elemente dieser Wissenschaft im Sinne der v. Staudtschen Richtung unter Zugrundelegung eines Systems von ausdrücklich ausgesprochenen visuellen Axiomen zu entwickeln, mit der Absicht, die metrischen Anwendungen nicht gerade zu verbannen, aber doch getrennt zu behandeln.

Die Ausführung dieses Planes erforderte einige kritische Untersuchungen, um die Anwendung metrischer Begriffe auszuschließen; daraus ging mein in demselben Jahre 1894 in den Rendiconti dell' Istituto lombardo veröffentlichter Aufsatz „Sui fondamenti della Geometria projettiva“ hervor.

Aber wenn damit auch die Aufgabe vom wissenschaftlichen Standpunkte aus gelöst war, so mußte doch noch die Form für diese Behandlung des Gegenstandes bis in ihre Einzelheiten ausgearbeitet werden, um sie für die Schule annehmbar zu machen.

Diesem didaktischen Ziele möchten sich, wie mir scheint, im Laufe der verflossenen Jahre die Vorlesungen genähert haben, die ich jetzt durch den Druck veröffentliche.

Ich habe in ihnen versucht, die Ansprüche des logischen Verstandes und die Vorteile und den Reiz, welche die Anschauung den geometrischen Studien gewährt, harmonisch mit einander zu verbinden. Die streng mathematische Entwickelung verläuft in ihren Grundzügen unabhängig von den Beobachtungen intuitiven Charakters, die nach der Aufstellung der Axiome nicht mehr nötig sind; aber sie treten doch wieder auf, um einige schwerer verständliche Begriffe und Schlüsse aufzuhellen, und sie können an manchen Stellen sogar in didaktisch vorteilhafter Weise den strengen Beweisgang ersetzen.

Es liegt mir nun ob, in kurzen Worten den Inhalt dieser Vorlesungen anzugeben.

Die ersten fünf Kapitel, d. h. diejenigen, welche von der Untersuchung der elementarsten visuellen Sätze zu dem Beweise des Fundamentalsatzes der Projektivität führen, umfassen den originellsten Teil des Buches.

Ich möchte hier dabei verweilen darzulegen, in welchen Beziehungen meine Begründung zu den neuesten Systemen der deutschen Geometer steht, indem ich im besondern die „Vorlesungen über neuere Geometrie" des Herrn Pasch und vor allem die ganz modernen, in der „Festschrift zur Feier der Enthüllung des Gauß-Weber-Denkmals in Göttingen" enthaltenen Untersuchungen des Herrn Hilbert in Betracht ziehe.

Die von mir angenommenen Axiome sind in zwei Gruppen verteilt.

Diejenigen der ersten Gruppe, die in den Sätzen I, II, III zusammengefaßt sind, beziehen sich auf das Einanderangehören von Punkten, Geraden und Ebenen; auf dem Grunde, den sie darbieten, sind die Operationen des Projizierens und Schneidens möglich. In diesem Teile besteht keine wesentliche Verschiedenheit zwischen meinem Systeme und denen der Herren Pasch und Hilbert, höchstens insofern als ich die Eigenschaften des durch die Einführung der uneigentlichen Punkte vervollständigten visuellen Raumes ausspreche und also von vornherein das euklidische Parallelenaxiom annehme.

Die zweite Gruppe meiner Axiome (IV, V, VI) umfaßt die Eigenschaften der Anordnung der Punkte auf der Geraden und der Geraden und der Ebenen im Büschel. Im wesentlichen sind diese Sätze mit den Linieneigenschaften der Geraden und den Flächeneigenschaften der Ebene verknüpft, die ich aus der genetischen Darstellung dieser Dinge herleite, während sie von Pasch und Hilbert in ihrer fertigen Erscheinung betrachtet werden.

Stellt man meine Axiome im besondern denen des Herrn Hilbert gegenüber, so wird man erkennen, daß das Axiom IV, in welchem ich die Gerade als eine im uneigentlichen Punkte geschlossene Linie betrachte, die Ableitung der von ihm mit den Nummern II_1, II_2, II_3

versehenen Sätze leicht gestattet, wofern der von ihm mit dem Worte „zwischen“ bezeichnete Begriff definiert wird im Hinblick auf die beiden einander entgegengesetzten Ordnungen, welche den uneigentlichen Punkt zum ersten Elemente haben.

In dem Axiom V spreche ich den projektiven Charakter der natürlichen Ordnungen der Geraden aus, der implicite die fundamentale Eigenschaft der ebenen (von eigentlichen Punkten gebildeten) Fläche enthält, durch jede ihrer Geraden in zwei Teile geteilt zu werden. In dem Hilbertschen Systeme erscheint diese Eigenschaft in dem Axiom von Pasch über die Sekanten von Dreiecksseiten.

Hier möchte ich der Aufmerksamkeit des Lesers den rein visuellen Beweis empfehlen, den ich von dem Satze von der Trennung der konjugierten Elemente in einer harmonischen Gruppe gegeben habe, indem ich dem Einwand aus dem Wege gehe, der sich auf das Bedenken bezieht, daß der zu drei Elementen harmonische vierte Punkt mit einem dieser zusammenfallen könnte[1]).

Endlich möchte ich das Axiom VI betrachten, mit dem ich nach der Idee von Dedekind und immer in visueller Weise die Stetigkeit der Geraden einführe.

In diesem Punkte besteht eine wesentliche Verschiedenheit zwischen meinem Systeme und denen von Pasch und Hilbert, da bei diesen der metrische Begriff der Kongruenz ins Spiel kommt.

In dem Hilbertschen Systeme erscheint dieser Begriff implicite in dem Archimedischen Axiom, das er für die Stetigkeit der Geraden eintreten läßt, von der dieses Axiom tatsächlich abhängt.

Ich möchte als einen bemerkenswerten Teil in meiner Darlegung die Erörterungen des vierten Kapitels bezeichnen, die eine strenge Grundlage für den Beweis des Fundamentalsatzes der Projektivität vorbereiten, der in der von den Herren Klein, Lüroth, Zeuthen und Darboux angegebenen Weise geführt wird. Und ich möchte bemerken, daß das von mir eingeschlagene Verfahren, das sich im Bereiche der visuellen Begriffe hält, enger an den klassischen Standpunkt v. Staudts anknüpft, von dem die moderne, in Deutschland von den Herren Pasch und Schur befolgte Richtung sich entfernt.

Nachdem ich so von den Ideen gesprochen habe, die mich

1) Vgl. meinen angeführten Aufsatz des Istituto lombardo. Den in diesem Aufsatz geführten und in der italienischen Ausgabe dieser Vorlesungen wiedergegebenen Beweis hat Herr Pieri vereinfacht, was ich mir hier zu Nutze gemacht habe.

bei der Begründung der projektiven Geometrie geleitet haben, möchte ich nun rasch die weiteren Entwickelungen angeben, die in diesen Vorlesungen enthalten sind.

Die hauptsächlichen Beziehungen, auf welche das Studium der Projektivität und der Involution in Gebilden erster Stufe speziell in der Ebene führt, nehmen das sechste und das siebente Kapitel ein; in diesen werden insbesondere die bemerkenswertesten metrischen Fälle systematisch behandelt, indem das allgemeine Prinzip der Bewegung zu Hilfe genommen wird in demselben Sinne, in welchem Erörterungen ähnlicher Art in Bezug auf die harmonischen Gruppen (§ 17) angestellt worden sind.

Von den imaginären Elementen und dem Gebrauch, den man von ihren Paaren in der synthetischen Geometrie machen kann, hatte ich in der italienischen Ausgabe nichts gesagt.

Ich habe es nun für vorteilhaft gehalten, ihnen eine flüchtige Erwähnung zu widmen (§ 38), die in Beziehung steht zu den umfangreicheren Erörterungen, die ich in Bezug auf die Konstruktionsaufgaben, die sich auf Kegelschnitte beziehen, angestellt habe.

Das achte Kapitel ist der Kollineation und der Korrelation zwischen Ebenen (oder Bündeln) gewidmet, die zunächst unter einem gemeinsamen Gesichtspunkte studiert werden und dann in den verschiedenen Beziehungen, auf welche sie führen, wenn man sie in in einander liegenden Gebilden betrachtet. Die besonderen metrischen Fälle der Kollineation findet man ziemlich ausführlich erörtert, so daß man daraus den Schluß ziehen kann, daß „alle metrischen Beziehungen der Figuren in der Ebene und im Bündel als visuelle Beziehungen zum Absoluten betrachtet werden können“, und an diese wohlbekannte Tatsache knüpfen einige Betrachtungen in Bezug auf die Erweiterung a priori des Gesetzes der Dualität, das im Hinblick auf die Axiome der projektiven Geometrie als ein Prinzip a priori angesehen wird, an, Betrachtungen, die, wie ich glaube, nicht ohne Interesse sind.

Die mit Hilfe der Polarität definierten Kegelschnitte werden in den folgenden vier Kapiteln untersucht, und auch hier wird der Inhalt der visuellen Sätze durch zahlreiche metrische Anwendungen, die geeignet sind, deren Wichtigkeit hervortreten zu lassen, klar gemacht. Ich erlaube mir die Aufmerksamkeit des Lesers im besondern auf das elfte Kapitel zu lenken, in welchem das anziehende Thema der bestimmten Aufgaben behandelt wird. Es bedarf in diesen Erörterungen der geometrischen Übersetzung des von Kronecker in die Algebra eingeführten Begriffes des Rationalitätsbereichs; dieser Begriff führt dazu für jede Aufgabe genau festzustellen, welche Elemente als gegeben anzusehen sind und welche man konstruieren will, so daß die Notwendigkeit hervortritt, das Absolute der Ebene jedesmal dann unter die gegebenen Elemente zu setzen, wenn es sich um metrische Aufgaben handelt.

Unter den Aufgaben, welche in dem genannten elften Kapitel enthalten sind, befinden sich nicht nur die gewöhnlicheren Aufgaben zweiten Grades, sondern auch einige dritten Grades, die zum ersten Male in einem Lehrbuch eine strenge geometrische Behandlung erfahren (vgl. den auf S. 277 zitierten Aufsatz von Maccaferri). Und auf diese Weise kommt man zur Bestimmung der Doppelelemente einer Kollineation in der Ebene und im Bündel und leitet daraus später die für die Achsen und Kreisschnitte der Kegel zweiten Grades geltenden Eigenschaften ab (dreizehntes Kapitel).

Endlich werden im letzten Kapitel die Projektivitäten des Raumes untersucht in demselben Sinne, in welchem das analoge Thema in Bezug auf die Ebene behandelt worden ist (achtes Kapitel), aber flüchtiger.

Am Ende des Buches habe ich einen Anhang angebracht, der einige ganz kurze Andeutungen ergänzender Entwickelungen enthält.

Dieser hat in der gegenwärtigen Ausgabe eine neue und weitere Behandlung erfahren.

Ich habe die elementarsten, auf die Gruppen von Projektivitäten sich beziehenden Begriffe erwähnen und den fruchtbaren Begriff der abstrakten Geometrie erläutern wollen, der verschiedene Deutungen erfahren und daher Unterstützung durch vielfache Anschauungsarten erhalten kann. Als elegantes Beispiel habe ich die Anwendung dieses Begriffs auf die Bestimmung der Punkttransformationen, die Kugeln in Kugeln verwandeln, angeführt und darauf gezeigt, wie er die Einführung der projektiven Koordinaten gestattet. Diese Einführung erscheint hier als eine projektive Beziehung, die zwischen dem gewöhnlichen Punktraum und dem (analytischen) Raum, der die homogenen Gruppen von vier Zahlen zu Elementen hat, aufgestellt wird. Nach einigen Bemerkungen, um die analytische Theorie des Imaginären mit seiner im Text angedeuteten synthetischen Behandlung zu verknüpfen, schließe ich mit einigen historisch-kritischen Notizen in Bezug auf die Entstehung der fundamentalen Begriffe der projektiven Geometrie.

Dieses ist in kurzen Worten der Inhalt des Buches, um dessen nachsichtige Aufnahme ich das deutsche Publikum bitte.

Es bleibt mir nur übrig, die bereits in der italienischen Ausgabe ausgesprochenen Dankesworte für die Herren C. Segre und G. Castelnuovo, denen ich für freundschaftliche Ratschläge verpflichtet bin, zu wiederholen und den Ausdruck meiner Dankbarkeit hinzuzufügen gegenüber Herrn F. Klein, der diese Übersetzung angeregt hat, gegenüber Herrn H. Fleischer, der sie ausgeführt und dabei eine gewissenhafte und einsichtsvolle Kritik an dem Buche geübt und mir Verbesserungen und Vervollkommnungen vorgeschlagen hat, und endlich gegenüber der Firma B. G. Teubner, die den Verlag übernommen hat und allen Wünschen hinsichtlich der Ausstattung dieser Ausgabe gerecht geworden ist.

Bologna, Dezember 1902.

Federigo Enriques.

Inhalt.

Seite

Viertes Kapitel.

Das Axiom der Stetigkeit und seine Anwendungen.

Fünftes Kapitel.

Der Fundamentalsatz der Projektivität.

Sechstes Kapitel.

Projektivität zwischen Gebilden erster Stufe.

Siebentes Kapitel.

Involution in Gebilden erster Stufe.

Achtes Kapitel.

Projektivitäten zwischen Gebilden zweiter Stufe.

Neuntes Kapitel.

Die Kegelschnitte.

Zehntes Kapitel.

Projektivität zwischen Kegelschnitten.

Elftes Kapitel.

Bestimmte Aufgaben.

Einleitung.

1. Der Ordnung der Dinge in der Außenwelt, wie sie der Seele durch die Sinne übermittelt wird, entspringt die Raumvorstellung. Die Geometrie studiert diese in der Seele des Geometers bereits gebildete Vorstellung, ohne die Frage nach ihrer Entstehung (die der Psychologie und nicht der Mathematik angehört) aufzuwerfen. Also bilden in der Geometrie den Gegenstand des Studiums die Beziehungen, welche zwischen den Elementen (Punkten, Linien, Flächen, Geraden, Ebenen u. s. w.), die die zusammengesetzte Raumvorstellung bilden, bestehen. Solche Beziehungen erhalten den Namen Eigenschaften des Raumes oder geometrische Eigenschaften.

Infolge der Beziehungen, die zwischen den verschiedenen Elementen der Raumvorstellung bestehen, können einige von ihnen mit Hilfe der anderen (logisch) definiert werden; so kann z. B. die Ebene mit Hilfe der Geraden und des Punktes u. s. w. definiert werden. Doch müssen einige Elemente als erste Elemente oder Grundelemente der Geometrie ohne Definition eingeführt werden, da man nicht eine (logische) Definition von allen geben könnte, ohne in einen Zirkelschluß zu verfallen.

Welche Elemente zu Grundelementen zu wählen sind, das steht a priori nicht fest; man wählt dazu die für unsere Raumanschauung einfachsten Elemente, d. h. diejenigen, deren Begriff sich in unserem Geiste als Gegenstand der Raumvorstellung bereits gebildet vorfindet: von dieser Art sind z. B. der Punkt, die Gerade und die Ebene.

Es wird im allgemeinen ein theoretisches Kriterium der (logischen) Vollkommenheit darin erblickt, daß eine möglichst kleine Zahl von Elementen zu Grundelementen gewählt wird; aber dieses Kriterium hat keine imperative Bedeutung und befriedigt unser Anschauungsvermögen nicht, wenn es zur Folge hat, daß der anschauliche Begriff eines Elementes, von dem die Seele ein ganz klares Bild besitzt, durch eine Definition ersetzt wird; so ist z. B. der anschauliche Begriff der Ebene einfacher als der, welcher aus seiner logischen Definition mit Hilfe des Punktes und der Geraden hervorgeht. Wie immer aber auch die geometrischen Grundelemente in beliebiger Weise und in überreicher Zahl gewählt worden sein mögen, jedes andere geometrische Gebilde, das darauf eingeführt wird, muß mit Hilfe der Grundelemente logisch definiert werden, wofern man nicht ausdrücklich erklärt, daß man es als ein neues, durch die Anschauung gegebenes Grundelement einführt.

Wir sagten, daß zwischen den Elementen (und den mit ihrer Hilfe definierten geometrischen Gebilden) Beziehungen bestehen, welche gerade die geometrischen Eigenschaften bilden. Das Studium dieser Eigenschaften betreibt der Mathematiker in zweifacher Weise:

1) indem er die räumlichen Vorstellungen der Anschauung unterwirft,

2) indem er durch logische Schlußfolgerung aus den durch die Anschauung gegebenen Eigenschaften neue Eigenschaften herleitet (die erhaltenen neuen Eigenschaften sind dann bewiesen).

Man nennt Axiome diejenigen geometrischen Eigenschaften, welche unmittelbar durch die Anschauung gegeben sind, Sätze diejenigen Eigenschaften, welche aus jenen auf logischem Wege hergeleitet werden (und sich also mittelbar auf die Anschauung stützen).

Ein in die Geometrie eingeführtes Axiom wird überflüssig, wenn man es mit Hilfe der anderen beweisen kann; dann kann man es aus der Zahl der Axiome herausnehmen und als Satz hinstellen.

Jedoch ist es nicht möglich, alle Eigenschaften, welche man als Axiome annimmt, zu beweisen, ohne in einen Zirkelschluß zu verfallen. Daher müssen an den Anfang der Geometrie einige Axiome gestellt werden; diese wählt man unter denjenigen Eigenschaften aus, welche von besonders großer anschaulicher Klarheit sind, aber welche davon zu wählen sind, das steht a priori nicht fest.

Man kann ein Kriterium der (logischen) Vollkommenheit darin erblicken, daß man die Zahl der Axiome so weit als möglich verringert (wobei die Axiome sämtlich als unabhängig angenommen werden); aber dieses Kriterium hat keine imperative Bedeutung und befriedigt unser Anschauungsvermögen nicht, wenn es zur Folge hat, daß von (durch die Anschauung) einleuchtenden Eigenschaften ein Beweis gegeben wird. Auf jeden Fall erfordert die mathematische Strenge, daß jedesmal, wenn man annimmt, daß eine geometrische Eigenschaft durch die Anschauung gegeben ist, man sie auch ausdrücklich als ein Axiom ausspreche; jede andere geometrische Eigenschaft muß mathematisch bewiesen,

d. h. durch logische Schlußfolgerung aus den bereits eingeführten Axiomen hergeleitet werden.

2. Die geometrischen Eigenschaften sind sämtlich logische Umformungen der in den Axiomen enthaltenen Eigenschaften, welche ihrerseits sich in verschiedene Klassen zusammenordnen, um eine gewisse Zahl von (mehr oder weniger zusammengesetzten) Begriffen herum, die nicht mit einander verglichen werden können, aber vermöge der Anschauung an und für sich verständlich sind. So können wir z. B. die geometrischen Eigenschaften in zwei große Klassen einteilen:

1) Die visuellen Eigenschaften[1]), die sich auf die Begriffe Gerade, Ebene u. s. w. beziehen (mehrere Gerade gehen durch einen Punkt oder liegen in einer Ebene, mehrere Ebenen gehen durch eine Gerade oder durch einen Punkt u. s. w.).

2) Die metrischen Eigenschaften, die sich auf die Begriffe Entfernung (oder Länge einer Strecke), Winkel zweier Geraden oder zwei Ebenen (seine Größe) u. s. w. beziehen.

Wir können sagen, daß diese beiden Klassen geometrischer Eigenschaften zwei Arten der Raumanschauung zu ihrer Quelle haben: die visuelle Anschauung[2]) und die metrische Anschauung; diese beiden Arten sind zwar zu einer einzigen vollständigen Raumanschauung mit einander vermengt, können aber durch eine auf das Subjekt bezogene Untersuchung von einander getrennt werden. Wir glauben (aus Gründen, die der physiologischen Psychologie entstammen), daß diese beiden Arten der Raumanschauung in der Entwicklung des Seelenlebens an zwei verschiedene Gruppen von Empfindungen geknüpft sind: an die Gesichtsempfindungen auf der einen Seite und an die Tast- und die Bewegungsempfindungen auf der anderen Seite; die genannten Arten des Raumanschauung würden dann durch Association mit einander verschmolzen sein. Wir wollen uns hier darauf beschränken festzustellen (und dies wird dazu führen, die Unterscheidung zwischen visuellen und metrischen Eigenschaften, die später näher bezeichnet werden wird, besser zu begreifen), daß, wenn es sich darum handelt, visuelle Eigenschaften einer körperlichen Figur zu untersuchen, wir (vorzugsweise) zum Gesichtssinn unsere Zuflucht nehmen; wenn wir z. B. feststellen wollen, ob eine Linie gerade ist, so sehen wir zu, ob alle ihre Punkte, wenn wir das Auge in einen ihrer Punkte bringen, ein einziges Bild geben u. s. w.

1) Im Original: proprietà grafiche; bei Poncelet: propriétés descriptives; gewöhnlich: Eigenschaften der Lage. Vgl. übrigens Klein, Nicht-Euklidische Geometrie (autographiert) I, 166. D. H.

2) Im Original: l'intuizione grafica. D. H.

Um andererseits metrische Eigenschaften zu untersuchen, nehmen wir unsere Zuflucht (vorzugsweise) zum Maßstab und daher zum Tastsinn; so versuchen wir z. B., wenn es sich darum handelt festzustellen, ob zwei Strecken einander gleich sind, eine starre Strecke (mit der man jene messen kann) zu übertragen, indem wir sie sorgfältig auf die eine und die andere Strecke legen.

Die projektive Geometrie hat zum Gegenstand das Studium der visuellen Eigenschaften.

Sie führt nur visuelle Axiome (die sich auf Eigenschaften der erwähnten Klasse beziehen) ein und schließt systematisch die Anwendung metrischer Betrachtungen bei dem Beweise der Sätze aus.

Die projektive Geometrie hat jedoch interessante Beziehungen zur metrischen Geometrie; diese bilden den Gegenstand von Anwendungen der projektiven Geometrie und finden ihren Platz neben den Sätzen der projektiven Geometrie im eigentlichen Sinne des Wortes; zu ihrem Beweise genügen nicht mehr die (visuellen) Axiome der projektiven Geometrie, sondern sind auch noch diejenigen nötig, welche sich auf metrische Betriffe beziehen; überdies werden wir bei diesen metrisch-projektiven Betrachtungen (und nur bei ihnen) auch die einfachsten Sätze der elementaren Geometrie als bekannt voraussetzen.

Erstes Kapitel.

Fundamentale Sätze.

§ 1. Geometrische Grundgebilde. Die projektive Geometrie geht von den einfachen Begriffen Punkt, Gerade und Ebene aus. Der Punkt, die Gerade und die Ebene werden Grundelemente genannt. Wir werden die Punkte mit den großen Buchstaben des lateinischen Alphabets $A, B, C, \ldots$, die Geraden mit den kleinen Buchstaben des lateinischen Alphabets $a, b, c, \ldots$ und die Ebenen mit den Buchstaben des griechischen Alphabets $\alpha, \beta, \gamma, \ldots$ bezeichnen.

Eine Gesamtheit von Grundelementen, d. h. eine Gesamtheit von Punkten, Geraden und Ebenen, heißt eine Figur. Es gibt einige einfache Arten, die Grundelemente unter sich in Gruppen zusammenzufassen, und diese Gruppierungen führen auf gewisse elementare Figuren, die als geometrische Grundgebilde bezeichnet werden: diese entsprechen den verschiedenen Möglichkeiten, jedes der Elemente aufzufassen als erzeugt durch die Gesamtheit von unendlich vielen andern Elementen von anderem Namen.

Eine Gerade kann als durch die Gesamtheit aller ihrer Punkte erzeugt oder als die Gesamtheit aller durch sie hindurch gehenden Ebenen betrachtet werden; dieser Betrachtungsweise entspringen zwei Grundgebilde, nämlich:

1. die gerade Punktreihe, die von allen unendlich vielen Punkten einer Geraden gebildete Figur; die Gerade heißt der Träger der Punktreihe;

2. das Ebenenbüschel, die von allen unendlich vielen, durch eine Gerade gehenden Ebenen gebildete Figur; die Gerade heißt die Achse des Büschels.

Eine Ebene kann betrachtet werden als der Inbegriff aller ihrer Punkte oder als der Inbegriff aller ihrer Geraden; daraus entspringen die folgenden beiden Grundgebilde:

3. das ebene Punktsystem, die von allen unendlich vielen Punkten einer Ebene gebildete Figur; die Ebene heißt der Träger des Gebildes;

4. das ebene Geradensystem, die von allen unendlich vielen Geraden einer Ebene gebildete Figur; die Ebene heißt der Träger des Gebildes.

Wenn man die Ebene als den Inbegriff aller ihrer Grundelemente (Punkte und Geraden) auffaßt, so hat man das als ebenes System bezeichnete Gebilde, das das ebene Punktsystem und das ebene Geradensystem in sich begreift.

In einem ebenen System kann die Gerade nur als Inbegriff ihrer Punkte, d. h. nur als Träger einer Punktreihe betrachtet werden (nicht als Achse eines Ebenenbüschels); in einem solchen System kann der Punkt betrachtet werden als der Inbegriff aller durch ihn gehenden Geraden (der Ebene), und so entsteht das Gebilde:

5. das Strahlenbüschel, nämlich die Figur, die von allen unendlich vielen Geraden gebildet wird, die durch einen Punkt (den Mittelpunkt des Büschels) gehen und in einer Ebene (der Ebene des Büschels) liegen.

Ein Punkt, als dem Raum angehörig betrachtet, kann durch die Gesamtheit aller durch ihn gehenden Geraden oder durch die Gesamtheit aller durch ihn gehenden Ebenen erzeugt sein; er führt daher auf folgende beide Grundgebilde:

6. das Strahlenbündel, die von allen unendlich vielen, durch einen Punkt gehenden Geraden (des Raumes) gebildete Figur; der Punkt heißt der Mittelpunkt des Bündels;

7. das Ebenenbündel, die von allen unendlich vielen, durch einen Punkt gehenden Ebenen gebildete Figur; der Punkt heißt der Mittelpunkt des Bündels.

Wenn man den Punkt als den Inbegriff aller Grundelemente (Geraden und Ebenen), denen er angehört, auffaßt, so hat man das einfach Bündel genannte Gebilde, welches das Strahlenbündel und das Ebenenbündel in sich begreift; der Punkt heißt wiederum der Mittelpunkt des Bündels.

In einem Bündel kann die Gerade nur als Inbegriff aller durch sie gehenden Ebenen, d. h. als Achse eines Ebenenbüschels (nicht als Träger einer Punktreihe), und die Ebene nur als Inbegriff aller ihrer durch den Mittelpunkt des Bündels gehenden Geraden, d. h. als ein Strahlenbüschel, betrachtet werden. Das Strahlenbüschel ist also ein Gebilde, das sowohl einem ebenen System, und zwar einem ebenen Geradensystem, als auch einem Bündel, und zwar einem Strahlenbündel, angehört; es ist das Gebilde, das aus den Elementen besteht, die einer Ebene und einem Bündel, dessen Mittelpunkt der Ebene angehört, gemeinsam sind.

Endlich kann der Raum als der Inbegriff aller seiner Punkte oder als der Inbegriff aller seiner Geraden oder als der Inbegriff aller seiner Ebenen betrachtet werden. So gibt es drei Grundgebilde: das räumliche Punktsystem, das räumliche Geradensystem und das räumliche Ebenensystem; aber nur das erste und das letzte werden im folgenden betrachtet werden, d. h. es werden die folgenden beiden Gebilde betrachtet werden:

8. das räumliche Punktsystem, die von allen unendlich vielen Punkten des Raumes gebildete Figur;

9. das räumliche Ebenensystem, die von allen unendlich vielen Ebenen des Raumes gebildete Figur.

Wir werden sagen, daß ein Grundelement einem anderen angehört, wenn es in dem anderen enthalten ist; so gehört ein Punkt einer durch ihn gehenden Geraden oder einer durch ihn gehenden Ebene an, u. s. w. Wenn ein Element einem anderen angehört, so werden wir auch sagen, daß das zweite dem ersten angehört oder daß die beiden Elemente sich angehören. Alsdann können wir sagen, daß die neun geometrischen Grundgebilde, welche wir einzeln definiert haben, die Figuren sind, welche von allen Grundelementen von gegebenem Namen gebildet werden, die einem und demselben Grundelement (dem Träger) oder zwei einander angehörenden Grundelementen (Punkt und Ebene) angehören. Die Grundelemente, deren Gesamtheit ein Gebilde ausmacht, sollen erzeugende Elemente des Gebildes heißen.

Die Gebilde: Punktreihe, Ebenenbüschel und Strahlenbüschel heißen Gebilde erster Stufe; sie werden durch eine einfache Bewegung eines ihrer Elemente erzeugt. Dagegen heißen Gebilde zweiter Stufe das ebene Punkt- oder Geradensystem und das Strahlen- oder Ebenenbündel. Jedes Gebilde zweiter Stufe enthält in sich unendlich viele Gebilde der ersten Stufe, deren erzeugende Elemente auch erzeugende Elemente des Gebildes zweiter Stufe sind. Solche Gebilde werden durch eine doppelte Bewegung eines ihrer Elemente oder durch eine einfache Bewegung eines in ihnen enthaltenen Gebildes erster Stufe erzeugt. Endlich heißen Gebilde dritter Stufe das räumliche Punktsystem und das räumliche Ebenensystem; jedes von ihnen enthält in sich unendlich viele Gebilde der zweiten Stufe (nämlich das Punktsystem ebene Punktsysteme, das Ebenensystem Ebenenbündel). Die Gebilde dritter Stufe werden durch eine dreifache Bewegung eines ihrer Elemente oder durch eine einfache Bewegung eines in ihnen enthaltenen Gebildes zweiter Stufe erzeugt.

Anmerkung. Um ein Element eines Grundgebildes analytisch derart anzugeben, daß eine umkehrbar eindeutige stetige Beziehung zwischen den Elementen des Gebildes und den Zahlen, welche sie bestimmen, besteht, sind eine, zwei oder drei Koordinaten nötig, je nachdem das Gebilde von erster, zweiter oder dritter Stufe ist.

§ 2. Uneigentliche Elemente. Wir müssen jetzt einige fundamentale Sätze der Geometrie erwähnen, die unmittelbar der Anschauung entnommen sind und daher als Axiome eingeführt werden können (obwohl sie vielleicht nicht sämtlich unabhängig sind, also einige von ihnen aus den anderen auf logischem Wege hergeleitet werden können). Bei näherer Prüfung werden wir diese Sätze mit Hilfe geeigneter Definitionen in einer kürzeren und gleichmäßigeren Form aussprechen können, was uns im folgenden nützlich sein wird.

Um schneller das Ziel, das wir uns setzen, zu erreichen, wird es gut sein, zwei Ausdrücke anzuwenden, die auch in der gewöhnlichen Sprache der elementaren Geometrie sich vorfinden. Anstatt zu sagen „zwei Gerade sind parallel“ werden wir sagen, daß sie „dieselbe Richtung haben“ oder daß sie „die Richtung gemeinsam haben“; und ebenso, anstatt zu sagen, daß „zwei Ebenen parallel sind“, werden wir sagen, daß sie „dieselbe Lage haben“. Und es wird uns auch nützlich sein zu sagen, daß eine Gerade ihrer Richtung angehört und umgekehrt, und in entsprechender Weise, daß eine Ebene ihrer Lage angehört. Nach diesen Bemerkungen können wir die folgenden Sätze aussprechen:[1])

1. Zwei Punkte bestimmen eine Gerade, die ihnen angehört (und der sie angehören).

2. Zwei Ebenen bestimmen eine Gerade, die ihnen angehört (ihre Schnittlinie) oder auch eine Lage, die ihnen angehört (sie sind parallel).

3. Ein Punkt und eine Richtung bestimmen eine Gerade, der sie angehören (die Gerade, welche durch den Punkt geht und die gegebene Richtung hat).

4. Zwei Richtungen bestimmen eine Lage, der sie angehören (d. h. „es gibt unendlich viele Ebenen, die zwei Geraden, die nicht

---

1) In denen wir unter dem Artikel eine verstehen: „eine und eine einzige“.

dieselbe Richtung haben, parallel sind, und diese Ebenen sind sämtlich unter einander parallel").

5. Drei Punkte, die nicht einer Geraden angehören, bestimmen *eine* Ebene, der sie angehören.

6. Drei Ebenen, die nicht durch eine Gerade gehen und (nicht einander parallel sind, d. h.) nicht die Lage gemeinsam haben, bestimmen *einen* Punkt, der ihnen angehört, oder *eine* Richtung, die ihnen angehört (d. h. sie haben entweder einen Punkt gemeinsam oder sie sind unendlich vielen Geraden, die sämtlich einander parallel sind, parallel).

7. Zwei Punkte und eine Richtung, die von der Richtung der Verbindungslinie der beiden Punkte verschieden ist, bestimmen *eine* Ebene, der sie angehören (d. h. „durch zwei Punkte geht eine Ebene, die einer gegebenen Geraden parallel ist").

8. Ein Punkt und zwei Richtungen bestimmen *eine* Ebene, der sie angehören (d. h. „durch einen Punkt geht eine Ebene, die zwei Geraden von verschiedener Richtung parallel ist").

Wenn man diese Sätze näher betrachtet, so sieht man, daß in ihnen das Wort „Richtung" in vielen Fällen das Wort „Punkt" ersetzt und das Wort „Lage" das Wort „Gerade". Daher entsteht der Gedanke, die Richtung einer Geraden als „Punkt" und die Lage einer Ebene als „Gerade" zu definieren. Um aber dann, wenn es nötig ist, das neue Ding (die Richtung), welches mit dem Namen Punkt bezeichnet ist, von dem Dinge zu unterscheiden, das man gewöhnlich mit diesem Namen bezeichnet, so soll ein Punkt in der gewöhnlichen Bedeutung *eigentlicher Punkt* und die Richtung einer Geraden *uneigentlicher Punkt* (oder *unendlich ferner Punkt*) genannt werden und in gleicher Weise soll, wenn es nötig ist, zwischen einer *eigentlichen Geraden* (der Geraden in der gewöhnlichen Bedeutung) und einer *uneigentlichen* oder *unendlich fernen Geraden* (der Lage einer Ebene) unterschieden werden[1]).

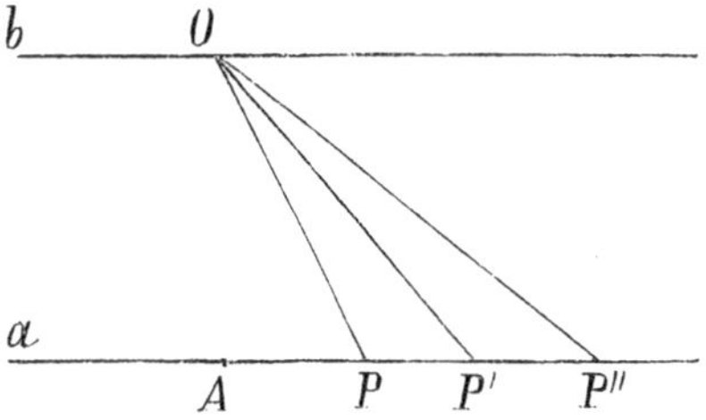

1) Es wird nützlich sein anzugeben, wie der mathematische Gedanke dazu gekommen ist, die Richtung einer Geraden als einen unendlich fernen Punkt zu betrachten (und in entsprechender Weise die Lage einer Ebene als eine unendlich ferne Gerade).

Es sei a eine Gerade und O ein Punkt außerhalb. Wir betrachten eine Gerade OP, die durch O geht und a in einem Punkte P schneidet. Wenn wir die Gerade OP in dem einen oder dem anderen Sinne sich um O drehen lassen,

In Übereinstimmung mit den eingeführten Ausdrücken werden wir sagen:

Einer Geraden gehört ein uneigentlicher Punkt an (ihre Richtung).

Einer Ebene gehört eine uneigentliche Gerade an (ihre Lage).

Damit lassen sich die angegebenen Sätze nun in kürzerer Form aussprechen.

Die Sätze 1, 3, 4 werden zu der einzigen Aussage vereinigt:

1. Zwei Punkte (eigentliche oder uneigentliche) bestimmen eine Gerade (eine eigentliche oder eine uneigentliche).

Den Satz 2 kann man aussprechen:

2. Zwei Ebenen bestimmen eine Gerade (eine eigentliche oder eine uneigentliche).

Die Sätze 5, 7, 8 führen auf die zusammenfassende Aussage:

3. Drei nicht einer Geraden angehörende Punkte, von denen wenigstens einer ein eigentlicher, die beiden anderen eigentliche oder uneigentliche Punkte sind, bestimmen eine Ebene.

Endlich läßt sich Satz 6 so aussprechen:

4. Drei Ebenen, die nicht eine Gerade (eine eigentliche oder eine uneigentliche) gemeinsam haben, bestimmen einen Punkt (einen eigentlichen oder einen uneigentlichen).

In der Aussage des Satzes 3 erscheint jedoch eine Einschränkung, infolge deren man nicht sagen kann, daß die eigentlichen und die uneigentlichen Elemente in gleicher Weise in die vier Aussagen eintreten; in der Tat legen drei uneigentliche Punkte (die nicht einer Geraden angehören) keine Ebene fest, da es im allgemeinen keine Ebene gibt, die drei gegebenen Geraden parallel ist. Um diesen Ausnahmefall zu beseitigen, müssen wir als uneigentliche (oder unendlich ferne) Ebene den Inbegriff aller uneigentlichen Punkte und

sodaß sie der zu a parallelen Geraden b als Grenzlage zustrebt, so wird der Schnittpunkt der genannten beweglichen Graden mit a nacheinander die Lagen P', P'', ... annehmen, welche sich immer weiter von einem auf a gelegenen Punkte A entfernen. Dieser Schnittpunkt der beweglichen Transversalen durch O mit a verschwindet, wenn die Transversale die Lage der zu a parallelen Geraden b einnimmt, und erscheint darauf, wenn die Drehung der Geraden um O in demselben Sinne fortgesetzt wird, sobald die parallele Lage überschritten ist, wieder auf der anderen Seite, indem er sich nun A beständig nähert. Daher ist der Punkt P, der a und einer Transversalen durch O in der Ebene Oa gemeinsam ist, wenn er sich auf a unbegrenzt in dem einen oder dem anderen Sinne entfernt, schließlich durch die den beiden Geraden b und a gemeinsame Richtung zu ersetzen. Es erscheint also natürlich, zwei parallele Gerade als zwei Gerade zu betrachten, die einen (einzigen) Punkt (einen uneigentlichen) im Unendlichen gemeinsam haben.

aller uneigentlichen Geraden des Raumes definieren, d. h. den Inbegriff aller Richtungen und Lagen. Jedoch wird man, um sowohl gewöhnliche (*eigentliche*) Ebenen als auch die uneigentliche Ebene in den Sätzen 1, 2, 3, 4 (und daher auch in den aus ihnen abgeleiteten Sätzen) betrachten zu können, nachweisen müssen, daß die Sätze 2 und 4 noch gelten, wenn eine der dort erwähnten Ebenen die uneigentliche Ebene ist. Nun verhält es sich in der Tat so, da in diesem Falle diese beiden Sätze dahin umgewandelt werden, daß sie sagen, daß „einer eigentlichen Ebene eine uneigentliche Gerade angehört (und nicht uneigentliche Punkte außerhalb dieser)", und daß „dem eigentlichen Durchschnitt (einer Geraden) zweier eigentlicher Ebenen ein uneigentlicher Punkt angehört".

Nach diesen Festsetzungen kann man sagen, daß folgende, die oben ausgesprochenen Sätze kurz zusammenfassenden Sätze gelten, in denen ein Unterschied zwischen eigentlichen und uneigentlichen Elementen nicht mehr gemacht wird:

a) Zwei Punkte bestimmen *eine* Gerade, der sie angehören.	b) Zwei Ebenen bestimmen *eine* Gerade, die ihnen angehört.
c) Drei Punkte, die nicht einer Geraden angehören, bestimmen *eine* Ebene, der sie angehören.	d) Drei Ebenen, die nicht einer Geraden angehören, bestimmen *einen* Punkt, der ihnen angehört.

Neben diesen Sätzen sprechen wir die folgenden aus, die, wie man sofort erkennt, auch ohne Ausnahme gelten, wenn man den Punkten, Geraden und Ebenen die weitere Bedeutung beilegt.

e) Ein Punkt und eine Gerade, die sich nicht angehören, bestimmen *eine* Ebene, der sie angehören.	f) Eine Ebene und eine Gerade, die sich nicht angehören, bestimmen *einen* Punkt, der ihnen angehört.

Die Sätze a, b, c, d, e, f (die Verabredung über die uneigentlichen Elemente vorausgesetzt) gehen unmittelbar aus der Anschauung hervor und können daher als Glieder einer ersten Gruppe von Axiomen der projektiven Geometrie betrachtet werden, die wir bald vorteilhaft in eine andere Form bringen werden (§ 3).

Die Tatsache, daß in diesen Axiomen zwischen eigentlichen und uneigentlichen Elementen nicht unterschieden wird, hat zur Folge, daß die darauf gegründeten Sätze gelten, gleichgiltig ob man die in ihnen erwähnten Elemente als eigentliche oder als uneigentliche betrachtet.

Wenn man nun andere Axiome, in denen man auch eigentliche

und uneigentliche Elemente betrachten darf, hinzufügt, so bleibt dies bestehen; und da diesem Erfordernis die neuen Axiome, die wir zur Begründung der projektiven Geometrie einführen werden, genügen werden, so können wir behaupten:

In der (auf solche Axiome gegründeten) projektiven Geometrie können und müssen sowohl die eigentlichen wie auch die uneigentlichen Elemente betrachtet werden.

So rechtfertigt sich die Einführung und der Gebrauch der uneigentlichen Elemente.

Wir geben sofort ein Beispiel zu dem Gesagten, indem wir folgenden Satz beweisen:

In einer Ebene (einer eigentlichen oder einer uneigentlichen) haben zwei Gerade (eigentliche oder uneigentliche) immer einen Punkt (einen eigentlichen oder einen uneigentlichen) gemeinsam.

In der Ebene α mögen sich zwei Gerade r und s befinden. Durch r und s legen wir die Ebenen ϱ und σ, die von α verschieden sind; diese beiden Ebenen haben eine Gerade h gemeinsam, die von r und s verschieden ist. h liegt nicht in der Ebene α und hat darum mit ihr einen Punkt O gemeinsam, der auch r und s gemeinsam ist; diese beiden Geraden haben also einen Punkt gemeinsam, was zu beweisen war (wenn sie andrerseits zwei Punkte gemeinsam hätten, so würden sie nach dem Axiom a zusammenfallen).

In dem gegebenen Beweise stützen wir uns auf die Axiome a, b, c, d, e, f, ohne eigentliche oder uneigentliche Elemente besonders zu betrachten; also ist der Satz selbst ohne Ausnahme nachgewiesen. Wenn man die erwähnte besondere Betrachtung anstellen wollte, so würde der Satz selbst auf mehrere andere der elementaren Geometrie führen, die (auch der Anschauung entnommen werden könnten, aber) aus den oben ausgesprochenen verschiedenen Sätzen 1, 2, 3, 4, 5, 6, 7, 8 folgen würden.

Die schnellere Art, zu dem ausgesprochenen allgemeinen Resultat zu gelangen, bildet einen Vorteil, der sich bei höheren Fragen wiederholt und der Einführung der uneigentlichen Elemente zu verdanken ist.

§ 3. Erste Gruppe von fundamentalen Sätzen der projektiven Geometrie. Infolge der Einführung der uneigentlichen Elemente müssen wir die gegebenen Definitionen der Grundgebilde erweitern und die folgenden uneigentlichen Gebilde betrachten:

1. Die uneigentliche gerade Punktreihe (die uneigentliche Gerade, den Ort ihrer unendlich vielen Punkte, oder den Inbegriff der Richtungen, die in einer Lage enthalten sind).

2. Das uneigentliche Ebenenbüschel (die Gesamtheit aller unendlich vielen Ebenen, welche dieselbe Lage haben).

3. Das uneigentliche Punkt- und das uneigentliche Geradensystem (die Gesamtheit aller unendlich vielen Richtungen und die Gesamtheit aller unendlich vielen Lagen).

4. Das uneigentliche Strahlenbüschel (die Gesamtheit der unendlich vielen Geraden, welche eine gegebene Richtung haben und in einer eigentlichen Ebene liegen, oder auch die Gesamtheit der Lagen, welche eine Richtung gemeinsam haben).

5. Das uneigentliche Strahlen- und das uneigentliche Ebenenbündel (die Gesamtheit der unendlich vielen Geraden und die Gesamtheit der unendlich vielen Ebenen, welche einer festen Geraden parallel sind, d. h. eine Richtung enthalten).

Nun können die Sätze a, b, c, d, e, f des vorhergehenden Paragraphen in die folgenden wenigen Aussagen zusammengezogen werden, in denen (wie immer im folgenden, wenn nicht etwas anderes ausdrücklich bemerkt wird) mit dem Namen Elemente (Punkte, Gerade und Ebenen) und mit dem Namen Gebilde die eigentlichen und die uneigentlichen Elemente und Gebilde bezeichnet werden.

I. In einem Gebilde dritter Stufe bestimmen zwei Grundelemente ein Gebilde erster Stufe (das in dem gegebenen der dritten Stufe enthalten ist), dem sie angehören; (dies faßt die Sätze a und b zusammen).

II. In einem Gebilde dritter Stufe bestimmen drei Grundelemente, die nicht einem Gebilde der ersten Stufe angehören, ein Gebilde der zweiten Stufe (das in dem gegebenen der dritten Stufe enthalten ist), dem sie angehören; (dies faßt die Sätze c und d zusammen).

III. In einem Gebilde dritter Stufe bestimmen ein Grundelement und ein Gebilde erster Stufe, die nicht einander angehören, ein Gebilde zweiter Stufe, dem sie angehören; (dies faßt die Sätze e und f zusammen).

Wir werden die Sätze I, II und III als eine erste Gruppe von fundamentalen Sätzen (Axiomen) der projektiven Geometrie betrachten; sie ist der Gesamtheit der Sätze a, b, c, d, e, f gleichwertig.

Aus diesen Sätzen folgt der (für die Ebenen bereits betrachtete) Satz: In einem Gebilde zweiter Stufe haben zwei Gebilde erster Stufe ein Element gemeinsam. Dieser Satz spricht übrigens, sowohl für die Ebene wie für das Bündel, eine anschauliche Wahrheit aus.

Bezeichnungen. Wir werden mit (AB) oder einfacher mit

AB die durch zwei Punkte A und B bestimmte Gerade bezeichnen; mit $(\alpha\beta)$ oder $\alpha\beta$ die durch zwei Ebenen α und β bestimmte Gerade; mit (ab) oder ab den Punkt, der zwei Geraden a und b einer Ebene gemeinsam ist, oder die Ebene der beiden Geraden. In entsprechender Weise werden wir mit (ABC), $(\alpha\beta\gamma)$ oder auch mit ABC, $\alpha\beta\gamma$ das Element (die Ebene oder den Punkt) bezeichnen, das durch drei Punkte A, B, C oder durch drei Ebenen α, β, γ, die nicht einem Gebilde erster Stufe angehören, bestimmt ist; in derselben Weise soll auch mit (aA) oder Aa die durch die Gerade a und den (nicht auf ihr liegenden) Punkt A bestimmte Ebene bezeichnet werden; mit $(a\alpha)$ oder $a\alpha$ der Punkt, der der Geraden a und der sie nicht enthaltenden Ebene α gemeinsam ist, u. s. w. Wir werden auch schreiben $O \equiv (\alpha\beta\gamma)$, um den Punkt $(\alpha\beta\gamma)$ zu bezeichnen, u. s. w. Diese Bezeichnungen dienen dazu, ebensowohl eigentliche wie auch uneigentliche Elemente anzugeben.

§ 4. Projizieren und Schneiden. Die Sätze a, b, c, d, e, f oder die Sätze I, II, III des vorhergehenden Paragraphen (in denen zwischen eigentlichen und uneigentlichen Elementen nicht unterschieden wird) ermöglichen es, einen genau bestimmten Sinn gewissen Operationen beizulegen, die Grundoperationen der projektiven Geometrie heißen. Es sind die folgenden:

Das Projizieren einer Figur $(BC \ldots bc \ldots)$	Das Schneiden einer Figur $(bc \ldots \beta\gamma \ldots)$
1. von einem außerhalb der Figur gelegenen Punkte A (dem Projektionszentrum) aus; das will sagen, es sind die durch A und die Punkte $B, C, \ldots$ der Figur bestimmten Geraden zu ziehen und die durch A und die Geraden b, $c, \ldots$ der Figur bestimmten Ebenen zu legen (die so erhaltene projizierende Figur wird durch $A(BC \ldots bc \ldots)$ bezeichnet);	1. mit einer nicht zu einem Elemente der Figur gehörenden Ebene α (der Schnittebene); das will sagen, es sind die durch α und die Geraden b, $c, \ldots$ der Figur bestimmten Punkte und die durch α und die Ebenen $\beta, \gamma, \ldots$ der Figur bestimmten Geraden anzugeben (die so erhaltene Schnittfigur wird durch $\alpha(bc \ldots \beta\gamma \ldots)$ bezeichnet);
2. von einer außerhalb der Figur gelegenen Geraden a (der Projektionsachse) aus; das will sagen, es sind die durch a und durch die Punkte $B, C, \ldots$ der Figur bestimmten Ebenen (aB),	2. mit einer nicht zu einem Elemente der Figur gehörenden Geraden a; das will sagen, es sind die durch a und durch die Ebenen $\beta, \gamma, \ldots$ der Figur bestimmten Punkte $(a\beta)$, $(a\gamma), \ldots$ anzugeben (die so er-

$(a\,C)$, ... zu legen (die so erhaltene projizierende Figur wird durch $a(BC\ldots)$ bezeichnet).

haltene Schnittfigur wird durch $a(\beta\gamma\ldots)$ bezeichnet).

Eine Figur von einem (außerhalb gelegenen) Punkte A auf eine (nicht durch A gehende) Ebene α projizieren, das ist eine abgekürzte Ausdrucksweise, um anzugeben, daß die Figur von A aus projiziert und die projizierende Figur mit α geschnitten werden soll.

Durch Projizieren und Schneiden kann man von dem einen von zwei Gebilden erster Stufe und von dem einen von zwei Gebilden zweiter Stufe zu dem anderen übergehen.

Durch das Projizieren einer Punktreihe

1. von einem (außerhalb ihres geradlinigen Trägers gelegenen) Zentrum aus erhält man ein Strahlenbüschel; die projizierenden Strahlen sind den projizierten Punkten zugeordnet, und man sagt, daß die Punktreihe und das Strahlenbüschel perspektiv aufeinander bezogen oder perspektiv sind;

2. von einer (den geradlinigen Träger der Punktreihe nicht schneidenden) Achse aus erhält man ein Ebenenbüschel, das auf die Punktreihe perspektiv bezogen oder ihr perspektiv ist.

Durch das Projizieren eines ebenen Punkt- (oder Geraden-) systems von einem (außerhalb der Ebene gelegenen) Zentrum aus erhält man ein Strahlen- (oder Ebenen-) bündel, das auf die Ebene perspektiv bezogen oder ihr perspektiv ist.

Durch das Schneiden eines Ebenenbüschels

1. mit einer (nicht der Achse des Büschels angehörenden) Ebene erhält man ein Strahlenbüschel; seine Strahlen sind den geschnittenen Ebenen (des ersten Büschels) zugeordnet, und man sagt, daß das Strahlen- und das Ebenenbüschel in dieser Weise perspektiv aufeinander bezogen oder perspektiv sind;

2. mit einer (die Achse des Büschels nicht treffenden) Geraden erhält man eine Punktreihe, die auf das Ebenenbüschel perspektiv bezogen oder ihm perspektiv ist.

Durch das Schneiden eines Ebenen- (oder Strahlen-)bündels mit einer (dem Bündel nicht angehörenden) Ebene erhält man ein ebenes Geraden- (oder Punkt-)system, das auf das Bündel perspektiv bezogen oder ihm perspektiv ist.

Wenn es sich um eine (aus Geraden bestehende) Figur in der Ebene handelt, so kann die Operation, sie mit einer (nicht mit der Ebene der Figur zusammenfallenden) Ebene zu schneiden, dadurch bezeichnet werden, daß man sagt, daß man die Figur mit einer

Geraden ihrer Ebene (der Schnittlinie der schneidenden Ebene) schneidet. In entsprechender Weise kann, wenn es sich um eine (aus Geraden bestehende) Figur im Bündel handelt, die Operation, sie von einem (nicht mit dem Mittelpunkte des Bündels zusammenfallenden) Punkte aus zu projizieren, dadurch bezeichnet werden, daß man sagt, daß man die Figur von einer (das Projektionszentrum mit dem Mittelpunkte des Bündels verbindenden) Geraden des Bündels aus projiziert.

Wenn man in der Ebene ein Strahlenbüschel mit einer, dem Büschel nicht angehörenden Geraden schneidet, so erhält man eine Punktreihe, die auf das Strahlenbüschel perspektiv bezogen oder ihm perspektiv ist.

Wenn man im Bündel ein Strahlenbüschel von einer, dem Büschel nicht angehörenden Geraden aus projiziert, so erhält man ein Ebenenbüschel, das auf das Strahlenbüschel perspektiv bezogen oder ihm perspektiv ist.

Die einander gegenübergestellten Aussagen zeigen eine bemerkenswerte Analogie; es erscheinen in ihnen die Operationen des Projizierens und des Schneidens als Umkehrungen von einander.

§ 5. Die natürliche cyklische Anordnung der Elemente eines Gebildes erster Stufe. Wenn wir unsere anschauliche Vorstellung der (eigentlichen) Geraden der Definition des (als einzigen betrachteten) uneigentlichen Punktes anpassen wollen, so werden wir die Gerade als eine geschlossene Linie auffassen müssen, die man, von einem Punkte A ausgehend und auf der anderen Seite nach A zurückkehrend, ihrer ganzen Ausdehnung nach durch die Bewegung eines Punktes beschreiben kann, der durch den Punkt im Unendlichen geht. Man kann sich eine Vorstellung von dieser anschaulichen Betrachtungsweise verschaffen, wenn man eine Gerade a als Grenze eines variablen Kreises von wachsendem Radius ansieht, der die Gerade in einem festen Punkte berührt und dessen Mittelpunkt O sich auf der im Berührungspunkte auf a errichteten Normalen unbegrenzt von a entfernt (der Kreis, oder sein Mittelpunkt, kann auf der einen oder auf der anderen Seite der Ebene in Bezug auf a liegen). Bei dieser Betrachtungsweise kann man die Gerade auffassen, als werde sie durch die Bewegung eines ihrer Punkte in dem einen oder dem entgegengesetzten Sinne erzeugt, wie das Strahlen- (oder Ebenen-)büschel durch einen beweglich gedachten seiner Strahlen (oder eine seiner Ebenen), der das Büschel beschreibt, indem er sich um dessen Mittelpunkt (oder dessen Achse) dreht. Die Übereinstimmung der erzeugenden Bewegung für die Gebilde Gerade und Strahlenbüschel (und in entsprechender Weise würde man dies beim Ebenenbüschel bemerken) wird vollständig, wenn man einen Punkt der Geraden a und den Radius des Kreises vom Mittelpunkte O, der a in dem erwähnten Punkte trifft, zusammen (in einem gegebenen Sinne) in Bewegung befindlich denkt; die zu a parallele Lage der Geraden durch O entspricht der Lage des unendlich fernen Punktes der Geraden.

Man drückt die neue anschauliche Art die Gerade aufzufassen (die der Auffassung der anderen Gebilde erster Stufe entspricht) aus, indem man sagt, daß man ihre Punkte in einer natürlichen cyklischen Anordnung in dem einen oder dem anderen Sinne sich vorstellt.

Dieser neuen anschaulichen Vorstellung der Geraden entspringt naturgemäß eine Erweiterung des Begriffes Strecke.

Wenn auf einer Geraden zwei Punkte A und B gegeben sind, so kann man zwei von A und B als Endpunkten begrenzte einander ergänzende Strecken betrachten, von denen jede unendlich viele Punkte enthält: die endliche Strecke und die unendliche Strecke; die letztgenannte ist der Inbegriff der Punkte der Geraden, welche man erhält, wenn man von der Geraden alle Punkte wegnimmt, die im Inneren der ersten Strecke liegen. Um die beiden Strecken AB von einander zu unterscheiden, muß man einen inneren Punkt bezeichnen; so können im Falle der Figur die beiden Strecken ohne Zweideutigkeit durch ACB und ADB bezeichnet werden. Wenn zwei Punkte (wie C und D) sich im Inneren von zwei einander ergänzenden Strecken AB befinden, so sagt man, daß sie A und B trennen; dann werden auch C und D durch A und B getrennt (d. h. die beiden Paare AB und CD trennen sich gegenseitig). Bei der Erzeugung einer Geraden durch die Bewegung eines Punktes wird eine jede der beiden Strecken einmal der Ort der von dem beweglichen Punkte eingenommenen Zwischenlagen zwischen A und B (die Endpunkte eingeschlossen); geht man von A in dem einen oder dem anderen Sinne aus, so beschreibt man die eine oder die andere der beiden Strecken AB, und jede von ihnen wird auch von einem beweglichen Punkte beschrieben, der von B ausgeht und sich in dem einen und dem entgegengesetzten Sinne bewegt. Insoweit man als aufeinander folgende Punkte einer Geraden diejenigen Punkte betrachtet, welche auf einander folgende Lagen eines beweglichen Punktes bezeichnen, der von einem Punkte A aus die Gerade in einem gegebenen Sinne beschreibt, hat man eine natürliche Ordnung (A) der Punkte der Geraden, eine Ordnung,

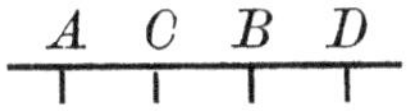

A C B D

Fig. 2.

welche den erwähnten Sinn hat und als in der natürlichen cyklischen Anordnung der Punkte der Geraden enthalten betrachtet wird.

Sind zwei Punkte C und D gegeben, so geht der eine von beiden, z. B. C, dem Punkte D in der Ordnung (A) voran; es tritt das Gegenteil ein (wofern nicht einer der beiden Punkte mit A zusammenfällt) in der umgekehrten Ordnung (derjenigen natürlichen Ordnung, deren erstes Element A und deren Sinn dem Sinne der ersten entgegengesetzt ist).

Eine Strecke AB, die man sich in einer Ordnung (A) vorstellt, ist der Inbegriff der Punkte, welche in der genannten Ordnung nicht auf B folgen, und ist auf diese Weise geordnet; A ist ihr erstes Element und B ihr letztes. Wenn man die Strecke AB als geordnet betrachtet, so bezeichnet man sie mit $\overline{AB}$. Dieselbe Strecke AB kann man als in umgekehrter Weise geordnet sich vorstellen, nämlich in derjenigen Ordnung (B), deren Sinn dem von (A) entgegengesetzt ist; alsdann bezeichnet man sie mit $\overline{BA}$.

Mehrere Punkte $P_1, P_2, P_3, P_4, P_5, \ldots P_n$ heißen auf einander folgend, wenn eine natürliche Ordnung, z. B. (A), existiert, in der sie in der hingeschriebenen Weise auf einander folgen. In einer anderen Ordnung (B) von gleichem Sinne wie (A) werden die genannten Punkte in derselben Weise oder in einer aus jener durch cyklische Vertauschung hergeleiteten Weise auf einander folgen, indem dasjenige Element das erste der Gruppe wird, welches den ersten Platz hinter B in der Ordnung (A) einnimmt. In einer Ordnung, deren Sinn dem von (A) entgegengesetzt ist, werden die Punkte $P_n, P_{n-1}, \ldots P_3, P_2, P_1$ in der hingeschriebenen Weise oder in einer aus dieser durch cyklische Vertauschung abgeleiteten Weise auf einander folgen.

$A \quad P_1 \quad P_2 \quad B \quad P_3 \quad P_4 \quad P_5$

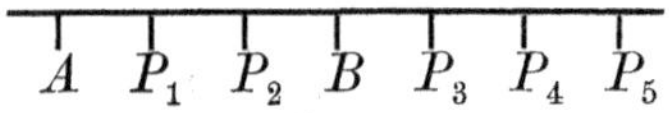

Fig. 3.

Diese charakteristische, für jede Punktgruppe der Geraden giltige Eigenschaft stellt zwischen den verschiedenen natürlichen Ordnungen der Punkte der Geraden ein Band her, durch welches, wenn zwei Ordnungen (A) und (B) von demselben Sinne aber mit verschiedenen Anfangselementen A und B gegeben sind, folgende Tatsache hervorgebracht wird: zwei von B verschiedene Elemente C und D folgen in (B) in derselben Ordnung wie in (A) oder in entgegengesetzter Ordnung auf einander, je nachdem beide in (A) B vorangehen oder folgen oder aber das eine B vorangeht und das andere ihm folgt. Dies drückt man aus, indem man sagt, daß eine Ordnung (B) aus einer anderen (A) von demselben Sinne durch diejenige cyklische Vertauschung entsteht, die A nach B bringt (diese Operation ist gleichbedeutend mit der anderen, die Gerade auf sich selbst von A bis B gleiten zu lassen).

Auf Grund der angestellten Betrachtungen lassen sich leicht die folgenden anschaulichen Sätze ableiten:

1. Wenn mehrere Punkte $P_1, P_2, P_3, \ldots P_n$ auf einer Geraden in der hingeschriebenen Ordnung auf einander folgen, so folgen sie auch auf einander in den Ordnungen:

$$P_2 P_3, \ldots P_n P_1, \ldots\ldots\ldots, P_n P_1, \ldots P_{n-1}$$
$$P_n P_{n-1}, \ldots P_3 P_2 P_1, \ldots, P_1 P_n P_{n-1}, \ldots P_3 P_2.$$

2. Drei in irgend welcher Anordnung genommene Punkte P_1, P_2, P_3 einer Geraden folgen immer auf einander (weil in einer der beiden natürlichen Ordnungen (P_1), von denen die eine die Umkehrung der andern ist, nämlich in $(P_1 P_2 P_3)$ P_2 dem P_3 vorangeht).

Die Terne $P_1 P_2 P_3$ definiert einen Sinn des Gebildes (der auch Sinn der Terne heißen soll).

3. Wenn vier Punkte einer Geraden $P_1 P_2 P_3 P_4$ auf einander folgen, so trennen sich die Paare $P_1 P_3$ und $P_2 P_4$, und umgekehrt.

4. Eine Quaterne von Punkten A, B, C, D auf einer Geraden kann man in einer Weise in sich trennende Paare verteilen; da ja, wenn z. B. A, B, C, D in der hingeschriebenen Ordnung auf einander folgen, AC und BD (und nicht andere Paare) die sich trennenden Paare sind.

Auf einer Geraden kann man eine Strecke AB als den Inbegriff der Punkte betrachten, die in einer natürlichen Ordnung (C), deren erster Punkt C außerhalb der betrachteten Strecke liegt, zwischen A und B liegen. Die genannte Strecke AB wird also durch die Bewegung eines Punktes C auf der Geraden von irgend einer Anfangslage aus, die jedoch nicht im Inneren der Strecke selbst liegen darf, erzeugt. Diese Erzeugungsweise ist für den Fall, daß C in einen der Endpunkte A und B fällt, angegeben worden.

Aus der vorstehenden Betrachtung lassen sich die folgenden anschaulichen Sätze ableiten:

A C D B

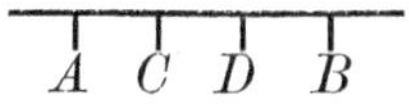

Fig. 4.

5. In einer gegebenen Strecke AB einer Geraden bestimmen zwei Punkte C und D eine Strecke CD, die in der ersten enthalten ist; die ergänzende Strecke zu CD enthält die ergänzende Strecke zu AB.

6. Wenn AB und CD zwei Strecken einer Geraden ohne gemeinsamen Endpunkt sind, so

a) trennen die Paare AB und CD entweder einander, und alsdann haben die beiden Strecken unendlich viele Elemente im Innern gemeinsam,

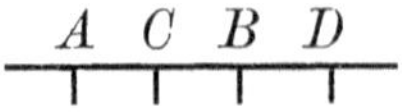

$A \quad C \quad B \quad D$

Fig. 5.

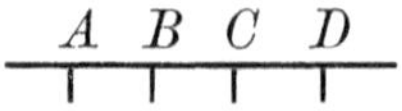

b) oder die Paare AB und CD trennen einander nicht, und alsdann haben die beiden Strecken entweder keinen Punkt mit einander gemeinsam oder die eine Strecke ist in der anderen enthalten; in dem ersten Falle ist die eine Strecke in derjenigen Strecke enthalten, welche die andere ergänzt.

$A \quad B \quad C \quad D$

Fig. 6.

7) Wenn AB und AC zwei Strecken einer Geraden mit einem gemeinsamen Endpunkte A sind, so haben sie entweder keine inneren Punkte gemeinsam, oder die eine der beiden Strecken ist in der anderen enthalten.

Das Gesagte erstreckt sich in entsprechender Weise auf die eigentlichen Strahlen- und Ebenenbüschel. Es wird ein kurzer erläuternder Hinweis für den Fall der Strahlenbüschel genügen.

In einem Strahlenbüschel bilden zwei Gerade a und b zwei einander ergänzende Winkel (Segmente des Gebildes); diese Winkel werden von einem beweglichen Strahl, der das Büschel durch eine Drehung (in dem einen oder dem anderen Sinne) in der Büschelebene erzeugt, beschrieben, wenn dieser Strahl von a nach b gelangt. Dem Worte „Winkel“ wird hier eine andere und in gewissem Sinne weitere Bedeutung als in der elementaren Geometrie beigelegt; der (vollständige) Winkel, wie wir ihn hier betrachten, wird aufgefaßt als eine Gesamtheit von Geraden, und nicht von Punkten, aber wenn man seine Geraden als Punktreihen betrachtet, so erhält man durch ihn ein ebenes Gebiet, das in der elementaren Geometrie „die Vereinigung von zwei Scheitelwinkeln“ darstellen würde. Überdies sollen hier mit dem Namen Komplementwinkel (nicht zwei Winkel, deren Summe einen Rechten beträgt, sondern) zwei (vollständige) Winkel bezeichnet werden, die das ganze Büschel vollständig erfüllen.

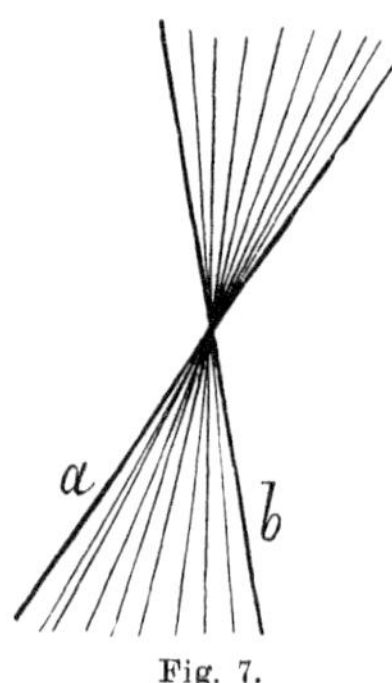

Fig. 7.

Im Übrigen wiederholen sich hier alle Betrachtungen, die für den Fall der Punktreihe hinsichtlich natürlicher Ordnungen, Strecken, sich trennender Paare angestellt worden sind, in derselben Weise; wie sie dort auf den anschaulichen Begriff der Bewegung eines die Gerade beschreibenden Punktes sich gründeten, so werden sie hier aus dem anschaulichen Begriff der Bewegung eines Strahles abgeleitet, der durch Drehung in der Ebene des Büschels das Büschel erzeugt. Man hat hier nur das Wort „Winkel“ an die Stelle des Wortes „Strecke“ zu setzen, um in gewöhnlicher Ausdrucksweise zu reden, aber dies ist durchaus nicht wesentlich, und wenn man sagt „Segment eines Gebildes erster Stufe“, so soll darunter in zusammenfassender Weise die Strecke einer Punktreihe und der Winkel eines Büschels verstanden werden.

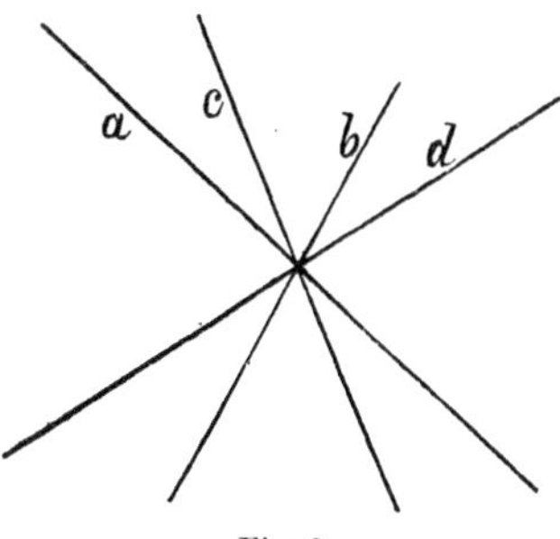

Fig. 8.

Unsere anschauliche Vorstellung der uneigentlichen Geraden (die in den vorstehenden Betrachtungen ausgeschlossen war) fällt zusammen mit der Vorstellung der Aufeinanderfolge der Richtungen der Strahlen eines Büschels; also müssen auch für die uneigentliche Gerade (wie für das Strahlenbüschel) die oben ausgesprochenen Sätze als anschauliche Wahrheiten betrachtet werden. Und in ähnlicher Weise gelten dieselben Sätze auch für den Fall uneigentlicher Strahlen- und Ebenenbüschel, wie man sich sofort überzeugt, wenn die Anschauung dieser Gebilde vorliegt.

Man darf von der Tatsache nicht überrascht sein, daß man in diesem Gedankengange für sämtliche Gebilde erster Stufe zu einer Reihe identischer Resultate gelangt; alles rührt davon her, daß man sich auf den Begriff der Bewegung eines das Gebilde beschreibenden Elementes stützt, und wir haben bemerkt, daß eine vollständige Übereinstimmung in dieser erzeugenden Bewegung für die verschiedenen Gebilde vorhanden ist, wenn sie perspektiv auf einander bezogen werden, d. h. wenn man ein Element des einen und das ihm angehörende Element des anderen Gebildes als zusammen in Bewegung befindlich betrachtet.

Anmerkung. Die Bewegung eines Elementes in einem Gebilde erster Stufe, von der hier die Rede ist, ist nicht die Bewegung des Gebildes auf sich selbst, die man in der metrischen (elementaren) Geometrie betrachtet. Aus dem zusammengesetzten Begriffe der Bewegung gewinnen wir hier z. B. für eine Gerade die Begriffe der (natürlichen) Ordnungen der Aufeinanderfolge ihrer Punkte und den Begriff der Strecke als einer Gesamtheit von Punkten, aber nicht als einer Länge[1]); es bleibt also der Begriff der Gleichheit von Strecken außerhalb der projektiven Geometrie.

1) Dieser Begriff findet nicht mehr ein vollständiges Gegenstück in dem metrischen Begriffe des Winkels eines Büschels (seiner Größe). Um sich davon

Die visuelle Anschauung, welche so von der Geraden (und in entsprechender Weise von den Büscheln) entsteht, ist von der metrischen Anschauung verschieden (sie enthält weniger, insofern ihr Objekt weniger bestimmt ist, nur einen Teil der Merkmale besitzt, die dem Objekte der metrischen Anschauung zukommen). Das physikalische Beispiel, das der ersten entspricht, wird uns durch einen Faden von veränderlicher Elastizität dargeboten, während das physikalische Beispiel, das der zweiten entspricht, uns durch einen starren Faden dargeboten wird; man versteht es, wenn gesagt wird, daß die Bewegung dieser beiden Fäden auf sich selbst (wobei im ersten Falle die Länge der verschiedenen Teile des Fadens sich ändern kann, im zweiten nicht) die von der projektiven Geometrie und die von der metrischen Geometrie betrachteten Bewegungen darstellt; die zweite ist ein besonderer Fall der ersten, der in der projektiven Geometrie nicht in besonderer Weise ausgezeichnet wird.

Die für die Gerade in Bezug auf natürliche Ordnungen u. s. w. ausgesprochenen Eigenschaften (insbesondere die Sätze 1, 2, 3, 4, 5, 6, 7) können für das Strahlen- und das Ebenenbüschel ausgesprochen und daher in eine allgemeine Aussage für alle Gebilde erster Stufe zusammengezogen werden (indem man von Elementen anstatt von Punkten spricht); dies versteht man sofort, und darum wäre es unnütz, jene Aussagen zu wiederholen.

Bei der Darlegung der erwähnten Eigenschaften für die Gebilde erster Stufe wurde von der Anschauung ausgedehnter Gebrauch gemacht; man kann verlangen, daß das, was der Anschauung entnommen wird, ausdrücklich als solches eingeführt wird, indem es klar und deutlich von dem getrennt wird, was mit Hilfe der Logik daraus abgeleitet wird, d. h. man kann fragen, welche Axiome mit der Benutzung jener anschaulichen Betrachtungen in die projektive Geometrie eingeführt werden. Da nun die Basis jener Betrachtungen der Begriff der Bewegung (im visuellen Sinne) ist, so werden wir veranlaßt, das folgende Axiom einzuführen, das diesen Begriff genau bezeichnet und zur Ableitung aller erwähnten anschaulichen Sätze genügt:

IV. Die Elemente eines Gebildes erster Stufe können in einer natürlichen cyklischen Anordnung in dem einen

zu überzeugen, braucht man nur zu überlegen, daß man auf einer Geraden so viele gleiche Strecken als man will hinter einander abtragen kann, ohne die Gerade zu erschöpfen, während, wenn in einem Büschel ein Winkel gegeben ist, durch eine endliche Zahl von gleichen Winkeln das Büschel erschöpft wird.

oder dem anderen Sinne vorgestellt werden, und zwar in folgender Weise:

1. Ist irgend ein Element A des Gebildes gegeben, so existiert eine natürliche Ordnung für das Gebilde, welche den erwähnten Sinn und A zum ersten Elemente hat, in welcher

a) von zwei Elementen B und C immer das eine, z. B. B, dem anderen vorangeht (und alsdann C auf B folgt),

b) wenn B dem C vorangeht und C dem D vorangeht, immer B dem D vorangeht,

c) zwischen zwei Elementen B und C unendlich viele Elemente existieren,

d) kein letztes Element existiert.

2. Die beiden natürlichen Ordnungen des Gebildes, welche dasselbe erste Element und entgegengesetzten Sinn haben, sind Umkehrungen von einander.

3. Zwei natürliche Ordnungen des Gebildes, welche denselben Sinn und verschiedene erste Elemente haben, nämlich A und B, gehen durch diejenige cyklische Vertauschung aus einander hervor, die A nach B bringt.

Diesem Axiom, das die verschiedenen Elemente des (visuellen) Begriffes der Bewegung (zerlegt) enthält, entnimmt man allein mit Hilfe der Logik die anderen oben erwähnten Resultate; der Begriff der Strecke wird alsdann hingestellt als der der geordneten Aufeinanderfolge derjenigen Elemente, welche in einer Ordnung, die den einen Endpunkt zum ersten Elemente hat, nicht dem anderen folgen u. s. w.[1]). Um die Anschauung zu erleichtern, werden wir auch sagen können, daß ein Element sich auf dem Gebilde bewegt, indem es eine geordnete Strecke beschreibt; das besagt ebensoviel, als daß man die Elemente der geordneten Strecke (die in ihr auf einander folgen) als die verschiedenen Lagen eines einzigen veränderlichen Elementes betrachtet.

Anmerkung.. Viele andere anschauliche Begriffe schließen sich an die durch das vorhergehende Axiom eingeführten an. So kann man z. B. aus dem Begriffe des Winkels zweier Geraden a und b in einem Büschel (als des Inbegriffs der Strahlen) den Begriff des ebenen

1) Die Herleitung solcher etwas umständlicher Schlüsse, um klar zur Erscheinung zu bringen, daß man wirklich nichts anderes der Anschauung entnimmt, könnte vor sich gehen, indem man dem oben dargelegten Gedankengange ungefähr folgt. Man möge darüber meine Notiz in dem Istituto Lombardo (Juli 1894): *Sui fondamenti della Geometria projettiva* nachsehen. Dort wird überdies ein Axiom eingeführt, das der Anschauung eine geringere Zahl von Ausgangspunkten entnimmt.

Winkelgebietes oder des ebenen Winkels ab herleiten, indem man den Inbegriff derjenigen Punkte der Ebene betrachtet, welche vom Mittelpunkte des Büschels aus durch Strahlen des betrachteten Winkels ab projiziert werden. Darum teilen zwei Gerade einer Ebene die Ebene in zwei Winkelgebiete von Punkten (wobei man die Scheitelwinkel zu einem einzigen vereinigt denkt). Dieser Satz gilt auch in dem Falle, daß eine der beiden Geraden a und b die uneigentliche Gerade ist; alsdann sagt er uns, daß jede eigentliche Gerade a (zusammen mit der uneigentlichen Geraden aufgefaßt) die Ebene in zwei Gebiete oder Seiten teilt, in dem wohlbekannten metrischen Sinn.

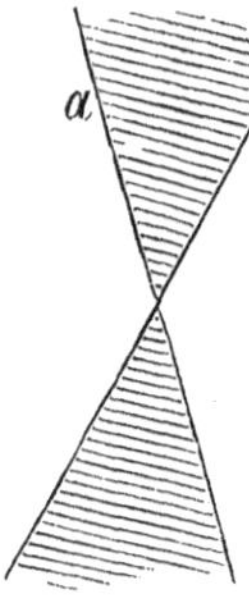

Fig. 9.

Dem vorstehenden allgemeinen Satze kann man den folgenden gegenüberstellen, der in gewissem Sinne das Analogon für die geradlinigen Strecken ist: Eine geradlinige Strecke AB teilt die Geraden des ebenen Geradensystems in zwei Klassen: in Gerade, welche die Gerade (AB) in einem Punkte der betrachteten Strecke treffen, und in Gerade, welche sie in einem Punkte außerhalb der Strecke treffen. Aber hier ist keine Möglichkeit vorhanden, einen metrischen Zusatz aufzusuchen analog dem, der aus der besonderen Betrachtung der uneigentlichen Geraden hervorging.

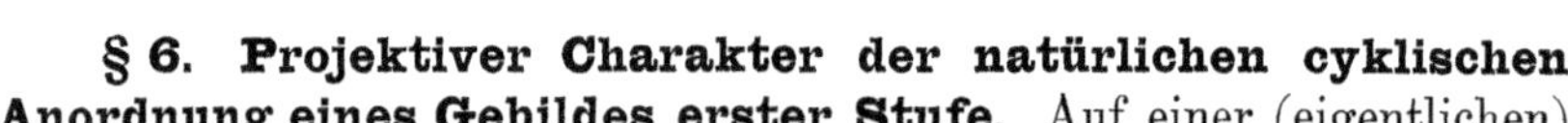
§ 6. Projektiver Charakter der natürlichen cyklischen Anordnung eines Gebildes erster Stufe. Auf einer (eigentlichen) Geraden u werde eine Strecke ACB betrachtet, und es sei dies z. B. die endliche Strecke AB. Wenn man die Gerade von einem Punkte U (außerhalb u) aus projiziert, so erhält man ein perspektives Strahlenbüschel, in welchem der Streke ACB ein Winkel acb entspricht. Wenn man das Büschel U mit einer (eigentlichen) Geraden v (die nicht durch U geht) schneidet, so erhält man in entsprechender Weise auf dieser eine Strecke $A'C'B'$, und dies wird die endliche Strecke $A'B'$ oder die unendliche Strecke (wie in der Figur) sein können. Eine analoge Bemerkung kann man für die anderen Gebilde erster Stufe machen, wenn man von dem einen zum

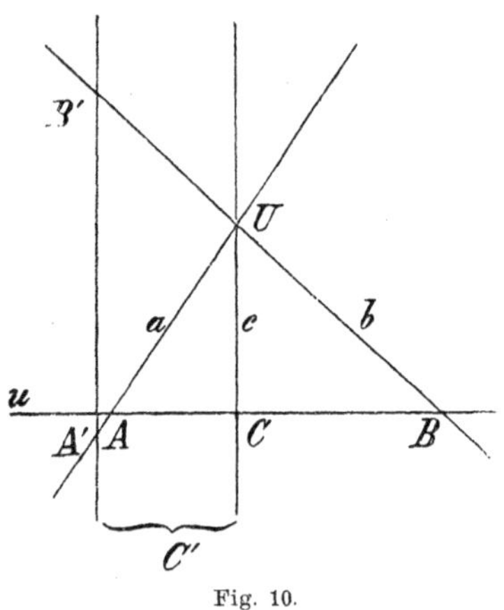

Fig. 10.

anderen mit Hilfe von Projektionen und Schnitten übergeht; d. h. man kann bemerken (wenn wir uns für jetzt auf eigentliche Elemente beschränken), daß in jeder projizierenden Figur oder jedem Schnitt eines Gebildes erster Stufe einem Segmente des ersten Gebildes ein Segment (der Ort der projizierenden Elemente oder Schnitte seiner Elemente) des anderen Gebildes entspricht.

Den Ursprung dieses Satzes bildet die Anschauung; die Anschauung der Tatsache, daß (um z. B. von Punktreihen und Strahlenbüscheln zu reden) ein Strahl eines Büschels, der einem auf einer (zu dem Büschel perspektiven) Geraden beweglichen Punkte angehört, das Büschel und seine natürliche cyklische Anordnung beschreibt, während der Punkt die Gerade und ihre natürliche Anordnung beschreibt. Und die Anschauung gibt uns noch dasselbe Resultat, wenn man auch die uneigentlichen Gebilde in den verschiedenen denkbaren Fällen betrachtet. Wenn wir z. B. an eine uneigentliche Punktreihe denken, die durch eine eigentliche Ebene α und ein ihr perspektives eigentliches Büschel in dieser Ebene gegeben ist, so sagt uns im wesentlichen der vorstehende Satz, daß man immer dieselbe cyklische Anordnung der Richtungen der Geraden in α erhält, wenn man diese Richtungen den Strahlen zweier durch Parallelismus auf einander bezogenen Büschel in der Ebene beigelegt denkt.

Die hier bemerkte Thatsache erscheint nicht im Axiom IV, wo man nur ein Gebilde erster Stufe für sich und nicht in seiner Beziehung zu anderen perspektiven Gebilden betrachtet (obwohl auf diese Tatsache schon in den dem Axiom selbst vorangehenden anschaulichen Betrachtungen hingedeutet wurde); man muß sie also als ein neues Axiom aussprechen. Daher führen wir, ohne eigentliche und uneigentliche Gebilde zu unterscheiden, folgendes Axiom ein:

V. Wenn zwei Gebilde erster Stufe perspektiv sind und ein Element sich auf dem einen bewegt und ein Segment beschreibt, so bewegt sich auch das entsprechende Element auf dem anderen, indem es ein Segment beschreibt.

Das heißt so viel, als daß die natürliche cyklische Anordnung eines Gebildes erster Stufe projektiven Charakter hat, d. h. beim Projizieren und Schneiden erhalten bleibt (sich in die analoge Anordnung des anderen Gebildes verwandelt).

Anmerkung. Die im § 3 aufgestellten Begriffe und Axiome und die im § 5 aufgestellten charakterisieren zwei verschiedene Klassen von visuellen, der projektiven Geometrie angehörenden Begriffen, und das Axiom V dieses Paragraphen stellt die Verbindung zwischen diesen beiden Klassen von Begriffen her; daher kann man die Axiome

IV und V als die Glieder einer zweiten Gruppe von fundamentalen Sätzen der projektiven Geometrie betrachten. Die Eigenschaften, welche entstehen, wenn man solche Begriffe mit einander kombiniert, heißen visuelle Eigenschaften; im Gegensatz dazu nennt man metrische Eigenschaften solche, welche sich auf andere Begriffe wie den der Gleichheit oder des Maßes (Größe der Strecke oder des Winkels u. s. w.) oder auf die besondere Betrachtung der uneigentlichen Elemente beziehen, die in den visuellen Begriffen von den eigentlichen Elementen nicht unterschieden werden. Es ist wichtig anzumerken, daß die visuellen Eigenschaften projektiven Charakter haben, d. h. bestehen bleiben (in andere analoge der abbildenden Figuren übergehen, wobei sich nur der Name des Elementes ändert), wenn man von einem Gebilde, das die Figur, auf welche sie sich beziehen, enthält, mit Hilfe von Projektionen und Schnitten zu einem anderen Gebilde derselben Stufe übergeht. Das rührt von der Tatsache her, daß diese Eigenschaften nur rein logische Kombinationen der in den aufgestellten Axiomen enthaltenen Eigenschaften in Bezug auf die beiden elementaren Begriffe: des Einanderangehörens zweier Grundelemente und des Aufeinanderfolgens mehrerer Elemente eines Gebildes der ersten Stufe sind; diesen Eigenschaften kommt eben der projektive Charakter zu.

Man kann nicht dasselbe von den metrischen Eigenschaften sagen; diese bleiben im allgemeinen beim Projizieren und Schneiden nicht erhalten, wenn es auch besondere metrische Eigenschaften, die im folgenden erwähnt werden werden, gibt, denen der projektive Charakter zukommt. So ist z. B. die Tatsache, daß eine Strecke nicht endlich, sondern unendlich ist, eine metrische Eigentümlichkeit, und wir haben gesehen, daß diese Eigenschaft beim Projizieren und Schneiden nicht bestehen bleibt, da man ja eine unendliche Strecke einer Geraden in eine endliche Strecke projizieren kann und umgekehrt.

Notiz. Im folgenden stützen wir uns ausschließlich auf die Sätze I, II, III, IV, V, die in zusammenfassender Form die in die projektive Geometrie eingeführten Axiome[1]) in sich begreifen, und nehmen nicht mehr zur Anschauung unsere Zuflucht, es sei denn, um Beispiele zu geben, Gegenüberstellungen zu machen u. s. w. und seinerzeit (indem es ausdrücklich angezeigt werden wird) ein neues,

1) Diese könnten, wenn man die verschiedenen Gebilde und Elemente besonders betrachtet, einzeln ausgesprochen werden, und dann hätte man 12 Sätze. Die ersten sechs sind die Sätze a, b, c, d, e, f, die mit den Sätzen I, II, III gleichwertig sind. Der Grund für diese Gruppierung wird bald sichtbar sein.

auf dieselben visuellen Begriffe sich beziehendes Axiom herzuleiten; wir betrachten also ausdrücklich nur visuelle Eigenschaften und setzen beim Forschen nach ihnen voraus, daß außer den klar ausgesprochenen fundamentalen Sätzen nichts bekannt sein soll. Aber wir werden auch Anwendungen von metrischer Natur machen und bei diesen werden wir naturgemäß andere Begriffe und die gewöhnlichen Axiome der elementaren Geometrie oder auch einige ihrer einfachen Sätze zu Hilfe nehmen; in diesen Fällen werden wir vor die Erörterung oder den Paragraphen ein Sternchen * setzen. Dann und nur dann sollen die bezeichneten Gebilde (wenn nicht eine ausdrückliche Bemerkung vorliegt) als eigentlich vorausgesetzt werden, und wenn von uneigentlichen Strahlenbüscheln die Rede ist, so sollen darunter solche verstanden werden, die „in eigentlichen Ebenen liegen".

Zweites Kapitel.

Gesetz der Dualität. — Einleitende Sätze.

§ 7. Gesetz der Dualität im Raume. Wenn wir allein mit dem Hilfsmittel der Logik die auf die fundamentalen Sätze I, II, III, IV, V gegründete (projektive) Geometrie entwickeln wollen, so werden wir dies tun können, ohne die erzeugenden Elemente der beiden Gebilde dritter Stufe von einander zu unterscheiden, da auf diese die genannten Axiome sich in gleicher Weise beziehen; also ohne jemals von Punkten und Ebenen zu sprechen, sondern nur von Elementen eines Gebildes dritter Stufe; wobei wir der (in der Definition der Elemente und Gebilde enthaltenen) Tatsache, daß das Element eines Gebildes dritter Stufe ein Gebilde zweiter Stufe in dem anderen ist, Rechnung tragen. Um diese Eigentümlichkeit hervortreten zu lassen, sind die fundamentalen Sätze der projektiven Geometrie in dem ersten Kapitel in Gruppen zusammengefaßt und in eine allgemeine Form gebracht worden.

In der Entwicklung der Geometrie würde die beständige Anwendung der erwähnten Ausdrucksweise den Mißstand mit sich bringen, daß die Anschauung der bewiesenen Eigenschaften erschwert und darum ihr Verständnis weniger deutlich wird; aber dies tut der logischen Möglichkeit keinen Eintrag, allen auf einander folgenden Schlüssen eine solche Form zu geben. Aus dieser Möglichkeit fließt ein allgemeines und fruchtbares Prinzip der projektiven Geometrie. Da man jeden (auf die Sätze I, II, III, IV, V gegründeten) Satz der projektiven Geometrie aussprechen kann, indem man von Gebilden dritter Stufe und Elementen spricht, ohne deren Namen anzugeben, so drückt jeder solche Satz eine Eigenschaft aus, die für beide Gebilde dritter Stufe (das räumliche Punkt- und das räumliche Ebenensystem) zusammen besteht; daher erhält man daraus zwei Sätze, wenn man festsetzt, daß das in dem Satze genannte Element der Punkt (das erzeugende Element für das räumliche Punktsystem) oder die Ebene (das erzeugende Element für das räumliche Ebenensystem) sein soll. Also werden die Sätze der projektiven Geometrie nach einem gewissen Gesetze, das das Gesetz der Dualität heißt, einander paarweise zugeordnet. Wenn man in dem allgemeinen, auf die Gebilde dritter Stufe bezogenen Satze (der ein Paar von dualen oder korrelativen Sätzen in sich begreift) in Bezug auf das erzeugende Element eine bestimmte Annahme macht, so werden dadurch auch die Gebilde erster und zweiter Stufe, von denen in der Aussage die Rede ist, bestimmt, und ebenso, als Träger dieser Gebilde, die anderen Grundelemente (Punkte, Gerade und Ebenen), die von dem als erzeugendes Element (Punkt oder Ebene) des Gebildes dritter Stufe angenommenen Elemente verschieden sind.

Nimmt man als Element den Punkt an (d. h. spricht man den Satz für das räumliche Punktsystem aus), so wird man als dem gegebenen Gebilde dritter Stufe angehörendes Gebilde erster Stufe die Punktreihe betrachten müssen. Nimmt man dagegen als Element die Ebene an, so wird man als in dem gegebenen Gebilde dritter Stufe enthaltenes Gebilde erster Stufe das Ebenenbüschel betrachten müssen. Der Träger des Gebildes erster Stufe (der im zweiten Falle den Namen Achse annimmt) ist in beiden Fällen die Gerade, und diese kommt in diesen Aussagen nicht als Element, sondern eben als Träger eines Gebildes, d. h. als der Inbegriff der ihm angehörenden Elemente vor.

Die Ebene erscheint in dem ersten Falle (in dem als Element des Gebildes dritter Stufe der Punkt angenommen wird) als Träger des Gebildes „ebenes Punktsystem", und man muß von dem ebenen Punktsystem dort reden, wo man in der allgemeinen Aussage von dem einem Gebilde dritter Stufe angehörenden Gebilde zweiter Stufe spricht.

Anstelle der Ebene erscheint in der zweiten Aussage der Punkt (wie anstelle des Elementes Punkt das Element Ebene), und dieser wird hier nicht als Element, sondern als Träger des Gebildes zweiter Stufe „Ebenenbündel" betrachtet, und man muß hier von einem Ebenenbündel reden, wo man in der allgemeinen Aussage von dem Gebilde zweiter Stufe spricht, das dem gegebenen Gebilde dritter Stufe (das in diesem Falle das räumliche Ebenensystem ist) angehört.

Die anderen Gebilde erster und zweiter Stufe (ausser den genannten) erscheinen nicht als Gebilde, die dem Gebilde dritter Stufe angehören, in keinem von beiden Fällen. Das Strahlenbüschel erscheint in dem ersten Falle als der Inbegriff der Geraden (die hier, wie ich sagte, als Träger von Punktreihen aufgefaßt werden), die einem Elemente (einem Punkte) angehören und deren Punkte einem Gebilde zweiter Stufe (einem ebenen Punktsystem), das den Mittelpunkt des Büschels enthält, angehören. Anstelle des Strahlenbüschels erscheint in dem zweiten Falle wiederum das Strahlenbüschel, aber als Inbegriff der Geraden (von denen jede als Achse eines Ebenenbüschels aufgefaßt wird), die einem Elemente (einer Ebene) angehören und deren Ebenen (nämlich die ihnen angehörenden Ebenen) Elemente eines, die Ebene des Büschels enthaltenden Gebildes zweiter Stufe (eines Ebenenbündels) sind.

In ähnlicher Weise erscheint das Strahlenbündel in der ersten Aussage (die man erhält, wenn man als Element den Punkt annimmt) als der Inbegriff der Geraden (Punktreihen), welche ein Element „Punkt“ gemeinsam haben; in der zweiten Aussage tritt an seine Stelle das Gebilde „ebenes Geradensystem“, das als der Inbegriff derjenigen Geraden (Ebenenbüschel) aufgefaßt wird, welche ein Element „Ebene“ gemeinsam haben. Umgekehrt wird das ebene Geradensystem (das im ersten Falle als der Inbegriff der in einem ebenen Punktsystem enthaltenen Geraden [Punktreihen] erscheint) in der zweiten Aussage durch das Strahlenbündel (das hier als der Inbegriff der in einem Ebenenbündel enthaltenen Geraden [Ebenenbüschel] erscheint) ersetzt; während beide Gebilde (das ebene Geradensystem und das Strahlenbündel) in allgemeiner Weise (in der allgemeinen Aussage) als der Inbegriff der einem Gebilde zweiter Stufe (in dem gegebenen Gebilde dritter Stufe) angehörenden Gebilde erster Stufe bezeichnet werden.

Aus dem Gesagten geht das folgende Gesetz der Dualität hervor:

Jedem aus den fundamentalen Sätzen I, II, III, IV, V hergeleiteten Satze entspricht ein korrelativer (auch dual oder reziprok genannter) Satz, dessen Wortlaut man erhält, wenn man das Wort „Punkt“ der ersten Aussage durch das Wort „Ebene“ und das Wort „Ebene“ durch das Wort „Punkt“ ersetzt, das Wort „Gerade“ aber ungeändert läßt; mit der Anmerkung, daß man gleichzeitig die damit zusammenhängenden Wortvertauschungen vornehmen muß, die aus der verschiedenen Art, wie man in beiden Fällen die Beziehung, daß zwei Elemente einander angehören, zum Ausdruck bringt, aus den verschiedenen, den Gebilden beigelegten Namen, aus der verschiedenen Art, wie man die Grundoperationen (projizieren und schneiden), die mit einander vertauscht werden, bezeichnet, u. s. w. sich ergeben.

In § 4 sind in Bezug auf die Grundoperationen einige Sätze ausgesprochen und einander gegenübergestellt worden, die gerade zu einander korrelative Sätze sind; dies bildet den Grund für die Analogie, die dort bemerkt worden ist.

Im folgenden werden, der Notiz des § 6 entsprechend, die Sätze, welche wir nach und nach entwickeln werden (außer den mit einem Sternchen bezeichneten), aus den Sätzen I, II, III, IV, V, die wir als Axiome der projektiven Geometrie angenommen haben, logisch hergeleitet werden; es wird darauf ein neues Axiom (der Stetigkeit) hinzugefügt, aber ohne Bezeichnung des erzeugenden Elementes für die Gebilde erster Stufe ausgesprochen werden; es folgt aus der bisherigen Auseinandersetzung, daß das Gesetz der Dualität auch für diejenigen Sätze, die nur mit Hilfe dieses Axioms abgeleitet werden, bestehen wird.

Umgekehrt wird es im allgemeinen nicht für Sätze gelten, die mit einem Sternchen bezeichnet sind, da in diesen von anderweitigen Begriffen und metrischen Axiomen, die sich für die verschiedenen Gebilde in verschiedener Weise darstellen, Gebrauch gemacht wird.

Anmerkung 1. Wenn ein Satz gegeben ist, so kann man a priori den korrelativen Satz aussprechen, wofern nur der Beweis des ersten ausschließlich auf die Sätze I, II, III, IV, V gegründet ist. Will man einen direkten Beweis von ihm haben, so sind nur in der Folge von Schlüssen, welche zum Nachweis des ersten Satzes führte, die in dem Gesetze der Dualität angegebenen Wortvertauschungen vorzunehmen; das ist möglich, da ja die Elemente „Punkt“ und „Ebene“ in den fundamentalen Sätzen, von denen der erwähnte Beweis ausgeht, symmetrisch vorkommen.

Dem Wesen nach beruht auf dieser Symmetrie das Gesetz der Dualität; indem wir sie feststellen, haben wir verständlich gemacht, wie zwei korrelative Sätze als die beiden Seiten eines und desselben Satzes zu betrachten sind.

Es ist nötig anzumerken, daß man weder im Wortlaut, noch im Beweise eines Satzes, wenn der dazu korrelative Satz existieren soll, eine Unterscheidung zwischen eigentlichen und uneigentlichen Elementen machen darf, wie es im vorhergehenden Kapitel festgesetzt worden ist. Ein Satz, in dem in besonderer Weise die Betrachtung eines uneigentlichen Elementes vorkäme, würde nicht mehr ausschließlich auf die Sätze I, II, III, IV, V gegründet sein, in denen die angeführten Elemente ebensogut uneigentliche wie eigentliche Elemente sind; wenn man in jenen fundamentalen Sätzen eine solche Unterscheidung machen wollte, so würde für sie das Gesetz der Dualität seine Geltung verlieren, wie es ja gerade aus diesem Grunde für die Gesamtheit derjenigen Sätze, deren Aussage eine solche Unterscheidung (im *metrischen* Sinne) enthält, wie in der elementaren Geometrie, keine Geltung hat.

Diese Bemerkung zeigt aufs neue den Nutzen der Einführung der uneigentlichen Elemente.

Im folgenden wird das Gesetz der Dualität für eine große Zahl von Sätzen unabhängig davon, wie sie bewiesen worden sind (und daher auch, wenn man auf metrischem Wege zu ihnen gelangt sein sollte), nachgewiesen werden können; aber es ist gut, von jetzt ab darauf hinzuweisen, daß das Gesetz der Dualität zwar für die *visuellen* Eigenschaften (§ 6) gilt, aber für die *metrischen* Eigenschaften im allgemeinen nicht besteht.

Anmerkung 2. Vom logischen Standpunkte aus bieten zwei korrelative Sätze gleiche Schwierigkeiten dar, wenn es sich um ihren Beweis handelt; aber beim Nachweis von Sätzen tritt immer, als Führer zu dem logischen Beweisverfahren (das jedoch davon unabhängig ist), die Anschauung auf; und da nun vom anschaulichen (und zwar visuellen) Standpunkte aus das räumliche Punkt- und das räumliche Ebenensystem als verschieden erscheinen, so wird die Fähigkeit unserer Anschauung, geometrische Eigenschaften (die dann auf logischem Wege nachgewiesen werden müssen) zu entdecken, durch das im Raum geltende Gesetz der Dualität verdoppelt. Aus dieser Betrachtung kann man auf die ganze Fruchtbarkeit des aufgestellten Prinzipes schließen.

§ 8. Beispiele für die Dualität im Raume. Die folgenden einander gegenübergestellten Sätze stellen Beispiele von korrelativen Sätzen dar.

Drei Punkte, die nicht einer Geraden angehören, bestimmen ein Dreieck: die Figur, die von den drei Punkten (Eckpunkten), den drei durch je zwei von ihnen bestimmten Geraden (Seiten) und der durch die drei Punkte bestimmten Ebene gebildet wird.	Drei Ebenen, die nicht einer Geraden angehören, bestimmen ein körperliches Dreiseit: die Figur, die von den drei Ebenen (Seiten), den drei durch je zwei von ihnen bestimmten Geraden (Kanten) und dem durch die drei Ebenen bestimmten Punkte gebildet wird.

Man nennt *incident* zwei Gerade, die durch einen Punkt gehen und in einer Ebene liegen. Zwei nicht incidente Gerade heißen *windschief*.

Zwei Gerade, die einen Punkt gemeinsam haben, sind *incident*.	Zwei Gerade, die in einer Ebene liegen, sind *incident*.
Wenn zwei windschiefe Gerade gegeben sind, so geht durch	Wenn zwei windschiefe Gerade gegeben sind, so gibt es in

einen Punkt außerhalb eine Gerade, die zu den beiden gegebenen incident ist.

einer Ebene, die durch keine von beiden geht, eine Gerade, die den beiden gegebenen Geraden incident ist.

In der Tat entsteht diese Linie als Schnittlinie der Ebenen, die die beiden Geraden von dem Punkte aus projizieren.

In der Tat entsteht diese Linie als Verbindungslinie der beiden Punkte, in denen die beiden Geraden und die Ebene sich schneiden.

Wenn zwei windschiefe Gerade gegeben sind, so bildet ein Punkt der einen von ihnen den Mittelpunkt eines Büschels von Strahlen, die zu beiden gegebenen Geraden incident sind.

Wenn zwei windschiefe Gerade gegeben sind, so gibt es in einer durch die eine von ihnen gehenden Ebene ein Büschel von Strahlen, die zu den beiden gegebenen Geraden incident sind.

In der Tat sind alle Geraden, die durch einen Punkt einer Geraden gehen, zu ihr incident; von diesen müssen diejenigen, welche zu der anderen Geraden incident sein sollen, in derjenigen Ebene liegen, welche durch diese Gerade und den Punkt der ersten bestimmt ist.

In der Tat sind alle Geraden, die in einer durch eine Gerade gehenden Ebene liegen, zu dieser incident; von diesen müssen diejenigen, welche zu der anderen Geraden incident sein sollen, durch denjenigen Punkt gehen, welcher durch diese Gerade und die durch die erste Gerade gehende Ebene bestimmt ist.

Wenn zwei incidente Gerade gegeben sind, so gibt es durch einen Punkt, der nicht in der Ebene, der diese angehören, liegt, eine Gerade, die zu beiden incident ist.

Wenn zwei incidente Gerade gegeben sind, so gibt es in einer Ebene, die nicht den Punkt, dem sie angehören, enthält, eine Gerade, die zu beiden incident ist.

Dies ist die Gerade, welche von dem gegebenen Punkte aus den Schnittpunkt der beiden gegebenen Geraden projiziert.

Dies ist die Gerade, in welcher die gegebene Ebene von der Ebene, in der die beiden gegebenen Geraden liegen, geschnitten wird.

Wenn zwei incidente Gerade gegeben sind, so ist ein nicht beiden gemeinsamer Punkt der Ebene, in welcher sie liegen, der Mittelpunkt eines Büschels von Strahlen, die zu beiden Geraden

Wenn zwei incidente Gerade gegeben sind, so gibt es in einer durch ihren gemeinsamen Punkt gehenden, sie nicht enthaltenden Ebene ein Büschel von Strahlen, die zu beiden Geraden incident

incident sind, und der ihnen gemeinsame Punkt ist der Mittelpunkt eines Bündels von Strahlen, die zu den gegebenen Geraden incident sind.

sind, und die Ebene der beiden Geraden ist der Träger eines ebenen Geradensystems, dessen Gerade zu den beiden gegebenen Geraden incident sind.

Der Kürze wegen wird der außerordentlich einfache Beweis der beiden letzten Sätze übergangen.

Wenn mehrere Gerade zu je zweien incident sind und nicht sämtlich durch einen und denselben Punkt gehen, so liegen sie in einer und derselben Ebene.

Es seien $a, b, c \ldots$ die gegebenen Geraden, die zu je zweien incident sind und nicht sämtlich durch einen und denselben Punkt gehen. Wenigstens eine von ihnen, z. B. die Linie c, geht nicht durch den Punkt $O \equiv (ab)$ und trifft daher die Linien a und b in zwei unter sich und von O verschiedenen Punkten: $A \equiv (ac)$ und $B \equiv (bc)$. Infolgedessen liegt die Linie c in der Ebene $\Omega \equiv (ab)$ der beiden Geraden a und b. Jede andere zu a, b, c incidente Gerade d geht nun nicht gleichzeitig durch die Punkte O, A und B; wenn sie z. B. nicht durch $A \equiv (ac)$ geht, so muß sie in der Ebene (ac) oder in der Ebene Ω liegen. Also liegen alle Geraden in der Ebene Ω.

Wenn mehrere Gerade zu je zweien incident sind und nicht in einer und derselben Ebene liegen, so gehen sie durch einen und denselben Punkt.

Es seien $a, b, c \ldots$ die gegebenen Geraden, die zu je zweien incident sind und nicht sämtlich in einer und derselben Ebene liegen. Wenigstens eine von ihnen, z. B. die Linie c, liegt nicht in der durch a und b bestimmten Ebene $\Omega \equiv (ab)$ und liegt daher mit a und b in zwei unter sich und von Ω verschiedenen Ebenen: $\alpha \equiv (ac)$, $\beta \equiv (bc)$. Infolgedessen geht die Linie c durch den den beiden Geraden a und b gemeinsamen Punkt $O \equiv (ab)$. Jede andere zu a, b, c incidente Gerade d liegt nun nicht gleichzeitig in den Ebenen Ω, α und β; wenn sie z. B. nicht in $\alpha \equiv (ac)$ liegt, so muß sie dem Punkte (ac) oder dem Punkte O angehören. Also gehen alle gegebenen Geraden durch den Punkt O.

Wenn mehrere Gerade zu je zweien incident sind, so gibt es außer den genannten Fällen nur noch den Fall, daß sie gleichzeitig einem Punkte und einer Ebene (die einander angehören) angehören; daher haben wir den

Satz: Wenn mehrere Gerade zu je zweien incident sind, so gehören sie immer einem und demselben Gebilde zweiter Stufe (einem Strahlenbündel oder einem ebenen Geradensystem) an und sie gehören nur dann zwei Gebilden zweiter Stufe (einem Strahlenbündel und einem Geradensystem) an, wenn sie einem und demselben Strahlenbüschel angehören.

§ 9. Das Gesetz der Dualität in den Gebilden zweiter Stufe. Beispiele. Das in § 7 aufgestellte Gesetz der Dualität im Raume (mit den dort gemachten Anmerkungen) gewährt die Möglichkeit, die Geometrie des räumlichen Ebenensystems aus der des räumlichen Punktsystems herzuleiten und umgekehrt. Im besonderen gewährt es die Möglichkeit, aus einem Satze der Geometrie im ebenen Punkt- (oder Geraden-)system einen Satz der Geometrie im Ebenen- (oder Strahlen-)bündel herzuleiten.

Es gibt ein anderes Gesetz der Dualität, das nur auf die Sätze der Geometrie in der Ebene oder im Bündel Anwendung findet und die Möglichkeit darbietet, einen Satz der Geometrie im ebenen Punktsystem und einen (in der Ebene korrelativen) Satz der Geometrie im ebenen Geradensystem einander zuzuordnen, und in ähnlicher Weise einen Satz der Geometrie im Ebenenbündel und einen (im Bündel korrelativen) Satz der Geometrie im Strahlenbündel; wobei immer (für jetzt) daran festgehalten sein soll, daß diese Sätze aus den Axiomen I, II, III, IV, V hergeleitet sein müssen, wie es im § 6 festgesetzt worden ist.

Man findet den Beweis dieses Gesetzes, wenn man sich auf die Anmerkung im § 6 bezieht. Nach dieser haben die Eigenschaften der auf die Sätze I, II, III, IV, V gegründeten ebenen Geometrie, d. h. die visuellen Eigenschaften, projektiven Charakter. Daher setzen sich die Eigenschaften einer ebenen Punktfigur bei der Projektion in Eigenschaften einer aus Strahlen, die einem zur Ebene perspektiven Bündel angehören, gebildeten Figur (der projizierenden Figur der gegebenen) um; und umgekehrt gelangt man von der zweiten Figur zur ersten durch einen Schnitt. Ebenso setzen sich auch die Eigenschaften einer ebenen Geradenfigur bei der Projektion in Eigenschaften einer aus Ebenen im Bündel bestehenden Figur um, und umgekehrt.

Aber aus einer Eigenschaft einer aus Strahlen im Bündel bestehenden Figur leitet man infolge der Dualität im Raume eine Eigenschaft einer ebenen Geradenfigur her; also kann man von einer Eigenschaft einer ebenen Punktfigur zu einer (in der Ebene korrelativen) Eigenschaft einer ebenen Geradenfigur übergehen, und in analoger Weise von der zweiten zur ersten. Da man nun jede ebene Figur als den Inbegriff von Punkten oder als den Inbegriff von Geraden betrachten kann, so kann man aus jeder ihrer Eigenschaften eine Eigenschaft, die sich auf eine korrelative Figur bezieht, herleiten.

Eine entsprechende Art, die Sätze zu je zweien einander zuzuordnen, gibt es im Bündel. Zwei im Bündel korrelative Sätze haben ihre nach dem Gesetze der Dualität im Raume korrelativen Sätze in zwei Sätzen der Ebene (die in der Ebene korrelativ sind), und diese leitet man (wenn man ihre Reihenfolge vertauscht) auch aus jenen für das Bündel durch einen Schnitt ab.

So sieht man, daß die Geometrie in den Gebilden zweiter Stufe, soweit sie aus den angenommenen fundamentalen Sätzen abgeleitet ist, unabhängig ist von der Bezeichnung des Elementes (Punkt oder Gerade, Gerade oder Ebene) und des Trägers (Ebene oder Punkt) des Gebildes. Mit anderen Worten:

Jeder Satz, der eine Eigenschaft einer einem Gebilde zweiter Stufe angehörenden Figur ausspricht, läßt sich aussprechen, ohne daß man näher angibt, um welches Gebilde zweiter Stufe es sich handelt, indem man nur von dem Gebilde zweiter Stufe und seinen Elementen und Gebilden (erster Stufe) spricht.

Wenn der Satz so ausgesprochen wird, so drückt er vier Eigenschaften (von Figuren, die den vier verschiedenen Gebilden zweiter Stufe angehören) aus, und die vier Sätze, auf die er führt, erscheinen als die Seiten eines einzigen Satzes.

Aus diesen Betrachtungen ergibt sich die Regel, die man befolgen muß, um die anderen drei Sätze, auf welche ein Satz der Geometrie in einem Gebilde zweiter Stufe führt, auszusprechen; wir sprechen sie aus, indem wir klar hinstellen, wie man von einem Satze in dem ebenen Punktsystem zu einem Satze in dem ebenen Geradensystem (und umgekehrt), und wie man von einem Satze der Geometrie im Ebenenbündel zu einem Satze im Strahlenbündel (und umgekehrt) übergeht. Die beiden Paare von Sätzen (die in der Ebene und im Bündel korrelativ sind) sind unter einander in doppelter Weise durch das Gesetz der Dualität im Raume und durch die Möglichkeit, die Ebene und das Bündel perspektiv auf einander zu beziehen, verknüpft; dies ist gerade die Grundlage der vorangehenden Betrachtungen gewesen. Hier sind beide Aussagen:

Es besteht das folgende Gesetz der *Dualität in der Ebene*:

Jedem Satze, der eine Eigenschaft einer Figur, die der als Punktsystem betrachteten Ebene angehört, ausspricht, wird, sofern dieser Satz aus den fundamentalen Sätzen I, II, III, IV, V hergeleitet ist, ein Satz (der zu ihm *in der Ebene korrelativ* heißt) zugeordnet, der eine Eigenschaft einer Figur, die der als Geradensystem betrachteten Ebene angehört, ausspricht, und umgekehrt. Man geht von der

Aussage eines Satzes zu der Aussage des zu ihm (in der Ebene) korrelativen Satzes über, indem man die Worte „Punkt“ und „Gerade“ mit einander vertauscht und diejenigen Änderungen im Wortlaut vornimmt, welche sich daraus notwendig ergeben (vgl. das Gesetz der Dualität im Raume im § 7).

In ähnlicher Weise besteht das folgende Gesetz der Dualität im Bündel:

Jedem Satze, der eine Eigenschaft einer dem Bündel (z. B. dem Ebenenbündel) angehörenden Figur ausspricht, wird, wofern dieser Satz aus den fundamentalen Sätzen I, II, III, IV, V hergeleitet ist, ein Satz (der zu ihm im Bündel korrelativ heißt) zugeordnet, der eine Eigenschaft einer Figur im (Strahlen-)Bündel ausspricht, und umgekehrt. Man geht von der Aussage eines Satzes zu dem zu ihm im Bündel correlativen Satze über, indem man die Worte „Ebene“ und „Gerade“ mit einander vertauscht und diejenigen Änderungen im Wortlaut vornimmt, welche sich daraus notwendig ergeben.

Die Gesetze der Dualität in der Ebene und im Bündel sind zwei im Raume korrelative Sätze.

Anmerkung 1. Wenn man, um den Gedanken eine bestimmte Richtung zu geben, das Gesetz der Dualität in der Ebene ins Auge faßt, so kann man fragen, warum es nicht in entsprechender Weise wie das Gesetz der Dualität im Raume hergeleitet worden ist, da man doch bemerkt, daß in den fundamentalen Sätzen für die Ebene die Vertauschung der Elemente „Punkt“ und „Gerade“ möglich ist. In der Tat lassen sich diese Sätze zusammenziehen in die einzige Aussage: „In einem ebenen System haben zwei Gebilde erster Stufe ein Element gemeinsam“ und in die für die Punktreihe und das Strahlenbüschel ausgesprochenen Sätze IV und V. Folgendes ist der Grund, warum man nicht jenen Weg gegangen ist. Die erwähnten fundamentalen Sätze der Ebene leitet man auf logischem Wege aus den Sätzen I, II, III, IV, V des Raumes ab (wie bemerkt worden ist), aber umgekehrt folgen die genannten Sätze des Raumes nicht aus jenen der Ebene. Wenn man also den angedeuteten Weg gegangen wäre, so würde das Gesetz der Dualität in der Ebene nicht für alle Sätze, welche sich, wenn man von den Sätzen I, II, III, IV, V ausgeht (d. h. auch von Konstruktionen im Raume Gebrauch macht), ableiten lassen, bewiesen worden sein, sondern nur für die aus den fundamentalen Sätzen für die Ebene (ohne aus der Ebene herauszugehen) abgeleiteten.

Nun ist es gut, auf die Eigentümlichkeit hinzuweisen, daß man von Konstruktionen im Raume Gebrauch machen muß, um einen fundamentalen Satz der Geometrie der Ebene (nämlich den Satz von den homologen Dreiecken, der im nächsten Paragraphen vorgetragen werden wird) zu beweisen. Ist dieser Satz und der dazu in der Ebene korrelative, der mit ihm zusammen besteht, einmal nachgewiesen, so kann man diese beiden Sätze den fundamentalen Sätzen der ebenen Geometrie hinzufügen und (wenn man auch noch das von mir bereits angedeutete Axiom, das sich auf die Stetigkeit der Gebilde erster Stufe bezieht, hinzufügt) die ganze (projektive) Geometrie der Ebene begründen, ohne von den fundamentalen Sätzen des Raumes Gebrauch zu machen, d. h. ohne aus der Ebene herauszugehen. Wenn man sich an diese Bedingung (nicht von Konstruktionen im Raume für die Sätze der ebenen Geometrie Gebrauch zu machen) binden will, so hat man also einen neuen Beweis für das Gesetz der Dualität in der Ebene in der Tatsache, daß in den Sätzen der ebenen Geometrie, aus denen man alle anderen herleitet, die Vertauschung der Elemente „Punkt“ und „Gerade“ möglich ist. Aber es empfiehlt sich nicht, sich an diese Beschränkung für gebunden zu halten, und es ist wenigstens in gewissen Fällen nützlich und fruchtbar, aus Konstruktionen im Raume Sätze der ebenen Geometrie herzuleiten, auch wenn es nicht mehr nötig ist; darin beruht der größere Wert des in allgemeinerer Weise aufgestellten Gesetzes der Dualität.

Ähnliche Betrachtungen lassen sich für das Bündel anstellen.

Anmerkung 2. Wenn ein Satz der ebenen Geometrie gegeben ist (und was man für die Ebene aussagt, das würde sich für das Bündel wiederholen), so kann man a priori den zu ihm korrelativen Satz in der Ebene aussprechen, wofern sein Beweis ausschließlich auf die als Axiome angenommenen Sätze I, II, III, IV, V gegründet ist. Um den Beweis dieses korrelativen Satzes zu erhalten, hat man nur die Reihe der nötigen Konstruktionen und Schlußfolgerungen mit Hilfe des Gesetzes der Dualität in den Raum zu übertragen und hierauf die im Bündel erhaltene Figur mit einer Ebene zu schneiden.

Wenn man jedoch nur von den Sätzen für die Ebene und anderen in der Ebene bereits bewiesenen zusammen mit den zu ihnen korrelativen Sätzen Gebrauch macht, wenn man also einen Beweis in der Ebene führt, so hat man nur in der Reihe von Schlüssen, welche den Beweis des gegebenen Satzes liefert, die Vertauschung der Worte „Punkt“ und „Gerade“ und die Änderungen im Wortlaut vorzunehmen, die sich daraus notwendig ergeben.

Auch für die Ebene wird später das Gesetz der Dualität für die visuellen Sätze nachgewiesen werden können, unabhängig davon wie diese bewiesen worden sind; aber dieses Gesetz wird sich auf die metrischen Sätze im allgemeinen nicht anwenden lassen. Es gelten daher die zu dem Gesetze der Dualität im Raume gemachten Bemerkungen. Im besondern (es empfiehlt sich dies zu wiederholen) dürfen die uneigentlichen Elemente nicht in besonderer Weise betrachtet werden.

Hieran mögen sich einige Beispiele zu dem Gesetze der Dualität in den Gebilden zweiter Stufe schließen:

In der Ebene

bestimmen drei nicht einer Geraden angehörende Punkte ein Dreieck: die Figur, die von den drei Punkten (Eckpunkten) und den drei Geraden, die je zwei von ihnen verbinden (Seiten), gebildet wird.

bestimmen drei nicht durch einen Punkt gehende Gerade ein Dreiseit: die Figur, die von den drei Geraden (Seiten) und den drei Punkten, in welchen je zwei von ihnen sich schneiden (Eckpunkten), gebildet wird.

Im Bündel

bestimmen drei nicht durch eine Gerade gehende Ebenen ein körperliches Dreiseit: die Figur, die von den drei Ebenen (Seiten) und den drei Geraden, die je zwei von ihnen gemeinsam sind (Kanten), gebildet wird.

bestimmen drei nicht in einer Ebene liegende Gerade ein Dreikant: die Figur, die von drei Geraden (Kanten) und den drei Ebenen, welche je zwei von ihnen bestimmen (Seiten), gebildet wird.

Die Figuren Dreieck und Dreiseit, und so auch das körperliche Dreiseit und das Dreikant, sind dem Wesen nach dieselbe Figur, die man als auf zwei verschiedene Weisen definiert betrachtet.

In der Ebene

bestimmen vier Punkte, von denen nicht drei einer Geraden angehören, ein vollständiges (ebenes) Viereck: die Figur, die von den vier Punkten (Eckpunkten) und den sechs Geraden, welche je zwei von ihnen verbinden (Seiten), gebildet wird.

bestimmen vier Gerade, von denen nicht drei durch einen Punkt gehen, ein vollständiges Vierseit: die Figur, die von den vier Geraden (Seiten) und den sechs Punkten, die durch je zwei von ihnen bestimmt werden (Eckpunkten), gebildet wird.

Durch jeden Eckpunkt gehen drei Seiten des Vierecks; zu jeder Seite gibt es eine gegenüberliegende Seite, die durch die beiden Eckpunkte außerhalb der ersten Seite bestimmt wird. Es gibt also drei Paare gegenüberliegender Seiten, die drei Punkte (jeden als Durchschnitt der beiden Seiten eines Paares) bestimmen; diese drei Punkte heißen Diagonalpunkte des gegegebenen vollständigen Vierecks. Sie bilden ein Dreieck, dessen Seiten Diagonalen des Vierecks heißen.

Auf jeder Seite liegen drei Eckpunkte des Vierseits; zu jedem Eckpunkte gibt es einen gegenüberliegenden Eckpunkt, der durch die beiden nicht durch den ersten Eckpunkt gehenden Seiten bestimmt wird. Es gibt also drei Paare gegenüberliegender Eckpunkte, die drei Gerade (jede als Verbindungslinie der Punkte eines Paares) bestimmen; diese drei Geraden heißen Diagonalen des gegebenen vollständigen Vierseits. Sie bilden ein Dreiseit, dessen Ecken Diagonalpunkte des Vierseits heißen.

Im Bündel

bestimmen vier Ebenen, von denen nicht drei durch eine Gerade gehen, ein vollständiges Vierseit im Bündel: die Figur, die von den vier Ebenen (Seiten) und den sechs Geraden, welche je zwei von ihnen bestimmen (Kanten), gebildet wird.

In jeder Ebene liegen drei Kanten; zu jeder Kante gibt es eine gegenüberliegende Kante, die durch die beiden nicht durch die erste Kante gehenden Seiten bestimmt wird. Es gibt also drei Paare gegenüberliegender Kanten und daher drei Ebenen, welche durch diese drei Geradenpaare bestimmt werden; diese Ebenen heißen Diagonalebenen des gegebenen vollständigen Vierseits im Bündel.

bestimmen vier Gerade, von denen nicht drei in einer Ebene liegen, ein vollständiges Vierkant: die Figur, die von den vier Geraden (Kanten) und den sechs Ebenen, welche je zwei von ihnen bestimmen (Seiten), gebildet wird.

Durch jede Gerade gehen drei Seiten; zu jeder Seite gibt es eine gegenüberliegende Seite, die durch die beiden nicht in der ersten Seite liegenden Kanten bestimmt wird. Es gibt also drei Paare gegenüberliegender Seiten und daher drei Gerade, welche durch diese drei Ebenenpaare bestimmt werden; diese Geraden heißen Diagonalen des gegebenen vollständigen Vierkants.

Die hinter einander für die Ebene und für das Bündel auf der linken Seite ausgesprochenen Sätze sind zu einander im Raume korrelativ, und ebenso die auf der rechten Seite. Man geht von einem

Satze für die Ebene auf der linken (oder auf der rechten) Seite zu einem darauf folgenden Satze für das Bündel auf der rechten (oder auf der linken) Seite durch eine Projektion (der Ebene) über, und umgekehrt durch einen Schnitt (des Bündels).

Die ausgesprochenen Sätze, die zu einander in der Ebene und im Bündel korrelativ sind, sind ausschließlich auf die fundamentalen Sätze für die Gebilde zweiter Stufe gegründet; nicht so diejenigen, welche im nächsten Paragraphen erscheinen werden. Inzwischen mögen zur Uebung die (nach den beiden aufgestellten Gesetzen der Dualität) korrelativen Sätze zu folgenden Sätzen ausgesprochen werden:

Vier, in einer bestimmten Reihenfolge $(ABCD)$ gedachte Punkte A, B, C, D einer Ebene, von denen nicht drei auf einander folgende auf einer Geraden liegen, bestimmen ein einfaches ebenes Viereck: die Figur, die von den vier Punkten (Eckpunkten) und den vier Geraden (Seiten), welche zwei auf einander folgende Eckpunkte verbinden (AB, BC, CD, DA), gebildet wird. Es gibt zwei Paare gegenüberliegender Eckpunkte, die nicht einer und derselben Seite angehören (A und C, und B und D), und diese bestimmen zwei Gerade, die die Diagonalen des einfachen Vierecks heißen. Die vier Seiten und die beiden Diagonalen eines einfachen Vierecks sind die sechs Seiten des vollständigen Vierecks, das durch die vier Eckpunkte bestimmt wird, wenn nicht drei von ihnen sich in gerader Linie befinden.

Die vier Punkte können auf 24 Arten hinter einander angeordnet werden, aber vier Anordnungen (wie $ABCD$, $BCDA$, $CDAB$, $DABC$) und ihre Umkehrungen führen auf dasselbe einfache Viereck; daher gibt es $\frac{24}{8} = 3$ einfache Vierecke, die dieselben Eckpunkte haben.

Die vorstehenden Betrachtungen erfahren eine Erweiterung, wenn man das vollständige ebene n-eck und das einfache ebene n-eck betrachtet. Dieses letzte ist die Figur, die durch n, in einer bestimmten Reihenfolge genommene Punkte, von denen nicht drei auf einander folgende einer und derselben Geraden angehören, bestimmt wird (diese Figur hat n Seiten, d. h. sie ist zu gleicher Zeit ein einfaches n-seit). Korrelativ dazu hat man: in der Ebene das vollständige und das einfache n-seit, und im Bündel das vollständige und das einfache n-seit im Bündel und das vollständige und das einfache n-kant (wovon der Mittelpunkt des Bündels der Scheitel heißt). Die Ausdrücke „ebene“ und „im Bündel“, die den Ausdrücken n-eck und n-seit in den vorstehenden Definitionen hinzugefügt worden sind, sollen dazu dienen, diese Figuren von dem (krummen oder windschiefen) n-eck und dem n-seit (im Raume) zu unterscheiden, die (in zu einander im Raume korrelativer Weise) durch n Punkte und n Ebenen, von denen nicht vier einem Gebilde zweiter Stufe (einer Ebene oder einem Bündel) angehören, bestimmt werden.

Anmerkungen. Das Vielseit im Bündel oder Vielkant (n-seit oder n-kant), ob nun vollständig oder einfach, wird hier anders als in der elementaren Geometrie aufgefaßt, von folgendem Gesichtspunkte aus:

Während man sich in der elementaren Geometrie die Seiten und die Kanten vom Scheitel begrenzt vorstellt, betrachtet man sie hier im Gegenteil als nach beiden Seiten unbegrenzt lang. Die Betrachtung von (symmetrischen) Scheitelvielecken hat hier also keine Berechtigung mehr, da ja ein Vielseit im Bündel als die Vereinigung von zwei Scheitelecken (im Sinne der elementaren Geometrie) aufgefaßt wird.

Nach der jetzigen Auffassung der Vielseite im Bündel erhalten wir im besonderen: * Zwei Vielseite im Bündel sind gleich, wenn ihre Seiten und die von ihnen gebildeten Winkel gleich sind.

In der elementaren Geometrie kann man diese Gleichheit nicht immer behaupten, da es vorkommen kann, daß zwei so beschaffene vielseitige körperliche Ecken nicht einander gleich sind, sondern daß jede gleich ist der zur anderen symmetrischen Ecke.

§ 10. Satz von den perspektiven und den homologen Dreiecken und korrelative Sätze. Zwei ebene n-ecke heißen auf einander bezogen, wenn man die Eckpunkte des einen den Eckpunkten des anderen in einer umkehrbar eindeutigen Weise zugeordnet denkt; zwei Eckpunkte, die man einander zugeordnet denkt, heißen entsprechend oder homolog, und man bezeichnet sie im allgemeinen mit denselben Buchstaben, wobei man die Buchstaben, welche die Eckpunkte des einen der beiden n-ecke bezeichnen, mit Strichen oder Accenten versieht. Zwei n-ecke sind z. B. auf einander bezogen, wenn ihre Ecken in den Kanten desselben n-kants liegen; die beiden in einer Kante liegenden Eckpunkte sind dann einander umkehrbar eindeutig zugeordnet.

Wenn zwei ebene n-ecke auf einander bezogen sind, so sind auch diejenigen ihrer Seiten, welche durch Paare entsprechender Eckpunkte bestimmt werden, einander zugeordnet (entsprechend, homolog).

Analog würde es für die n-seite, die n-kante, die n-seite im Bündel, die windschiefen n-ecke und die n-seite im Raume heißen.

Im besonderen kann man zwei Dreiecke (Dreiseite u. s. w.) als auf einander bezogen betrachten.

Zwei Dreiecke kann man in sechsfacher Weise auf einander beziehen; im allgemeinen kann man zwei n-ecke in $n!(1 \cdot 2 \cdot 3 \cdots n)$-facher Weise auf einander beziehen u. s. w.

Es bestehen die folgenden im Raume korrelativen Sätze:

Wenn zwei Dreiseite, die kein Element (Seite oder Eckpunkt) gemeinsam haben und nicht derselben Ebene angehören, so auf einander bezogen sind, daß die homologen Seiten incident sind (und sich daher in drei Punkten der Schnittlinie der beiden Dreiseitebenen schneiden), so gehen die Verbindungslinien der homologen Eckpunkte durch einen und denselben Punkt.

In der Tat bestimmen die drei Paare homologer (incidenter) Seiten die drei Ebenen eines körperlichen Dreiseits, wovon die beiden Dreiseite Schnitte sind; die Geraden, welche die homologen Eckpunkte verbinden, sind die Kanten des körperlichen Dreiseits.

Der Beweis versagt, wenn eine Seite eines Dreiseits mit der Schnittlinie der beiden Ebenen zusammenfällt, aber auch in diesem Falle ist die Aussage richtig, ja evident.

Wenn zwei Dreikante, die kein Element (Kante oder Seite) gemeinsam haben und nicht demselben Bündel angehören, so auf einander bezogen sind, daß die homologen Kanten incident sind (und daher drei durch die Verbindungslinie der Scheitel beider Dreikante gehende Ebenen bestimmen), so liegen die Schnittlinien der homologen Seiten in einer und derselben Ebene.

In der Tat bestimmen die drei Paare homologer (incidenter) Kanten die drei Eckpunkte eines Dreiecks, wovon die beiden Dreikante projizierende Figuren sind; die Schnittlinien der homologen Seitenflächen sind die Seiten des Dreiecks.

Der Beweis versagt, wenn eine Kante eines Dreikants mit der Verbindungslinie der beiden Scheitel zusammenfällt, aber auch in diesem Falle ist die Aussage richtig, ja evident.

Umgekehrt

Wenn zwei Dreiecke, die kein Element gemeinsam haben und in verschiedenen Ebenen liegen, so auf einander bezogen sind, daß die Verbindungslinien der homologen Eckpunkte durch einen und denselben Punkt gehen, so sind die homologen Seiten incident, d. h. sie

Wenn zwei körperliche Dreiseite, die kein Element gemeinsam haben und verschiedenen Bündeln angehören, so auf einander bezogen sind, daß die Schnittlinien der homologen Seitenflächen in einer und derselben Ebene liegen, so sind die homologen Kanten inci-

treffen sich in drei Punkten der Schnittlinie der beiden Dreiecksebenen.

In der Tat sind in diesem Falle die beiden Dreiecke Schnitte des durch die Verbindungslinien der homologen Eckpunkte bestimmten Dreikants.

Der Beweis versagt, aber die Aussage gilt noch in dem Falle, daß der gemeinsame Punkt der Verbindungslinien der homologen Eckpunkte der beiden Dreiecke mit einem der Eckpunkte zusammenfällt.

Zwei Dreiecke (oder Dreiseite), die in der betrachteten Beziehung zu einander stehen, nämlich Schnitte eines und desselben Dreikants (oder körperlichen Dreiseits) zu sein, heißen perspektiv.

dent, d. h. sie bestimmen drei durch die Verbindungslinie der Scheitel beider Dreiseite gehende Ebenen.

In der Tat sind in diesem Falle die beiden körperlichen Dreiseite projizierende Figuren des durch die Schnittlinien der homologen Seitenflächen bestimmten Dreiseits.

Der Beweis versagt, aber die Aussage gilt noch in dem Falle, daß die durch die Schnittlinien der homologen Seitenflächen der beiden Dreiseite bestimmte Ebene mit einer der Seitenflächen zusammenfällt.

Zwei körperliche Dreiseite (oder Dreikante), die in der betrachteten Beziehung zu einander stehen, nämlich projizierende Figuren eines und desselben Dreiseits (oder Dreiecks) zu sein, heißen perspektiv.

Die im vorangehenden nachgewiesenen Sätze dienen dazu, die folgenden zu beweisen, die als eine Erweiterung jener betrachtet werden können und zu einander im Raume korrelativ sind.

Wenn zwei Dreiseite, die kein Element gemeinsam haben und in einer und derselben Ebene liegen, so auf einander bezogen sind, daß die drei Paare homologer Seiten drei einer und derselben Geraden angehörende Punkte bestimmen, so gehen die drei Verbindungslinien der homologen Eckpunkte durch einen und denselben Punkt.

Wenn zwei Dreikante, die kein Element gemeinsam haben und einem und demselben Bündel angehören, so auf einander bezogen sind, daß die drei Paare homologer Kanten drei durch eine und dieselbe Gerade gehende Ebenen bestimmen, so liegen die drei Schnittlinien der homologen Seitenflächen in einer und derselben Ebene.

Es wird genügen, den Satz zur linken zu beweisen.

Es seien abc und $a'b'c'$ die beiden Dreiseite der Ebene π, in denen den Seiten a, b, c und a', b', c' die Eckpunkte A, B, C und A', B', C' gegenüberliegen. Die drei Schnittpunkte der homologen Seiten $L \equiv (aa')$, $M \equiv (bb')$ und $N \equiv (cc')$ gehören derselben Geraden u an, die, wenn die beiden Dreiecke kein Element gemeinsam haben, weder mit einer Seite zusammenfällt, noch einem Eckpunkte der beiden Dreiseite angehört.

Durch die Gerade u lege man eine von der Ebene π der beiden Dreiseite verschiedene Ebene τ, und von einem außerhalb der beiden Ebenen π und τ gelegenen Punkte P aus projiziere man das Dreiseit $a'b'c'$ auf die Ebene τ, so daß man ein zu $a'b'c'$ perspektives Dreiseit $a_1b_1c_1$ (in dem den Seiten a_1, b_1, c_1 die Eckpunkte A_1, B_1, C_1 gegenüberliegen) erhält. Die Geradenpaare a_1a, b_1b, c_1c schneiden sich in den Punkten L, M, N der Geraden u. Alsdann sind die beiden Dreiseite abc und $a_1b_1c_1$, die kein Element gemeinsam haben und nicht in derselben Ebene liegen, so auf einander bezogen, daß die Paare homologer Seiten aa_1, bb_1, cc_1 sich in den drei Punkten L, M, N der Geraden u schneiden; nach dem bereits nachgewiesenen Satze schließt man, daß die Geraden AA_1, BB_1, CC_1 (die die homologen Eckpunkte von abc und $a_1b_1c_1$ verbinden) durch einen und denselben Punkt O' gehen. Nun projiziere man von P aus die Dreiecke ABC und $A_1B_1C_1$ auf die Ebene π, dadurch erhält man die Dreiecke ABC und $A'B'C'$, und die Geraden AA', BB', CC', die die Projektionen von AA_1, BB_1, CC_1 sind, gehen dann durch einen und denselben Punkt O, die Projektion des Punktes O' von P aus auf die Ebene π.

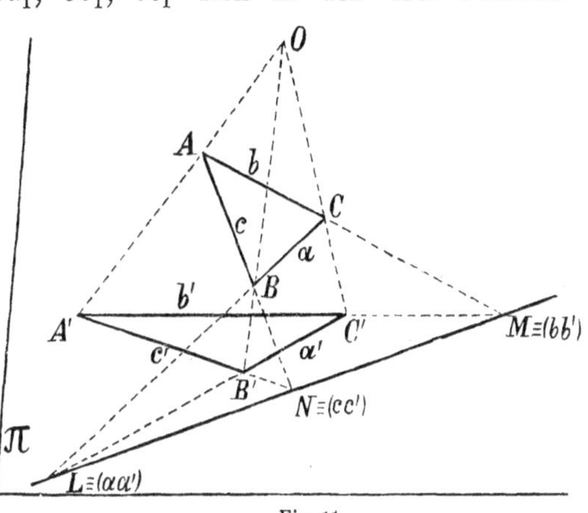

Fig. 11.

Also ist bewiesen, daß die Verbindungslinien der homologen Eckpunkte der beiden Dreiseite abc, $a'b'c'$ durch einen und denselben Punkt gehen. In korrelativer Weise möge man zur Übung den Beweis des Satzes zur rechten führen.

Da der von uns nachgewiesene Satz zur linken ein auf die Sätze a, b, c, d, e, f (oder I, II, III) gegründeter Satz der ebenen Geometrie ist, so besteht auch der zu ihm in der Ebene korrelative Satz, der folgendermaßen lautet:

Wenn zwei Dreiecke, die kein Element gemeinsam haben und in einer und derselben Ebene liegen, so auf einander bezogen sind, daß die drei Verbindungslinien der homologen Eckpunkte durch einen und denselben Punkt gehen, so werden durch die drei Paare homologer Seiten drei Punkte bestimmt, die einer und derselben Geraden angehören.

Den Beweis dieses Satzes kann man aus dem analogen, für den Fall, daß die beiden Dreiecke nicht in derselben Ebene liegen, gegebenen Satze oder aus dem vorhergehenden nach dem Gesetze der Dualität ableiten.

Im letzten Falle stellen wir uns (da ja der Satz nicht nur auf die fundamentalen Sätze für die Ebene gegründet ist) die beiden Dreiecke als die Schnitte der sie enthaltenden Ebene mit den beiden Dreikanten vor, durch welche sie von einem außerhalb gelegenen Punkte aus projiziert werden. Diese beiden ein und demselben Bündel angehörenden Dreikante (die kein Element gemeinsam haben) sind so auf einander bezogen, daß die drei durch die drei Paare homologer Kanten bestimmten Ebenen durch eine und dieselbe Gerade gehen; daraus folgt, daß die drei Paare homologer Seiten der beiden Dreiecke (als Schnitte der Paare homologer Seitenflächen der beiden Dreikante) sich in drei Punkten schneiden, welche einer Geraden angehören, nämlich der Schnittlinie mit der Ebene, in welcher die Schnittlinien der homologen Seitenflächen der Dreikante liegen, w. z. b. w.

Nun können die für die Dreiecke (und Dreiseite) aufgestellten Sätze in folgende Aussage zusammengefaßt werden:

Zwei Dreiecke (oder Dreiseite), die kein Element gemeinsam haben und in einer und derselben Ebene liegen oder auch nicht, seien auf einander bezogen:

Wenn die Paare homologer Seiten sich in drei einer und derselben Geraden angehörenden Punkten schneiden, so gehen die drei Verbindungslinien homologer Eckpunkte durch einen und denselben Punkt. Wenn die drei Verbindungslinien homologer Eckpunkte durch einen und denselben Punkt gehen, so schneiden sich die homologen Seiten in drei Punkten einer und derselben Geraden.

Zusatz. * Zwei Dreiecke einer Ebene, die kein Element gemeinsam haben, seien auf einander bezogen:

Wenn die Paare homologer Seiten parallel sind, so gehen die Verbindungslinien homologer Eckpunkte entweder durch einen eigentlichen Punkt oder sie sind parallel.

Wenn die drei Verbindungslinien homologer Eckpunkte parallel sind, so schneiden sich die drei Paare homologer Seiten entweder in drei auf einer Geraden liegenden eigentlichen Punkten, oder zwei von diesen Paaren schneiden sich in zwei eigentlichen Punkten und deren

Verbindungslinie ist den Seiten des dritten Paares parallel, oder die genannten Paare sind Paare paralleler Geraden.

Der vorstehende allgemeine Satz (in dem zwischen eigentlichen und uneigentlichen Elementen nicht unterschieden wird) enthält, wenn man voraussetzt, daß die beiden Dreiecke in einer und derselben Ebene liegen, zwei in der Ebene korrelative Sätze und heißt der Satz von den homologen Dreiecken (oder Dreiseiten). Man nennt zwei Dreiecke oder Dreiseite einer Ebene homolog (perspektiv liegend), wenn die in der Aussage betrachtete (zu sich selbst reziproke) Beziehung zwischen ihnen besteht.

Aus dem Satze von den homologen Dreiecken, in dem ebenso wie in den fundamentalen Sätzen für die Ebene die Vertauschung der Elemente Punkt und Gerade gestattet ist, würden alle Sätze der ebenen projektiven Geometrie folgen, ohne daß man noch von Konstruktionen im Raume Gebrauch zu machen hätte (wenn späterhin noch das für alle Gebilde erster Stufe in gleicher Weise geltende Axiom der Stetigkeit hinzugefügt worden ist). Und es ist bereits (§ 9, Anmerkung 1) bemerkt worden, daß hieraus ein neuer Beweis des Gesetzes der Dualität für die Ebene hervorgeht. Um aus dem Beweise eines Satzes für die Ebene den direkten Beweis des zu ihm in der Ebene korrelativen Satzes abzuleiten, hat man von jetzt ab (im allgemeinen) nur in dem Beweise des gegebenen Satzes die Vertauschung der Worte „Punkt" und „Gerade" und die daraus folgenden Wortvertauschungen vorzunehmen. Aber (wie bemerkt worden ist) in manchen Fällen wird es sich empfehlen (auch wenn es nicht mehr nötig ist), auch für Sätze der ebenen Geometrie auf Konstruktionen im Raume zurückzugehen, und dann wird man, wenn man den Beweis eines nach dem Gesetze der Dualität in der Ebene korrelativen Satzes finden will, auch auf das angegebene allgemeine Verfahren zurückgehen müssen.

Diese Betrachtungen lassen sich für das Bündel wiederholen, für welches der vorher für die Dreiecke ausgesprochene Satz nach dem Gesetze der Dualität im Raume sich in den folgenden verwandelt:

Zwei (körperliche) Dreiseite (oder Dreikante), die kein Element gemeinsam haben und denselben Scheitel haben oder auch nicht, seien auf einander bezogen:

Wenn die Paare homologer Kanten in drei durch eine und dieselbe Gerade gehenden Ebenen liegen, so liegen die drei Schnittlinien homologer Seitenflächen in einer und derselben Ebene.

Wenn die Schnittlinien homologer Seitenflächen in

einer und derselben Ebene liegen, so gehören die Paare homologer Kanten drei durch eine und dieselbe Gerade gehenden Ebenen an.

Insoweit dieser Satz eine Eigenschaft des Bündels ausspricht, kann er auch bewiesen werden, wenn man die homologen Dreiecke betrachtet, die durch den Schnitt der beiden Dreikante mit einer nicht durch ihren Scheitel gehenden Ebene entstehen.

§ 11. Satz von den perspektiven und den homologen Vierecken und korrelative Sätze. Es bestehen die folgenden im Raume korrelativen Sätze:

Zwei vollständige ebene Vierecke $ABCD$ und $A'B'C'D'$, die kein Element gemeinsam haben (und in einer Ebene liegen oder auch nicht), seien so auf einander bezogen, daß fünf Paare homologer Seiten, nämlich AB und $A'B'$, AC und $A'C'$, AD und $A'D'$, BC und $B'C'$, BD und $B'D'$, fünf einer Geraden o, die nicht einen der acht Eckpunkte enthält, angehörende Punkte bestimmen;

dann wird auch das sechste Paar homologer Seiten, nämlich CD und $C'D'$, einen Punkt der Geraden o bestimmen, und die Verbindungslinien der homologen Punkte werden durch einen und denselben Punkt gehen.

Zwei vollständige Vierseite im Bündel $\alpha\beta\gamma\delta$ und $\alpha'\beta'\gamma'\delta'$, die kein Element gemeinsam haben (und einem und demselben Bündel angehören oder auch nicht), seien so auf einander bezogen, daß fünf Paare homologer Kanten, nämlich $\alpha\beta$ und $\alpha'\beta'$, $\alpha\gamma$ und $\alpha'\gamma'$, $\alpha\delta$ und $\alpha'\delta'$, $\beta\gamma$ und $\beta'\gamma'$, $\beta\delta$ und $\beta'\delta'$, fünf einer Geraden o, die nicht in einer der acht Seitenflächen liegt, angehörende Ebenen bestimmen;

dann wird auch das sechste Paar homologer Kanten, nämlich $\gamma\delta$ und $\gamma'\delta'$, eine durch die Gerade o gehende Ebene bestimmen, und die Schnittlinien der homologen Seitenflächen werden in einer und derselben Ebene ω liegen.

Es genügt, den Satz zur linken zu beweisen.

Zu diesem Ende betrachte man die Dreieckenpaare ABC und $A'B'C'$, und ABD und $A'B'D'$, die zusammen fünf Seitenpaare der beiden Vierecke enthalten (ausgeschlossen sind CD und $C'D'$).

Die beiden Dreiecke eines der genannten Paare sind so auf einander bezogen, daß die Paare homologer Seiten sich in Punkten der

Geraden o schneiden; daher gehen (§ 10) die Verbindungslinien der homologen Eckpunkte durch einen und denselben Punkt. Dieser Punkt ist für die beiden Dreieckenpaare derselbe, da er einmal als

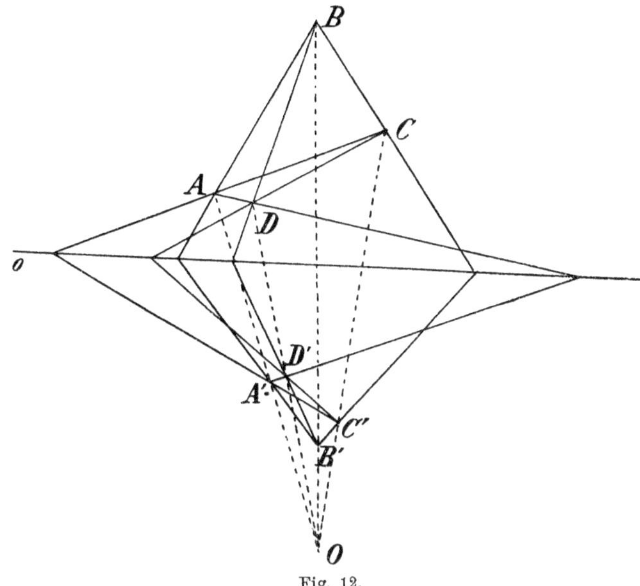

Fig. 12.

Schnittpunkt der Geraden AA', BB' und CC' und das andere Mal als Schnittpunkt der Geraden AA', BB' und DD' definiert und also der Punkt $O \equiv (AA', BB')$ ist.

Also gehen zunächst die Verbindungslinien AA', BB', CC' und DD' durch einen Punkt O.

Betrachtet man nun die beiden Dreiecke ACD und $A'C'D'$, deren Verbindungslinien homologer Eckpunkte durch einen Punkt gehen, so folgt (§ 10), daß die Geraden CD und $C'D'$ sich auf der durch die Schnittpunkte der Geraden AC und $A'C'$, und AD und $A'D'$ bestimmten Geraden o schneiden, w. z. b. w.

Insoweit man die vorstehende Aussage zur linken als einen Satz der ebenen Geometrie (wenn nämlich die beiden Vierecke in einer und derselben Ebene liegen) betrachtet, führt sie auf den folgenden, zu ihr in der Ebene korrelativen Satz:

Zwei vollständige Vierseite einer Ebene, die kein Element gemeinsam haben, seien so auf einander bezogen, daß fünf Paare homologer Eckpunkte fünf durch einen und denselben Punkt, der nicht einer der acht Seiten angehört, gehende Geraden bestimmen;

dann wird auch das sechste Paar homologer Eckpunkte eine durch denselben Punkt gehende Gerade bestimmen, und die vier Paare homologer Seiten werden sich in vier Punkten einer Geraden schneiden.

In ähnlicher Weise führt der Satz zur rechten, insoweit er ein Satz der Geometrie im Bündel ist, auf den folgenden zu ihm im Bündel korrelativen Satz:

Zwei vollständige Vierkante (in einem Bündel), die kein Element gemeinsam haben, seien so auf einander bezogen, daß fünf Paare homologer Seitenflächen fünf Gerade einer Ebene, die nicht eine der acht Kanten enthält, bestimmen;

dann wird auch das sechste Paar homologer Seitenflächen eine Gerade dieser Ebene bestimmen, und die vier Paare homologer Kanten werden vier durch eine Gerade gehende Ebenen bestimmen.

Diese Sätze mögen zur Übung bewiesen werden, wobei die verschiedenen Beziehungen zu beachten sind, die zwischen den vier Aussagen nach den Betrachtungen des § 9 bestehen.

Drittes Kapitel.

Harmonische Gruppen.

§ 12. Harmonische Gruppen von vier Punkten und von vier Ebenen. Wenn drei Punkte A, B, C einer Geraden u gegeben sind, so ziehe man durch sie in einer durch u gehenden Ebene π drei (von u verschiedene) Gerade, die ein Dreiseit mit den Eckpunkten L, M, N (siehe die Figur) bestimmen, wobei die den Punkten L, M, N gegenüberliegenden Seiten der Reihe nach durch A, B, C gehen mögen; dann bestimme man den Punkt $K \equiv (AL, BM)$ als Schnittpunkt der Geraden (AL) und (BM). So ist ein vollständiges Viereck $KLMN$ entstanden, von dem zwei Seiten durch A gehen, zwei Seiten durch B, eine durch C und die letzte KN durch einen gewissen Punkt D der Geraden u, der eben als Schnittpunkt der beiden Geraden u und KN definiert wird. Wenn man in der Ebene des Vierecks $KLMN$ selbst oder in einer anderen durch die Gerade u gehenden Ebene ein anderes Viereck (das man auf unendlich viele Arten nach dem angegebenen Verfahren konstruieren kann) betrachtet, von dem zwei Seiten durch A gehen, zwei durch B und eine durch C, so ist das neue Viereck auf $KLMN$ in der Weise bezogen, daß fünf Paare homologer Seiten sich in Punkten (A, B, C) der Geraden u schneiden, daher (§ 11) schneiden sich die sechsten Seiten der beiden Vierecke in demselben Punkte D der Geraden u.

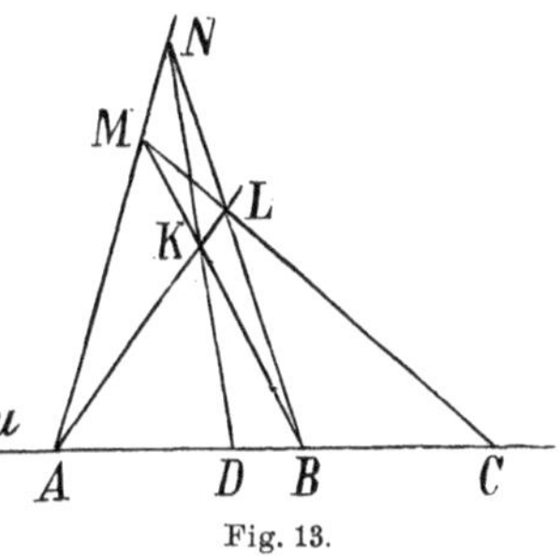

Fig. 13.

Eine Gruppe von Punkten $(ABCD)$ einer Geraden u in der hingeschriebenen Ordnung heißt harmonisch, wenn es ein vollständiges Viereck (dessen Eckpunkte außerhalb der Geraden sich befinden) gibt, von dem zwei Seiten durch A gehen, zwei durch B, eine durch C und eine durch D; auf Grund der vorhergehenden Betrachtungen existieren dann unendlich viele solcher Vierecke (die konstruierende oder erzeugende Vierecke der harmonischen Gruppe genannt werden). Es folgt auch aus den vorhergehenden Betrachtungen: wenn drei Punkte A, B, C einer Geraden u in der hingeschriebenen Ordnung gegeben sind, so gibt es eine harmonische Gruppe $(ABCD)$, der sie angehören; der Punkt D soll der vierte harmonische Punkt zu A, B, C heißen.

Aber um diese Bezeichnung zu rechtfertigen, wird man nachweisen müssen, daß der Punkt D wirklich ein vierter, von A, B, C verschiedener Punkt der Geraden ist. Es wird diese Tatsache aus dem folgenden Beweise hervorgehen, der uns noch mehr sagen wird, nämlich daß auf u D zusammen mit C die Punkte A und B trennt.

Es sei $LMNK$ ein konstruierendes Viereck der harmonischen Gruppe $(ABCD)$; von seinen Seiten mögen LM und NK durch A, MN und LK durch B, MK durch C und LN durch D gehen.

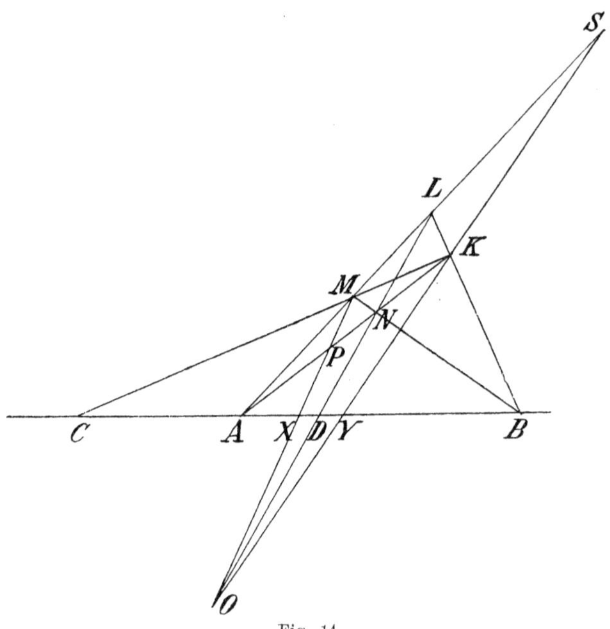

Fig. 14.

Auf AL nehme man einen Punkt S an, der zusammen mit M die Punkte A und L trennt, so daß die Gerade CS nicht durch das Viereck $LMNK$ hindurchgeht, und darauf bestimme man den Punkt O als den Schnittpunkt der Geraden LN und SK. Es seien X, D, Y

die Projektionen von M, L, S auf die Gerade AB von O aus, und P sei die Projektion von M auf NK, gleichfalls von O aus.

Da die sich trennenden Paare AL und MS von K aus in die Paare AB und CY projiziert werden, so schließt man, daß auch die letztgenannten sich trennen müssen. Es ergibt sich ferner, daß sich auch die Paare AB und CX trennen müssen, da man sie aus AL und MS durch zwei auf einander folgende Projektionen erhält: durch eine erste von O aus, durch welche die Punkte A, L, M, S nach A, N, P, K gelangen, und durch eine zweite Projektion von M aus, durch welche die eben erwähnten Punkte A, N, P, K richtig nach A, B, C, X gelangen.

Nun weiß man also, daß die beiden Punkte X und Y derjenigen Strecke AB angehören, welche den Punkt C nicht enthält. Wir wollen zeigen, daß der Punkt D auch in dieser Strecke enthalten ist, und zwar zwischen X und Y. Dazu ist nur zu bemerken, daß die Paare AL und MS von O aus in die Paare AD und XY projiziert werden, und also A und D die Punkte X und Y trennen.

Darum schließt man, daß D im Innern der Strecke AB, die C nicht enthält, sich befindet, und darin ist die Behauptung enthalten, daß D von A, B und C verschieden ist.

Man kann also folgenden Satz aussprechen:

Wenn in einer Punktreihe drei Punkte A, B, C gegeben sind, so existiert ein von ihnen verschiedener vierter Punkt D von der Art, daß die Gruppe $ABCD$ harmonisch ist; dieser Punkt D trennt zusammen mit C die Punkte A und B.

Korrelativ dazu im Raume wird eine Gruppe von vier Ebenen $\alpha\beta\gamma\delta$ eines Büschels als harmonisch definiert, wenn es ein und also unendlich viele vollständige (konstruierende) Vierseite im Bündel gibt, von denen zwei Kanten in α liegen, zwei in β, eine in γ und eine in δ. Man beweist dann den Satz: Wenn drei Ebenen α, β, γ eines Büschels gegeben sind, so existiert in ihm eine vierte, zu jenen harmonische Ebene δ, die zusammen mit γ die Ebenen α und β trennt.

§ 13. Vertauschungen unter den Elementen einer harmonischen Gruppe. In der Definition einer harmonischen Gruppe $(ABCD)$ oder $(\alpha\beta\gamma\delta)$ wird die Ordnung der Elemente der Paare AB und CD nicht betrachtet, so daß wir ohne weiteres behaupten können: Wenn die Gruppe $(ABCD)$ harmonisch ist, so werden auch die Gruppen $(BACD)$, $(ABDC)$ und $(BADC)$ harmonisch sein. Dagegen erscheinen in der Definition der harmonischen Gruppe die Paare AB und CD in ungleicher Weise, so daß man nicht a priori behaupten könnte, daß, wenn $(ABCD)$ harmonisch ist, auch $(CDAB)$ harmonisch ist.

Aber dies kann man beweisen, indem man wirklich ein Viereck konstruiert, von dem zwei Seiten durch C gehen, zwei durch D, eine durch A und eine durch B.

Es sei $LMNK$ ein konstruierendes Viereck der harmonischen Gruppe $(ABCD)$, von dem die Seiten LM und NK durch A gehen, die Seiten MN und LK durch B, MK durch C und LN durch D.

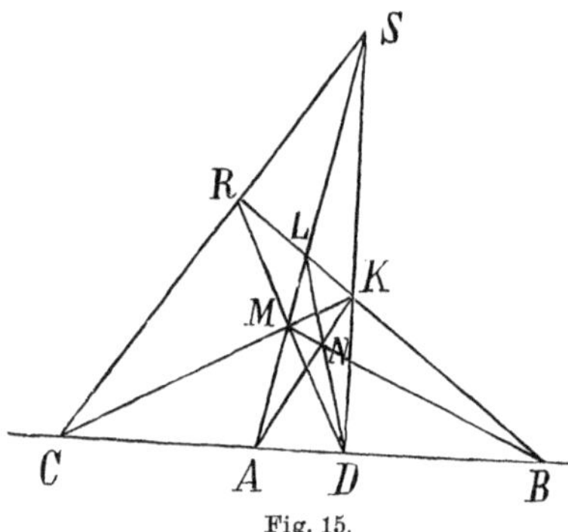

Fig. 15.

Man projiziere M und K von D aus in die Punkte R und S auf den Geraden BL und AL. Die beiden Dreiecke RLS und MNK, in der hingeschriebenen Ordnung betrachtet, sind so auf einander bezogen, daß die Verbindungslinien der drei Paare homologer Eckpunkte, nämlich RM, LN und SK, durch denselben Punkt D gehen. Diese beiden Dreiecke sind also homolog, und die drei Paare homologer Seiten RL und MN, LS und NK, RS und MK schneiden sich daher in drei Punkten einer und derselben Geraden. Aber da die ersten beiden Paare sich in den Punkten B und A schneiden und die Gerade MK die Gerade AB in dem Punkte C trifft, so schließt man, daß auch die Gerade RS durch C geht. Man sieht also, daß von dem Viereck $SRMK$ die beiden Seiten SR und MK durch C gehen, die Seiten RM und SK durch D, SM durch A und RK durch B. Dies zeigt gerade, daß die Gruppe $(CDAB)$ harmonisch ist.

Man kann also folgenden Satz aussprechen:

Wenn auf einer Geraden oder (korrelativ) in einem Ebenenbüschel die Gruppe von vier Elementen $ABCD$ harmonisch ist, so sind auch die Gruppen $BACD$, $ABDC$, $BADC$, $CDAB$, $CDBA$, $DCAB$ und $DCBA$ harmonisch. Die anderen sechzehn Gruppen, die man aus der gegebenen durch alle noch möglichen Vertauschungen ihrer Elemente erhält, sind nicht harmonisch.

Zum Beispiel ist die Gruppe $ACDB$ nicht harmonisch, da in ihr die Paare AC und BD sich nicht trennen.

Man kann also die Eigenschaft einer Gruppe $ABCD$, harmonisch zu sein, als eine Beziehung zwischen den Paaren AB und CD (BA und CD u. s. w.) betrachten; diese Beziehung drückt man aus, indem man sagt, daß solche Paare sich harmonisch trennen oder daß die Punkte A und B (oder B und A) konjugierte harmonische Punkte zu C und D sind.

§ 14. Harmonische Gruppen von vier Strahlen eines Büschels. Es bestehen die folgenden im Raume korrelativen Sätze:

Wenn man eine harmonische Gruppe von vier Punkten $(ABCD)$ einer Geraden s von einer (nicht zu dem Träger der Punktreihe incidenten) Achse aus projiziert, so erhält man eine harmonische Gruppe von Ebenen $(\alpha\beta\gamma\delta)$.

Wenn man eine harmonische Gruppe von vier Ebenen $(\alpha\beta\gamma\delta)$ eines Büschels mit einer (nicht zu der Achse des Ebenenbüschels incidenten) Geraden schneidet, so erhält man eine harmonische Gruppe von Punkten $(ABCD)$.

Es genügt, den Satz zur linken zu beweisen.

Zu diesem Ende schneide man die Ebenengruppe $(\alpha\beta\gamma\delta)$ mit einer durch s gehenden Ebene, so daß man eine Gruppe von vier Strahlen $(abcd)$ erhält, die zu einem Büschel vom Mittelpunkt S (siehe die Figur 16) gehört und zu $(ABCD)$ perspektiv ist. Auf der Geraden c nehme man einen Punkt R (außerhalb von S und von s) an und ziehe darauf die Geraden AR und BR, die die Geraden a und b in den Punkten P und Q schneiden; dann wird die Gerade $r \equiv (PQ)$ durch D gehen, da $PQRS$ ein vollständiges konstruierendes Viereck der harmonischen Gruppe $(ABCD)$ ist. Nun betrachte man

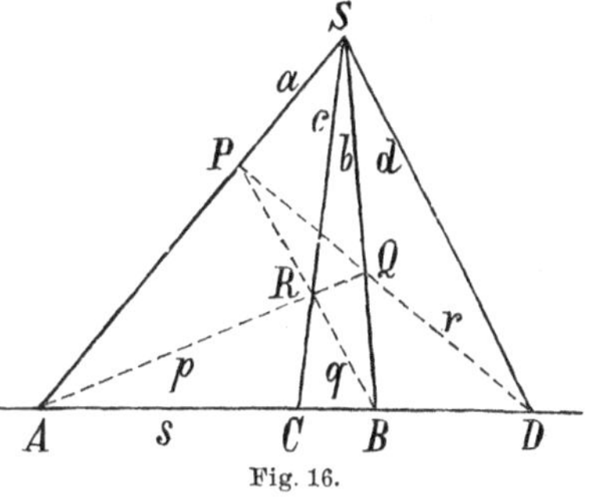

Fig. 16.

das vollständige Vierseit $pqrs$, das von den Geraden $p \equiv AQ$, $q \equiv BP$, $r \equiv PQ$ und s, dem Träger der Punktreihe $ABCD$, gebildet wird; von seinen Eckpunkten liegen A und P auf a, B und Q auf b, R auf c und D auf d, daher wird es von einem Punkte der Achse des Büschels $\alpha\beta\gamma\delta$ aus durch ein konstruierendes Vierseit im Bündel einer harmonischen Ebenengruppe projiziert, w. z. b. w.

Aus den beiden nachgewiesenen Sätzen geht der folgende hervor:

Wenn eine Gruppe von vier Strahlen $(abcd)$ eines Büschels

von einer nicht durch seinen Mittelpunkt gehenden Geraden seiner Ebene in einer harmonischen Punktgruppe geschnitten, oder von einer durch den Mittelpunkt des Büschels gehenden, aber außerhalb seiner Ebene liegenden Geraden aus durch eine harmonische Ebenengruppe projiziert wird; so wird die Gruppe $(abcd)$ von jeder durch den Mittelpunkt des Büschels gehenden, aber dem Büschel nicht angehörenden Geraden aus durch eine harmonische Ebenengruppe projiziert, und von jeder nicht durch den Mittelpunkt gehenden Geraden der Büschelebene in einer harmonischen Punktgruppe geschnitten.

Eine solche Gruppe von Strahlen $(abcd)$ eines Büschels, welche der soeben ausgesprochenen, sich selbst reziproken Bedingung genügt, heißt harmonisch. Es folgt alsdann:

Wenn drei Strahlen a, b, c eines Büschels in der hingeschriebenen Ordnung gegeben sind, so gibt es einen vierten Strahl d des Büschels (den vierten harmonischen), der mit jenen eine harmonische Gruppe $(abcd)$ bildet und zusammen mit c die Geraden a und b trennt.

Wenn die Strahlengruppe $(abcd)$ eines Büschels harmonisch ist, so sind auch die Gruppen $(bacd)$, $(abdc)$, $(badc)$, $(cdab)$, $(dcab)$, $(cdba)$, $(dcba)$ harmonisch (daher heißen a und b konjugierte harmonische Strahlen zu c und d, u. s. w.).

Aus der Tatsache, daß man eine harmonische Strahlengruppe als Schnitt einer harmonischen Ebenengruppe oder als projizierende Figur einer harmonischen Punktgruppe betrachten kann, gehen die beiden folgenden (im Raume korrelativen) Sätze hervor:

Wenn eine Gruppe von vier Strahlen $(abcd)$ eines Büschels harmonisch ist, so gibt es (dreifach) unendlich viele Vierseite (konstruierende der harmonischen Gruppe), von denen zwei Eckpunkte auf a liegen, zwei auf b, einer auf c und einer auf d; umgekehrt, wenn ein solches Vierseit existiert, so ist die Gruppe $(abcd)$ harmonisch und von jedem anderen Vierseit, von dem zwei Eckpunkte auf a liegen,

Wenn eine Gruppe von vier Strahlen $(abcd)$ eines Büschels harmonisch ist, so gibt es (dreifach) unendlich viele Vierkante (konstruierende der harmonischen Gruppe), von denen zwei Seitenflächen durch a gehen, zwei durch b, eine durch c und eine durch d; umgekehrt, wenn ein solches Vierkant existiert, so ist die Gruppe $(abcd)$ harmonisch, und von jedem anderen Vierkant, von dem zwei Seiten-

zwei auf b und einer auf c, liegt der letzte Eckpunkt auf d.

flächen durch a gehen, zwei durch b und eine durch c, geht die letzte Seitenfläche durch d.

Wir bemerken, wenn wir z. B. den Satz zur linken ins Auge fassen, daß sein erster Teil sich aus der Definition einer harmonischen Strahlengruppe als projizierender Figur einer harmonischen Punktgruppe (von einem Zentrum aus) mit Hilfe der im Beweise des ersten Satzes zur linken dieses Paragraphen angewandten Reihe von Schlüssen ableiten läßt, während er sich sofort aus der Definition einer harmonischen Strahlengruppe als Schnittfigur einer harmonischen Ebenengruppe ergibt, wenn man ein konstruierendes Vierseit im Bündel der harmonischen Ebenengruppe schneidet. Was den zweiten Teil des genannten Satzes betrifft, so folgt dieser entweder, wenn man ein konstruierendes Vierseit der harmonischen Strahlengruppe projiziert, oder mit Hilfe derjenigen Schlussreihe, welche in der Ebene korrelativ ist zu jener, welche ein solches Vierseit zu konstruieren gestattet, wenn ein konstruierendes Viereck einer harmonischen, als Schnitt der Strahlengruppe entstandenen Gruppe gegeben ist. Aus der Existenz eines solchen konstruierenden Vierseits der Gruppe folgt die Existenz von unendlich vielen anderen, wenn man sich auf den Satz über die Vierseite des § 11 stützt, insbesondere mit Hilfe von Betrachtungen, die in der Ebene korrelativ sind zu jenen, die im § 12 vorkamen.

Man sieht also, daß die Eigenschaften einer harmonischen Strahlengruppe eines Büschels korrelativ sind: in der Ebene zu denen einer harmonischen Punktgruppe und im Bündel zu denen einer harmonischen Ebenengruppe. Nach dem Gesetze der Dualität in der Ebene oder im Bündel hätte man die Existenz eines konstruierenden Vierseits oder eines konstruierenden Vierkants als Definition einer harmonischen Strahlengruppe aufstellen können, aber man würde nicht sogleich gesehen haben, daß die beiden Definitionen gleichwertig sind.

Die folgenden Sätze sind in der Ebene korrelativ:

In einem vollständigen Viereck sind zwei gegenüberliegende Seiten zu den beiden Diagonalen, die durch ihren gemeinsamen Punkt gehen, konjugiert harmonisch.

In einem vollständigen Vierseit sind zwei gegenüberliegende Eckpunkte zu den beiden Diagonalpunkten, die ihrer Verbindungslinie angehören, konjugiert harmonisch.

Zum Beweise beziehen wir uns z. B. auf die Aussage zur linken. Benutzt man die Bezeichnungen der Fig. 17 auf S. 58, so erkennt man, daß die vier Geraden AB, CD, AD und BC ein vollständiges

Vierseit bestimmen, von dem zwei Eckpunkte (A und C) auf AC liegen, zwei Eckpunkte (B und D) auf BD, eîn Eckpunkt (M) auf

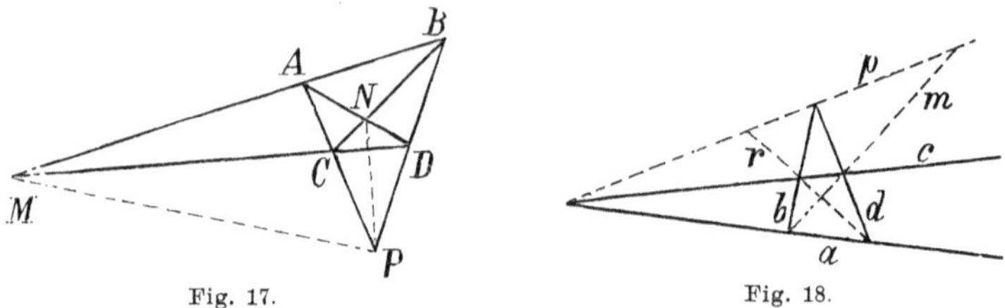

Fig. 17. Fig. 18.

PM und ein Eckpunkt (N) auf PN; dies beweist, daß die vier Geraden PA ($\equiv AC$), PB ($\equiv BD$), PM und PN eine harmonische Gruppe bilden, w. z. b. w.

§ 15. Erhaltung der harmonischen Gruppen in der durch Projektionen und Schnitte hergestellten Beziehung zwischen zwei Gebilden erster Stufe. Das über die harmonischen Gruppen in der Hauptsache Gesagte läßt sich in allgemeiner Weise für die verschiedenen Gebilde erster Stufe aussprechen, indem man sagt:

Wenn drei Elemente eines Gebildes erster Stufe in einer bestimmten Ordnung gegeben sind, so ist **ein** viertes harmonisches bestimmt.

Die Paare conjugierter harmonischer Elemente trennen sich.

Wenn ($ABCD$) eine harmonische Gruppe von Elementen eines Gebildes erster Stufe ist, so sind auch ($BACD$), ($ABDC$), ($BADC$), ($CDAB$), ($DCAB$), ($CDBA$), ($DCBA$) harmonische Gruppen.

Jede projizierende Figur oder jeder Schnitt einer harmonischen Gruppe von Elementen ist eine harmonische Gruppe.

Wir haben zwei Gebilde erster Stufe perspektiv genannt, wenn sich das eine von beiden aus dem anderen durch eine Projektion (und das zweite aus dem ersten durch einen Schnitt) ableiten läßt (§ 4); zwei solche Gebilde werden als auf einander bezogen betrachtet in dem Sinne, daß jedem Elemente des einen dasjenige Element des anderen zugeordnet wird, welches sein projizierendes Element oder sein Schnitt ist; man kann sagen, daß diese beiden Elemente der beiden Gebilde (von denen das eine die projizierende Figur des anderen ist) sich in der hergestellten Perspektivität entsprechen.

Man nennt auch perspektiv zwei gleichnamige Gebilde erster Stufe, wenn man sie als projizierende Figuren oder Schnitte eines und desselben Gebildes betrachtet: so zwei Punktreihen u und u', die als Schnitte eines und desselben Strahlenbüschels U oder eines und desselben Ebenenbüschels betrachtet werden; zwei Strahlenbüschel U und U', die als projizierende Figuren einer und derselben Punktreihe u oder als Schnitte eines und desselben Ebenenbüschels betrachtet werden; zwei Ebenenbüschel, die als projizierende Figuren einer und derselben Punktreihe oder eines und desselben Strahlenbüschels betrachtet werden.

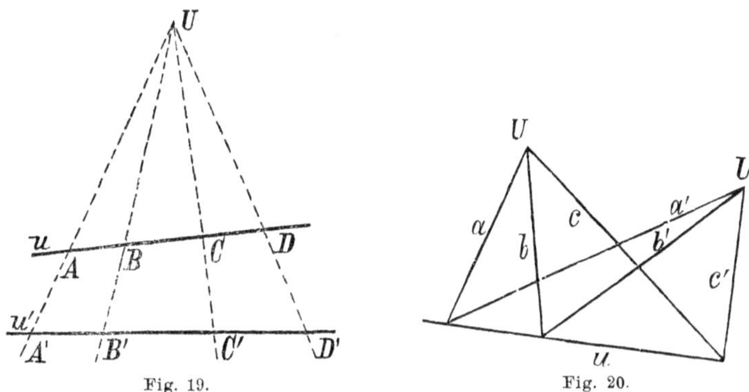

Fig. 19. Fig. 20.

Sprechen wir der Einfachheit wegen von dem ersten, durch die Fig. 19 dargestellten Falle. Die Geraden u und u' sind in der angenommenen Perspektivität auf einander bezogen, indem zwei Punkte wie A und A' oder B und B' u. s. w. als Schnitte eines und desselben Strahles von U einander entsprechen. Man kann sagen, daß man die perspektive Beziehung zwischen u und u' erhält, wenn man zuerst u auf U perspektiv bezieht (d. h. eine Projektion ausführt) und dann U auf u' (d. h. einen Schnitt ausführt); so entsprechen schließlich den Punkten $A, B, C, \ldots$ von u die Punkte $A', B', C', \ldots$ von u', und umgekehrt.

Betrachten wir nun drei Punktreihen u, u', u'' und setzen wir voraus, daß u perspektiv zu u' sei und dieses (auch) zu u'' (Fig. 21). Dann entspricht jedem Punkte A von u ein Punkt A' von u' (seine Projektion von U aus) und jedem Punkte A' von u' ein Punkt A'' von u'' (seine Projektion von U' aus), so daß man sagen kann, daß jedem Punkte von u infolge der ausgeführten Operationen schließlich ein Punkt von u'' entspricht, während, wenn man dieselben Operationen in umgekehrter Reihenfolge ausführt, jedem Punkte von u'' ein

Punkt von u (derjenige, aus welchem er durch die auf einander folgenden Projektionen von U aus auf u' und von U' aus auf u'' hervorgeht) entspricht. Die beiden Punktreihen u und u'' sind also schließlich in dem vorher erwähnten Sinne auf einander bezogen, und man kann sagen, daß man diese Beziehung erhält, wenn man u (perspektiv) auf u' und u' (perspektiv) auf u'' bezieht.

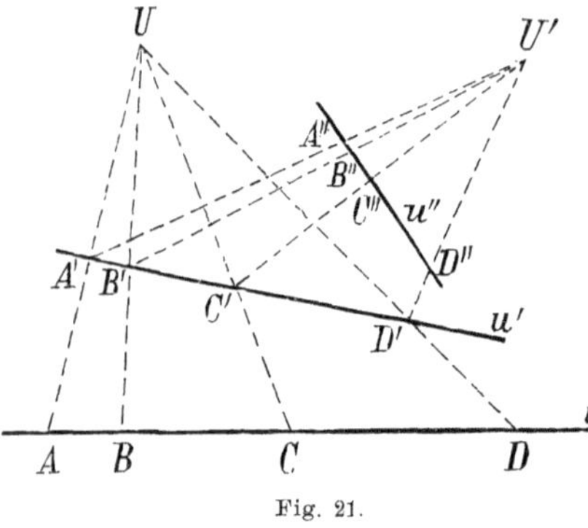

Fig. 21.

Aber diese Beziehung ist im allgemeinen keine Perspektivität; vielmehr ist sie dies nur in zwei Fällen: wenn u, u', u'' durch einen und denselben Punkt gehen, oder wenn U und U' mit dem Schnittpunkte von u und u'' auf einer und derselben Linie liegen.

Es existiert kein Hindernis, das Gesagte auf den Fall auszudehnen, daß mehrere Punktreihen vorhanden sind und im allgemeinen mehrere Gebilde erster Stufe $u, u', u'', \ldots u^{(n)}$, die in einer bestimmten Weise angeordnet und so beschaffen sind, daß jedes zu dem vorhergehenden und zu dem folgenden perspektiv ist. Alsdann erhält man zwischen dem ersten und dem letzten Gebilde $(u, u^{(n)})$ eine Beziehung, in welcher jedem Elemente von u ein Element von $u^{(n)}$ entspricht und umgekehrt: diese Beziehung (dieses Sicheinanderentsprechen) wird durch hinter einander ausgeführte Konstruktionen (Projektionen und Schnitte) hergestellt. Man kann sagen, daß man von dem einen Gebilde zum anderen durch eine endliche Anzahl von Projektionen oder Schnitten übergeht oder daß die Punktreihen u und $u^{(n)}$ durch Projektionen und Schnitte auf einander bezogen sind, nämlich durch diejenigen Projektionen und Schnitte, welche von jedem Gebilde zu dem ihm in der gegebenen Ordnung folgenden perspektiven führen und zu jedem Elemente der Punktreihe u ein entsprechendes von $u^{(n)}$ zu konstruieren gestatten. Diese Projektionen und Schnitte sind für alle Elemente des ersten Gebildes dieselben (d. h. sie werden von demselben Zentrum oder derselben Achse aus und mit derselben Geraden oder derselben Ebene ausgeführt).

Führt man die erwähnten Projektionen und Schnitte in umgekehrter Ordnung aus, so gelangt man von dem letzten Gebilde zum ersten, d. h. man stellt die zur ersten umgekehrte Beziehung her, und dies gilt auch noch, wenn (wie es vorkommen kann) die beiden Gebilde in einander liegen.

Wir haben gesehen, daß jede projizierende Figur oder jeder Schnitt einer harmonischen Gruppe von Elementen eines Gebildes erster Stufe wiederum eine harmonische Gruppe ist, daher haben wir den Satz:

Wenn zwei Gebilde erster Stufe durch Projektionen und Schnitte auf einander bezogen sind, so entspricht jeder harmonischen Gruppe von vier Elementen des einen eine harmonische Gruppe von vier (homologen) Elementen des anderen.

§ 16. Eine fundamentale Frage. Der aus unseren bisherigen Betrachtungen hervorgegangene Begriff der Beziehung zweier Gebilde auf einander oder ihres Einanderentsprechens ist einer ferneren Erweiterung fähig.

Dem Wesen nach besteht dieser Begriff darin daß, wenn mit Hilfe von Projektionen und Schnitten ein Übergang von einem Gebilde zu einem anderen hergestellt wird, wir damit das Ausgangselement im ersten Gebilde dem konstruierten Elemente im zweiten ideell zuordnen wollen.

Jedes andere System von Operationen, die auf ein Gebilde angewendet werden und von einem seiner Elemente zu einem Elemente des anderen führen, bringt eine solche ideelle Zuordnung mit sich und stellt also eine eindeutige Beziehung zwischen dem ersten und dem zweiten Gebilde her, und diese Beziehung wird umkehrbar eindeutig sein (und dann werden die Gebilde auf einander bezogen sein), wenn die angewandten Operationen umkehrbar sind, d. h. von jedem Elemente des zweiten Gebildes zu einem des ersten führen.

Um diesen Begriff zu erläutern, betrachten wir die folgenden Beispiele:

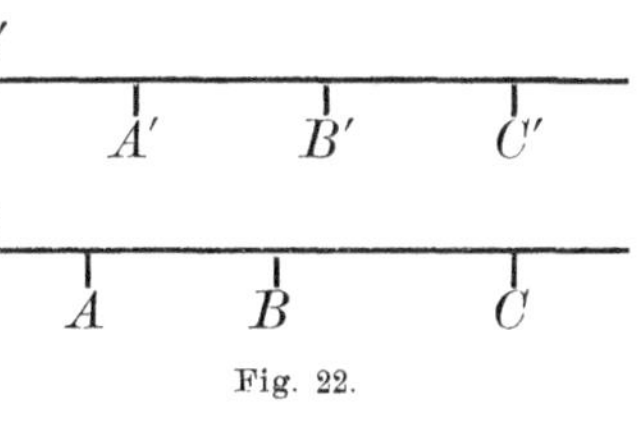

Fig. 22.

1. Wenn die (als ein Faden von veränderlicher Elastizität aufgefaßte) Gerade u sich im Raume bewegt und dabei eine neue Lage u' annimmt, so sind u und u' auf einander bezogen, und jedem Punkte von u wird die von ihm auf u' angenommene Lage entsprechen, und umgekehrt. Im besonderen trifft dies zu, wenn die betrachtete Bewegung die der starren Geraden (die Bewegung der elementaren Geometrie) ist.

2. Es mögen zwei Gerade u und u' gegeben sein, und auf jeder möge ein Punkt und ein positiver Sinn angenommen werden, so daß ein Abscissensystem * (wenn die Maßeinheit als gegeben vorausgesetzt wird) bestimmt wird. Wenn wir dann $y = \frac{ax + b}{cx + d}$ setzen, wobei $\begin{vmatrix} ab \\ cd \end{vmatrix} \neq 0$ sein soll, so sind die beiden Geraden u und u' in der Weise auf einander bezogen, daß jedem Punkte x der Punkt y, und umgekehrt jedem Punkte y der Punkt $x = \frac{b - dy}{cy - a}$ entspricht. Wenn wir aber $y = x^2$ setzen, so gibt es zwischen u und u' eine eindeutige, aber nicht eine umkehrbar eindeutige Beziehung, weil im allgemeinen jedem Punkte y zwei verschiedene Punkte $x = \pm \sqrt{y}$ entsprechen, wenn y positiv ist, und kein Punkt, wenn y negativ ist. Wenn wir $y = x^3$ setzen, so gibt es zwischen u und u' eine umkehrbar eindeutige Beziehung, weil $x = \sqrt[3]{y}$ immer einen reellen Wert hat.

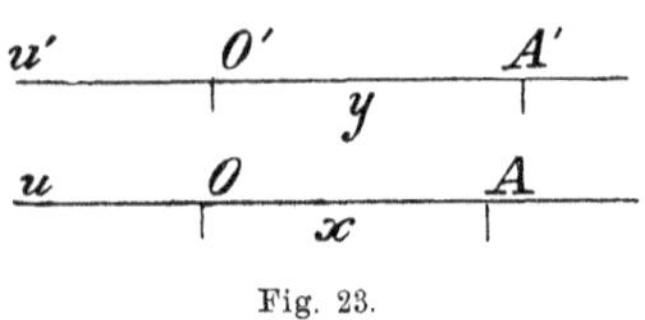

Fig. 23.

3. Wenn wir uns vorstellen, daß sich auf den Geraden u und u' gleichzeitig zwei Punkte in konstantem Sinne bewegen, so können wir diejenigen ihrer Punkte einander zuordnen, welche die in demselben Augenblicke eingenommenen Lagen der beiden beweglichen Punkte bezeichnen. Also wird man eine umkehrbar eindeutige Beziehung zwischen den beiden Geraden erhalten, wenn man voraussetzt, daß die beiden beweglichen Punkte die Geraden u und u' ihrer ganzen Ausdehnung nach in demselben Zeitabschnitt beschreiben.

Wir können uns eine umkehrbar eindeutige Beziehung zwischen zwei Gebilden (sie mögen erster Stufe oder auch zweiter oder dritter Stufe sein) hergestellt denken und dabei von der Operation (geometrischer, analytischer, physikalischer u. s. w. Natur), welche von jedem Punkte des einen zu einem Punkte (dem ihm entsprechenden oder homologen) des anderen und umgekehrt führt, ganz absehen. Eine solche Beziehung kann man sich auch in zwei Formen denken: als eindeutige Beziehung zwischen u und u' und als eindeutige Beziehung zwischen u' und u (Umkehrung der ersten); wenn man im ersten Falle die Bezeichnung π wählt, so wird man im zweiten Falle die Bezeichnung π^{-1} wählen.

Wenn drei Gebilde u, u', u'' gegeben sind und zwischen dem ersten und dem zweiten und ebenso zwischen dem zweiten und dem dritten eine umkehrbar eindeutige Beziehung gegeben ist, so erhält man immer eine umkehrbar eindeutige Beziehung zwischen u und u'', in welcher sich diejenigen Elemente entsprechen, die einem und demselben Elemente von u' homolog sind (die Operationen, welche von u auf u'' führen, würde man erhalten, wenn man nach einander diejenigen anwendet, welche von u auf u' und von u' auf u'' führen). Die erhaltene Beziehung zwischen u und u'' heißt das Produkt der beiden Beziehungen zwischen u und u', und u' und u'', und wenn man diese mit π und τ bezeichnet, so bezeichnet man jene mit $\omega \equiv \tau\pi$, und die umgekehrte (zwischen u'' und u) ist alsdann $\omega^{-1} \equiv \pi^{-1}\tau^{-1}$.

Erstes Beispiel. * Wenn π und τ zwei Beziehungen sind, die durch zwei Bewegungen erzeugt werden, durch welche u auf u' und u' auf u'' gelegt wird, so ist $\tau\pi$ die Beziehung, die erzeugt wird durch die aus den beiden ersten zusammengesetzte Bewegung, durch welche u auf u'' gelegt wird.

Zweites Beispiel. Wenn u, u', u'' drei Gerade und π und τ zwei Perspektivitäten sind, so ist $\tau\pi$ die Beziehung zwischen u und u'', die man erhält, wenn man zunächst die erste Projektion von u auf u' ausführt und dann die von u' auf u'' (vergleiche den vorhergehenden Paragraphen).

In allem bisher zur Sprache Gebrachten ist es durchaus nicht ausgeschlossen, daß u und u' oder u und u'' u. s. w. in einander liegende Gebilde sind, d. h. ein und dasselbe Gebilde bilden (man denke z. B. an die Bewegung einer Geraden auf sich selbst, u. s. w.).

Aber solange man der allgemeinen Definition der umkehrbar eindeutigen Beziehung zwischen zwei Gebilden nicht eine andere Voraussetzung hinzufügt, ist es nicht möglich, irgend eine Eigenschaft der Beziehungen zu finden.

Die allgemeine Theorie der Beziehungen, die einen so großen Teil der modernen Geometrie ausmacht, führt auf zwei Klassen von Untersuchungen:

a) Es sei eine Beziehung durch ein besonderes System von Operationen definiert; man soll ihre Eigenschaften ableiten.

Zum Beispiel, es sei die umkehrbar eindeutige Beziehung zwischen zwei Geraden durch eine Bewegung * (der starren Geraden) definiert, so haben wir die Eigenschaft, daß entsprechende Strecken einander gleich sind. Ist die Beziehung zwischen zwei Geraden durch Projektionen und Schnitte definiert, so haben wir die Eigenschaft, daß jeder harmonischen Gruppe der einen eine harmonische Gruppe auf der anderen entspricht.

b) Es seien irgendwelche Eigenschaften einer umkehrbar eindeutigen Beziehung zwischen zwei Gebilden angenommen; man soll daraus herleiten, welche Eigenschaften von Bedeutung die ins Auge gefaßte Beziehung haben muß, und ein System von Operationen nachweisen, durch welche man sie konstruieren kann.

In einem tiefer gehenden Studium der Beziehungen kann man sich nicht auf die erste Klasse von Untersuchungen beschränken, sondern muß sich zur Ergänzung noch die umgekehrte Aufgabe b) stellen, die genau zu erkennen gestattet, welche Eigenschaften der Beziehung charakteristisch sind.

Wenn wir uns auf die oben angeführten Beispiele beziehen, so kommen wir also auf folgende Fragen:

Wenn zwischen zwei Geraden eine umkehrbar eindeutige Beziehung derart besteht, daß jeder Strecke der einen eine gleichgroße Strecke * der anderen entspricht, kann man die eine Gerade durch eine Bewegung (der starren Geraden) so auf die andere legen, daß die entsprechenden Punkte zusammenfallen?

Es ist leicht sich zu überzeugen, daß die Antwort auf die vorstehende Frage bejahend ist. Dies zeigt, daß die Eigenschaft, daß die Länge der Strecken ungeändert bleibt, die charakteristische Eigenschaft der durch eine Bewegung entstandenen Beziehung zwischen zwei Geraden ist.

In analoger Weise entsteht (in Bezug auf das zweite angeführte Beispiel) die Frage:

Wenn zwischen zwei Geraden (oder allgemeiner zwischen zwei Gebilden erster Stufe) eine umkehrbar eindeutige Beziehung besteht, in welcher jeder harmonischen Gruppe der einen eine harmonische Gruppe der anderen entspricht, kann man diese Beziehung als eine solche betrachten, die durch Projektionen und Schnitte entsteht?

Diese in dem vorher angedeuteten Gedankengange sich naturgemäß darbietende Frage ist für die projektive Geometrie fundamental.

Aber eine bejahende Entscheidung läßt sich, wie es scheint, aus den früher eingeführten Axiomen I, II, III, IV, V nicht herleiten.

Wir werden uns also aufs neue an die Anschauung wenden müssen und später, ohne über die Betrachtung visueller Eigenschaften hinauszugehen, zur gewünschten Antwort gelangen.

Aber, bevor wir dies tun, wollen wir einen einfachen Fall umkehrbar eindeutiger Beziehungen zwischen Gebilden erster Stufe, bei welchen die harmonischen Gruppen erhalten bleiben, anmerken. Diese Beziehungen werden unabhängig von der mit Hilfe von Projektionen und Schnitten hergestellten Beziehung definiert werden und auf einige Anwendungen führen.

§ 17. * Metrische Eigenschaften der harmonischen Gruppen. Auch unabhängig von der durch Projektionen und Schnitte hergestellten Beziehung zwischen zwei Gebilden erster Stufe können wir zu dem Begriffe umkehrbar eindeutiger Beziehungen zwischen Gebilden erster Stufe, wobei die harmonischen Gruppen erhalten bleiben, gelangen. Ein Beispiel davon gibt die umkehrbar eindeutige Beziehung zwischen zwei gleichnamigen Gebilden erster Stufe, welche entsteht, wenn man durch eine Bewegung im Sinne der elementaren Geometrie das eine Gebilde auf das andere legt.

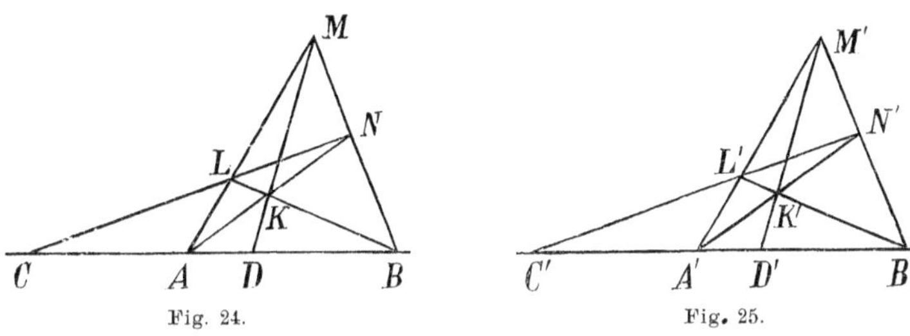

Fig. 24. Fig. 25.

In der Tat möge sich z. B. die Gerade u, auf der sich die harmonische Gruppe $ABCD$ befindet, so bewegen, daß u in eine neue Lage u' gelangt und $ABCD$ nach $A'B'C'D'$. Diese Bewegung wird durch eine Bewegung des Raumes hervorgebracht, bei welcher ein konstruierendes Viereck $LMNK$ der harmonischen Gruppe $ABCD$ in ein Viereck $L'M'N'K'$ (in derselben oder in einer anderen Ebene) übergeführt wird, von dem zwei Seiten durch A' gehen werden, zwei durch B', eine durch C' und eine durch D'; daher ist auch die Gruppe $A'B'C'D'$ (die gleich $ABCD$ ist) harmonisch.

(Allgemeiner: auch wenn sich zwei perspektive (gleichnamige oder ungleichnamige) Gebilde erster Stufe bewegen, bleiben bei der umkehrbar eindeutigen Beziehung, welche zwischen den beiden Gebilden in der neuen Lage entsteht, die harmonischen Gruppen immer erhalten.)

Nun ist es leicht, die folgenden metrischen Eigenschaften zu beweisen.

Erster Satz. Auf einer (eigentlichen) Geraden ist der in Bezug auf zwei (eigentliche) Punkte A und B zu dem unendlich fernen Punkte konjugierte harmonische Punkt der Mittelpunkt O der durch A und B bestimmten endlichen Strecke.

Es bewege sich die Gerade so, daß sie schließlich auf sich selbst und A in B und B in A liegt. Der Punkt im Unendlichen ändert sich dabei nicht, daher auch nicht der zu ihm konjugierte harmonische Punkt; aber dieser (der der Strecke AB angehört) muß dabei mit dem vertauscht worden sein, der zu ihm in Bezug auf den Mittelpunkt O von AB symmetrisch ist; daher fällt er mit O zusammen, w. z. b. w.

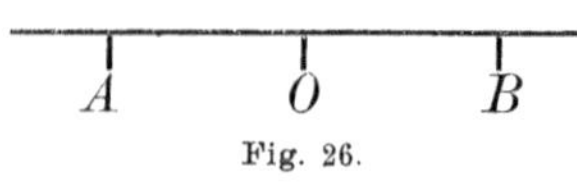

Fig. 26.

Zweiter Satz. In einem eigentlichen Strahlen-(oder Ebenen-)büschel trennen die Halbierungslinien der Winkel zweier Geraden a und b (oder die Halbierungsebenen der Winkel zweier Ebenen α und β) die beiden Geraden (oder die beiden Ebenen) harmonisch.

Es sei c eine dieser (zu einander orthogonalen) Winkelhalbierungslinien. Es bewege sich die Ebene, indem sie sich um c dreht, so daß sie sich schließlich selbst überdeckt; dabei werden die Strahlen a und b mit einander vertauscht, während c sich nicht ändert; daher ändert sich auch nicht der zu c in Bezug auf a und b konjugierte harmonische Strahl d. Aber d muß dabei mit derjenigen Geraden des Büschels, die zu c symmetrisch ist, vertauscht worden sein, daher ist d zu c orthogonal und darum ist d die Halbierungslinie des anderen von den beiden Geraden gebildeten Winkels.

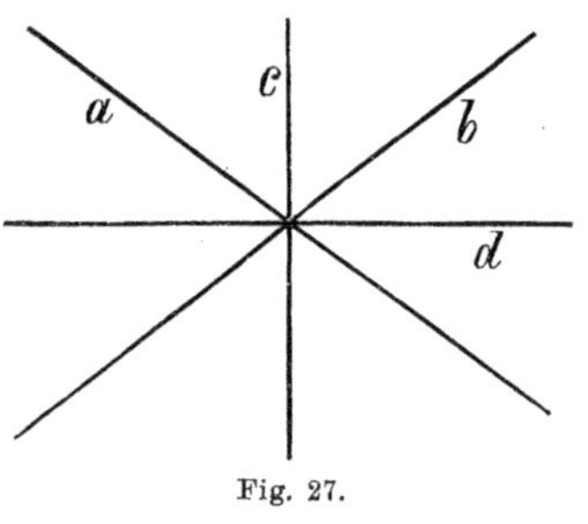

Fig. 27.

Dritter Satz. Wenn $ABCD$ eine harmonische Gruppe von vier eigentlichen Punkten einer Geraden u ist, so teilen die Punkte C und D die endliche Strecke AB außen und innen in demselben Verhältnis, und umgekehrt. (Dasselbe kann man von A und B in Bezug auf C und D sagen.)

Es mögen A, B, C, D von einem Punkte U (des Kreises vom Durchmesser CD) aus, von dem aus die Strecke CD unter einem rechten Winkel gesehen wird, projiziert werden, dann lautet die Bedingung dafür, daß die Gruppe $U(ABCD)$ harmonisch ist, daß die Geraden UC und UD die Halbierungslinien der von UA und UB gebildeten Winkel sind (nach dem zweiten Satze). Aber nach einem bekannten Satze der elementaren Geometrie kann diese Bedingung ersetzt werden durch die andere, daß

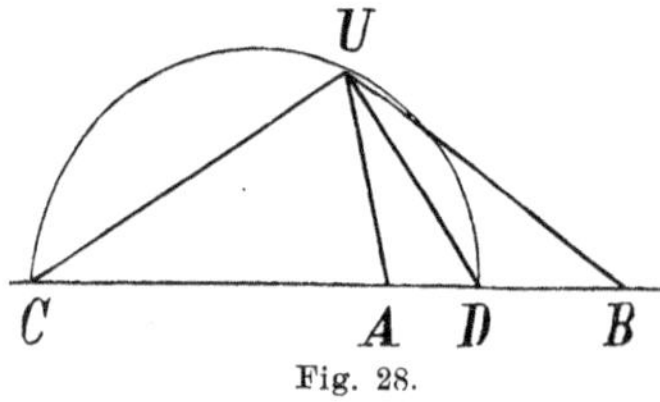

Fig. 28.

$\frac{AD}{BD} = \frac{AU}{BU} = \frac{AC}{BC}$ (wenn man in dieser Weise, wie in der elementaren Geometrie, die Verhältnisse der endlichen Strecken bezeichnet) ist.

Damit ist der Satz bewiesen.

Anmerkung. Als Grenzfall (wenn ein Punkt ins Unendliche rückt) erhält man hieraus den ersten Satz.

Vierter Satz. Wenn $abcd$ (oder $\alpha\beta\gamma\delta$) eine harmonische Gruppe von vier Strahlen (oder Ebenen) eines (eigentlichen) Büschels ist, so ist $\frac{\sin ac}{\sin bc} = \frac{\sin ad}{\sin bd}$ $\left(\text{oder } \frac{\sin \alpha\gamma}{\sin \beta\gamma} = \frac{\sin \alpha\delta}{\sin \beta\delta}\right)$, und umgekehrt.

Dies folgt aus der Tatsache, daß die Verhältnisse der endlichen Strecken, die auf einer schneidenden Geraden durch die angegebenen Paare von Strahlen oder Ebenen des Büschels gebildet werden, den Verhältnissen der Sinus ihrer Winkel proportional sind (vgl. § 34) und daß der Schnitt einer Geraden mit einer harmonischen Gruppe von Strahlen oder Ebenen eine harmonische Gruppe von Punkten ist.

Übungsaufgabe. Welches ist der konjugierte harmonische Strahl in Bezug auf zwei (eigentliche) parallele Geraden einer Ebene zu dem Strahl im Unendlichen dieser Ebene?

Viertes Kapitel.

Das Axiom der Stetigkeit und seine Anwendungen.

§ 18. Das Axiom der Stetigkeit. Im § 16 sind wir auf eine Frage gestoßen, die, wie es scheint, sich nicht lösen läßt, wenn man sich nur auf die bisher eingeführten Axiome stützt. Und daher ist es natürlich, aufs neue auf die Anschauung zurückzugehen und ihr neue Ausgangspunkte zu entnehmen, um diese Frage zu lösen, oder vielmehr es ist natürlich, irgend ein neues Axiom einzuführen. Dies ist gerechtfertigt nicht nur von dem logischen Standpunkte aus, den wir für die Auffassung der Geometrie in der Einleitung dargelegt haben.

Aber die im § 16 aufgeworfene Frage scheint von denjenigen, welche das Objekt einer anschaulichen Lösung bilden können, so weit entfernt zu sein, daß sie uns bei dem Forschen nach dem neuen Axiom keinerlei Anleitung geben dürfte.

Daher kommt es darauf an, eine Prüfung der eingeführten Axiome vorzunehmen und zuzusehen, wie von anderen Gesichtspunkten aus sich ergibt, daß in ihnen ein wesentliches Element unserer Raumanschauung fehlt.

Wir sprechen hier einige anschauliche Wahrnehmungen aus:

1. Wenn in einer Strecke einer Geraden zwei Punkte sich bewegen, indem sie die Strecke in entgegengesetztem Sinne beschreiben, so treffen sie sich in einem Punkte. (Wenn zwei bewegliche Punkte eine Gerade in entgegengesetztem Sinne beschreiben, so treffen sie sich in zwei Punkten, die die von den genannten beweglichen Punkten in jedem Augenblicke angenommenen Lagen von einander trennen.)

2. Wenn in einer Strecke einer Geraden zwei Punkte A und B sich in demselben Sinne bewegen und der Punkt A in einem gegebenen Augenblicke B vorangeht und in einem anderen Augenblicke B folgt (in einer Ordnung der Strecke), so gibt es dazwischen einen Augenblick, in welchem die beiden Punkte sich treffen.

Analog würde es für die anderen Gebilde erster Stufe heißen.

3. In der Ebene kann man sich geschlossene Kurven C denken, welche sie in zwei Gebiete von inneren und äußeren Punkten in der Art teilen, daß, wenn A und B zwei Punkte der Ebene sind und der eine ein innerer, der andere ein äußerer Punkt ist, jede der beiden Strecken AB der die beiden Punkte verbindenden Geraden immer einen Punkt (wenigstens) mit der Kurve C gemeinsam hat. (Diese letzte Wahrnehmung enthält den nicht genau bestimmten Begriff der geschlossenen Linie, kommt aber, z. B. in Bezug auf den Kreis, in der elementaren Geometrie häufig zur Anwendung.)

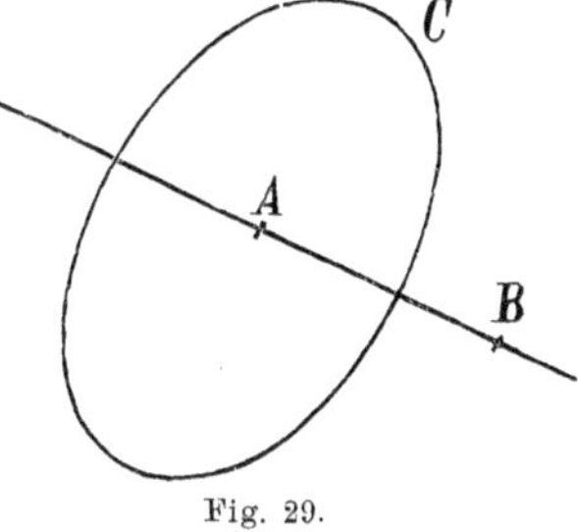

Fig. 29.

Diese und andere analoge anschauliche Eigenschaften sind mit unserem rohen Begriff der Stetigkeit des Raumes verknüpft.

Es wäre jedoch sicherlich schwierig, alles das genau anzugeben, was wir in diesen zusammengesetzten Begriff einschließen; daher werden wir fordern können, daß irgend eine genaue Aussage ihm entnommen werde (die man als Axiom einführen könnte), damit man aus dieser die fundamentalen anschaulichen Eigenschaften ableiten könne, die in unserer Vorstellung mit jenem Begriffe verknüpft sind. Und das werden wir erreichen können, wenn wir die Stetigkeit der Geraden, und gleichzeitig aller Gebilde erster Stufe, definieren und voraussetzen.

Aber zunächst ist die Bemerkung vorteilhaft, daß in den früheren Axiomen nichts enthalten ist, was sich auf den Begriff der Stetigkeit bezieht, so daß, wenn wir vom Raume nur diejenigen eigentlichen Punkte betrachten, deren Koordinaten (in einem Cartesischen System) rational sind, und ihnen die uneigentlichen Punkte derjenigen Geraden hinzufügen, deren Richtungscosinus rational sind, die übrigen Punkte aber vernachlässigen, wir sagen können, daß diese Punkte ein Gebilde darstellen, für das alle bereits eingeführten Axiome gelten, aber nicht mehr diejenigen Sätze bestehen, welche den oben erwähnten anschaulichen Eigenschaften entsprechen.

In einem geordneten Segmente $\overline{AB}$ eines Gebildes erster Stufe bestimmt ein Element C zwei geordnete Segmente $\overline{AC}$ und $\overline{CB}$; wenn man das Element C als nur einem der beiden Segmente $\overline{AC}$ und $\overline{CB}$ angehörig betrachten will, so erhält man eine Teilung des Segmentes $\overline{AB}$, welche die folgenden Eigenschaften besitzt:

1. Jedes Element des Segmentes $\overline{AB}$ gehört einem der beiden Teile an.

2. Das Element A gehört einem der Teile (den wir den ersten nennen wollen) an und das Element B dem anderen; das Element C kann ebensogut dem einen wie dem anderen Teile angehören, je nach der Festsetzung.

3. Jedes Element des ersten Teiles geht jedem Elemente des zweiten Teiles voran.

Der Allgemeinheit wegen wird man auch den Fall betrachten können, daß das Element C in das Element A oder das Element B hineinfällt; indem man es in diesen beiden Fällen dem ersten oder dem zweiten Teile zuweist, erhält man auch eine Teilung, die der ausgesprochenen Eigenschaft genügt, wobei der eine der beiden Teile von dem Endelemente A oder B des Segmentes gebildet wird und der andere von allen seinen übrigen Elementen.

Wir wollen nun das folgende Axiom gelten lassen:

VI. Wenn ein geordnetes Segment $\overline{AB}$ eines Gebildes erster Stufe in zwei Teile geteilt ist in der Weise, daß

1. jedes Element des Segmentes $\overline{AB}$ einem der beiden Teile angehört,

2. das Endelement A dem ersten Teile angehört und B dem zweiten,

3. jedes Element des ersten Teils jedem Elemente des zweiten vorangeht:

so existiert **ein** Element C des Segmentes $\overline{AB}$ (das dem einen oder dem anderen Teile angehören kann) von der Beschaffenheit, daß jedes Element von $\overline{AB}$, das C vorangeht, dem ersten Teile und jedes Element von $\overline{AB}$, das auf C folgt, dem zweiten Teile in der festgesetzten Teilung angehört.

Wenn einer der beiden Teile aus dem einzigen Elemente A oder B besteht, so wird das Element C von dem genannten Endelemente A oder B des Segmentes gebildet.

Anmerkung 1. Man kann sagen, daß das eingeführte Axiom der ersten der oben erwähnten anschaulichen Tatsachen entspricht. In der Tat kann man die beiden Teile, in welche das Segment $\overline{AB}$ geteilt ist, als in entgegengesetztem Sinne geordnet betrachten und festsetzen, daß sie durch die Bewegung zweier sich gegen einander bewegender Punkte beschrieben werden; der Punkt der Begegnung würde hier als beiden Teilen angehörend angesehen werden, aber man kann sich vorstellen, daß er nur einem einzigen zugewiesen (und von dem anderen weggenommen) wird, und dies muß man tun, wenn man die in Bezug auf die gegebene Teilung gemachte Voraussetzung aufrecht erhalten will.

Anmerkung 2. Es genügt, das Axiom VI z. B. für die Gerade anzunehmen; man leitet es dann für die anderen Gebilde erster Stufe mit Hilfe einer Projektion ab. Es genügt auch, die Existenz eines Elementes C, das die ausgesprochene Eigenschaft besitzt, anzunehmen; man beweist dann, daß es das einzige ist.

Das eingeführte Axiom heißt das Axiom der Stetigkeit (von Dedekind) und erscheint in der elementaren Geometrie zur Messung der inkommensurablen Größen.

Im folgenden (abgesehen von der Untersuchung metrischer Eigenschaften, die mit einem Sternchen bezeichnet sein werden) werden wir alle Sätze der projektiven Geometrie aus den Axiomen I, II, III, IV, V, VI, in denen der Name des erzeugenden Elementes der betrachteten Gebilde erster Stufe nicht angegeben ist, herleiten; für diese Sätze werden also die Gesetze der Dualität im Raume und in den Gebilden zweiter Stufe (vgl. das zweite Kapitel) Geltung haben.

§ 19. Geordnete Beziehungen. Wir werden nun untersuchen müssen, wie aus dem Axiom VI auf logischem Wege die oben ausgesprochenen anschaulichen Tatsachen hervorgehen; aber insoweit die dritte Tatsache in Betracht kommt, werden wir das nur mit der Beschränkung auf gegebene, vollkommen definierte geschlossene Linien[1]) tun können; wir verschieben dies auf das Folgende, bis wir von den Kegelschnitten gesprochen haben werden.

Inzwischen bemerken wir, daß die gleichzeitige Bewegung zweier Punkte in zwei Strecken einer Geraden als eine umkehrbar eindeutige Beziehung zwischen den Punkten der beiden Strecken aufgefaßt werden kann, als eine Beziehung der Art, daß den Punkten einer natürlichen Ordnung der einen Strecke die Punkte einer natürlichen Ordnung in der anderen entsprechen.

Dasselbe gilt für die anderen Gebilde erster Stufe und gilt auch, wenn man die Elemente sich in der Weise bewegen läßt, daß jedes das ganze Gebilde, dem es angehört, und nicht ein Segment beschreibt.

---

1) Man könnte auch den Begriff der geschlossenen Linie streng aufstellen und darauf den Beweis jener Tatsache für alle geschlossenen Linien führen, aber dies würde eine ziemlich lange und umständliche Auseinandersetzung erfordern und hier im Hinblick auf unsere Ziele kein Interesse haben.

Wir werden sagen, daß zwischen zwei Gebilden erster Stufe (oder zwischen zwei Segmenten von ihnen) eine geordnete umkehrbar eindeutige Beziehung existiert, wenn auf einander folgenden Elementen des einen auf einander folgende Elemente des anderen entsprechen und daher einer natürlichen Ordnung wieder eine natürliche Ordnung. Alsdann entspricht einem Sinne eines Gebildes ein Sinn in dem anderen, da einer natürlichen Ordnung des ersten Gebildes, die aus der ersten durch cyklische Vertauschung abgeleitet ist, in dem anderen eine natürliche Ordnung entspricht, die wiederum durch cyklische Vertauschung aus der ursprünglichen abgeleitet ist.

Man kann hinzufügen (wie leicht zu sehen): Wenn zwischen zwei Gebilden erster Stufe eine geordnete umkehrbar eindeutige Beziehung besteht, so entsprechen immer zwei sich trennenden Paaren zwei sich trennende Paare, und umgekehrt.

Eine geordnete umkehrbar eindeutige Beziehung zwischen zwei in einander liegenden Gebilden erster Stufe soll gleichsinnig oder ungleichsinnig heißen, je nachdem sie einen Sinn des Gebildes sich selbst oder dem anderen Sinne entsprechen läßt.

In einer Beziehung zwischen in einander liegenden Gebilden erster Stufe heißt ein Element, das mit dem entsprechenden zusammenfällt, ein Doppelelement.

Ein Element, das für eine Beziehung ein Doppelelement ist, ist auch für die umgekehrte Beziehung ein Doppelelement (und umgekehrt).

Hiernach werden die im vorhergehenden Paragraphen erwähnten anschaulichen Tatsachen 1. und 2. ausgedrückt durch den

Satz: Wenn in einem Gebilde erster Stufe eine geordnete umkehrbar eindeutige Beziehung gegeben ist, in welcher einem Segmente $\overline{AB}$ des Gebildes ein Segment $\overline{A'B'}$, das in dem ersten enthalten ist, entspricht (oder die Beziehung ist auch nur zwischen den Segmenten $\overline{AB}$ und $\overline{A'B'}$ gegeben), so existiert ein dem Segmente $\overline{A'B'}$ (und daher dem Segmente $\overline{AB}$) angehörendes Doppelelement M von der Art, daß in dem geordneten Segmente $\overline{AB}$ kein Doppelelement der Beziehung existiert, das M vorangeht.

Da es sich hier um Segmente handelt, die in dem gegebenen Segmente $\overline{AB}$ enthalten sind, so können wir sie bezeichnen, indem wir nur ihre Endelemente angeben. Wir schließen aus, daß das Element A mit A' zusammenfällt (d. h. ein Doppelelement ist), weil in diesem Falle der Satz ohne weiteres einleuchtet.

Wir unterscheiden zwei Fälle:

1. Die gegebene Beziehung sei gleichsinnig, d. h. das Segment $\overline{A'B'}$ habe denselben Sinn wie $\overline{AB}$, oder A' gehe dem B' in dem geordneten Segmente $\overline{AB}$ voran.

Wir betrachten die folgende Teilung des geordneten Segmentes $\overline{AB}$:

α) Ein (mit H bezeichnetes) Element soll dem ersten Teile angehören, wenn es und jedes ihm (in $\overline{AB}$) vorangehende Element dem ihm entsprechenden vorangeht. Wenigstens das Element A gehört zum ersten Teile.

β) Ein (mit K bezeichnetes) Element soll dem zweiten Teile angehören, wenn in dem Segmente $\overline{AK}$ ein Element (das auch K selbst sein kann) existiert, das nicht dem ihm entsprechenden vorangeht (d. h. ihm folgt oder ein Doppelelement ist). Wenigstens B ist von dieser Art.

Alsdann ist jedes Element von $\overline{AB}$ entweder ein Element H des ersten Teils oder ein Element K des zweiten; A gehört dem ersten Teile an, B dem zweiten; jedes Element H geht in $\overline{AB}$ jedem Elemente K voran. Man schließt (nach dem Axiom VI), daß es ein Element M von $\overline{AB}$ gibt derart, daß jedes Element, das M vorangeht, ein Element H ist, und jedes Element, das auf M folgt, ein Element K.

Es sei M' das zu M homologe Element (dieses M' liegt in $\overline{A'B'}$), und wir wollen voraussetzen, daß es M vorangeht. Nimmt man dann ein Element H im Inneren des Segmentes $\overline{M'M}$ an, so geht das zu H homologe Element H', da H dem M vorangeht und die Beziehung gleichsinnig ist, dem zu M homologen Elemente M' und daher H voran, was widersinnig ist, wenn man bedenkt, wie M definiert worden ist. In ähnlicher Weise kommt man zu einem Widersinn, wenn man voraussetzt, daß M' auf M folgt; in der Tat geht dann jedes Element des Segmentes $\overline{MM'}$ (das Element M' vielleicht ausgeschlossen) dem zu ihm homologen Elemente voran, und da dies auch für jedes Element von $\overline{AM}$ stattfindet, so würde man schließen, daß jedes Element im Inneren von $\overline{MM'}$ ein Element H ist, was widersinnig ist. Man schließt, daß M' mit M zusammenfällt. Also ist M ein Doppelelement, und nach der Definition dieses Elementes geht jedes Element, das ihm vorangeht, dem ihm entsprechenden voran, ist also kein Doppelelement. Aus

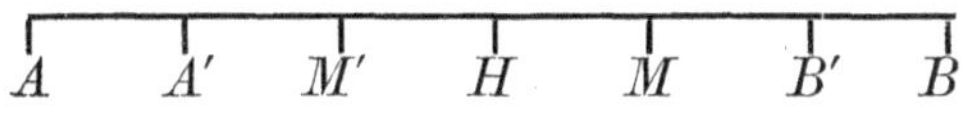

Fig. 30.

der Tatsache, daß M ein Doppelelement ist, folgt auch, daß es außer $\overline{AB}$ auch $\overline{A'B'}$ angehört.

Also ist in diesem Falle der Satz bewiesen.

Man kann auch bemerken, daß A', da es nicht mit A zusammenfällt, kein Doppelelement ist, und darum fällt M nicht mit A zusammen; wenn also A' und B' im Inneren von $\overline{AB}$ liegen, dann liegt M im Inneren von $\overline{A'B'}$.

2. Die Beziehung sei ungleichsinnig, d. h. das Segment $\overline{A'B'}$ habe den entgegengesetzten Sinn wie $\overline{AB}$, oder B' gehe dem A' in dem geordneten Segmente $\overline{AB}$ voran.

Wir übertragen in strenge Ausdrucksweise die in der ersten Anmerkung des vorhergehenden Paragraphen enthaltene anschauliche Betrachtung und kehren sie dabei um.

Man fasse die folgende Teilung des geordneten Segmentes $\overline{AB}$ ins Auge.

a) Ein (mit H bezeichnetes) Element soll dem ersten Teile angehören, wenn es dem homologen Elemente H' (in $\overline{A'B'}$) vorangeht. Wenigstens A ist ein Element H.

b) Ein (mit K bezeichnetes) Element soll ein Element des zweiten Teiles heißen, wenn es nicht dem homologen Elemente vorangeht (und also ihm folgt oder ein Doppelelement ist). Wenigstens B ist ein Element K.

Dann geht, da die Beziehung ungleichsinnig ist, jedes Element H jedem Elemente K voran. In der Tat, wenn H_1 irgend ein Element ist, das H vorangeht, so folgt das ihm homologe Element H_1' auf H' und desto mehr (auf H und) auf H_1; also kann H_1 niemals ein Element K sein.

Jedes Element von $\overline{AB}$ ist ein Element H oder ein Element K; A ist ein Element H und B ein Element K.

Man schließt aus dem Axiom VI, daß es e i n Element M von $\overline{AB}$ gibt derart, daß jedes Element, das M vorangeht, ein Element H des ersten Teiles ist, und jedes Element, das auf M folgt, ein Element K des zweiten Teiles. M gehen Doppelelemente nicht voran.

Ich behaupte, daß M ein Doppelelement ist, woraus der Satz folgt.

Vor allem bemerke man, daß zu jedem Elemente H (von $\overline{AB}$), das M vorangeht, das homologe Element H' sich in dem Segmente $\overline{MB}$ befindet. In der Tat, wenn H_1 ein Element zwischen H und M (in $\overline{AB}$) ist und H_1' das zu H_1 homologe Element, so muß H' auf H_1' und also auf H_1 folgen; daher folgt H' auf alle Elemente, die M

vorangehen. In analoger Weise beweist man, daß zu jedem Elemente K, das auf M (in $\overline{AB}$) folgt, das homologe Element K' sich in dem Segmente $\overline{AM}$ befindet.

Nun sei M' das zu M homologe Element und es möge M vorangehen. Dann ist M von A verschieden und also A' von M'; das Segment $\overline{A'M'}$ hat, da das Endelement M' sich im Inneren von $\overline{AM}$ befindet, mit diesem unendlich viele innere Elemente gemeinsam; eines dieser Elemente H' (das M vorangeht) ist homolog zu einem Elemente von $\overline{AM}$, was widersinnig ist.

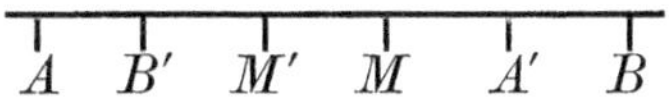

A B' M' M A' B

Fig. 31.

In gleicher Weise beweist man, daß es widersinnig ist, daß M' auf M folgt. Also ist der Satz bewiesen. Man bemerke, daß M im Inneren von $\overline{A'B'}$ liegt.

Wenn man die Ausdrucksweise für einen Bewegungsvorgang (§ 16) einführt, so kann man den vorstehenden Satz auch aussprechen, indem man sagt: „Wenn es eine umkehrbar eindeutige Beziehung in einem Gebilde erster Stufe gibt von der Art, daß, während ein Element sich bewegt und ein Segment beschreibt, das andere sich bewegt und ein Segment im Inneren des ersten beschreibt, so gibt es ein erstes Doppelelement u. s. w.“

Anmerkung. In dem zweiten Falle, der in dem vorstehenden Beweise betrachtet worden ist, nämlich wenn es sich um eine ungleichsinnige Beziehung handelt, zeigt sich, daß das Doppelelement M innerhalb des Segmentes $\overline{AB}$ das einzige ist, da jedes Element H, das M in $\overline{AB}$ vorangeht, dem homologen Elemente (das in $\overline{A'M}$ liegt) vorangeht, und ebenso jedes Element K, das auf M in $\overline{AB}$ folgt, dem ihm homologen Elemente (das in $\overline{MB'}$ liegt) folgt.

In der betrachteten ungleichsinnigen Beziehung ist dem Segmente $\overline{A'BAB'}$ (dem ergänzenden Segmente von $\overline{A'B'}$ in dem gegebenen Segmente $\overline{AB}$) das Segment $\overline{AB}$ homolog, das jenes gegebene ergänzt und innerhalb $\overline{A'BAB'}$ liegt; in diesem Segmente $\overline{AB}$ gibt es (infolge des nachgewiesenen Satzes) ein Doppelelement N der Beziehung (im Inneren).

Die betrachtete ungleichsinnige Beziehung hat also zwei Doppelelemente M und N, die A und B, und A' und B' von einander trennen und auch A und A', und B und B' von einander trennen.

Nun sei eine beliebige ungleichsinnige Beziehung gegeben, in welcher A kein Doppelelement ist, sondern ein Element A' zum homologen Elemente hat (es existiert immer ein solches Element, das kein Doppelelement ist, da die (identisch genannte) Beziehung, in welcher jedes Element sich selbst entspricht, gleichsinnig ist). Dem Elemente A' entspricht ein Element A'', das in eins der beiden einander ergänzenden Segmente AA' fällt, oder vielleicht in beide, wenn A'' mit A zusammenfällt. Dem geordneten Segmente $\overline{AA''A'}$ (oder einem der beiden Segmente $\overline{AA'}$, wenn A'' mit A zusammenfällt) entspricht in der gegebenen Beziehung eins der beiden geordneten Segmente $\overline{A'A''}$ und zwar (da die Beziehung ungleichsinnig ist) das in dem gegebenen Segmente $\overline{AA'}$ enthaltene Segment $\overline{A'A''}$, das den entgegengesetzten Sinn wie jenes hat; wir sind also in der Lage, den nachgewiesenen Satz anzuwenden, und es folgt (wenn man die schon vorher angestellten Betrachtungen berücksichtigt) der

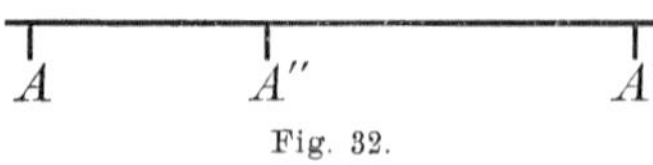

Fig. 32.

Zusatz: Wenn in einem Gebilde erster Stufe eine geordnete ungleichsinnige Beziehung gegeben ist, so gibt es zwei Doppelelemente, die jedes Paar homologer Elemente trennen.

Das kann man auch ausdrücken, indem man sagt:

„Wenn in einem Gebilde erster Stufe eine umkehrbar eindeutige Beziehung existiert von der Art, daß, während ein Element sich bewegt und das Gebilde beschreibt, das entsprechende Element sich bewegt und das Gebilde in entgegengesetztem Sinne beschreibt, so gibt es zwei Doppelelemente u. s. w." (d. h. dies enthält die Konsequenz der anschaulichen Tatsache (§ 18), die wir in Klammern angegeben haben).

Wenn in diesem Falle M und N die beiden Doppelelemente sind, so entspricht einem der beiden geordneten Segmente $\overline{MN}$ dasjenige andere geordnete Segment $\overline{MN}$, welches den entgegengesetzten Sinn hat. Wenn dagegen in einer geordneten Beziehung zwei Doppelelemente M und N existieren und ein geordnetes Segment $\overline{MN}$ entspricht demselben Segmente $\overline{MN}$ (von demselben Sinne), so ist die Beziehung gleichsinnig; dann trennen zwei homologe Elemente die Doppelelemente nicht.

Also ergibt sich:

In einem Gebilde erster Stufe ist eine geordnete Beziehung mit zwei Doppelelementen gleichsinnig oder ungleichsinnig, je nachdem einem Segmente, das die Doppelelemente zu Endelementen hat, das Segment selbst oder seine Ergänzung entspricht, d. h. je nachdem zwei verschiedene homologe Elemente die Doppelelemente nicht trennen oder trennen.

§ 20. Ein Paar, das zwei andere harmonisch trennt. Auf einer Geraden u seien zwei Punkte A und B gegeben. Man ziehe durch A und durch B die Geraden AL und BL, die den Punkt L gemeinsam haben, und ziehe die Gerade MA von A nach einem (von L und B verschiedenen) Punkte M von LB. Ist dies geschehen, so erhält man den konjugierten harmonischen Punkt C' zu einem Punkte C der Geraden u in Bezug auf A und B, wenn man C von M aus auf AL in den Punkt K projiziert, darauf K von B aus auf AM in den Punkt N projiziert und endlich N von L aus auf u in den Punkt C' projiziert. Die umkehrbar eindeutige Beziehung zwischen C und C' auf u wird also durch eine endliche Anzahl von Projektionen und Schnitten konstruiert und ist darum geordnet (nach dem Axiom V). Die genannten Konstruktionen weisen A und B sich selbst zu; diese sind also Doppelelemente der Beziehung. Wenn C und C' zwei homologe Punkte, aber nicht Doppelpunkte sind, und der eine von beiden Punkten bewegt sich auf u und beschreibt die geordnete Strecke CAC', so beschreibt der entsprechende Punkt die geordnete Strecke $C'AC$, d. h. dieselbe, in entgegengesetztem Sinne geordnete Strecke; darum liegt zu jedem Punkte D im Inneren der genannten Strecke der entsprechende Punkt D' in ihrem Inneren; analog würde es heißen, wenn andererseits D innerhalb der Strecke CBC' läge; in jedem Falle also trennen CC' und DD' einander nicht.

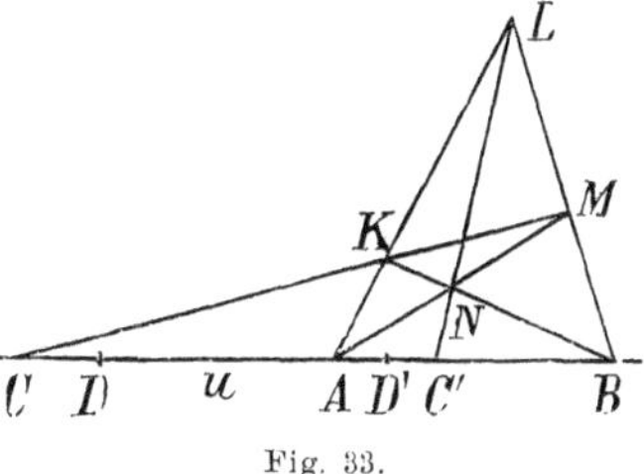

Fig. 33.

Allgemeiner gesprochen besteht für jedes Gebilde erster Stufe die Aussage: „Wenn zwei Elementenpaare eines Gebildes erster Stufe einander trennen, so gibt es kein Paar, welches beide harmonisch trennt."

Beziehen wir uns wieder auf eine Gerade, so mögen auf ihr zwei Punktepaare AB und CD betrachtet werden, die einander nicht trennen. Wird es ein Punktepaar geben, das sie beide harmonisch trennt?

Man betrachte auf u die Beziehung, die zwischen den Punkten X und X', die konjugierte harmonische Punkte zu einem und demselben Punkte Y in Bezug auf die Paare AB und CD sind, entsteht. Diese ist das Produkt zweier Beziehungen von u auf sich selbst mit Hilfe von Projektionen und Schnitten, daher geht man auf u von X nach X' durch eine endliche Zahl von Projektionen und Schnitten über, nämlich indem man zuerst die Projektionen und Schnitte ausführt, die nötig sind, um Y zu konstruieren, wenn X gegeben ist, und dann jene, die nötig sind, um X' zu konstruieren, wenn Y gegeben ist; die Beziehung zwischen X und X' ist also geordnet.

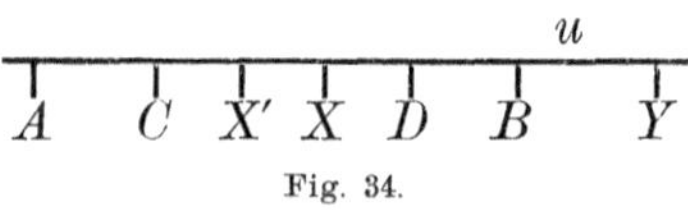

Fig. 34.

Nun betrachte man die Strecke $\overline{ACDB}$ (oder $\overline{ADCB}$) der Geraden u. Ein Punkt X auf ihr hat in Bezug auf AB einen konjugierten harmonischen Punkt Y in der ergänzenden Strecke $\overline{AB}$, und der konjugierte harmonische Punkt X' von Y in Bezug auf CD fällt in die Strecke $\overline{CD}$ innerhalb $\overline{ACDB}$.

Während ein Punkt X sich bewegt und die Strecke $\overline{ACDB}$ beschreibt, bewegt sich der entsprechende Punkt innerhalb dieser Strecke $\overline{CD}$; also gibt es (nach § 19) wenigstens einen Punkt der Strecke $\overline{ACDB}$, welcher mit dem entsprechenden Punkte X' zusammenfällt. Dieser Punkt hat denselben konjugierten harmonischen Punkt in Bezug auf die Paare AB und CD und liefert also ein Paar, welches sie beide harmonisch trennt.

Dies beweist die Existenz eines solchen Paares.

Die Schlußreihe wiederholt sich in gleicher Weise für die anderen Gebilde erster Stufe.

Es wird später bewiesen werden, daß das Paar, welches AB und CD harmonisch trennt, das einzige solche Paar ist. Inzwischen erhält man, wenn man die erhaltenen Resultate ausspricht, den

Satz: In einem Gebilde erster Stufe gibt es kein Elementenpaar, das zwei Paare, die sich selbst trennen, harmonisch trennt; wohl aber ein Paar (wenigstens), das zwei Paare, die sich nicht trennen, harmonisch trennt.

Zusatz. Wenn zwei Gebilde erster Stufe so auf einander bezogen sind, daß jeder harmonischen Gruppe des einen eine harmonische Gruppe des anderen entspricht, so besteht zwischen beiden Gebilden eine geordnete Beziehung.

Betrachten wir den Fall zweier Punktreihen u und u'. Es genügt nachzuweisen, daß zwei sich trennenden Elementenpaaren AB

und CD auf u zwei sich trennende Elementenpaare $A'B'$ und $C'D'$ auf u' entsprechen.

Der Beweis wird indirekt geführt. Wenn die Paare $A'B'$ und $C'D'$ sich nicht trennen, so gibt es wenigstens ein Elementenpaar $M'N'$ auf u', das die beiden genannten Paare $A'B'$ und $C'D'$ harmonisch trennt. Diesem entspricht auf u ein Elementenpaar MN, das (infolge der Definition der Beziehung) die Paare AB und CD harmonisch trennen muß, weil den harmonischen Gruppen $(A'B'M'N')$ und $(C'D'M'N')$ auf u' die harmonischen Gruppen $(ABMN)$ und $(CDMN)$ auf u entsprechen müssen; aber dieser Schluß ist widersinnig, da die Paare AB und CD sich trennen, und also kein Paar existiert, das beide harmonisch trennt.

Fünftes Kapitel.

Der Fundamentalsatz der Projektivität.

---

§ 21. Wir nehmen die im § 16 aufgestellten Begriffe wieder auf und fassen sie zusammen. Wir haben dort den Begriff der umkehrbar eindeutigen Beziehung zwischen zwei Gebilden u und u' (derselben Stufe) aufgestellt und den Begriff des Produktes; wir haben auch gesagt, daß eine umkehrbar eindeutige Beziehung zwischen u und u' auf zweifache Weise betrachtet werden kann: als eine Operation, durch welche man von u nach u' übergeht, oder als die Umkehrung der ersten Operation, durch welche man also von u' nach u übergeht; diese Betrachtung ist besonders von Bedeutung, wenn u und u' in einander liegende Gebilde sind.

Wenn n Gebilde (derselben Stufe) $u_1, u_2, u_3, \cdots u_n$ und $n-1$ umkehrbar eindeutige Beziehungen $\pi_1, \pi_2, \pi_3, \cdots \pi_{n-1}$ zwischen u_1 und u_2, u_2 und $u_3, \cdots u_{n-1}$ und u_n gegeben sind, so ist das Produkt $\omega = \pi_{n-1} \cdots \pi_3 \pi_2 \pi_1$ die zusammengesetzte umkehrbar eindeutige Beziehung, welche zwischen u_1 und u_n besteht.

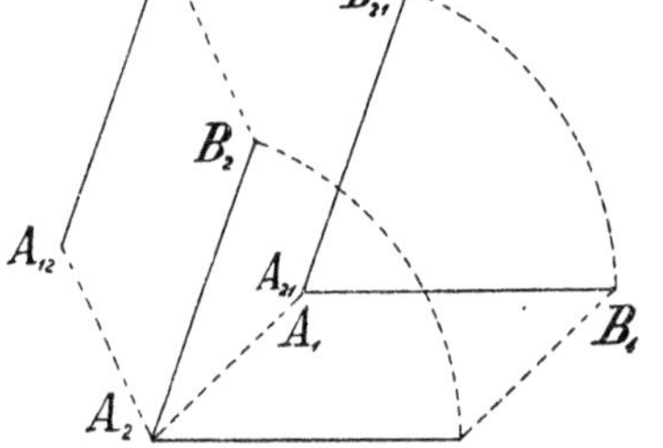

Fig. 35.

Wir definieren also:

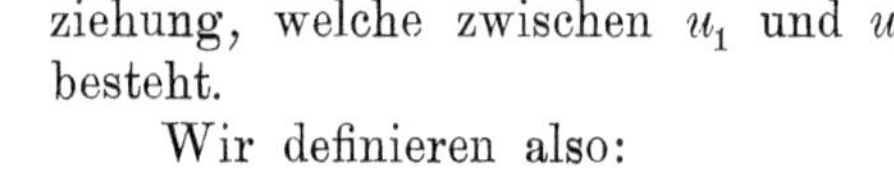

$$\pi_3 \pi_2 \pi_1 = \pi_3 (\pi_2 \pi_1)$$

$$\pi_4 \pi_3 \pi_2 \pi_1 = \pi_4 (\pi_3 (\pi_2 \pi_1)) \quad \text{u. s. w.}$$

Die Produkte umkehrbar eindeutiger Beziehungen genügen im allgemeinen nicht dem *kommutativen Gesetze* der gewöhnlichen Produkte, d. h. im allgemeinen ist nicht $\pi_2 \pi_1 \equiv \pi_1 \pi_2$. Es genügt als Beispiel * die Beziehungen zu betrachten, die in einer Ebene durch eine Parallelverschiebung und eine Drehung um einen Punkt (siehe Fig. 35) erzeugt werden. Zwei umkehrbar eindeutige Beziehungen π_1 und π_2 sollen vertauschbar heißen, wenn für sie $\pi_2\pi_1 \equiv \pi_1\pi_2$ ist (was im allgemeinen nicht zutrifft). Dagegen gilt immer für die Produkte umkehrbar eindeutiger Beziehungen $\pi_n \cdots \pi_2\pi_1$ das associative Gesetz der gewöhnlichen Produkte, d. h. es ist $\pi_n \cdots \pi_3\pi_2\pi_1 \equiv \pi_n \cdots (\pi_3\pi_2)\pi_1$; das liegt in der Natur des Begriffes Produkt.

Die Beziehung zwischen zwei in einander liegenden Gebilden, in welcher jedes Element sich selbst entspricht, heißt identisch und wird mit 1 bezeichnet.

Wenn zwischen zwei Gebilden u und u' eine umkehrbar eindeutige Beziehung π hergestellt ist und man bezeichnet mit π^{-1} die umgekehrte Beziehung zwischen u' und u, so ist (nach der Definition) $\pi^{-1}\pi$ die identische Beziehung in u, d. h.:

$$\pi^{-1}\pi \equiv 1.$$

Im Paragraphen 15 haben wir auch besondere umkehrbar eindeutige Beziehungen zwischen Gebilden derselben Stufe betrachtet; wir haben als perspektiv zwei Gebilde (derselben Stufe) definiert, von denen das eine eine projizierende Figur des andern ist oder beide projizierende Figuren oder Schnitte eines und desselben Gebildes sind (wenn sie gleichnamig sind); und wir haben zwei Gebilde (derselben Stufe) durch Projektionen und Schnitte auf einander bezogen genannt, wenn zwischen ihnen eine umkehrbar eindeutige Beziehung besteht, die ein Produkt (einer endlichen Anzahl) von Perspektivitäten ist.

Während zwei Gebilde, die zu einem dritten perspektiv sind, im allgemeinen nicht zu einander perspektiv sind, sind zwei Gebilde, die durch Projektionen und Schnitte auf ein drittes bezogen sind, auch auf einander durch Projektionen und Schnitte bezogen (weil das Produkt zweier Perspektivitäten im allgemeinen keine Perspektivität ist, aber das Produkt zweier Produkte von Perspektivitäten wieder ein Produkt von Perspektivitäten ist).

In Bezug auf Gebilde erster Stufe, die durch Projektionen und Schnitte auf einander bezogen sind, hatten wir den Satz:

Wenn zwei Gebilde erster Stufe durch Projektionen und Schnitte auf einander bezogen sind, so entspricht jeder harmonischen Gruppe des einen eine harmonische Gruppe des andern.

Dies bezeichnet eine Eigenschaft derjenigen umkehrbar eindeutigen Beziehungen, welche man durch eine endliche Anzahl von Projektionen und Schnitten erhält. Wir haben uns gefragt, ob diese Eigenschaft für derartige Beziehungen charakteristisch ist, ob nämlich umgekehrt „wenn zwei Gebilde erster Stufe so auf einander bezogen sind, daß jeder harmonischen Gruppe des einen eine harmonische Gruppe des andern entspricht, man von einem Elemente des einen zu dem entsprechenden des andern durch Projektionen und Schnitte übergehen (d. h. die Beziehung konstruieren) kann".

Auf diese Frage werden wir nun auf Grund des Studiums der umkehrbar eindeutigen Beziehungen zwischen Gebilden erster Stufe, bei welchen die harmonischen Gruppen erhalten bleiben, eine bejahende Antwort geben können, wenn wir gelernt haben werden, solche Beziehungen zu charakterisieren und die zugehörigen Konstruktionen anzugeben.

Wir werden bezeichnen als:

projektiv zwei Gebilde erster Stufe, die so auf einander bezogen sind, daß jeder harmonischen Gruppe des einen eine harmonische Gruppe des andern entspricht;

Projektivität die Beziehung zwischen ihnen (eine umkehrbar eindeutige Beziehung, bei welcher die harmonischen Gruppen erhalten bleiben).

Zwei Gebilde, die durch Projektionen und Schnitte auf einander bezogen sind, werden sicher projektiv sein; aber wir können zunächst nicht die Umkehrung behaupten, nämlich, daß jede Projektivität sich durch Projektionen und Schnitte konstruieren läßt.

Zwei Gebilde erster Stufe, die zu einem dritten projektiv sind, sind unter einander projektiv, d. h. das Produkt zweier Projektivitäten ist eine Projektivität.

Wir wollen die Projektivität charakterisieren, indem wir von der sie definierenden Eigenschaft ausgehen. Dann besteht die wesentliche Frage, welche gelöst werden muß, darin, zu erkennen, „welche Bedingungen eine Projektivität zwischen zwei Gebilden erster Stufe bestimmen und wie sie konstruiert werden kann".

Diese Frage löst folgender

Fundamentalsatz: Es existiert zwischen zwei Gebilden erster Stufe eine Projektivität, in welcher drei Elementen des einen drei Elemente des andern entsprechen.

Diese Projektivität ist die einzige und sie kann durch eine endliche Anzahl von Projektionen und Schnitten hergestellt werden.

Der Beweis des ausgesprochenen Satzes, der in der Theorie der Projektivität fundamental ist, wird geführt, indem man dem Gedankengange folgt, der hier angegeben wird und im einzelnen in den einander folgenden Paragraphen dieses Kapitels ausgeführt werden wird.

1) Sind zwei Gebilde erster Stufe u und u' gegeben und in ihnen zwei Ternen von Elementen A, B, C und A', B', C' angenommen, so können die Gebilde u und u' durch Projektionen und Schnitte so auf einander bezogen werden, daß den Elementen A, B, C der Reihe nach die Elemente A', B', C' entsprechen.

Es gibt also (wenigstens) eine Projektivität zwischen u und u', in welcher die angenommenen Ternen sich entsprechen.

2) Wenn es zwischen u und u' zwei Projektivitäten gäbe, in welchen den Elementen A, B, C die Elemente A', B', C' entsprechen, so würde man in u eine nicht identische Projektivität mit drei Doppelelementen A, B, C haben.

3) Wenn es in einem Gebilde erster Stufe eine Projektivität mit drei Doppelelementen gibt, so sind auch alle andern Elemente Doppelelemente (d. h. die Projektivität ist identisch). Diese dritte Aussage ist der wesentliche Teil des oben ausgesprochenen Satzes; daher wird ihm allein im besondern der Name des Fundamentalsatzes (von v. Staudt) beigelegt.

§ 22. Um die Eigenschaft 1) zu beweisen, können wir an Stelle der gegebenen Gebilde u und u' zu ihnen perspektive Gebilde setzen, weil Gebilde erster Stufe, die auf ein drittes durch Projektionen und Schnitte bezogen sind, auf einander durch Projektionen und Schnitte bezogen sind. Wenn also eins von ihnen (oder beide) ein Strahlen- oder Ebenenbüschel ist, so werden wir an Stelle des Büschels eine dieses schneidende Punktreihe (die zu ihm perspektiv ist) setzen; wenn es sich ferner um zwei incidente oder in einander liegende Punktreihen v und v' handeln sollte, so werden wir eine von ihnen, z. B. v, von einer (zu v windschiefen) Axe aus auf eine zu v' windschiefe Gerade projizieren können. Daher wird der Beweis der Aussage 1) immer auf den der folgenden zurückgeführt:

Es seien zwei windschiefe Gerade a und a' gegeben und auf ihnen je eine Terne von Punkten A, B, C und A', B', C'; man kann dann von a auf a' durch Projektionen und Schnitte in der Weise übergehen, daß den Punkten A, B, C die Punkte A', B', C' entsprechen.

Wir sehen in der Tat, daß man dazu nur eine einzige Projektion von a auf a' von einer geeigneten Achse b aus auszuführen braucht. Wirklich genügt es zu diesem Ende als Achse b eine der unendlichen vielen, von a und a' verschiedenen Geraden zu wählen, welche zu den drei windschiefen Geraden AA', BB', CC' incident sind (von diesen Geraden gibt es eine durch jeden Punkt von AA', vgl. § 8).

§ 23. Der Satz 2) ist sofort dargetan. In der Tat seien π und τ zwei Projektivitäten zwischen u und u', in welchen den Punkten A, B, C von u die Punkte A', B', C' von u' entsprechen; dann können wir auf u die Projektivität $\tau^{-1}\pi$ betrachten, in welcher sich Elemente (wie X, X_1') entsprechen, die auf u' in π und τ denselben homologen Punkt (X') haben.

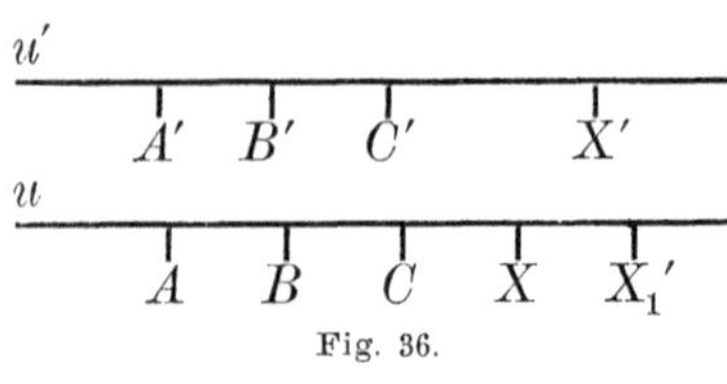

Fig. 36.

Diese Projektivität hat zu Doppelelementen die Punkte A, B, C und ist nicht identisch, wenn nicht $\pi \equiv \tau$ ist.

§ 24. Also handelt es sich um den Beweis des Fundamentalsatzes 3). Dieser Beweis wird geführt, indem man hinter einander die folgenden wesentlichen Punkte nachweist:

a) Wenn es in einem Gebilde erster Stufe eine nicht identische Projektivität mit drei Doppelelementen gibt, so existiert in dem Gebilde ein Segment, dessen Endelemente M und N Doppelelemente sind, innerhalb dessen nicht andere Doppelelemente liegen.

b) Unter der Voraussetzung a) muß wenigstens eins der drei gegebenen Doppelelemente außerhalb des genannten Segmentes MN liegen, und darum muß das zu ihm in Bezug auf M und N konjugierte harmonische Element innerhalb des genannten Segmentes liegen; dieses Element ist also ein Doppelelement gegen die Voraussetzung; die Voraussetzung a) ist also widersinnig, und damit ist der Satz bewiesen.

Wir werden nun die angegebene Schlußreihe in ihren Details ausführen.

§ 25. In dem Gebilde erster Stufe u sei eine Projektivität mit drei Doppelelementen A, B, C vorhanden.

Wir setzen voraus, daß sie nicht identisch ist, oder daß es in u ein Element P gibt, das kein Doppelelement ist, dessen homologes Element P' also von P verschieden ist. Ich behaupte:

Es gibt auf u ein Segment MN, das zu Endelementen Doppelelemente hat, innerhalb dessen keine Doppelelemente der Beziehung liegen.

Wenn wir, um die Vorstellung zu fixieren, voraussetzen, daß P in demjenigen Segmente AB liegt, welches nicht C enthält, so wird P' in demselben Segmente liegen müssen, weil das Paar PC das Paar AB trennt und daher sich auch die homologen Paare $P'C$ und

AB trennen müssen (d. h. das Segment $\overline{APB}$ muß sich selbst entsprechen). Um die Vorstellung noch weiter zu fixieren (es ist unerheblich, wenn man die entgegengesetzte Annahme macht), setzen wir voraus, daß P' in der Ordnung (ABC), d. h. in unserm geordneten Segmente $\overline{APB}$, auf P folgt.

Wir fassen die in $\overline{APB}$ enthaltenen Segmente ins Auge, die wir daher bezeichnen können, indem wir nur die Endelemente angeben. Wir wissen, daß den Elementen des Segments $\overline{PB}$ in der gegebenen Projektivität diejenigen des Segmentes $\overline{P'B}$ in seinem Innern entsprechen (da das Segment $\overline{APB}$ sich selbst entspricht); d. h. während P sich bewegt, indem es das Segment $\overline{PB}$ beschreibt, bewegt sich das entsprechende Element, indem es in demselben Sinne das Segment $\overline{P'B}$ beschreibt. Also (§ 19) gibt es in $P'B$ ein erstes Doppelelement M (das auch mit B zusammenfallen kann) von der Art, daß in PM nicht andere Doppelelemente liegen.

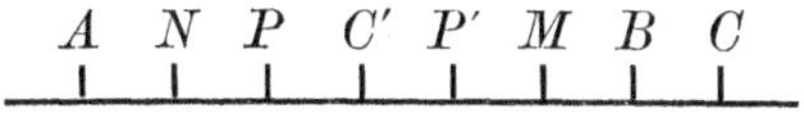

$A \quad N \quad P \quad C' \quad P' \quad M \quad B \quad C$

Fig. 37.

In analoger Weise beweist man, wenn man die Umkehrung der gegebenen Projektivität (welche dieselben Doppelelemente hat) diskutiert, die Existenz eines Doppelelementes N in PA (das auch A selbst sein kann) von der Art, daß in dem Segmente PN nicht andere Doppelelemente der Projektivität liegen.

So gelangt man zum Nachweis der Existenz eines Segmentes MN (das PP' enthält und in dem gegebenen Segmente AB, dem C nicht angehört, enthalten ist), das zu Endelementen zwei Doppelelemente hat und so beschaffen ist, daß in seinem Innern sich keine Doppelelemente befinden.

Das erhaltene Resultat ist widersinnig, wie die Aussage b) behauptet.

In der Tat betrachte man den zu C in Bezug auf M und N konjugierten harmonischen Punkt C'. Da C und C' die Elemente M und N trennen (§ 12—15), so liegt C' im Innern des betrachteten Segmentes MN, und also dürfte C' kein Doppelelement sein; jedoch muß der harmonischen Gruppe $(MNCC')$ in unserer Projektivität (in welcher M, N und C Doppelelemente sind) eine harmonische Gruppe $(MNCC'')$ entsprechen; daher fällt C'' als viertes harmonisches Element zu MNC mit C' zusammen (§ 12—15), d. h. C' (ein Element im Innern von MN) ist ein Doppelelement.

Dieser Widersinn beweist, daß die Voraussetzung, von der wir ausgegangen sind, nicht bestehen kann, d. h. es existiert in dem gegebenen Segmente AB kein Element P, das von dem ihm entsprechenden verschieden ist. In analoger Weise beweist man, daß alle Elemente des Segmentes BC, das nicht A enthält, und alle Elemente des Segmentes CA, das nicht B enthält, Doppelelemente sind. So ist nachgewiesen, daß alle Elemente des Gebildes u Doppelelemente sind. Also ist der im § 21 ausgesprochene Fundamentalsatz nachgewiesen.

Anmerkung. Der Beweis ist wesentlich auf den Satz des § 19 gegründet, und durch diesen kommt es zur Anwendung des Axioms der Stetigkeit. Es ist gut, zu beachten, daß jener Satz hier nur für den Fall gleichsinniger Beziehungen (den ersten Fall) Anwendung findet, da in der Voraussetzung des obigen Beweises dem Segmente $\overline{AB}$ (das nicht C enthält) dasselbe geordnete Segment $\overline{AB}$ (das denselben Sinn hat wie es selbst) entspricht und daher die Projektivität gleichsinnig ist.

(Die Tatsache, daß eine geordnete Beziehung mit zwei Doppelelementen, wenn diese Endelemente eines sich selbst entsprechenden Segmentes sind, notwendigerweise gleichsinnig ist, ist schon in dem Zusatze des angeführten Satzes, § 19, angegeben worden.)

Sechstes Kapitel.

Projektivität zwischen Gebilden erster Stufe.

---

§ 26. Projektive windschiefe Linien. Wir haben bewiesen: „Es gibt eine Projektivität zwischen zwei Gebilden erster Stufe, in welcher zwei in ihnen angenommene Ternen von Elementen sich entsprechen" und wir haben auch die Möglichkeit erkannt, die projektive Beziehung durch Projektionen und Schnitte zu konstruieren (was den Namen Projektivität rechtfertigt).

Es entsteht nun die Aufgabe, in einfachster Weise die wirklichen Konstruktionen der Projektivität, welche zwischen zwei Gebilden erster Stufe u und u' durch zwei angenommene Ternen A, B, C und A', B', C' von homologen Elementen bestimmt wird, anzugeben, einer Projektivität, die man durch $\begin{pmatrix} A\,B\,C \\ A'B'C' \end{pmatrix}$ bezeichnen kann.

In dieser Untersuchung beschränken wir uns auf die Betrachtung der Projektivität zwischen gleichnamigen Gebilden erster Stufe; sind zwei Gebilde erster Stufe von verschiedenem Namen gegeben, so möge für das eine von ihnen eine projizierende Figur oder ein Schnitt von ihm von gleichem Namen wie das andere gesetzt werden. Wir beginnen mit der Untersuchung der Projektivität zwischen zwei windschiefen geraden Punktreihen und zwischen zwei Ebenenbüscheln mit windschiefen Achsen; darauf werden wir von der Projektivität zwischen den Gebilden erster Stufe, die in einem zweiter Stufe enthalten sind, sprechen, indem wir uns darauf beschränken werden, die in der Ebene enthaltenen zu betrachten; und es sollen zur Übung die (im Raume) korrelativen Sätze der Geometrie des Bündels ausgesprochen werden. In den Konstruktionen, von denen wir nach und nach handeln werden, werden wir, wenn wir von zwei Gebilden sprechen, darunter zwei verschiedene Gebilde verstehen, wenn nicht etwas anderes ausdrücklich bemerkt wird. Neben jedem Satze werden wir auch den korrelativen, im Raume und in der Ebene, aussprechen und beweisen, da es darauf ankommt, Vertrautheit mit den angegebenen Konstruktionen zu erlangen.

Es bestehen die folgenden, im Raume korrelativen Sätze:

Zwei windschiefe projektive Punktreihen sind perspektiv (Schnitte eines und desselben Ebenenbüschels).

Es seien u und u' die beiden Punktreihen und A, B, C und A', B', C' zwei Ternen homologer Punkte auf u und u'.

Wir konstruieren die drei Geraden $a = AA'$, $b = BB'$, $c = CC'$, welche die drei Paare homologer Punkte verbinden; sie sind windschief. Es gibt unendlich viele Gerade u'', die zu a, b, c incident sind, da durch einen Punkt auf einer von ihnen eine zu den beiden andern (und zur ersten) incidente Gerade geht. Betrachtet man ein Ebenenbüschel, das eine solche Gerade u'' zur Achse hat, so sind die beiden Punktreihen u und u' als Schnitte dieses Büschels perspektiv in der Weise auf einander bezogen, daß die Punkte der Paare AA', BB' und CC' einander entsprechen; also ist diese Perspektivität diejenige Projektivität zwischen u und u', welche durch das Einanderentsprechen der beiden Ternen A, B, C und A', B', C' bestimmt ist.

So erhält man die einfachste Konstruktion der Projektivität zwischen zwei windschiefen Punktreihen.

Zwei projektive Ebenenbüschel mit windschiefen Achsen sind perspektiv (Projektionen einer und derselben Punktreihe).

Es seien u und u' die beiden Ebenenbüschel und α, β, γ und α', β', γ' zwei Ternen homologer Ebenen von u und u'.

Wir konstruieren die drei Geraden $a = \alpha\alpha'$, $b = \beta\beta'$, $c = \gamma\gamma'$, in welchen sich die drei Paare homologer Ebenen schneiden; sie sind windschief. Es gibt unendlich viele Gerade u'', die zu a, b, c incident sind, da es in einer Ebene durch eine von ihnen eine zu den beiden andern (und zur ersten) incidente Gerade gibt. Betrachtet man eine Punktreihe, die eine solche Gerade u'' zum Träger hat, so sind die beiden Büschel u und u' als Projektionen dieser Punktreihe perspektiv in der Weise auf einander bezogen, daß die Ebenen der Paare $\alpha\alpha'$, $\beta\beta'$ und $\gamma\gamma'$ einander entsprechen; also ist diese Perspektivität diejenige Projektivität zwischen u und u', welche durch das Einanderentsprechen der beiden Ternen α, β, γ und α', β', γ' bestimmt ist.

So erhält man die einfachste Konstruktion der Projektivität zwischen zwei windschiefen Ebenenbüscheln.

(Dies ist die bereits im § 22 angegebene Konstruktion.)

Anmerkung 1. Wenn die beiden windschiefen geraden Punktreihen u und u' projektiv (und also perspektiv) auf einander bezogen sind, so sind auch die Ebenenbüschel, die u und u' zu Achsen haben, projektiv (und also perspektiv) auf einander bezogen, wenn man als homolog diejenigen durch u und u' gehenden Ebenen betrachtet, die u' und u in homologen Punkten schneiden. Es besteht in korrelativer Weise die umgekehrte Eigenschaft.

Es gibt also unendlich viele, zu u und u' incidente Gerade, von denen jede zwei homologe Punkte D und D' von u und u' verbindet und Schnitt zweier homologer Ebenen der beiden Büschel $\delta \equiv uD'$ und $\delta' \equiv u'D$ ist. Diese unendlich vielen Geraden, von denen je zwei windschief sind, erzeugen eine geradlinige Fläche, die zu sich selbst korrelativ ist.

Anmerkung 2. Die Konstruktion der Projektivität zwischen zwei windschiefen Punktreihen ist nicht mehr anwendbar, wenn die beiden Punktreihen incident sind, und man kann dann nicht mehr sagen, daß die beiden Punktreihen Schnitte eines und desselben Ebenenbüschels sind, da, nach den Definitionen des ersten Kapitels, wir als Schnitte eines Ebenenbüschels nur die zum Büschel perspektiven Punktreihen betrachten sollen, nicht die zur Achse des Büschels incidenten Punktreihen; eine zur Achse eines Ebenenbüschels incidente Gerade trifft in einem und demselben Punkte alle Ebenen des Büschels und ist nicht auf das Büschel entsprechend der in § 15 gegebenen Definition perspektiv bezogen.

Man sieht überdies, daß, wenn zwei incidente Punktreihen u und u' als Schnitte eines und desselben Ebenenbüschels (dessen Achse s nicht zu u und u' incident sein darf) perspektiv sind, so müssen sie auch Schnitte eines und desselben Strahlenbüschels sein, nämlich desjenigen Büschels (dessen Mittelpunkt auf s liegt), welches als Schnitt mit der Ebene $\alpha \equiv uu'$ entsteht.

Umgekehrt sind zwei (incidente) Punktreihen, die perspektiv und Schnitte eines und desselben Strahlenbüschels sind, Schnitte eines und desselben Ebenenbüschels, nämlich einer projizierenden Figur des Strahlenbüschels.

Es gelten die korrelativen Bemerkungen für die Ebenenbüschel.

§ 27. Perspektive Gebilde in der Ebene. Nach der zweiten Anmerkung des vorhergehenden Paragraphen wird die Frage, ob zwei (verschiedene) incidente Punktreihen perspektiv sind, immer auf die Untersuchung der ebenen Geometrie zurückgeführt, ob sie

Schnitte eines und desselben Strahlenbüschels (in der Ebene der beiden Geraden) sind.

Es bestehen die folgenden in der Ebene korrelativen Sätze:

In der Ebene

besteht die notwendige und hinreichende Bedingung dafür, daß zwei (verschiedene) projektive Punktreihen perspektiv sind, darin, daß der gemeinsame Punkt der beiden Punktreihen sich selbst entspricht.

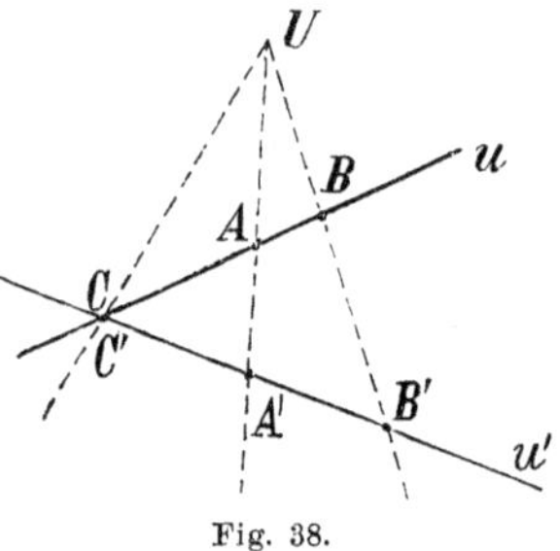

Fig. 38.

Zunächst wird, wenn die Punktreihen u und u' perspektiv (in der Ebene) und darum Schnitte eines Strahlenbüschels mit dem Scheitel U (außerhalb u und u') sind, jeder Punkt A von u von U aus auf u' in den zu ihm homologen Punkt A' projiziert, und darum fällt der zu $C \equiv uu'$, dem gemeinsamen Punkte der beiden Punktreihen, homologe Punkt C' mit C zusammen ($C \equiv C'$). Also ist der erste Teil des Satzes nachgewiesen.

Um die Umkehrung nachzuweisen, beobachte man, daß, wenn

besteht die notwendige und hinreichende Bedingung dafür, daß zwei (verschiedene) projektive Strahlenbüschel perspektiv sind, darin, daß der den beiden Büscheln gemeinsame Strahl sich selbst entspricht.

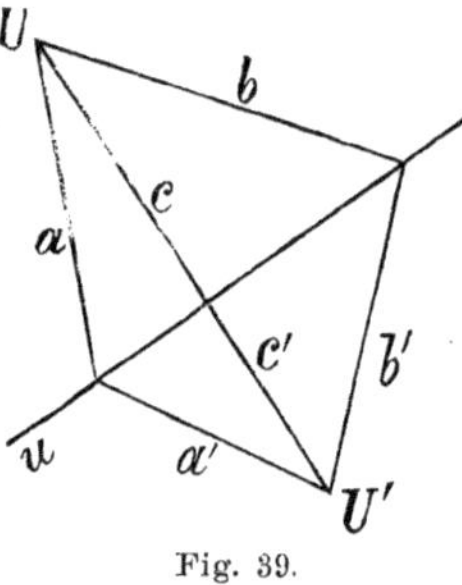

Fig. 39.

Zunächst wird, wenn die beiden Strahlenbüschel U und U' perspektiv (in der Ebene) und darum projizierende Figuren einer und derselben Punktreihe auf dem Träger u (der nicht U und U' angehört) sind, jeder Strahl a von U von u in einem Punkte geschnitten, dessen projizierender Strahl vom Mittelpunkte U' des Büschels U' aus der zu ihm homologe Strahl a' ist, und darum fällt der zu $c \equiv UU'$, dem gemeinsamen Strahle der beiden Büschel, homologe Strahl c' mit c zusammen ($c \equiv c'$). Also ist der erste Teil des Satzes nachgewiesen.

Um die Umkehrung nachzuweisen, beobachte man, daß, wenn

die Punkreihen u und u' projektiv sind und ihr gemeinsamer (auf u gedachter) Punkt C mit dem homologen Punkte C' (auf u') zusammenfällt, d. h. $C \equiv C'$ ist, die Projektivität zwischen u und u' als durch das Einanderentsprechen der beiden Ternen homologer Punkte A, B, C und A', B', C' bestimmt betrachtet werden kann.

Nun bestimmen die Geraden AA' und BB' einen Punkt U, und die Geraden u und u' werden als Schnitte des Strahlenbüschels vom Mittelpunkte U perspektiv so auf einander bezogen, daß den Punkten A, B, C von u die Punkte $A', B', C' \equiv C$ auf u' entsprechen; diese Perspektivität unterscheidet sich also nicht von der gegebenen Projektivität $\begin{pmatrix} A & B & C \\ A' & B' & C' \end{pmatrix}$.

die Strahlenbüschel U und U' projektiv sind und ihr gemeinsamer (in U betrachteter) Strahl c mit dem homologen Strahle c' (in U') zusammenfällt, d. h. $c \equiv c'$ ist, die Projektivität zwischen U und U' als durch das Einanderentsprechen der beiden Ternen homologer Strahlen a, b, c und a', b', c' bestimmt betrachtet werden kann.

Nun bestimmen die Punkte aa' und bb' eine Gerade u und die Büschel U und U' werden als projizierende Figuren der Punktreihe auf dem Träger u perspektiv so auf einander bezogen, daß den Strahlen a, b, c von U die Strahlen $a', b', c' \equiv c$ in U' entsprechen; diese Perspektivität unterscheidet sich also nicht von der gegebenen Projektivität $\begin{pmatrix} a & b & c \\ a' & b' & c' \end{pmatrix}$.

Anmerkung. Die vorstehenden Sätze liefern die einfachste Konstruktion der Projektivität zwischen zwei Geraden oder zwei Strahlenbüscheln einer Ebene, deren gemeinsames Element sich selbst entspricht.

Es geht aus dem vorstehenden Satze zur Linken hervor, daß zwei incidente projektive Punktreihen u und u' im allgemeinen nicht perspektiv sind, weil man festsetzen kann, daß dem Punkte $C \equiv uu'$, wenn man ihn als der Punktreihe u angehörend betrachtet, auf u' ein von C verschiedener Punkt C' entsprechen soll, und dann noch die Wahl zweier Paare homologer Elemente zur Bestimmung der Projektivität zwischen u und u' willkürlich bleibt.

Ebenso sind im allgemeinen zwei projektive Strahlenbüschel einer Ebene nicht perspektiv. In analoger Weise kann man auch erkennen, daß auch zwei projektive Strahlenbüschel, die verschiedenen Ebenen angehören, im allgemeinen nicht perspektiv sind; die Bedingung dafür, daß dies eintrifft, wenn der Mittelpunkt eines Büschels nicht der Ebene des andern angehört, besteht darin, daß die beiden Büschel gleichzeitig projizierende Figuren der ihren Ebenen gemeinsamen Geraden und Schnitte desjenigen Ebenenbüschels sind, welches die

Verbindungslinie ihrer Mittelpunkte zur Achse hat; eine dieser Tatsachen bringt notwendig die andere hervor.

§ 28. Projektive Gebilde in der Ebene.

Es bestehen die folgenden, in der ebenen Geometrie korrelativen Sätze:

In der Ebene

erhält man zwei perspektive Strahlenbüschel, wenn man zwei verschiedene projektive Punktreihen u und u' von zwei außerhalb gelegenen, der Verbindungsgeraden zweier homologer Punkte (die beide von dem Punkte uu' verschieden sind) angehörenden Punkten aus projiziert; es gibt also eine Gerade (den beiden Büscheln gemeinsamen Schnitt), die zu u und u' perspektiv ist.

Es seien AA', BB', CC' drei Paare homologer Punkte auf den

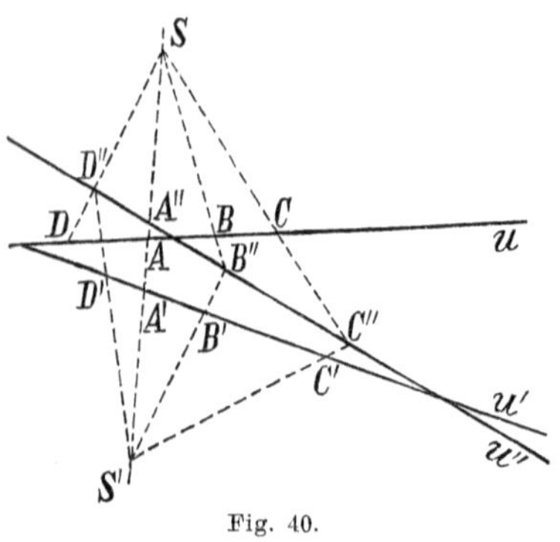

Fig. 40.

Punktreihen u und u'; wenigstens eins dieser Paare, z. B. AA', enthält nicht den Punkt uu', und daher kann man auf der (von u und u' verschiedenen) Geraden AA'

erhält man zwei perspektive Punktreihen, wenn man zwei verschiedene projektive Strahlenbüschel U und U' mit zwei ihnen nicht angehörenden, durch den Schnittpunkt zweier homologer Strahlen (die beide von dem gemeinsamen Strahle UU' verschieden sind) gehenden Geraden schneidet; es gibt also ein Strahlenbüschel (die beiden Punktreihen gemeinsame projizierende Figur), das zu U und U' perspektiv ist.

Es seien aa', bb', cc' drei Paare homologer Strahlen in den

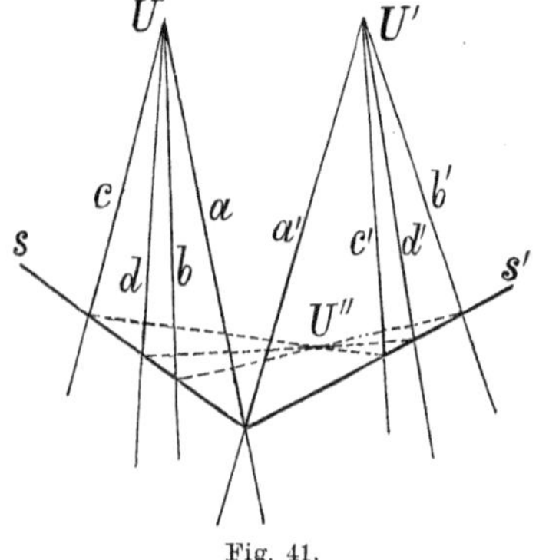

Fig. 41.

Strahlenbüscheln U und U'; wenigstens eins dieser Paare, z. B. aa', enthält nicht den Strahl UU', und daher kann man durch den (von U und U' verschiedenen) Punkt aa'

zwei außerhalb u und u' gelegene Punkte S und S' wählen. Projiziert man nun von S und S' aus die Punkreihen u und u', so erhält man zwei projektive Strahlenbüschel, in denen der Strahl SS' sich selbst entspricht und die daher perspektiv sind (§ 27): der gemeinsame Schnitt der beiden Büschel ist die Gerade $u'' \equiv B''C''$, die durch die Punkte $SB \cdot S'B'$ und $SC \cdot S'C'$ bestimmt ist: Die Punktreihe u'' ist zu u und u' perspektiv, und darum erhält man den zu einem Punkte D auf u (in der gegebenen Projektivität zwischen u und u') homologen Punkt, wenn man D von S aus auf u'' in den Punkt D'' projiziert und dann D'' von S' aus auf u' in den Punkt D' projiziert.

zwei U und U' nicht angehörende Gerade s und s' wählen. Schneidet man nun mit s und s' die Büschel U und U', so erhält man zwei projektive Punktreihen, in denen der Punkt ss' sich selbst entspricht und die daher perspektiv sind (§ 27): die gemeinsame projizierende Figur der beiden Punktreihen ist das Strahlenbüschel vom Mittelpunkte $U'' \equiv b''c''$, der durch die Verbindungsstrahlen $sb \cdot s'b'$ und $sc \cdot s'c'$ bestimmt ist. Das Büschel U'' ist zu U und U' perspektiv, und darum erhält man den zu einem Strahle d von U (in der gegebenen Projektivität zwischen U und U') homologen Strahl, indem man d mit s schneidet, den Punkt ds durch den Strahl d'' von U'' aus auf s' projiziert und dann den Punkt $d''s'$ von U' aus durch den Strahl d' projiziert.

Die (im § 27 angegebene) Bedingung dafür, daß u und u' perspektiv sind, reduziert sich auf die Tatsache, daß u'' durch den Punkt uu' geht, was im allgemeinen nicht zutrifft.

Die Bedingung dafür, daß U und U' perspektiv sind (§ 27), reduziert sich auf die Tatsache, daß der Mittelpunkt U'' des Büschels U'' dem Strahle UU' angehört, was im allgemeinen nicht zutrifft.

Anmerkung 1. Das Gesagte bietet die allgemeinste Konstruktion der Projektivität zwischen Gebilden erster Stufe in der Ebene dar.

Im links stehenden Falle ist es zweckmäßig, als Punkt S den Punkt A' und als Punkt S' den Punkt A zu nehmen; die unter dieser Voraussetzung konstruierte Gerade u'' heißt Kollineationsachse der Projektivität zwischen u und u'.

Im rechts stehenden Falle ist es zweckmäßig, $s \equiv a'$ und $s' \equiv a$ zu nehmen; der unter dieser Voraussetzung konstruierte Punkt U'' heißt Kollineationszentrum der Projektivität zwischen den beiden Büscheln U und U'.

Die Kollineationsachse ist unabhängig davon, welches Paar entsprechender Elemente AA' zu ihrer Konstruktion gewählt wird.

Das Kollineationszentrum ist unabhängig davon, welches Paar entsprechender Elemente aa' zu seiner Konstruktion gewählt wird.

In der Tat, fassen wir den links stehenden Fall ins Auge und schließen wir zunächst die Perspektivität aus, so ergibt sich der Satz aus der Beobachtung, daß die Punkte, in welchen die Kollineationsachse u und u' schneidet, die entsprechenden Punkte zu dem beiden Punktreihen gemeinsamen Punkte und daher von der Wahl des Paares AA' unabhängig sind.

Wenn ferner die beiden Geraden u und u' perspektiv sind (so daß die Kollineationsachse u und u' in demselben ihnen gemeinsamen Punkte schneidet), so sieht man sofort aus der Figur, daß die Kollineationsachse der vierte harmonische Strahl in Bezug auf u und u' ist zu dem Strahle, der den Punkt $C \equiv uu'$ vom Zentrum der Perspektivität aus projiziert, und daher erweist sie sich auch in diesem Falle als unabhängig von der Wahl des Paares AA'.

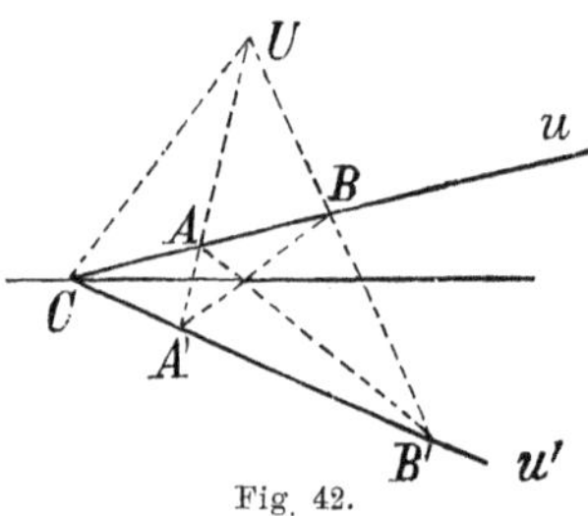

Fig. 42.

Anmerkung 2. Wir haben im links stehenden Falle unendlich viele Gerade, wie AA', BB', CC' u. s. w., die zwei homologe Punkte von u und u' verbinden; ihre Gesamtheit bildet eine Enveloppe. Wenn u und u' nicht perspektiv sind, so kommt es niemals vor, daß mehr als zwei derartige Gerade durch einen Punkt gehen, sonst würde dieser der Mittelpunkt eines Büschels sein, das gemeinsame projizierende Figur von u und u' wäre.

Wenn, korrelativ dazu, U und U' nicht perspektiv sind, so kann der Ort der Punkte, die entsprechenden Strahlen gemeinsam sind und deren Gesamtheit eine Linie bildet, nicht mehr als zwei Punkte mit irgend einer Geraden der Ebene gemeinsam haben.

§ 29. * **Ähnliche Punktreihen und gleiche Strahlenbüschel.** Es mögen sich in einer Ebene zwei eigentliche projektive Punktreihen u und u' befinden. Bewegt man die eine von ihnen, so bleiben die beiden Punktreihen projektiv (da, nach § 17, jede harmonische Gruppe bei der Bewegung immer als solche erhalten bleibt); aber wenn u und u' perspektiv sind, so sind sie nach der Bewegung nicht mehr perspektiv.

Analog würde es für zwei eigentliche Büschel U und U' heißen. Also:

In einer Ebene können zwei eigentliche projektive Gebilde erster Stufe durch die Bewegung eines von ihnen in perspektive Lage gebracht werden.

Wir bemerken, daß bei der Bewegung die metrischen Beziehungen zwischen den entsprechenden Strecken und Winkeln zweier projektiver Gebilde erster Stufe nicht geändert werden, und wenden das ausgesprochene Prinzip auf den Fall zweier (eigentlicher) projektiver Punktreihen u und u' an, in denen die Punkte im Unendlichen sich entsprechen. Wir bewegen also u' so, daß es schließlich zu u parallel ist; dann werden u und u' perspektiv, parallele Schnitte eines und desselben Strahlenbüschels; daher sieht man, daß in ihnen das Verhältnis zweier endlicher entsprechender Strecken konstant ist (in der Figur, wo $O \equiv AA' \cdot BB'$ ein eigentlicher Punkt ist, hat man

$$\frac{AB}{A'B'} = \frac{BO}{B'O} = \frac{BC}{B'C'} = \frac{CO}{C'O} = \frac{CD}{C'D'};$$

wenn O ein uneigentlicher Punkt wäre, so würde $AB = A'B'$ u. s. w. sein). Infolge der genannten Eigenschaft heißen die Punktreihen u und u' ähnlich.

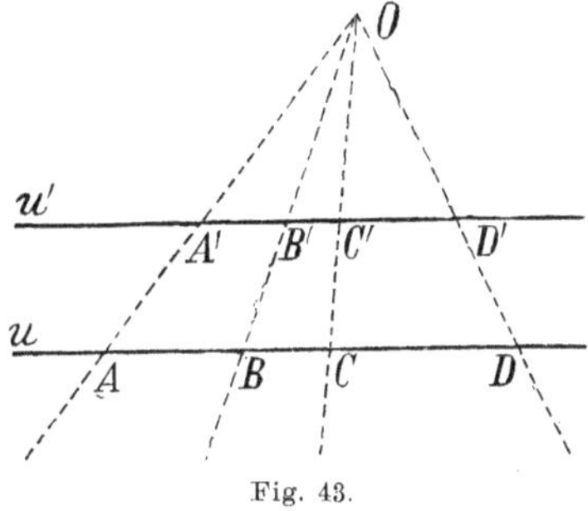

Fig. 43.

Umgekehrt, wenn zwei (eigentliche) Punktreihen in der Weise auf einander bezogen sind, daß jeder endlichen Strecke der einen eine endliche Strecke auf der andern entspricht, die zu der ersten in einem gegebenen Verhältnisse steht, d. h. wenn beide Punktreihen ähnlich sind, so entsprechen sich die Punkte im Unendlichen und, wenn man die eine in eine parallele Lage zu der andern bringt, so werden die beiden Punktreihen perspektiv.

Also erhält man den Satz:

Zwei eigentliche projektive Punktreihen, in denen die Punkte im Unendlichen sich entsprechen, sind ähnlich; und umgekehrt, wenn zwei Punktreihen ähnlich sind, so sind sie projektiv und die Punkte im Unendlichen entsprechen sich.

Es ergibt sich hierbei, daß die Ähnlichkeit zwischen zwei (eigentlichen) Punktreihen durch zwei beliebig gegebene Paare homologer Punkte bestimmt ist.

Zwei uneigentliche projektive Strahlenbüschel (in eigentlichen Ebenen) heißen ähnlich, wenn die projektiven Punktreihen, in welchen sie geschnitten werden, ähnlich sind.

Zwei uneigentliche projektive Büschel einer eigentlichen Ebene sind ähnlich, wenn in ihnen der Strahl im Unendlichen sich selbst entspricht, d. h. wenn sie perspektiv sind, und umgekehrt.

Ein besonderer Fall der Ähnlichkeit zwischen zwei Punktreihen (oder zwei uneigentlichen Büscheln) ist die Gleichheit oder Kongruenz, welche sich ergibt, wenn die einander entsprechenden endlichen Strecken (oder Entfernungen zwischen den Paaren paralleler Geraden) gleich sind.

Wenn wir zwei kongruente Punktreihen ins Auge fassen, so kann man immer eine der beiden Punktreihen bewegen und sie derartig auf die andere legen, daß alle entsprechenden Punkte zusammenfallen; in der Tat, wenn man die eine von beiden, u', bewegt, indem man zwei eigentliche Punkte von ihr, A' und B', in die Lage der entsprechenden, A und B, bringt, so wird auf u die identische Projektivität bestimmt sein, weil A, B und der Punkt im Unendlichen sich als Doppelpunkte ergeben müssen. Das analoge Resultat gilt für die uneigentlichen gleichen Büschel.

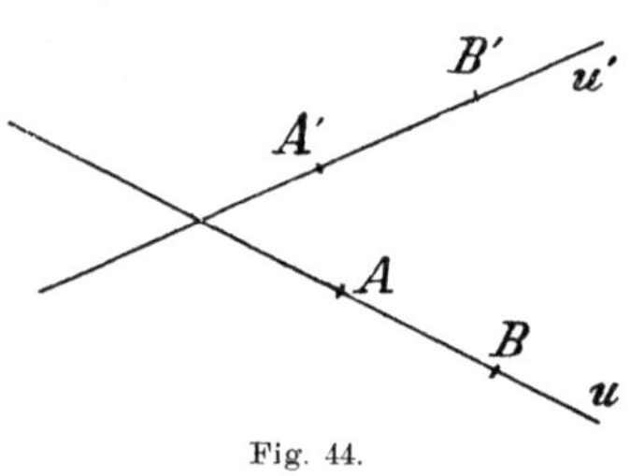

Fig. 44.

Zwei eigentliche Strahlenbüschel heißen gleich oder kongruent, wenn sie so auf einander bezogen sind, daß einem Winkel des einen ein gleicher Winkel des andern entspricht. Dann können die entsprechenden Strahlen zur Deckung gebracht werden durch diejenige Bewegung (die erzeugende Bewegung der Kongruenz), durch welche zwei entsprechende gleiche Winkel der beiden Büschel zur Deckung gebracht werden; darum (vgl. den Anfang dieses Paragraphen) ist die Kongruenz zwischen zwei Büscheln eine Projektivität.

Es gilt der Satz:

Sind zwei (eigentliche) Strahlenbüschel gegeben und werden in ihnen die Strahlen a und a' ins Auge gefaßt, so kann man zwischen den Büscheln selbst zwei Kongruenzen herstellen, in denen a und a' sich entsprechen; in der Tat gibt es zwei Arten, durch eine Bewegung das erste Büschel so auf das zweite zu legen, daß a mit a' zusammenfällt; beide unterscheiden sich von einander durch eine Umklappung um a'. Es ist dagegen eine Kongruenz zwischen den beiden Büscheln bestimmt, wenn man einem andern Strahle b des ersten Büschels, der nicht zu a orthogonal ist, in dem zweiten einen Strahl b' zuordnet, so daß $a'b' = ab$ ist.

Zwei eigentliche projektive Strahlenbüschel sind kongruent, wenn zwei Paaren orthogonaler Strahlen ab, cd des einen zwei Paare orthogonaler Strahlen $a'b'$, $c'd'$ des andern entsprechen.

Um dies zu beweisen, bringe man durch Bewegung die beiden Büschel in perspektive Lage, wobei $a \equiv a'$ der sich selbst entsprechende Strahl sei; U und U' seien ihre von einander verschiedenen Mittelpunkte, und man setze zunächst voraus, daß die Achse der Perspektivität u eine eigentliche Gerade ist. Diese Achse wird parallel zu den Strahlen b und b' d. h. orthogonal zu a sein. Wenn eine Strecke auf ihr sowohl von U wie von U' aus durch einen rechten Winkel projiziert wird, so hat u von b und b' gleichen Abstand, da der Durchmesser MN des Kreises $MNUU'$ auf der Sehne UU' normal steht und sie also halbiert. Es folgt daraus, daß (in dem genannten Falle) jedem von zwei Strahlen eingeschlossenen Winkel von U ein von den entsprechenden Strahlen des Büschels U' gebildeter gleicher Winkel entspricht.

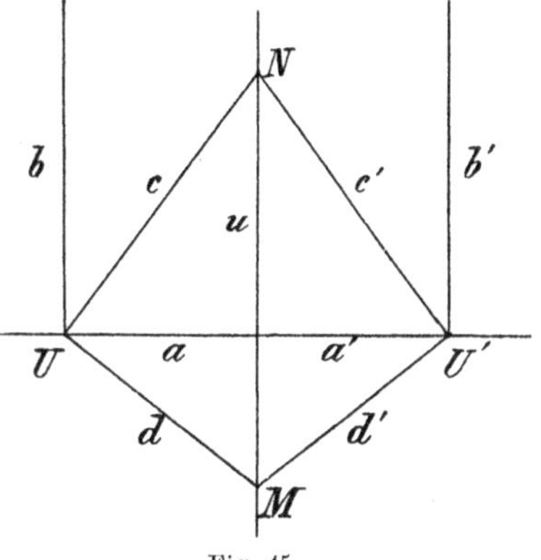

Fig. 45.

Wenn dagegen die Achse der Perspektivität u die uneigentliche Gerade ist, so haben zwei einander entsprechende Winkel in U und U' parallele Schenkel und sind darum gleich, w. z. b. w.

Zwei uneigentliche Punktreihen, die man als Schnitte zweier eigentlicher kongruenter Strahlenbüschel auf einander bezogen denken kann, sollen auch kongruent oder gleich heißen. Sie werden von irgendwelchen zwei eigentlichen Punkten aus durch kongruente Büschel projiziert.

Zwei uneigentliche kongruente Punktreihen können so auf einander gelegt werden, daß die homologen Punkte zusammenfallen, wenn man durch eine Bewegung eine eigentliche Ebene, die die eine enthält, auf eine eigentliche Ebene legt, die die andere enthält.

Anmerkung. Auch für die eigentlichen Ebenenbüschel und für die Strahlenbüschel der uneigentlichen Ebene kann man den Begriff der Kongruenz aufstellen, der auf Sätze führt, die den vorher aufgestellten analog sind.

§ 30. In einander liegende projektive Gebilde. In dem Vorhergehenden war die Betrachtung in einander liegender Gebilde (Punktreihen oder Strahlenbüschel) ausgeschlossen. Für solche Gebilde läßt sich die Konstruktion der Projektivität auf die früheren Fälle (§ 28) zurückführen, wenn man folgendes beachtet.

In der Ebene

erhält man zwei (verschiedene) projektive Strahlenbüschel, wenn man zwei in einander liegende projektive Punktreihen u und u' von zwei (verschiedenen) außerhalb ihres gemeinsamen Trägers liegenden Punkten S und S' aus projiziert.

Wenn im besondern auf u ($\equiv u'$) ein Doppelpunkt $A \equiv A'$

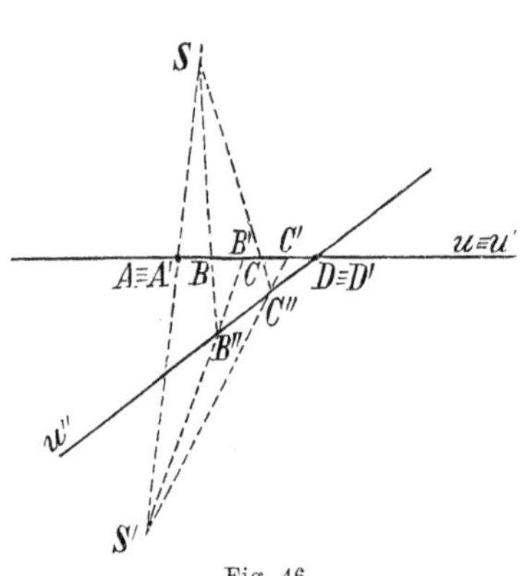

Fig. 46.

existiert, so kann man S und S' auf einer durch A gehenden Geraden (außerhalb u) annehmen; dann sind die beiden projizierenden Büschel perspektiv, d. h. die Ge-

erhält man zwei (verschiedene) projektive Punktreihen, wenn man zwei in einander liegende (d. h. konzentrische) projektive Strahlenbüschel mit zwei (verschiedenen) nicht ihrem gemeinsamen Mittelpunkte angehörenden Geraden s und s' schneidet.

Wenn im besondern in U ($\equiv U'$) ein Doppelstrahl $a \equiv a'$

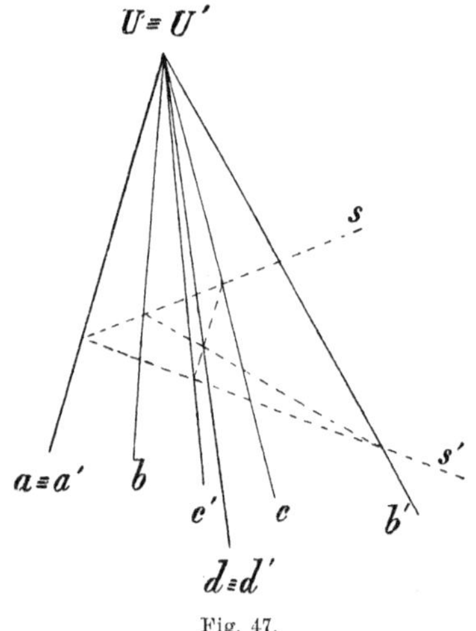

Fig. 47.

existiert, so kann man s und s' durch einen Punkt von a (außerhalb des Mittelpunktes U) legen; dann sind die beiden Punktreihen perspektiv, d. h. die Büschel U und U'

raden u und u' sind zu u'', dem gemeinsamen Schnitte beider Büschel, perspektiv.

Ein weiterer Doppelpunkt auf u, außer A, muß u'' angehören und also der Punkt $D \equiv D'$ sein, in welchem u und u'' sich scheiden; umgekehrt ergibt sich dieser Punkt $D \equiv uu''$ als Doppelpunkt aus der gegebenen Projektivität zwischen u und u', so daß diese, zu der bereits ein Doppelpunkt A gehört, im allgemeinen einen zweiten Doppelpunkt D haben wird, der jedoch unter Umständen mit A zusammenfallen kann.

Wenn auf $u \equiv u'$ die beiden Doppelpunkte $A \equiv A'$ und $D \equiv D'$ und das Paar homologer Punkte B und B' gegeben sind, so läßt sich die Projektivität konstruieren, wenn man, wie im allgemeinen Falle, auf einer durch A gelegten Geraden die Punkte S und S' annimmt. Man braucht in der Tat nur die Gerade u'' dadurch zu bestimmen, daß man den Punkt D mit dem Schnittpunkte der Strahlen SB und $S'B'$ verbindet, da auf diese Weise die Perspektivität zwischen den Büscheln mit den Mittelpunkten S und S' und daher die Projektivität auf u bestimmt ist.

Die angegebene Konstruktion gilt noch, wenn man annimmt, daß der zweite Doppelpunkt D mit A zusammenfällt, da die Bedingung dafür, daß dies geschieht, darin besteht, daß die Achse der Perspektivität u'' durch $A \equiv D$ geht, und dann ist sie als Verbindungs-

sind zu dem Büschel U'', der gemeinsamen projizierenden Figur der beiden Punktreihen, perspektiv.

Ein weiterer Doppelstrahl von U, außer a, muß U'' angehören und also der Strahl $d \equiv d'$ sein, der U und U'' gemeinsam ist; umgekehrt ergibt sich dieser Strahl $d \equiv UU''$ als Doppelstrahl aus der gegebenen Projektivität zwischen U und U', so daß diese, zu der bereits ein Doppelstrahl a gehört, im allgemeinen einen zweiten Doppelstrahl d haben wird, der jedoch unter Umständen mit a zusammenfallen kann.

Wenn in U und U' die beiden Doppelstrahlen $a \equiv a'$ und $d \equiv d'$ und das Paar homologer Strahlen b und b' gegeben sind, so läßt sich die Projektivität konstruieren, wenn man, wie im allgemeinen Falle, durch einen auf a liegenden Punkt die Geraden s und s' legt. Man braucht in der Tat nur den Punkt U'' dadurch zu bestimmen, daß man die Gerade d mit der Verbindungslinie der Punkte sb und $s'b'$ schneidet, da auf diese Weise die Perspektivität zwischen den beiden Punktreihen s und s' und daher die Projektivität in U bestimmt ist.

Die angegebene Konstruktion gilt noch, wenn man annimmt, daß der zweite Doppelstrahl d mit a zusammenfällt, da die Bedingung dafür, daß dies geschieht, darin besteht, daß das Zentrum der Perspektivität U'' auf $a \equiv d$ liegt, und dann ist es als Schnitt von

linie von A mit dem Punkte $SB \cdot S'B'$ bestimmt.

Man erhält so auf u eine Projektivität, deren beide Doppelpunkte in A zusammenfallen und für welche BB' ein gegebenes Paar homologer Punkte ist, und diese Projektivität ist dadurch bestimmt, weil die Perspektivität zwischen den Büscheln, die u von den Mittelpunkten S und S' aus projizieren, bestimmt ist.

a mit dem Strahle $sb \cdot s'b'$ bestimmt.

Man erhält so in U eine Projektivität, deren beide Doppelstrahlen in a zusammenfallen und für welche bb' ein gegebenes Paar homologer Strahlen ist, und diese Projektivität ist dadurch bestimmt, weil die Perspektivität zwischen den Punktreihen, in denen U von s und s' geschnitten wird, bestimmt ist.

Die zuletzt erhaltenen Resultate (welche sich nach dem Prinzip der Dualität auch auf das Ebenenbüschel erstrecken) gestatten die Behauptung:

In einem Gebilde erster Stufe gibt es eine bestimmte Projektivität $\begin{pmatrix} ADB \\ ADB' \end{pmatrix}$, die zwei gegebene, verschiedene oder zusammenfallende, Doppelelemente A und D hat und in welcher zwei andere vorgeschriebene Elemente B und B' sich entsprechen.

Diese Aussage enthält zum Teil einen Zusatz zu dem Fundamentalsatze (des § 21), gibt aber auch etwas Neues für den Fall, daß die beiden Elemente, welche als Doppelelemente der Projektivität vorgeschrieben werden, in ein einziges zusammenfallen.

§ 31. Doppelelemente einer Projektivität zwischen in einander liegenden Gebilden erster Stufe. Wir haben gesehen, wie man in einem Gebilde erster Stufe u eine Projektivität konstruieren kann, wenn zwei, verschiedene oder zusammenfallende, Doppelelemente und ein Paar homologer Elemente gegeben sind; wenn auch dieses Paar homologer Elemente aus zusammenfallenden Elementen besteht, so ist die Projektivität identisch.

Es gibt auch Beispiele von Projektivitäten in einem Gebilde erster Stufe u ohne Doppelelement. Man braucht z. B. nur an die Projektivität zu denken, welche auf u zwischen den konjugierten harmonischen Elementen zu einem und demselben Elemente in Bezug auf zwei sich trennende Paare AB und CD entsteht. In der Tat ist diese Projektivität (die im § 20 unter der entgegengesetzten Voraussetzung, daß AB und CD sich nicht trennen, betrachtet worden ist) sicherlich frei von Doppelelementen, da in ihr ein Doppelelement zusammen mit dem gemeinsamen zu ihm in Bezug auf AB und CD konjugierten harmonischen Elemente ein Paar geben würde, das die gegebenen Paare AB und CD harmonisch trennt, was, wenn diese sich trennen, widersinnig ist (l. c.).

Wir fassen das Gesagte in die folgende Aussage zusammen:

Ist in einem Gebilde erster Stufe eine nicht identische Projektivität gegeben, so sind drei Fälle möglich:

1) es existieren zwei (verschiedene) Doppelelemente; dann heißt die Projektivität hyperbolisch;

2) es existiert ein Doppelelement (oder zwei zusammenfallende); dann heißt die Projektivität parabolisch;

3) es existiert kein Doppelelement; dann heißt die Projektivität elliptisch.

Wir haben gesehen (§ 20), daß die Projektivität zwischen zwei Gebilden erster Stufe eine geordnete Beziehung ist, d. h. daß, während ein Element sich bewegt, indem es das eine Gebilde beschreibt, das entsprechende sich bewegt, indem es das andere Gebilde beschreibt.

Handelt es sich um in einander liegende Gebilde erster Stufe, so kann die Bewegung zweier entsprechender Elemente in demselben oder in entgegengesetztem Sinne vor sich gehen; die Projektivität ist gleichsinnig im ersten Falle, ungleichsinnig im zweiten Falle (§ 19).

Wenn es in einem Gebilde erster Stufe eine ungleichsinnige Projektivität gibt, so trifft ein Element, das sich bewegt, indem es das Gebilde beschreibt, zweimal das entsprechende Element. Diese von Natur anschauliche Tatsache kann man aus dem Axiome der Stetigkeit herleiten, wie im § 19. Ist nun in einem Gebilde erster Stufe eine parabolische oder eine elliptische Projektivität gegeben, so kann man sagen, daß sie gleichsinnig sein muß, weil aus der entgegengesetzten Voraussetzung die Existenz von zwei (verschiedenen) Doppelelementen folgen d. h. folgen würde, daß die Projektivität hyperbolisch ist. Man kann aber nicht umgekehrt sagen, daß eine hyperbolische Projektivität ungleichsinnig sein müßte. Um sich davon zu überzeugen, braucht man nur die folgende Betrachtung anzustellen: Man nehme auf einer Geraden u vier Punkte M, N, A, A' an. Es existiert auf u eine Projektivität, in welcher M und N Doppelpunkte sind und A und A' sich entsprechen. Während nun ein Punkt die geordnete Strecke $\overline{MAN}$ beschreibt, beschreibt der entsprechende Punkt in dieser Projektivität die Strecke $\overline{MA'N}$; diese ist von entgegengesetztem Sinne wie $\overline{MAN}$,

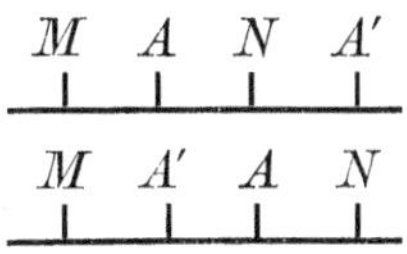

$M \quad A \quad N \quad A'$

$M \quad A' \quad A \quad N$

Fig. 48.

wenn A und A' M und N trennen, und daher ist in diesem Falle die auf u angenommene Projektivität ungleichsinnig; wenn aber A und A' M und N nicht trennen, so haben die Strecken $\overline{MAN}$ und $\overline{MA'N}$ denselben Sinn und die Projektivität ist gleichsinnig. Man erkennt auch, daß im ersten Falle immer ein Paar homologer Elemente die Elemente M und N trennt, im zweiten niemals (§ 19). Man kann das Gesagte zusammenfassen, indem man den Satz ausspricht:

In einem Gebilde erster Stufe ist

1) jede ungleichsinnige Projektivität hyperbolisch;

2) jede parabolische oder elliptische Projektivität gleichsinnig;

3) eine hyperbolische Projektivität ungleichsinnig oder gleichsinnig, je nachdem zwei in ihr homologe Elemente die Doppelelemente trennen oder nicht (was für alle Paare homologer Elemente in gleicher Weise stattfindet).

Anmerkung. Man bemerke, daß das Produkt zweier Projektivitäten in einem Gebilde erster Stufe gleichsinnig oder ungleichsinnig ist, je nachdem diese beiden gleichsinnig oder ungleichsinnig sind, oder die eine gleichsinnig und die andere ungleichsinnig ist.

§ 32. * **Direkte und inverse Kongruenz zwischen in einander liegenden Punktreihen und eigentlichen Büscheln einer Ebene.** Eine Ähnlichkeit (§ 29) auf einer eigentlichen Geraden heißt direkt oder invers, je nachdem sie gleichsinnig oder ungleichsinnig ist. Eine Ähnlichkeit auf der Geraden hat immer den unendlich fernen Punkt zum Doppelpunkte und ist darum hyperbolisch oder parabolisch; in dem letzten Falle ist sie sicher direkt; ich behaupte, daß sie alsdann eine Gleichheit oder direkte Kongruenz ist. Um dies zu beweisen, braucht man nur zu bemerken, daß ein Gleiten der Geraden auf sich selbst, das einen Punkt A nach einem gegebenen Punkte A' bringt, in der Tat eine direkte Kongruenz erzeugt, d. h. eine parabolische Projektivität, die keinen andern Doppelpunkt als den unendlich fernen Punkt hat (weil kein anderer Punkt fest bleibt); andererseits gibt es auf der Geraden eine einzige parabolische Projektivität, die den Punkt im Unendlichen zum Doppelpunkte und A und A' zu entsprechenden Punkten hat; also stimmt die auf unserer Geraden als gegeben vorausgesetzte parabolische Ähnlichkeit genau überein mit der direkten Kongruenz, die durch das genannte Gleiten erzeugt worden ist.

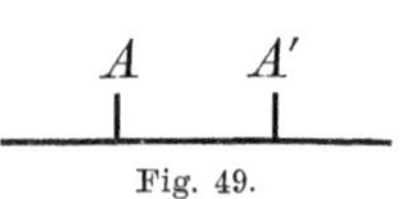

Fig. 49.

Man kann also behaupten:

Eine direkte Kongruenz auf einer eigentlichen Geraden kann definiert werden als eine parabolische Projektivität, deren Doppelpunkt im Unendlichen liegt.

Anmerkung. Folglich erscheint das metrische Axiom der Bewegung der Geraden auf sich selbst als ein Zusatz zu dem Fundamentalsatze der Projektivität.

In einer inversen Kongruenz gibt es auf einer Geraden zwei Doppelpunkte, von denen der eine der uneigentliche Punkt und der andere ein eigentlicher Punkt O ist. Nun werden zwei homologe Punkte von O gleich weit entfernt sein müssen und (da die Beziehung ungleichsinnig ist) auf entgegengesetzter Seite von O liegen. Folglich:

Eine inverse Kongruenz auf einer eigentlichen Geraden stimmt überein mit einer Symmetrie in Bezug auf den eigentlichen Doppelpunkt.

Anmerkung. Die direkte Kongruenz in einer Punktreihe wird durch diejenige Bewegung der Geraden auf sich selbst erzeugt, durch welche zwei entsprechende Punkte auf einander gelegt werden. Die inverse Kongruenz dagegen wird durch eine Umklappung der Geraden um den eigentlichen Doppelpunkt erzeugt.

Auch bei in einander liegenden uneigentlichen Punktreihen kann man eine direkte (gleichsinnige) und eine inverse (ungleichsinnige) Kongruenz unterscheiden. Wenn wir uns die anschauliche Bedeutung der natürlichen cyklischen Anordnung einer uneigentlichen Geraden (§ 6) vergegenwärtigen, so können wir sagen, daß eine Bewegung einer Ebene auf sich selbst (Gleiten) den Sinn einer Terne von Richtungen nicht ändert und daher auf der unendlich fernen Geraden eine direkte Kongruenz erzeugt; eine Umklappung der Ebene um eine (eigentliche) Gerade erzeugt auf der uneigentlichen Geraden eine inverse Kongruenz.

Die Betrachtung der Kongruenz, welche auf der unendlich fernen Geraden durch zwei kongruente eigentliche Büschel einer Ebene bestimmt wird, führt dazu, die direkte und die inverse Kongruenz zweier eigentlicher, in einer Ebene liegender Büschel zu unterscheiden.

Es seien in einer Ebene zwei (eigentliche) kongruente Büschel U und U' gegeben und es seien ab und $a'b'$ (Fig. 50 a. folg. S.) zwei einander entsprechende (gleiche) Winkel, die nicht Rechte sind, durch welche die Kongruenz selbst bestimmt ist (§ 29). Wir bewegen in der Ebene das Büschel U' und legen es auf U in der Weise, daß a mit a' zusammenfällt; diese Bewegung ist damit definiert (wenn wir Drehungen um zwei rechte Winkel, von denen wir absehen können, außer Betracht lassen). Sie führt dazu, daß b' mit b zusammenfällt oder die Lage b'' annimmt, die zu b in Bezug auf a symmetrisch ist.

In dem ersten Falle sieht man, wenn man z. B. den zu a orthogonalen Strahl c von U betrachtet, daß die Terne der Richtungen abc denselben Sinn hat wie die Terne der Richtungen $a'b'c'$, die von den homologen Strahlen des Büschels U' gebildet wird, d. h. die Kongruenz zwischen U und U' ist direkt; dagegen haben im zweiten Falle die genannten Ternen entgegengesetzten Sinn, d. h. die Kongruenz zwischen U und U' ist invers. Nun sieht man auch, daß im ersten Falle die genannte Kongruenz durch diejenige in der Ebene ausgeführte Bewegung erzeugt wird, durch welche U' so auf U gelegt wird, daß a' auf a zu liegen kommt; daß aber im zweiten Falle nach dieser Bewegung noch eine Umklappung der Ebene um a ausgeführt werden muß.

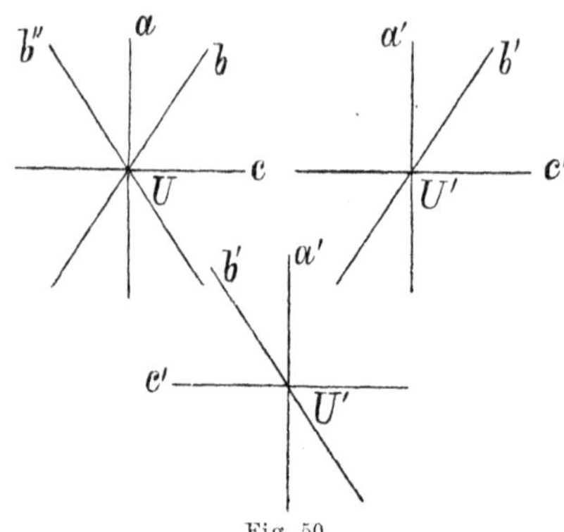

Fig. 50.

Also kann man schließen:

Zwei (eigentliche) kongruente Büschel einer Ebene sind direkt oder invers kongruent, je nachdem ihre homologen Strahlen nur durch eine Bewegung der Ebene auf sich selbst oder durch eine solche Bewegung zusammen mit einer Umklappung der Ebene zur Deckung gebracht werden können.

Wir haben gesehen (§ 29), daß, wenn zwei eigentliche Strahlenbüschel gegeben sind und ein Paar einander entsprechender Strahlen angenommen wird, zwischen den Büscheln selbst zwei Kongruenzen bestimmt sind; nun kann man hinzufügen, daß, wenn die Büschel sich in einer Ebene befinden, eine der genannten Kongruenzen direkt und die andere invers ist.

Anmerkung. Wenn zwei kongruente Strahlenbüschel einer Ebene perspektiv sind, so sind sie entweder durch den Parallelismus der Elemente auf einander bezogen, und dann ist die Kongruenz direkt; oder sie sind Projektionen der Geraden, welche auf der Verbindungslinie der Mittelpunkte der Büschel in der Mitte normal steht, und dann ist die Kongruenz invers.

Als besonderer Fall der Kongruenz zwischen zwei Strahlenbüscheln einer Ebene ergibt sich die Kongruenz zwischen zwei in einander liegenden Strahlenbüscheln, oder in einem Büschel. Hier bedarf es nicht mehr der Betrachtung der uneigentlichen Geraden, um die Unterscheidung zwischen direkter und inverser Kongruenz aufzustellen.

Eine direkte Kongruenz in einem (eigentlichen) Strahlenbüschel stimmt überein mit einer Drehung des Büschels auf sich selbst um einen bestimmten Winkel; in der Tat kann sie durch diejenige Drehung erzeugt werden, durch welche ein Strahl mit dem entsprechenden zur Deckung kommt. Es folgt daraus, daß eine solche Kongruenz immer elliptisch ist.

In einer inversen Kongruenz, die sicherlich hyperbolisch ist, müssen die Winkel, die von homologen Strahlen mit einem Doppelstrahle gebildet werden, gleich sein und auf entgegengesetzter Seite von ihm liegen (eben weil die Beziehung ungleichsinnig ist). Daraus folgt:

Eine inverse Kongruenz in einem eigentlichen Strahlenbüschel kann durch die Umklappung der Ebene des Büschels um jeden Doppelstrahl erzeugt werden oder stimmt mit einer Symmetrie in Bezug auf jeden Doppelstrahl überein.

Es folgt:

Die inverse Kongruenz besitzt zwei auf einander normal stehende Doppelstrahlen: die Halbierungslinien der von entsprechenden Strahlen gebildeten Winkel.

Die vorstehenden Sätze können nun durch einen Schnitt auf die uneigentliche Gerade der Ebene des betrachteten Büschels übertragen werden. So ergibt sich:

Auf einer uneigentlichen Geraden ist jede direkte Kongruenz elliptisch; jede inverse Kongruenz auf einer uneigentlichen Geraden hat zwei Doppelpunkte, die auf einander normal stehenden Richtungen entsprechen.

Zwei (in einer gewissen Ordnung genommene) Punkte einer uneigentlichen Geraden entsprechen sich in zwei Kongruenzen auf dieser Geraden, von denen die eine direkt, die andere invers ist.

Anmerkung. Auch bei zwei in einander liegenden Ebenenbüscheln, d. h. in einem Ebenenbüschel, kann man die direkte (gleichsinnige) Kongruenz und die inverse (ungleichsinnige) Kongruenz unterscheiden. Die erste wird durch eine Drehung des Büschels (um seine Achse) um einen bestimmten Flächenwinkel erzeugt. Die zweite stimmt überein mit einer Symmetrie in Bezug auf zwei auf einander normal stehende Doppelebenen.

§ 33. Gruppen von vier projektiven Elementen. Um anzugeben, daß zwei Gebilde erster Stufe u und u' projektiv sind, werden wir uns des Zeichens $\barwedge$ bedienen, indem wir schreiben

$$u \barwedge u'.$$

Wenn

$$u \barwedge u' \quad \text{und} \quad u' \barwedge u''$$

ist (wo u, u', u'' Gebilde erster Stufe sind), so folgt (§ 21)

$$u \barwedge u''.$$

Wenn $ABCDE\ldots$ eine Gruppe von Elementen eines Gebildes erster Stufe u ist und $A'B'C'D'E'\ldots$ eine Gruppe von Elementen eines andern Gebildes erster Stufe u', so sollen die beiden Gruppen projektiv heißen und dies soll bezeichnet werden durch:

$$ABCDE\ldots \barwedge A'B'C'D'E'\ldots,$$

wenn zwischen u und u' eine Projektivität existiert, in welcher die Elemente der Paare

$$AA',\ BB',\ CC',\ DD',\ EE'\ \ldots$$

sich entsprechen. Dann hat man folglich:

$$ABCD \barwedge A'B'C'D'$$
$$ABCE \barwedge A'B'C'E'$$
$$BCDE \barwedge B'C'D'E'$$
$$\cdots\cdots\cdots$$

oder auch

$$DCBA \barwedge D'C'B'A' \quad \text{u. s. w.}$$

Nach § 21 sind zwei Gruppen von drei Elementen ABC und $A'B'C'$ in Gebilden erster Stufe u und u' immer projektiv, d. h. man hat immer

$$ABC \barwedge A'B'C'.$$

Umgekehrt ist die Relation $ABCD \barwedge A'B'C'D'$ (wo D und D' andere Elemente von u und u' sind) im allgemeinen nicht erfüllt, wenn die Elementgruppen $ABCD$ und $A'B'C'D'$ willkürlich gewählt sind; vielmehr bestimmt diese Relation das Element D', wenn D gegeben ist, wofern die beiden Ternen ABC und $A'B'C'$ (§ 21) fest angenommen sind.

Es folgt auch, wenn E und E' andere Elemente von u und u' sind, daß aus den Relationen

$$ABCD \barwedge A'B'C'D'$$

$$ABCE \barwedge A'B'C'E'$$

hervorgeht

$$ABCDE \barwedge A'B'C'D'E'$$

und darum

$$BCDE \barwedge B'C'D'E' \text{ u. s. w.}$$

Die vorstehenden Aussagen sind symbolische Ausdrücke für die nachgewiesenen Sätze.

Satz. Alle harmonischen Gruppen von Elementen, die Gebilden erster Stufe angehören, sind projektiv.

In der Tat, wenn $(ABCD)$ und $(A'B'C'D')$ zwei harmonische Gruppen von Elementen sind, die zwei (verschiedenen oder in einander liegenden) Gebilden erster Stufe u und u' angehören, so entsprechen sich in der durch die Ternen ABC und $A'B'C'$ definierten Projektivität die vierten harmonischen Punkte D und D' (auf Grund der Definition).

Zusatz. Wenn $(ABCD)$ eine harmonische Gruppe von Elementen eines Gebildes erster Stufe ist, so ist:

$$ABCD \barwedge BADC \barwedge CDAB \barwedge DCBA$$
$$\barwedge BACD \barwedge ABDC \barwedge CDBA \barwedge DCAB.$$

In der Tat sind (§ 13) alle diese Gruppen von vier Elementen harmonisch, wenn $(ABCD)$ harmonisch ist.

Die vorstehenden Relationen kann man in Worte fassen, indem man sagt, daß eine harmonische Gruppe von vier in einer bestimmten Ordnung genommenen Elementen eines Gebildes erster Stufe projektiv ist zu den Gruppen, die man erhält:

a) wenn man zwei Elemente der Gruppe und gleichzeitig die beiden andern mit einander vertauscht,

b) wenn man zwei konjugierte Elemente mit einander vertauscht, aber nicht die beiden andern.

Durch eine Vertauschung a) geht man in der ersten wie in der zweiten aus je vier Gruppen bestehenden Zeile von einer Gruppe zur andern über; dagegen geht man durch eine Vertauschung b) von einer Gruppe der ersten Zeile zu einer Gruppe der zweiten Zeile über, und umgekehrt.

Wir wollen nun untersuchen, ob es möglich ist, die Vertauschungen a) und b) mit den vier Elementen einer nicht harmonischen Gruppe eines Gebildes erster Stufe vorzunehmen und dabei eine

Gruppe zu erhalten, die zu der in ihrer ursprünglichen Ordnung genommenen Gruppe projektiv ist.

Wir werden sehen, daß es immer möglich ist, in einer Gruppe von vier Elementen eines Gebildes erster Stufe eine Vertauschung a) vorzunehmen, aber daß aus der Möglichkeit, eine Vertauschung b) vorzunehmen und dabei eine zu der ersten projektive Gruppe zu erhalten, folgt, daß die Gruppe selbst harmonisch ist.

Beginnen wir mit dem Beweise dafür, daß, wenn A, B, C, D vier (willkürliche) Elemente eines Gebildes erster Stufe sind, immer

$$ABCD \barwedge BADC$$

ist.

Man braucht den Satz nur für die Gruppe $ABCD$ von vier Punkten einer Geraden nachzuweisen; dann kann man von dem Gesetze der Dualität im Raume und in der Ebene Gebrauch machen.

Zu dem Ende projiziere man die Gruppe $ABCD$ von einem außerhalb gelegenen Punkte M aus auf eine andere durch D gehende Gerade in die Gruppe $EFGD$; darauf bestimme man den Punkt N als Schnittpunkt von AF und MC. Dann ist

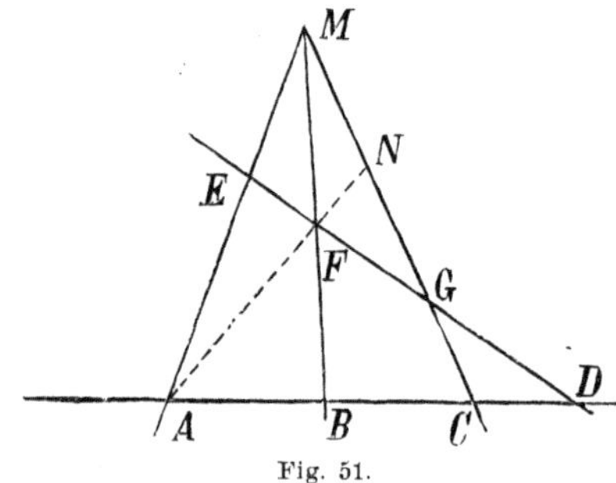

Fig. 51.

$$ABCD \barwedge EFGD$$

(da eine Gruppe die Projektion der andern von M aus ist). Ferner ist

$$EFGD \barwedge MNGC$$

(da eine Gruppe die Projektion der andern von A aus ist) und

$$MNGC \barwedge BADC$$

(da eine Gruppe die Projektion der andern von F aus ist); daher ist

$$ABCD \barwedge BADC, \text{ w. z. b. w.}$$

Wendet man dieses Resultat auf die Gruppe $ACBD$ an, so erhält man:

$$ACBD \barwedge CADB,$$

d. h. es existiert eine Projektivität, in welcher die Punkte der Paare AC, CA, BD, DB sich entsprechen. In dieser Projektivität entspricht der Gruppe $ABCD$ die Gruppe $CDAB$, so daß

$$ABCD \barwedge CDAB.$$

Aber nach dem Vorhergehenden ist

$$CDAB \barwedge DCBA;$$

also bestehen die Relationen

$$ABCD \barwedge BADC \barwedge CDAB \barwedge DCBA.$$

Setzen wir nun voraus, daß

$$ABCD \barwedge BACD$$

ist, und betrachten wir wieder die Gruppe $EFGD$, die man durch die Projektion von $ABCD$ von einem außerhalb gelegenen Punkte M aus auf eine andere durch D gehende Gerade erhält. Dann ist

$$BACD \barwedge EFGD,$$

und in der Projektivität zwischen den beiden Punktreihen, durch welche man von einer Gruppe zur andern übergeht, entspricht D sich selbst, und daher ist sie eine Perspektivität (§ 27). Infolge dessen schneiden sich die Geraden BE, AF, CG in einem Punkte K. Dann beweist aber die Existenz des Vierecks $EMFK$, von dem die Seiten EM und KF durch A und EK und MF durch B gehen, während MK durch C und EF durch D geht, daß $ABCD$ eine harmonische Gruppe ist.

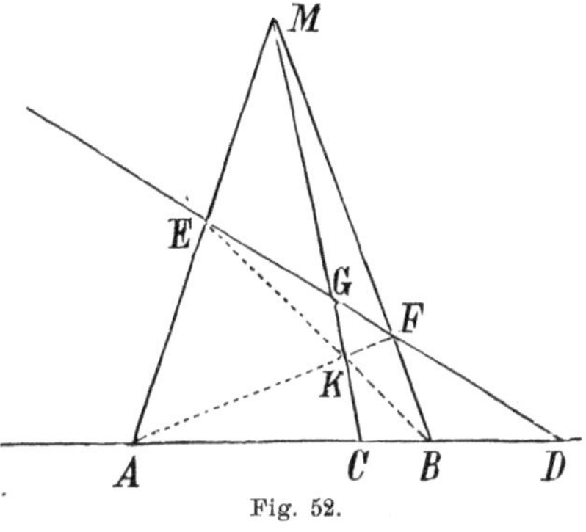

Fig. 52.

Wir können nun allgemein für die Gebilde erster Stufe den Satz aussprechen:

Irgend eine Gruppe von vier Elementen $ABCD$ eines Gebildes erster Stufe von gegebener Ordnung ist projektiv zu den Gruppen, die man erhält, wenn man zwei ihrer Elemente und gleichzeitig die beiden andern mit einander vertauscht, d. h. es ist:

$$ABCD \barwedge BADC \barwedge CDAB \barwedge DCBA.$$

Wenn die Gruppe zu einer von denjenigen projektiv ist, welche man erhält, wenn man nur zwei Elemente und nicht die beiden andern mit einander vertauscht (z. B. $ABCD \barwedge BACD$), so ist sie harmonisch, und die beiden vertauschbaren Elemente sind in ihr konjugiert. Umgekehrt ist, wie wir gesehen haben, bei den harmonischen Gruppen eine solche Vertauschung immer möglich.

Auf einer Geraden u mögen sich zwei projektive Gruppen von vier Punkten $MNAB$ und $MNA'B'$ mit zwei Doppelpunkten befinden; ich behaupte, daß die Gruppen $MNAA'$ und $MNBB'$ projektiv sind.

Um dies zu erkennen, projiziere man die (homologen) Gruppen $MNAB$ und $MNA'B'$ der in einander liegenden projektiven Punktreihen u und u' von den beiden außerhalb gelegenen, mit M auf einer geraden Linie liegenden Punkten S und S' aus. Die Büschel Su und $S'u'$ sind, da der Strahl SS' sich selbst entspricht, perspektiv (§ 27, 30), und darum bestimmen die Geraden SA, $S'A'$ und SB, $S'B'$ zwei Punkte A'', B'', deren Verbindungslinie u'' (als Schnittlinie der beiden perspektiven Büschel) durch N geht. Es sei $Q \equiv u'' \cdot SS'$ der Schnittpunkt von u'' mit SS'. Dann ist

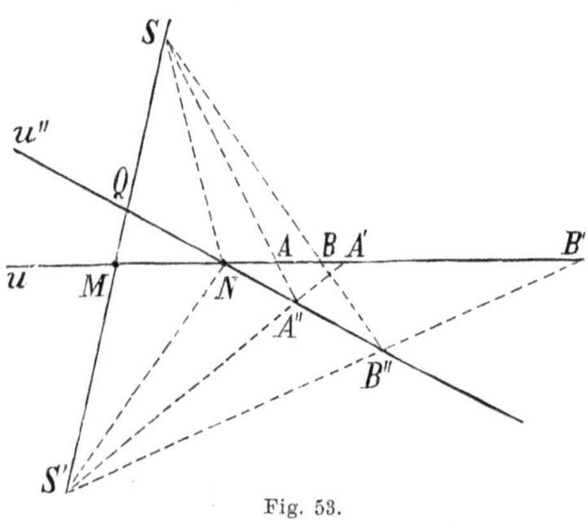

Fig. 53.

$$MNAA' \barwedge MQSS'$$

(da eine Gruppe die Projektion der andern von A'' aus ist),

$$MNBB' \barwedge MQSS'$$

(da eine Gruppe die Projektion der andern von B'' aus ist),

also $$MNAA' \barwedge MNBB', \text{ w. z. b. w.}$$

Dieses Resultat kann man aussprechen, indem man sagt: Wenn auf der Geraden u eine Projektivität mit zwei verschiedenen Doppelpunkten M, N existiert, in der AA' und BB' zwei Paare homologer Punkte sind, so kommt man durch die Projektivität $\binom{MNA}{MNB}$, die durch die beiden Ternen MNA und MNB definiert ist, von A' nach B'.

In dieser Form läßt sich das Resultat auf den Fall ausdehnen, daß M und N zusammenfallen oder $N \equiv M$ ist. Unter dieser Voraussetzung haben wir gesehen, daß die Perspektivität zwischen den Büscheln mit den Mittelpunkten S und S', wenn (außer dem Doppelpunkte $M \equiv N$) ein Paar homologer Punkte AA' gegeben ist, dadurch festgelegt ist, daß dann die Achse der Perspektivität u'' durch M gehen muß (also die Verbindungslinie von M und $A'' = SA \cdot S'A'$ ist). Wenn dann wiederum B und B' homologe Punkte der gegebenen Projektivität $\begin{pmatrix} MMA \\ MMA' \end{pmatrix}$ sind, so kann man auf u eine Projektivität konstruieren, welche in M zwei zusammenfallende Doppelpunkte und A und B zu homologen Punkten hat; man kann sie (analog wie im allgemeinen Falle, wenn M und N verschiedene Punkte sind) erhalten, wenn man zunächst u von A'' aus auf SS' projiziert und dann SS' von $B'' \equiv SB \cdot S'B'$ aus auf $u' (\equiv u)$; darum entsprechen sich in ihr A' und B'.

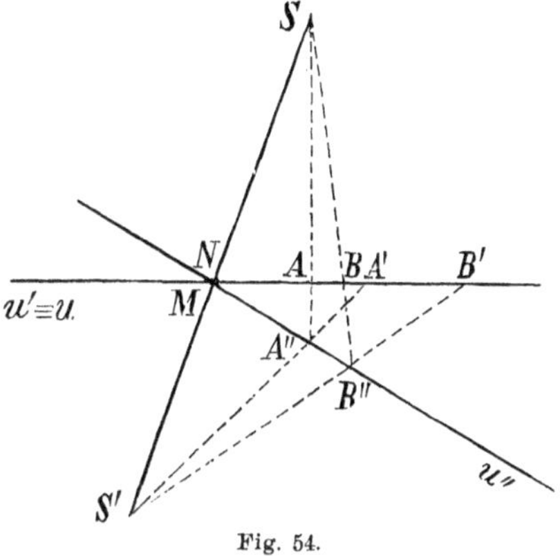

Fig. 54.

Die Behauptung, daß diese Projektivität in M zwei zusammenfallende Doppelpunkte hat, ist dadurch bewiesen, daß die notwendige und hinreichende Bedingung dafür, daß die angegebene Konstruktion nach einem Punkte von u zurückführt, darin besteht, daß seine Projektion von A'' aus auf SS' mit A'' und B'' in einer geraden Linie sich befindet (d. h. auf u'' liegt).

Indem wir die Bedeutung des Zeichens $\barwedge$ erweitern, wollen wir sagen, daß $MMAB \barwedge MMA'B'$ ist, wenn in der Projektivität auf u, die in M zwei zusammenfallende Doppelpunkte und A und A' zu entsprechenden Punkten hat, dem Punkte B der Punkt B' entspricht; dann läßt sich das für den Fall $M \equiv N$ dargelegte Resultat aussprechen, indem man sagt, daß aus

$$MMAB \barwedge MMA'B'$$

folgt

$$MMAA' \barwedge MMBB'.$$

Die Erweiterung der Bedeutung des Zeichens $\barwedge$ kann in analoger Weise für die andern Gebilde erster Stufe vorgenommen werden.

Nun können wir (indem wir die beiden Fälle, daß M und N verschieden sind und $M \equiv N$ ist, zusammenfassen) allgemein für die Gebilde erster Stufe den Satz aussprechen:

Wenn es in einem Gebilde erster Stufe zwei Gruppen von (vier oder drei) Elementen $MNAB$ und $MNA'B'$ gibt, die zwei (verschiedene oder zusammenfallende) Elemente M und N gemeinsam haben und so beschaffen sind, daß

ist, dann folgt:
$$MNAB \barwedge MNA'B'$$
$$MNAA' \barwedge MNBB'.$$

§ 34.* Doppelverhältnis von vier Elementen eines Gebildes erster Stufe. Die symbolische Relation

$$ABCD \barwedge A'B'C'D'$$

zwischen zwei Quaternen von Elementen, die Gebilden erster Stufe angehören, kann man durch eine Relation ersetzen, welche die Gleichheit zweier Zahlen ausdrückt. Um dieses Resultat zu erhalten, muß man zeigen, daß zu jeder Gruppe von vier Elementen eines Gebildes erster Stufe eine (absolute Invariante, d. h. eine) Zahl gehört, die erhalten bleibt, wenn man die Gruppe selbst (und das sie enthaltende Gebilde) einer Projektivität unterwirft; man wird dann erkennen, daß die Gleichheit dieser Zahlen für zwei Quaternen von Elementen die nicht nur notwendige, sondern auch hinreichende Bedingung dafür liefert, daß sie projektiv sind.

Die Zahl, die wir für jede Gruppe von vier Elementen eines Gebildes erster Stufe definieren wollen, ist ihr Doppelverhältnis (oder ihr anharmonisches Verhältnis). Um ihre Eigenschaft, der Projektivität gegenüber invariant zu sein, zu beweisen, ist nur zu zeigen, daß sie bei jeder Projektion und jedem Schnitt erhalten bleibt, da wir ja jetzt wissen, daß die Projektivität zwischen zwei Gebilden erster Stufe immer durch eine endliche Zahl von Projektionen und Schnitten hergestellt werden kann.

Beginnen wir mit der Definition des Doppelverhältnisses von vier eigentlichen, auf einer Geraden gegebenen Punkten A, B, C, D. Wir nehmen als Ausdruck dafür

$$(ABCD) = \frac{AC}{BC} : \frac{AD}{BD},$$

worin wir mit AC, BC, AD, BD nach Maß und Zeichen die Längen der (endlichen) Strecken mit den angegebenen Endpunkten bezeichnen; das Zeichen bezieht sich natürlich auf einen als positiv angenommenen Sinn der Geraden, aber der Ausdruck des Doppelverhältnisses $(ABCD)$ ist derart, daß es sich nicht ändert, wenn man den positiven Sinn der Geraden mit dem negativen vertauscht.

Dagegen definieren wir als Doppelverhältnis von vier Geraden a, b, c, d eines eigentlichen Büschels den Ausdruck

$$(abcd) = \frac{\sin ac}{\sin bc} : \frac{\sin ad}{\sin bd},$$

der aus den Sinus der Winkel der genannten Geraden gebildet ist, wobei die genannten Winkel in Größe und Zeichen in Bezug auf einen als positiv angenommenen Sinn des Büschels (der ebensogut auch umgekehrt werden kann) genommen werden sollen; tatsächlich ist die Größe eines jeden dieser Winkel nicht bestimmt, da zwei Gerade, auch wenn man sich auf Winkel kleiner als zwei Rechte beschränkt, zwei Supplementwinkel bilden; aber diese Unbestimmtheit ist hier ohne Bedeutung, da zwei Supplementwinkel denselben Sinus haben; das Doppelverhältnis $(abcd)$ ist also genau definiert.

In analoger Weise wird das Doppelverhältnis

$$(\alpha\beta\gamma\delta) = \frac{\sin\alpha\gamma}{\sin\beta\gamma} : \frac{\sin\alpha\delta}{\sin\beta\delta}$$

von vier Ebenen α, β, γ, δ eines eigentlichen Büschels definiert, indem man die vier Flächenwinkel $\alpha\gamma$, $\beta\gamma$, $\alpha\delta$, $\beta\delta$ betrachtet. Man kann sagen, daß das Doppelverhältnis $(\alpha\beta\gamma\delta)$ definiert ist als das Doppelverhältnis der Quaterne von Strahlen, die man erhält, wenn man das Ebenenbüschel mit einer Ebene normal zur Achse schneidet.

Anmerkung. Das Doppelverhältnis $(ABCD)$ von vier Elementen eines Gebildes erster Stufe hängt von der Anordnung ab, in welcher sie betrachtet werden. Es ist positiv, wenn die Paare AB und CD sich nicht trennen, negativ im entgegengesetzten Falle.

Betrachten wir nun eine Quaterne von Strahlen eines (eigentlichen) Büschels a, b, c, d und eine durch den Schnitt des Büschels mit einer Geraden erhaltene Quaterne von (eigentlichen) Punkten A, B, C, D. Wird mit U der Mittelpunkt des Büschels bezeichnet, so verhalten sich die Flächen der Dreiecke UAC, UBC, UAD, UBD zu einander wie ihre Basen; andrerseits sind diese Flächen durch das Produkt der Längen zweier Seiten mit dem Sinus des eingeschlossenen Winkels gegeben; also haben wir (wenn wir mit h einen Proportionalitätsfaktor bezeichnen)

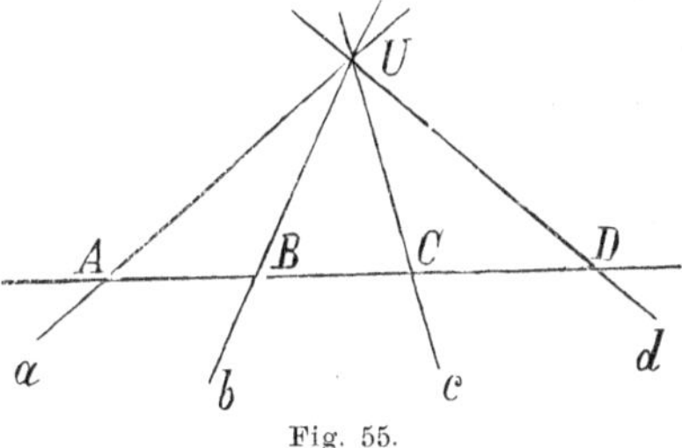

Fig. 55.

$$UA \cdot UC \cdot \sin ac = h \cdot AC$$
$$UB \cdot UC \cdot \sin bc = h \cdot BC$$
$$UA \cdot UD \cdot \sin ad = h \cdot AD$$
$$UB \cdot UD \cdot \sin bd = h \cdot BD,$$

und diese Relationen sollen nur in ihrem absoluten Werte genommen sein. Aus ihnen ergibt sich

$$\frac{AC}{BC} = \frac{UA}{UB} \cdot \frac{\sin ac}{\sin bc}$$

$$\frac{AD}{BD} = \frac{UA}{UB} \cdot \frac{\sin ad}{\sin bd},$$

und hieraus folgt die Gleichheit in absolutem Werte

$$(ABCD) = (abcd).$$

Betrachtet man nun den Sinn der in Betracht kommenden Strecken und Winkel, so erkennt man sofort, daß diese Gleichheit auch in Bezug auf das Zeichen der in ihr auftretenden Doppelverhältnisse Geltung hat; andrerseits geht dies auch daraus hervor, daß das genannte Zeichen davon abhängt, ob die Paare AB und CD, und ab und cd einander trennen oder nicht.

Wir schließen also, daß jede projizierende Figur einer Quaterne von (eigentlichen) Punkten einer Geraden von einem (eigentlichen) Punkte aus dasselbe Doppelverhältnis wie diese Quaterne von Punkten und, umgekehrt, jeder (eigentliche) Schnitt einer Quaterne von Strahlen eines (eigentlichen) Büschels dasselbe Doppelverhältnis wie diese Quaterne von Strahlen hat.

Nun betrachte man vier Ebenen eines eigentlichen Büschels α, β, γ, δ und zwei durch den Schnitt des Ebenenbüschels mit zwei windschiefen Geraden erhaltene Gruppen von (eigentlichen) Punkten $ABCD$ und $A'B'C'D'$. Nimmt man z. B. an, daß die Gerade AD' keiner der beiden Ebenen β und γ parallel ist, so wollen wir mit B'' und C'' die eigentlichen Punkte bezeichnen, in welchen diese Gerade die beiden Ebenen β und γ schneidet; alsdann sind die Gruppen $ABCD$ und $AB''C''D'$, und ebenso die Gruppen $AB''C''D'$ und $A'B'C'D'$, als Schnitte je eines und desselben Strahlenbüschels, dessen Mittelpunkt auf der Achse des Ebenenbüschels liegt, perspektiv, und daher ist:

$$(ABCD) = (AB''C''D') = (A'B'C'D').$$

Das Doppelverhältnis von vier (eigentlichen) Punkten, die man durch den Schnitt der Ebenen α, β, γ, δ mit einer Geraden erhält, ist also konstant; und konstant und dem ersten gleich ist daher auch das Doppelverhältnis von vier Strahlen, die man durch den Schnitt des Ebenenbüschels mit einer nicht zur Achse parallelen Ebene erhält; also (wenn man mit einer zur Achse normalen Ebene schneidet) folgt:

$$(ABCD) = (\alpha\beta\gamma\delta).$$

So ist nachgewiesen, daß zwei Gruppen von vier Elementen, die Gebilden erster Stufe angehören und die man aus einander durch eine Projektion oder einen Schnitt erhalten hat, dasselbe Doppelverhältnis haben. Aber dieser Schluß ist zunächst von der Voraussetzung abhängig, daß die Elemente und das Gebilde, um die es sich handelt, sämtlich eigentlich sind, da ja nur unter dieser Voraussetzung das Doppelverhältnis definiert worden ist.

Gehen wir daran, diese Beschränkung aufzuheben, indem wir das Doppelverhältnis in den bis jetzt ausgeschlossenen Fällen zweckmäßig definieren.

Wir beginnen mit der Betrachtung dreier eigentlicher Punkte A, B, C und des uneigentlichen Punktes D_∞ auf einer eigentlichen Geraden; wir setzen als Definition das Doppelverhältnis

$$(ABCD_\infty) = \frac{AC}{BC},$$

wie man zu tun geneigt ist, da man bemerkt, daß bei einer Grenzbetrachtung

$$\frac{AD_\infty}{BD_\infty} = 1$$

ist. Nun projiziere man die Gruppe $(ABCD_\infty)$ von einem eigentlichen Punkte U aus durch die Gruppe von Strahlen a, b, c, d; ich behaupte, daß

$$(ABCD_\infty) = (abcd)$$

ist.

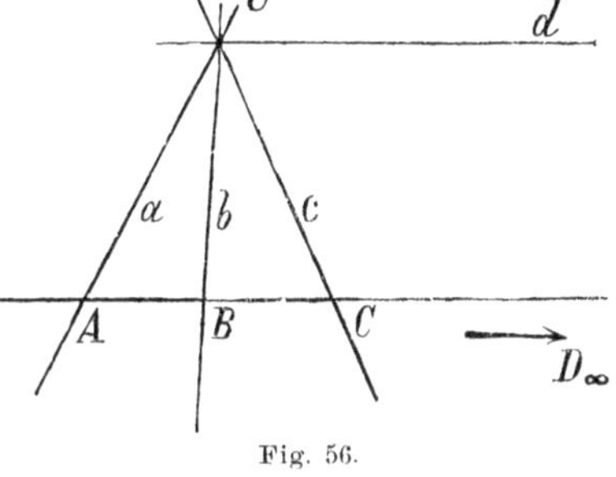

Fig. 56.

In der Tat ist (wie wir früher gesehen haben)

$$\frac{AC}{BC} = \frac{UA}{UB} \cdot \frac{\sin ac}{\sin bc};$$

aber in dem Dreieck UAB sind die Seiten UA und UB proportional den Sinus der gegenüberliegenden Winkel, und diese Winkel sind gleich (oder Supplemente von) bd und ad, also ist

$$\frac{AC}{BC} = \frac{\sin bd}{\sin ad} \cdot \frac{\sin ac}{\sin bc},$$

oder

$$(ABCD_\infty) = \frac{AC}{BC} = \frac{\sin ac}{\sin bc} : \frac{\sin ad}{\sin bd} = (abcd), \text{ w. z. b. w.}$$

Nun definieren wir in analoger Weise das Doppelverhältnis von vier Punkten A, B, C, D einer eigentlichen Geraden wenn einer der

Punkte C, B, A uneigentlich ist, indem wir uns der Formeln bedienen:

$$(ABC_\infty D) = \frac{BD}{AD},$$

$$(AB_\infty CD) = \frac{AC}{AD},$$

$$(A_\infty BCD) = \frac{BD}{BC},$$

und auf dieselbe Weise wie vorher beweist man dann, daß für jede projizierende Figur $abcd$ der Gruppe $ABCD$ von einem eigentlichen Punkte aus das Doppelverhältnis

$$(abcd) = (ABCD)$$

ist.

Gehen wir hierauf zur Betrachtung von vier Punkten A, B, C, D auf einer uneigentlichen Geraden über. Die vier Strahlen a, b, c, d, welche die genannten Punkte von irgendeinem eigentlichen Punkte U aus projizieren, bilden mit einander Winkel, die von der besondern Lage von U unabhängig sind, so daß das Doppelverhältnis $(abcd)$ einen konstanten Wert hat, den man als das Doppelverhältnis $(ABCD)$ definieren kann.

Ist ein uneigentliches, aber in einer eigentlichen Ebene liegendes Strahlenbüschel gegeben, so wird eine Quaterne von Strahlen $abcd$ von irgendeiner Geraden, die dem Büschel nicht angehört, in einer Gruppe von Punkten $ABCD$ geschnitten, deren Doppelverhältnis konstant ist; man setzt definierend das Doppelverhältnis

$$(abcd) = (ABCD).$$

In ähnlicher Weise werden vier Ebenen $\alpha\beta\gamma\delta$ eines uneigentlichen Büschels von einer Geraden, die ihnen nicht parallel ist, in vier Punkten $ABCD$ geschnitten, deren konstantes Doppelverhältnis man zur Definition des Doppelverhältnisses $(\alpha\beta\gamma\delta)$ nimmt.

Endlich, wenn vier uneigentliche Gerade a, b, c, d eines Büschels gegeben sind, so nehmen wir zur Definition des Doppelverhältnisses $(abcd)$ das konstante Doppelverhältnis der vier Ebenen, durch welche die genannten Geraden von irgend einem (eigentlichen) Punkte aus projiziert werden.

So haben wir die Definition des Doppelverhältnisses einer Gruppe von vier Elementen $ABCD$ eines Gebildes erster Stufe auf alle Fälle in der Art erweitert, daß der Satz immer wahr ist: Das Doppelverhältnis von vier Elementen eines Gebildes erster Stufe bleibt bei jeder Projektion und jedem Schnitt durchaus ungeändert. Aus diesem Satze folgt, wie wir bemerkt haben:

Wenn zwei Quaternen von Elementen $ABCD$ und $A'B'C'D'$, die Gebilden erster Stufe angehören, projektiv sind, so besteht die Gleichheit des Doppelverhältnisses

$$(ABCD) = (A'B'C'D').$$

Nun ist zu zeigen, daß diese Gleichheit die nicht nur notwendige, sondern auch hinreichende Bedingung dafür ist, daß

$$ABCD \barwedge A'B'C'D'.$$

Zu diesem Ende beginnen wir mit der Bemerkung, daß es, wenn drei Elemente A, B, C eines Gebildes erster Stufe gegeben sind, ein einziges Element D gibt, für welches das Doppelverhältnis $(ABCD)$ einen vorgeschriebenen Wert annimmt.

Nun sei $(ABCD) = (A'B'C'D')$. In der Projektivität $\begin{pmatrix} A & B & C \\ A' & B' & C' \end{pmatrix}$, die man zwischen den unsere Elemente enthaltenden Gebilden erster Stufe aufstellen kann, muß dem Elemente D ein Element D_1 entsprechen, und für dieses muß sein

$$(A'B'C'D_1) = (ABCD).$$

Das Element D_1 kann also von D' nicht verschieden sein, oder es muß sein

$$ABCD \barwedge A'B'C'D', \quad \text{w. z. b. w.}$$

Fassen wir zusammen: Die notwendige und hinreichende Bedingung dafür, daß zwei Gruppen von vier Elementen, die Gebilden erster Stufe angehören, projektiv sind, besteht in der Gleichheit ihrer Doppelverhältnisse.

Viele vorher in anderer Form gegebene Resultate finden nun nach Einführung der Doppelverhältnisse einen einfachen Ausdruck.

So wird z. B. die Eigenschaft einer Gruppe $(ABCD)$, harmonisch zu sein, ausgedrückt durch die Gleichung

$$(ABCD) = -1,$$

wie sofort aus der im § 17 mitgeteilten metrischen Eigenschaft der harmonischen Gruppen folgt.

Auch kann man die am Ende des § 33 nachgewiesene Eigenschaft aussprechen, indem man sagt:

In einer hyperbolischen Projektivität ist das Doppelverhältnis der Quaterne, die aus den beiden Doppelelementen und aus irgend welchen zwei entsprechenden Elementen gebildet ist, konstant (nämlich unabhängig von der Wahl dieser beiden entsprechenden Elemente). Dieses Doppelverhältnis, das genau definiert ist, sobald in Bezug auf die Anordnung der Quaterne eine bestimmte Annahme gemacht worden ist, heißt die absolute Invariante der Projektivität; zusammen mit den Doppelpunkten bestimmt sie die Projektivität, u. s. w.

Anmerkung 1. Wir haben schon bemerkt, daß das Doppelverhältnis $(ABCD)$ von vier einem Gebilde erster Stufe angehörenden Elementen von der Anordnung, in welcher diese Elemente genommen werden, nicht unabhängig ist. Permutiert man die Elemente A, B, C, D, so erhält man sechs Werte des Doppelverhältnisses, die man leicht ausrechnen kann; nur vier Permutationen entsprechen im allgemeinen einem und demselben Werte; es ist nämlich:

$$(ABCD) = (BADC) = (CDAB) = (DCBA);$$

diese Gleichheiten drücken die im § 33 mitgeteilten projektiven Beziehungen aus.

Im allgemeinen ist

$$(ABCD) = \frac{1}{(BACD)},$$

so dass die Gleichheit

$$(ABCD) = (BACD)$$

(die ausdrückt, daß $ABCD \barwedge BACD$ ist) nur besteht [wenn A und B zusammenfallen $\{(ABCD) = +1\}$, oder, vorausgesetzt daß die vier Elemente verschieden sind], wenn

$$(ABCD) = -1$$

ist.

Diese Gleichheit drückt infolge des Satzes des § 17 aus, daß die Gruppe $ABCD$ harmonisch ist, und so kommt man zu einer Bestätigung der Schlußfolge des § 33.

Anmerkung 2. Man kann jetzt sagen, daß die Projektivität zwischen zwei Gebilden erster Stufe eine umkehrbar eindeutige Beziehung ist, welche den Wert des Doppelverhältnisses jeder Gruppe von irgendwelchen vier Elementen ungeändert läßt. Die im § 21 gegebene Definition der Projektivität kann man dagegen aussprechen, indem man sagt, daß sie eine umkehrbar eindeutige Beziehung zwischen zwei Gebilden erster Stufe ist, welche den Wert des Doppelverhältnisses jeder harmonischen Gruppe ungeändert läßt, d. h. welche das Doppelverhältnis von vier Elementen jedesmal dann ungeändert läßt, wenn es den Wert -1 hat.

So stellt sich also der wesentliche Inhalt des Fundamentalsatzes der Projektivität unter einem neuen Gesichtspunkte dar:

Wenn zwei Gebilde erster Stufe so auf einander bezogen sind, daß jeder Quaterne von Elementen des einen, die ein Doppelverhältnis -1 bilden, in dem andern eine Quaterne von Elementen entspricht, die dasselbe Doppelverhältnis bilden, so entspricht jeder Quaterne von Elementen des einen Gebildes mit irgend einem (von -1 verschiedenen) Doppelverhältnis in dem andern eine Quaterne von Elementen mit demselben Doppelverhältnis.

Und das führt dazu, die Projektivität zwischen zwei Gebilden erster Stufe analytisch durch eine bilineare Gleichung zwischen den Koordinaten (Abscissen auf der Geraden, u. s. w.) auszudrücken.

Zusatz. Aus der Erhaltung des Doppelverhältnisses von vier Elementen bei der Projektivität zwischen zwei Gebilden erster Stufe kann man als Zusatz eine elegante metrische Definition der Projectivität zwischen zwei Geraden ableiten.

Es seien u und u' zwei (eigentliche) projektive Gerade und es mögen mit J und J' diejenigen Punkte auf ihnen bezeichnet sein, welche den uneigentlichen Punkten J'_∞ auf u' und J_∞ auf u entsprechen. Diese Punkte sind beide eigentlich, ausgenommen den Fall, daß die beiden Geraden ähnlich sind (§ 29); sie führen den Namen Fluchtpunkte. Es seien AA' und BB' zwei Paare entsprechender Punkte auf u und u'.

Man erhält die Gleichheit

$$(ABJJ_\infty) = (A'B'J'_\infty J')$$

oder

$$\frac{AJ}{BJ} = \frac{B'J'}{A'J'},$$

woraus folgt

$$AJ \cdot A'J' = BJ \cdot B'J'.$$

Also: In zwei eigentlichen projektiven, nicht ähnlichen Punktreihen ist das Produkt der Entfernungen zweier entsprechender Punkte von den Fluchtpunkten konstant.

§ 35. Projektive Transformierte einer Projektivität. Absolute Invariante. Es existiere in einem Gebilde erster Stufe u eine Projektivität π, und wenn u' ein anderes Gebilde erster Stufe ist, so nehme man zwischen u und u' eine Projektivität Ω an; dann wird es in u' eine Projektivität

$$\pi' \equiv \Omega \pi \Omega^{-1}$$

geben, die man die Transformierte von π durch Ω nennen darf, da ja infolge von Ω zwei Elementen von u, die in π homolog sind, zwei Elemente von u' entsprechen, die in π' homolog sind.

Die Projektivität π ist ihrerseits die Transformierte von π' durch Ω^{-1}, da ja

$$\pi \equiv \Omega^{-1}\pi'\Omega$$

ist.

Man sagt auch, daß π und π' projektive Projektivitäten sind.

Wenn zwei Projektivitäten (in u und u') projektiv sind (d. h. wenn die eine die Transformierte der andern durch eine Projektivität zwischen u und u' ist), so sind sie beide elliptisch oder beide hyperbolisch oder beide parabolisch. Diese Bemerkung zeigt schon, daß zwei Projektivitäten in Gebilden erster Stufe nicht immer projektiv sind.

Lassen wir den Fall der elliptischen Projektivität beiseite und wenden wir uns jetzt der Untersuchung zu, wann es geschehen wird, daß zwei Projektivitäten, die beide hyperbolisch oder parabolisch sind, projektiv sind.

Wir betrachten zunächst zwei Projektivitäten, die beide hyperbolisch sind: π und π' in den Gebilden u und u'. Es seien M und N die beiden Doppelpunkte von π (auf u) und A und A_1 zwei entsprechende Elemente in π.

Wenn π durch die Projektivität Ω projektiv in π' transformiert ist, so werden infolge von Ω den Elementen M und N zwei Elemente M' und N' von u' entsprechen, die für π' Doppelpunkte sein werden, und den Elementen A und A_1 werden zwei Elemente A' und A_1' entsprechen, die in π' homolog sind. Also wird sein

$$MNAA_1 \barwedge M'N'A'A_1'.$$

Und folglich (§ 33), wenn B und B_1 irgendwelche zwei andere homologe Elemente von π' sind, wird sein

$$MNAA_1 \barwedge M'N'BB_1.$$

Diese Relation ist im allgemeinen nicht erfüllt, wenn π und π' willkürlich gegeben sind, sondern sie drückt die nicht nur notwendige, sondern auch hinreichende Bedingung dafür aus, daß π und π' projektiv sind. In der Tat, wenn sie erfüllt ist, so transformiert die Projektivität

$$T \equiv \begin{pmatrix} M & N & A \\ M' & N' & B \end{pmatrix}$$

offenbar

$$\pi \equiv \begin{pmatrix} M & N & A \\ M & N & A_1 \end{pmatrix}$$

in

$$\pi' \equiv \begin{pmatrix} M' & N' & B \\ M' & N' & B_1 \end{pmatrix}.$$

Die Relation

$$MNAA_1 \barwedge M'N'BB_1$$

bedeutet, wie wir wissen, dasselbe, wie die Gleichheit der Doppelverhältnisse

$$(MNAA_1) = (M'N'BB_1);$$

also kann man das erhaltene Resultat in folgender Weise (vgl. § 33) aussprechen *:

Die notwendige und hinreichende Bedingung dafür, daß zwei hyperbolische Projektivitäten, die Gebilden erster Stufe angehören, projektiv sind, besteht in der Gleichheit ihrer absoluten Invarianten.

Anmerkung. Wenn diese Bedingung erfüllt ist, so kann man immer die beiden Projektivitäten auf unendlich viele Arten in einander transformieren, indem man den beiden Doppelelementen der einen die Doppelelemente der andern entsprechen läßt und zwei andere homologe Elemente beliebig annimmt.

Betrachten wir nun zwei parabolische Projektivitäten; man kann zeigen, daß sie immer projektiv sind. In der Tat seien M und M' die Doppelpunkte der in den Gebilden u und u' gegebenen parabolischen Projektivitäten π und π', und A, A_1 seien zwei Elemente von u, die sich in π entsprechen, und A', A_1' zwei Elemente von u', die sich in π' entsprechen. Wir nehmen zwischen u und u' die Projektivität

$$\Omega \equiv \begin{pmatrix} M & A & A_1 \\ M' & A' & A_1' \end{pmatrix}$$

an; sie transformiert die parabolische Projektivität

$$\pi \equiv \begin{pmatrix} M M A \\ M M A_1 \end{pmatrix}$$

in

$$\pi' \equiv \begin{pmatrix} M' M' A' \\ M' M' A_1' \end{pmatrix};$$

also sind π und π' projektiv, w. z. b. w.

Anmerkung *. Die absolute Invariante einer parabolischen Projektivität $(MMAA_1)$ muß als gleich der Einheit betrachtet werden, und sie ist daher gleich für alle parabolischen Projektivitäten.

Siebentes Kapitel.

Involution in Gebilden erster Stufe.

§ 36. Involution. Wenn in einem Gebilde erster Stufe u eine Projektivität ω gegeben ist, so geschieht es im allgemeinen nicht, daß sie ihrer Umkehrung gleichwertig ist, d. h. daß $\omega \equiv \omega^{-1}$ ist. In der Tat, wenn A und A' entsprechende Elemente in ω sind, so kann man ω als durch die entsprechenden Ternen $AA'B$ und $A'A''B'$ definiert betrachten, wo A'', B, B' gewisse andere Elemente des Gebildes sind, und dann sieht man, daß $\omega \equiv \begin{pmatrix} A & A' & B \\ A' & A'' & B' \end{pmatrix}$ sicherlich nicht $\omega^{-1} \equiv \begin{pmatrix} A' & A'' & B' \\ A & A' & B \end{pmatrix}$ gleichwertig ist, wenn A'' von A verschieden ist.

Wenn man, anstatt von einem einzigen Gebilde zu reden, zwei in einander liegende Gebilde erster Stufe u und u' betrachtet, die durch eine Projektivität ω auf einander bezogen sind, so kann man sagen, daß ein Element A des Gebildes, das man als zu u gehörig betrachtet, ein entsprechendes Element A' in u' (das in ω ihm homologe Element) liefert; betrachtet man es dagegen als zu u' gehörig, so liefert es im allgemeinen ein anderes entsprechendes Element A_1 (das in ω^{-1} ihm homologe Element).

Definition. In einem Gebilde erster Stufe heißt eine nicht identische Projektivität, die mit ihrer Umkehrung zusammenfällt, eine involutorische Projektivität oder eine Involution.

Wenn man, anstatt von einem einzigen Gebilde zu reden, von zwei in einander liegenden Gebilden erster Stufe u und u' in Involution spricht, so ist keine Möglichkeit vorhanden, das eine Gebilde von dem andern zu unterscheiden, da jedes Element, mag es nun als zu u oder zu u' gehörig betrachtet werden, in diesem Falle dasselbe entsprechende Element liefert.

Anmerkung. Von einer Involution zwischen verschiedenen Gebilden erster Stufe kann man, abgesehen von einem modifizierten Sinne des Wortes, nicht sprechen.

Anstatt die Bedingung dafür, daß eine Projektivität ω involutorisch ist, durch die Relation

$$\omega \equiv \omega^{-1}$$

auszudrücken, kann man sie auch ausdrücken durch die gleichwertige Relation

$$\omega^2 \equiv 1,$$

welche aussagt, daß die Wiederholung der Projektivität ω die Identität hervorbringt, das will sagen: Wenn in einer (in einem Gebilde erster Stufe angenommenen) involutorischen Projektivität einem Elemente A ein Element A' entspricht, so entspricht auch dem Elemente A' das Element A, d. h. die beiden Elemente A und A' entsprechen sich in doppelter Weise. Infolge dieses Entsprechens in doppelter Weise ist keine Möglichkeit vorhanden, in dem Paare AA' das erste Element von dem zweiten zu unterscheiden (was dagegen geschieht, wenn ω nicht involutorisch ist); daher kann die Involution als eine Reihe von unendlich vielen (AA' analogen) Paaren betrachtet werden von der Art, daß jedes Element des Gebildes **einem** Paare angehört. Es gibt also von dem Worte Involution zwei verschiedene Bedeutungen: die Involution, aufgefaßt als Operation (involutorische Projektivität), und die Involution, aufgefaßt als eine Reihe von Paaren von Punkten (die sich in einer involutorischen Projektivität entsprechen).

Ein Paar Elemente, die sich (in doppelter Weise) in einer Involution entsprechen, heißt ein Paar conjugierter Elemente der Involution.

In einer jeden nicht elliptischen, in einem Gebilde erster Stufe gegebenen Projektivität gibt es Paare von (zusammenfallenden) homologen Elementen, die sich in doppelter Weise entsprechen; das sind diejenigen, welche von den Doppelelementen gebildet werden.

Es besteht nun der wichtige

Satz. Wenn in einem Gebilde erster Stufe eine Projektivität ω gegeben ist, in welcher zwei verschiedene Elemente sich in doppelter Weise entsprechen, so ereignet sich dasselbe für jedes andere Paar homologer Elemente, d. h. die Projektivität ist eine Involution.

Es seien A und A' die verschiedenen Elemente, welche sich in ω in doppelter Weise entsprechen, und es sei BB' irgend ein anderes Paar homologer Elemente; dann kann ω als durch das Entsprechen der Ternen $AA'B$ und $A'AB'$ gegeben angesehen werden, oder es ist (wenn man von der gewöhnlichen Bezeichnung Gebrauch macht) $\omega \equiv \begin{pmatrix} A & A' & B \\ A' & A & B' \end{pmatrix}$.

Nun ist aber (§ 33)

$$AA'BB' \barwedge A'AB'B;$$

diese Relation bedeutet gerade, daß in der Projektivität $\omega \equiv \begin{pmatrix} A & A' & B \\ A' & A & B' \end{pmatrix}$ dem Elemente B' das Element B entspricht; also entsprechen sich B und B' in doppelter Weise.

Da nun BB' irgendein Paar homologer Elemente in ω ist, so ist ω eine Involution, w. z. b. w.

Zusatz. In einem Gebilde erster Stufe u gibt es eine Involution, der zwei gegebene Paare konjugierter Elemente (ohne gemeinsame Elemente) angehören, von denen wenigstens eins aus verschiedenen Elementen besteht.

Wenn in der Tat AA' und BB' die gegebenen Paare sind und nicht $A \equiv A'$ ist, so ist die Involution, in welcher A und A', und B und B' konjugierte Elemente sind, die vollkommen definierte Projektivität $\begin{pmatrix} A & A' & B \\ A' & A & B' \end{pmatrix}$, in welcher notwendigerweise dem Elemente B' das Element B entspricht. Der ausgesprochene Satz wird bald auf den Fall ausgedehnt werden, daß beide Paare aus zusammenfallenden (von einander verschiedenen) Elementen bestehen.

Von mehreren Elementenpaaren eines Gebildes erster Stufe sagt man, sie seien in Involution, wenn sie einer Involution des Gebildes angehören. Aus dem Vorhergehenden geht hervor, daß zwei Paare, aber nicht drei Paare, immer in Involution sind.

§ 37. Sinn einer Involution. In einem Gebilde erster Stufe u sei eine Involution ω gegeben, in welcher die aus (verschiedenen) Elementen bestehenden Paare AA' und BB' Paare konjugierter Elemente sind. In dieser Involution entspricht dem geordneten Segmente $\overline{ABA'}$ des Gebildes das geordnete Segment $\overline{A'B'A}$.

a) Setzen wir zunächst voraus, daß B und B' die Elemente A und A' trennen; dann sind die beiden Segmente $\overline{ABA'}$ und $\overline{A'B'A}$ einander ergänzende Segmente und sie haben darum denselben Sinn; daher ist die involutorische Projektivität gleichsinnig.

Jedes andere Element C des Segmentes $\overline{ABA'}$ hat das ihm konjugierte Element C' in dem ergänzenden Segmente, daher können C

und C' nicht zusammenfallen und sie müssen A und A' trennen. Darum geschieht es, daß dem Segmente $\overline{CAC'}$ von u in ω das ergänzende Segment $\overline{C'A'C}$ entspricht, und darum trennen sich auch CC' und jedes andere Paar von Elementen, die in ω konjugiert sind.

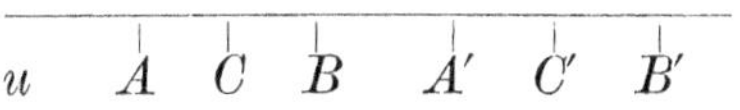

Fig. 57.

Also, wenn zwei Paare von in ω konjugierten Elementen sich trennen, so trifft genau dasselbe für irgendwelche zwei andere Paare von in ω konjugierten Elementen zu, und ω ist eine gleichsinnige Involution.

Umgekehrt, wenn ω gleichsinnig ist, so haben die einander entsprechenden geordneten Segmente $\overline{ABA'}$ und $\overline{A'B'A}$ denselben Sinn und sie sind darum ergänzende Segmente, daher trennen BB' und AA' einander. Dann kann ω keine Doppelelemente haben.

b) Setzen wir dagegen voraus, daß die Paare AA' und BB' sich nicht trennen. Dann entspricht dem geordneten Segmente $\overline{ABA'}$ das Segment $\overline{A'B'A}$, welches dasselbe, im umgekehrten Sinne geordnete Segment ist; daher ist ω ungleichsinnig.

Darum gibt es in ω zwei (verschiedene) Doppelelemente: die Doppelelemente der Involution.

Es folgt: Wenn in ω zwei Paare konjugierter Elemente sich nicht trennen, so trennen sich auch nicht irgendwelche zwei andere Paare konjugierter Elemente und ω ist hyperbolisch und ungleichsinnig; sonst hätten wir den Fall a) und ω wäre gleichsinnig.

Wir folgern den

Satz. In einem Gebilde erster Stufe ist eine Involution gleichsinnig und elliptisch oder ungleichsinnig und hyperbolisch, je nachdem zwei Paare von Elementen, die in ihr konjugiert sind, sich trennen oder nicht.

Nimmt man zwei Paare, die sich trennen, oder das Umgekehrte, so kann man eine elliptische oder eine hyperbolische Involution hervorbringen, und dies beweist die wirkliche Möglichkeit der beiden Fälle.

Es gibt keine parabolischen involutorischen Projektivitäten, da sie gleichsinnig sein würden und eine gleichsinnige Involution elliptisch ist.

Anmerkung. Stellen wir die in diesem Paragraphen erhaltenen Resultate denen des § 31 gegenüber, so sehen wir, daß der Sinn (nämlich das Gleichsinnig- oder Ungleichsinnigsein) zwar im allgemeinen nicht genügt, um über die Existenz von Doppelpunkten in einer Projektivität, abgesehen von einem Falle (nämlich wenn die Projektivität ungleichsinnig ist), zu entscheiden, daß er aber immer für die Involution genügt.

Wir beweisen nun den

Satz. In einem Gebilde erster Stufe haben zwei Involutionen, von denen wenigstens eine elliptisch ist, immer ein gemeinsames Paar.

Wir fassen eine Punktreihe ins Auge.

Man betrachte auf einer Geraden u zwei Involutionen ω und T. Irgend ein Punkt Y der Geraden wird zu Konjugierten in Bezug auf ω und T zwei Punkte X und X' haben, und diese beiden Punkte werden (wenn Y sich verändert) sich in der Projektivität ($T\omega^{-1} \equiv$) $T\omega$ entsprechen. Wenn nun diese Projektivität einen Doppelpunkt U hat, so hat dieser in Bezug auf die beiden Involutionen denselben konjugierten Punkt U' und zusammengenommen mit U' bildet er gerade ein Paar, das den beiden Involutionen ω und T gemeinsam ist; die genannte Projektivität hat dann zum Doppelpunkte auch U'.

Nachdem dies festgestellt ist, nehmen wir an, daß eine der beiden Involutionen, z. B. ω, elliptisch (gleichsinnig) ist, und wir unterscheiden die beiden Fälle, daß T hyperbolisch (ungleichsinnig) oder elliptisch (gleichsinnig) ist.

a) T sei hyperbolisch.

Da die Involutionen ω und T entgegengesetzten Sinn haben, so ist die Projektivität, die durch ihr Produkt $T\omega$ dargestellt wird, ungleichsinnig und daher hat sie sicher zwei Doppelpunkte (§ 31); diese bilden das Paar, das den Involutionen ω und T gemeinsam ist.

b) T sei elliptisch.

Die durch das Produkt $T\omega$ dargestellte Projektivität ist in diesem Falle gleichsinnig, aber sie bietet doch wiederum zwei Doppelpunkte dar, die das Paar bilden, das ω und T gemeinsam ist.

Um die Existenz der genannten Doppelpunkte zu beweisen, braucht man nur eine Strecke der Geraden u zu konstruieren, der in der genannten Projektivität eine in ihr gelegene Strecke (§ 19) entspricht.

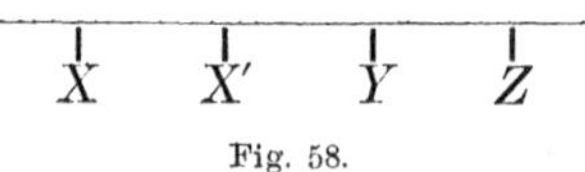

Fig. 58.

Betrachten wir dazu den Punkt Z, der zu X' in ω konjugiert ist, und beachten wir, daß die Paare XY und $X'Z$ sich trennen. Daher folgen die Punkte X, X', Y und Z in einer natürlichen Ordnung auf einander. Der Strecke XZ, in dieser Ordnung genommen, muß in der Projektivität $T\omega$ die

Strecke $X'Y$, in derselben Ordnung genommen, entsprechen, da die Projektivität selbst gleichsinnig ist.

Also haben wir eine Strecke von u konstruiert, der in der genannten Projektivität eine innerhalb gelegene Strecke entspricht, wie es gefordert war. Dadurch ist der ausgesprochene Satz bewiesen.

§ 38. Hyperbolische Involutionen. Es besteht der

Satz. In einem Gebilde erster Stufe trennen die Doppelelemente einer hyperbolischen Involution ω die Paare konjugierter Elemente harmonisch.

Es seien M und N die Doppelelemente von ω, und A und A' seien zwei verschiedene konjugierte Elemente dieser Involution. In ω entspricht der Gruppe von vier Elementen $MNAA'$ die Gruppe $MNA'A$, also ist

$$MNAA' \barwedge MNA'A,$$

und darum (§ 33) ist die Gruppe $(MNAA')$ harmonisch, w. z. b. w.

Das kann man auch ausdrücken, indem man sagt: * Die absolute Invariante einer hyperbolischen Involution ist -1.

Zusatz. Sind in u die (verschiedenen) Doppelelemente M und N einer Involution ω gegeben, so ist diese definiert, und sie wird konstruiert, indem man zu jedem Elemente das konjugierte harmonische Element in Bezug auf M und N bestimmt.

Verbindet man diesen Zusatz mit dem des § 36, so erhält man:

In einem Gebilde erster Stufe u existiert **eine** Involution, der zwei Paare verschiedener oder zusammenfallender konjugierter Elemente ohne gemeinsame Elemente angehören.

Es folgt: Sind in u drei oder mehr Paare von (verschiedenen oder zusammenfallenden) Elementen willkürlich gegeben, so gehören sie im allgemeinen nicht zu einer Involution; wenn dies geschieht, so sagt man, daß die genannten Paare in Involution sind oder daß eins von ihnen mit den andern in Involution ist. Wenn in u jedes von zwei Elementenpaaren mit denselben zwei Paaren in Involution ist, so sind die vier Paare in Involution, u. s. w.

Anmerkung 1. Die Aussage, daß ein Paar verschiedener Elemente AA' mit zwei Paaren in Involution ist, von denen jedes aus zwei zusammenfallenden Elementen MM und NN besteht, kommt der Behauptung gleich, daß M und N die Elemente A und A' harmonisch trennen.

Daher folgt aus dem Satze des vorhergehenden Paragraphen:

In einer elliptischen Involution eines Gebildes erster Stufe gibt es ein genau bestimmtes Paar, das ein anderes gegebenes Paar harmonisch trennt.

Anmerkung 2. Wenn wir uns des Resultates des § 20 erinnern, so können wir nun das, was im vorhergehenden Paragraphen über das zweien Involutionen gemeinsame Paar gesagt wurde, vervollständigen, indem wir sagen:

In einem Gebilde erster Stufe haben zwei hyperbolische Involutionen mit lauter verschiedenen Doppelelementen ein gemeinsames Paar oder nicht, jenachdem ihre Doppelelemente sich nicht trennen oder sich trennen.

Wenn die beiden Involutionen ein Doppelelement gemeinsam haben, so bildet dieses das ihnen gemeinsame Paar.

Wir beweisen nun den

Satz. In einem Gebilde erster Stufe sei eine (hyperbolische) Projektivität mit zwei Doppelpunkten M und N gegeben. Wenn AA' und BB' zwei Paare homologer Elemente in ihr sind, so sind die drei Paare MN, AB' und $A'B$ in Involution.

In der Tat ist nach Voraussetzung

$$MNAB \barwedge MNA'B'$$

und daher (§ 33)

$$MNAB \barwedge NMB'A'.$$

Diese symbolische Relation bedeutet gerade, daß in der Projektivität $\begin{pmatrix} M & A & B \\ N & B' & A' \end{pmatrix}$ die Elemente M und N sich in doppelter Weise entsprechen, d. h. daß diese Projektivität eine Involution ist, was eben nachgewiesen werden sollte.

Aus dem soeben bewiesenen Satze folgt der

Zusatz. Es sei in einem Gebilde erster Stufe eine nicht involutorische (hyperbolische) Projektivität mit zwei Doppelpunkten M und N gegeben und es seien A' und A'' die homologen Elemente zu irgendeinem Elemente A, das kein Doppelelement ist, in der gegebenen Projektivität und in deren Umkehrung. Der zu A in Bezug auf A' und A'' konjugierte harmonische Punkt ist konjugierter harmonischer Punkt zu demselben Elemente in Bezug auf M und N.

Wenn man in der Tat in der vorhergehenden Aussage $B \equiv A''$ und $B' \equiv A$ setzt, so findet man

$$MNAA'' \barwedge NMAA',$$

und diese Relation bedeutet, daß die Paare MN und $A'A''$ einer Involution angehören, die A zum Doppelpunkte hat.

Anmerkung 3. Dies ist der Weg, um in dem Gebilde erster Stufe diejenige Involution zu konstruieren, welche durch die beiden Doppelelemente der gegebenen Projektivität, wenn diese zu Doppelelementen der Involution genommen werden sollen, definiert ist, ohne daß man diese Elemente zu kennen braucht.

Diese Involution besitzt die charakteristische Eigenschaft, mit der genannten Projektivität vertauschbar zu sein, d. h. wenn man die Involution und die Projektivität, von denen die Rede ist, mit Ω und π bezeichnet, so ist

$$\pi\Omega \equiv \Omega\pi.$$

Diese Relation erweist sich sofort als richtig, wenn man bedenkt, daß die Projektivität π die Involution Ω in eine andere Involution mit denselben Doppelelementen, d. h. in sich selbst transformiert ($\pi\Omega\pi^{-1} \equiv \Omega$).

Endlich bemerken wir, daß der oben bewiesene Satz auf den Fall, daß die Projektivität π elliptisch ist, ausgedehnt werden kann, d. h. „auch in diesem Falle beschreibt das zu A in Bezug auf A' und A'' konjugierte harmonische Element eine mit π vertauschbare Involution Ω; nur ist Ω hier eine elliptische Involution".

Der Beweis wird (da die Doppelelemente M und N fehlen) etwas mühsamer, und darum lassen wir ihn beiseite. Wir beschränken uns auf den Hinweis, daß das Resultat in einer Form ausgesprochen werden kann, die seine Analogie mit dem vorher behandelten Falle erkennen läßt, wenn man das Imaginäre einführt.

Man sagt nach Übereinkommen, daß eine elliptische Involution eines Gebildes erster Stufe ein Paar imaginärer Doppelelemente hat (die also in der elliptischen Involution sich selbst konjugiert sind, aber, in Anlehnung an einen Sprachgebrauch der Analysis, als einander konjugierte imaginäre Elemente bezeichnet werden sollen, da sie immer paarweise vorkommen).[1]

---

1) Das Wort „konjugiert" hat hier also eine neue Bedeutung, die man nicht mit derjenigen verwechseln darf, welche darin besteht, daß zwei Elemente in der Involution sich entsprechen.

Diese Redewendung soll in dem Sinne genommen werden, daß „ein Paar (gleichnamiger) imaginärer Elemente angeben soviel bedeutet als ein Gebilde erster Stufe angeben und in ihm eine elliptische Involution (in welcher die genannten Elemente als Doppelelemente betrachtet werden)".

Dann kann man sagen, daß „eine elliptische Projektivität eines Gebildes erster Stufe ein Paar imaginärer Doppelelemente hat, nämlich die Doppelelemente der elliptischen Involution, die mit ihr vertauschbar ist", deren Konstruktion wir betrachtet haben.

Diese Bemerkungen sind geeignet einen Begriff von der geometrischen Theorie des Imaginären zu geben, die in ihrer ganzen Ausdehnung von v. Staudt in den „Beiträgen zur Geometrie der Lage" und in elementarer Weise (indem nur die Paare konjugierter Elemente behandelt werden) von Segre in „Le coppie di elementi imaginarii nella Geometria projettiva sintetica" (Memorie dell'Accademia di Torino, 1888) entwickelt worden ist. Vgl. auch Lüroth, Math. Ann. 8 und 9, und Klein, Gött. Nachr. 1872, Nr. 20, Math. Ann. 22.

Im folgenden werden die zur Sprache kommenden Elemente immer als nicht imaginär, d. h. als reell vorausgesetzt werden, wenn nicht etwas anderes ausdrücklich bemerkt werden sollte.

§ 39. Satz vom Viereck. Es bestehen die folgenden, in der ebenen Geometrie korrelativen Sätze:

In der Ebene

schneiden die drei Paare gegenüberliegender Seiten eines vollständigen Vierecks eine Gerade, die nicht einem Eckpunkte des Vierecks angehört, in drei Punktepaaren einer Involution.	werden die drei Paare gegenüberliegender Ecken eines vollständigen Vierseits von einem Punkte, der nicht einer Seite des Vierseits angehört, durch drei Strahlenpaare einer Involution projiziert.

Es genügt, den Satz zur linken zu beweisen.

Es sei $HGEF$ das Viereck, u die schneidende Gerade, und AA', BB' und CC' seien die drei Paare von Schnittpunkten von u mit den Paaren gegenüberliegender Seiten HE und GF, HG und EF, EG und HF. Eins dieser Paare (ohne gemeinsame Elemente), z. B. AA', wird aus verschiedenen Punkten bestehen. Nun betrachten wir den Punkt $Q \equiv FG \cdot EH$, der ein Diagonalpunkt des Vierecks ist.

Es ist

$$AA'B'C' \barwedge AQGF$$

(da die eine Gruppe eine Projektion der andern von H aus ist);

$$AQGF \barwedge AA'CB$$

(da die eine Gruppe eine Projektion der andern von E aus ist).

Außerdem ist (nach § 33)

$$AA'CB \barwedge A'ABC,$$

daher

$$AA'B'C' \barwedge A'ABC.$$

Nun ist die Projektivität $\begin{pmatrix} A & A' & B' \\ A' & A & B \end{pmatrix}$, in welcher AA', $A'A$, BB' und CC' Paare entsprechender Punkte sind, eine Involution nach dem Satze des § 36.

Damit ist der Satz bewiesen.

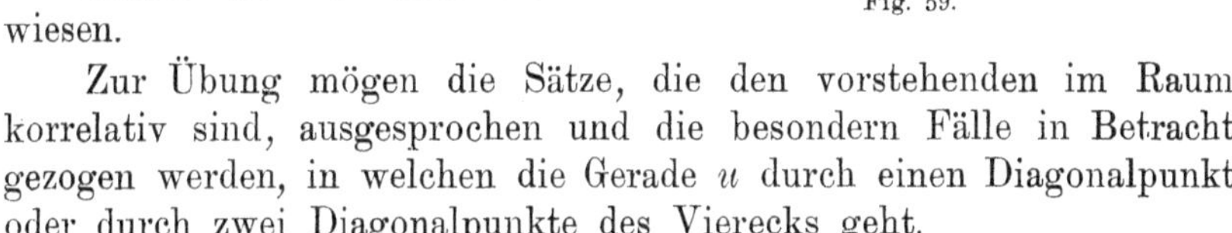

Fig. 59.

Zur Übung mögen die Sätze, die den vorstehenden im Raum korrelativ sind, ausgesprochen und die besondern Fälle in Betracht gezogen werden, in welchen die Gerade u durch einen Diagonalpunkt oder durch zwei Diagonalpunkte des Vierecks geht.

Konstruktion. Der vorstehende Satz liefert eine neue Konstruktion der Involution in den Gebilden erster Stufe.

Fassen wir z. B. die Punktreihe u ins Auge, auf der eine Involution durch die Paare konjugierter Punkte AA' und BB' gegeben sein möge, so kann man in ihr den zu einem Punkte C konjugierten Punkt C' in folgender Weise konstruieren:

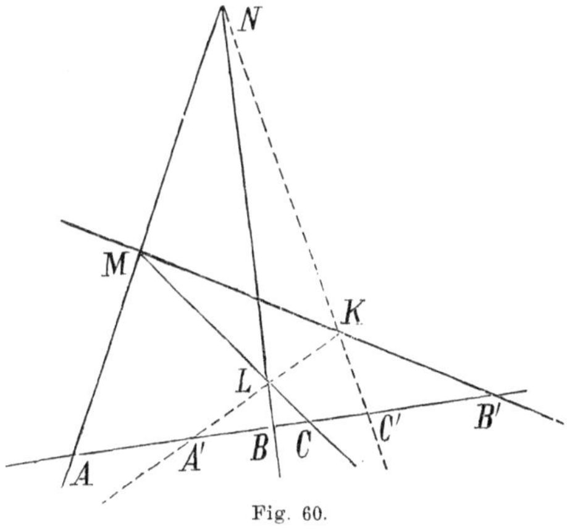

Fig. 60.

Man ziehe durch A, B, C in einer Ebene drei Gerade, die nicht mit u zusammenfallen und ein Dreiseit bilden, in welchem ihnen der Reihe nach die Eckpunkte L, M, N gegenüberliegen; man verbinde A' mit L und B' mit M; der Schnittpunkt K dieser beiden Geraden wird von N aus in den zu C konjugierten Punkt C' auf u projiziert.

Daß der auf diese Weise konstruierte Punkt C' derselbe bleibt, wenn man zur Konstruktion ein anderes Viereck zeichnet, das geht auch aus dem Satze über perspektive und homologe Vierecke des § 11 hervor.

§ 40.* Metrische Eigenschaften der Involution in der Punktreihe. Wenn in einer eigentlichen Punktreihe u eine Projektivität π gegeben ist, so wird es im allgemeinen auf u zwei (Flucht-) Punkte geben, die in π und in π^{-1} dem unendlich fernen Punkte entsprechen, und diese werden eigentliche Punkte sein, wenn π nicht eine Ähnlichkeit ist (§ 29). In diesem Falle werden sie jedoch in einen und denselben (eigentlichen) Punkt O zusammenfallen können, und dies wird auch wirklich dann und nur dann eintreten, wenn die Projektivität π involutorisch ist; der Punkt O, der in der Involution π dem Punkte im Unendlichen konjugiert ist, führt den Namen Mittelpunkt der Involution.

Betrachten wir auf u eine Involution mit einem eigentlichen Mittelpunkte O (so daß wir also für den Augenblick den Fall, daß sie den unendlich fernen Punkt zum Doppelpunkte hat, ausschließen). Es seien AA' und BB' zwei Paare konjugierter Punkte, und es werde mit O_∞ der unendlich ferne Punkt auf u bezeichnet, der zu O konjugiert ist. Dann ist

$$ABOO_\infty \;\overline{\wedge}\; A'B'O_\infty O,$$

und daher ergibt sich, wenn man die Doppelverhältnisse der beiden Gruppen von vier Punkten gleichsetzt:

$$(ABOO_\infty) = (A'B'O_\infty O),$$

oder

$$\frac{AO}{BO} = \frac{B'O}{A'O},$$

daher

$$AO \cdot A'O = BO \cdot B'O.$$

Also: Das Produkt der Entfernungen zweier konjugierter Punkte vom (eigentlichen) Mittelpunkte der Involution ist eine Konstante, und diese Konstante heißt Konstante der Involution.

Diese Relation ist übrigens in jener allgemeineren enthalten, die (auf dieselbe Weise) am Ende des § 34 bewiesen worden ist.

Es ist dann klar, daß sie umgekehrt eine für die Involution charakteristische metrische Eigenschaft ausdrückt.

Wird mit k die Konstante einer Involution bezeichnet, so gibt uns ihr Zeichen deren Sinn: wenn k positiv ist, so ist die Involution selbst ungleichsinnig und es gibt zwei Doppelpunkte M und N, in deren Mitte O liegt; in diesem Falle ist

$$k = \overline{OM}^2 = \overline{ON}^2.$$

Die Involution auf u erscheint vom metrischen Standpunkte aus gänzlich verschieden, wenn der unendlich ferne Punkt ein Doppelpunkt ist, das will sagen, wenn sie eine Ähnlichkeit ist (§ 29). Eine involutorische Ähnlichkeit auf u ist immer eine Symmetrie in Bezug auf ein Zentrum, die durch eine Umklappung von u um dieses erzeugt wird.

In der Tat, wenn O der andere Doppelpunkt der genannten Involution ist, so trennt er zusammen mit dem unendlich fernen Punkte jedes Paar homologer Punkte AA' harmonisch, daher ist

$$OA = -OA'.$$

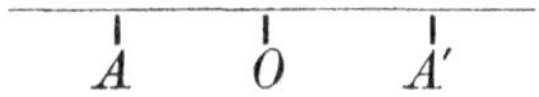

Fig. 61.

Es ist andererseits (§ 32) bemerkt worden, daß die Symmetrie in Bezug auf ein Zentrum die einzige Art inverser Kongruenz ist, welche es in einer eigentlichen Punktreihe geben kann.

Anmerkung. Im § 32 haben wir vom visuellen Standpunkte aus die direkten Kongruenzen auf einer Punktreihe charakterisiert als „parabolische Projektivitäten, deren Doppelpunkt im Unendlichen liegt"; hier sind die inversen Kongruenzen (Symmetrien) charakterisiert als „Involutionen mit einem Doppelpunkt im Unendlichen".

Aus dem Gesagten ergibt sich eine bemerkenswerte metrische Erzeugungsart der Involution in den Punktreihen durch Kreisbüschel.

Erinnern wir uns aus der elementaren Geometrie, daß zwei Kreise einer Ebene immer eine Radikalachse, den Ort der Punkte gleicher Potenzen in Bezug auf sie (d. h. den Ort der Punkte O, für welche $OA \cdot OA' = OB \cdot OB'$ ist), bestimmen.

Diese Radikalachse ist die Verbindungsgerade der beiden Schnittpunkte der beiden Kreise, wenn diese sich schneiden; sie ist die gemeinsame Tangente, wenn sie sich berühren; und sie kann in allen Fällen bestimmt werden als diejenige Gerade, welche auf der Verbindungsgeraden der Zentren C und C' der beiden Kreise von den Radien r und r' in demjenigen Punkte D normal steht, dessen Entfernungen von C und C' derartig sind, daß

$$\overline{CD}^2 - \overline{C'D}^2 = r^2 - r'^2$$

ist.

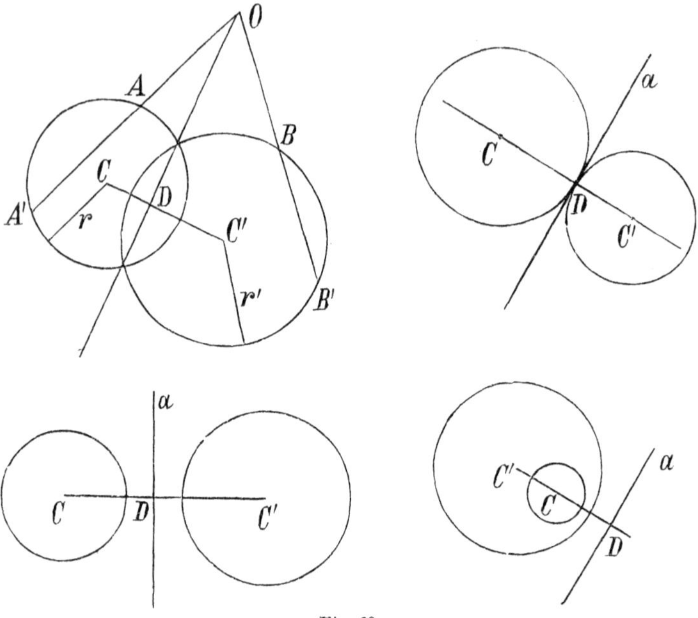

Fig. 62.

Man bemerke, daß die Radikalachse zweier konzentrischer Kreise die unendlich ferne Gerade ihrer Ebene ist, und umgekehrt.

Erinnern wir uns überdies, daß, wenn zwei Kreise gegeben sind, es unendlich viele andere gibt, welche zusammen mit einem von jenen als Radikalachse die Achse a der beiden ersten geben; sie bilden ein Kreisbüschel, das die Gerade a zur Radikalachse hat.

Dieses Büschel ist ebensogut durch irgendwelche zwei seiner Kreise bestimmt. Durch jeden Punkt der Ebene, der nicht allen Kreisen eines Büschels gemeinsam ist (d. h. kein Grundpunkt ist), geht ein Kreis des Büschels.

Wenn zwei Kreise zwei Punkte gemeinsam haben, so sind dies die Grundpunkte des durch die beiden Kreise bestimmten Büschels, und das Büschel besteht aus allen Kreisen, die durch die beiden Punkte gehen.

Die Mittelpunkte der Kreise eines Büschels liegen auf einer Geraden, die auf der Radikalachse normal steht, u. s. w.

Dies vorausgeschickt, betrachte man in der Ebene ein Kreisbüschel mit der Radikalachse r und eine Gerade a, die nicht durch einen Grundpunkt des Büschels geht. Es sei $O \equiv ar$, und es werde zunächst vorausgesetzt, daß O ein eigentlicher Punkt ist; AA' und BB' mögen zwei Paare von Punkten sein, in welchen a von zwei Kreisen des Büschels geschnitten wird. Da r die Radikalachse der beiden Kreise ist, so ist

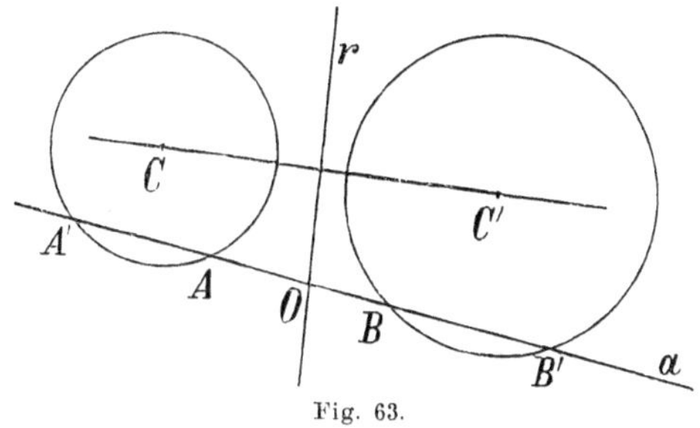

Fig. 63.

$$OA \cdot OA' = OB \cdot OB'.$$

Also gehören die Paare AA' und BB' auf a zu einer Involution, die O zum Mittelpunkte hat; dieser Involution gehören ebenso alle Paare an, in welchen a von den Kreisen des Büschels geschnitten wird.

Es werde nun vorausgesetzt, daß O uneigentlich ist, d. h. daß die Geraden a und r parallel sind oder daß r uneigentlich ist; dann betrachte man diejenige zu r normal stehende Gerade r', welche die Mittelpunkte der Kreise des Büschels enthält, und es sei O' ihr Schnittpunkt mit a.

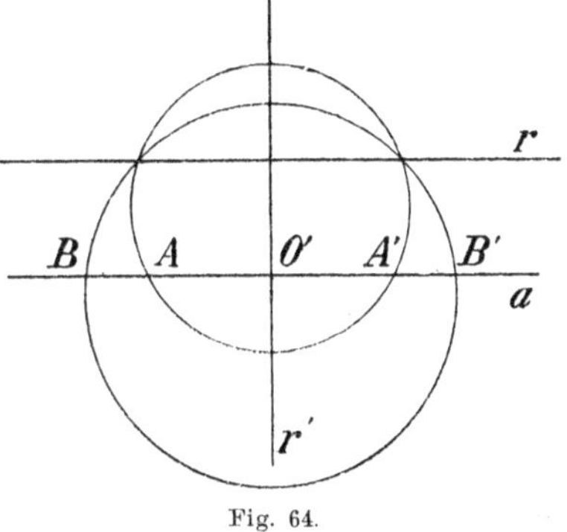

Fig. 64.

Der Punkt O' ist Mittelpunkt aller Sehnen, welche von den Kreisen des Büschels (die a schneiden) auf a gebildet werden; daher gehören die Paare von Punkten, in welchen a von diesen Kreisen geschnitten wird, zu einer Symmetrie vom Mittelpunkte O'.

Wir können daher den Satz aussprechen:

Wenn man die Kreise eines Büschels mit einer Geraden a seiner Ebene, die nicht durch einen Grundpunkt geht, schneidet, so erhält man die Paare einer Involution, die den Schnittpunkt der Geraden selbst mit der Radikalachse des Büschels zum Mittelpunkte hat und in dem besondern Falle, daß diese beiden Geraden parallel sind, eine Symmetrie ist in Bezug auf den Schnittpunkt von a mit derjenigen dazu normalen Geraden, welche die Mittelpunkte der Kreise des Büschels enthält.

Es ist klar, daß man jede Involution auf einer Geraden a betrachten kann, als hätte man sie auf diese Weise erhalten. In der Tat, wenn AA' und BB' zwei Paare einer Involution ω auf a sind (und diese Paare bestimmen ω), so kann man durch A und A' und durch B und B' nach Belieben zwei Kreise legen; wenn man dann mit a das Kreisbüschel K, das durch die beiden genannten Kreise bestimmt ist, schneidet, so erhält man gerade die Involution ω. Man beachte, daß man es auch immer so einrichten kann, daß das Büschel K zwei Grundpunkte hat.

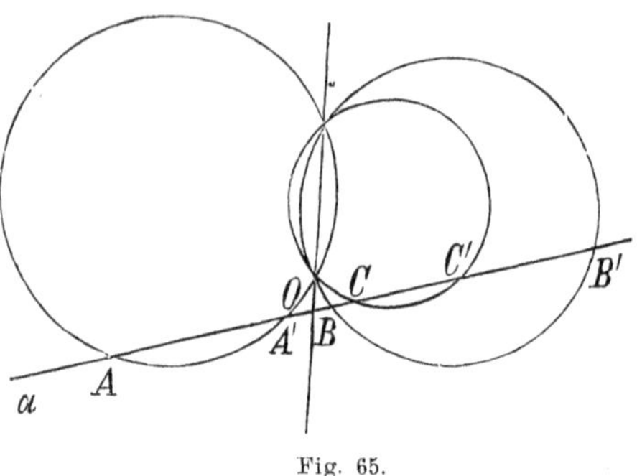

Fig. 65.

Konstruktion. Die vorstehende Bemerkung führt auf eine neue Konstruktion der Involution ω auf a. In der Tat kann man den zu C konjugierten Punkt erhalten, wenn man den Kreis des Büschels K konstruiert, der durch C geht, und seinen weiteren Schnittpunkt C' mit a bestimmt.

Die Doppelpunkte dieser, als hyperbolisch vorausgesetzten Involution ω sind die Berührungspunkte derjenigen Kreise des Büschels K, welche a berühren.

Anmerkung. Merken wir an, wie der oben ausgesprochene Satz die Radikalachse zweier Kreise, unabhängig davon, ob die Kreise sich schneiden oder nicht, in folgender Weise zu konstruieren gestattet:

Man bestimme die beiden Punktepaare, welche den beiden gegebenen Kreisen und einer beliebigen sie schneidenden Geraden gemeinsam sind, und konstruiere auf dieser den Mittelpunkt der durch die beiden genannten Paare definierten Involution; auf diese Weise erhält man einen Punkt der Radikalachse der beiden Kreise. In gleicher Weise kann man einen zweiten Punkt der Achse konstruieren, dessen Verbindungslinie mit dem ersten die verlangte Achse liefert.

§ 41.* Involutorische Kongruenzen im Büschel. Suchen wir in dem (eigentlichen) Strahlenbüschel U (und analog könnte man von dem Ebenenbüschel sprechen) die Bedingung dafür, daß eine Kongruenz involutorisch ist.

Eine direkte Kongruenz ist gleich einer Drehung des Büschels auf sich selbst in einem gegebenen Sinne um einen gewissen Winkel α (vgl. § 32). Wenn diese Kongruenz involutorisch sein soll, so muß die Drehung um den Winkel 2α jeden Strahl von U mit sich selbst zur Deckung bringen, d. h. der Winkel 2α muß ein Vielfaches von zwei rechten Winkeln sein [$2\alpha \equiv 0$ (mod. π)]. Wenn die Kongruenz also nicht identisch ist, so ist sie gleich einer Drehung des Büschels U auf sich selbst um einen rechten Winkel.

Die so erzeugte involutorische Kongruenz kann man als diejenige Beziehung definieren, in welcher jedem Strahle von U der zu ihm normale Strahl entspricht.

Dies nennt man die Involution der rechten Winkel in U.

Das Gesagte kann in analoger Weise für das Ebenenbüschel wiederholt werden. Also ergibt sich:

In einem (eigentlichen) Büschel besteht eine direkte involutorische Kongruenz in der Involution der rechten Winkel.

Dagegen ergibt sich:

In einem (eigentlichen) Büschel ist jede inverse Kongruenz involutorisch, da diese Kongruenz in einer Symmetrie in Bezug auf die beiden auf einander normal stehenden Doppelelemente besteht (§ 32).

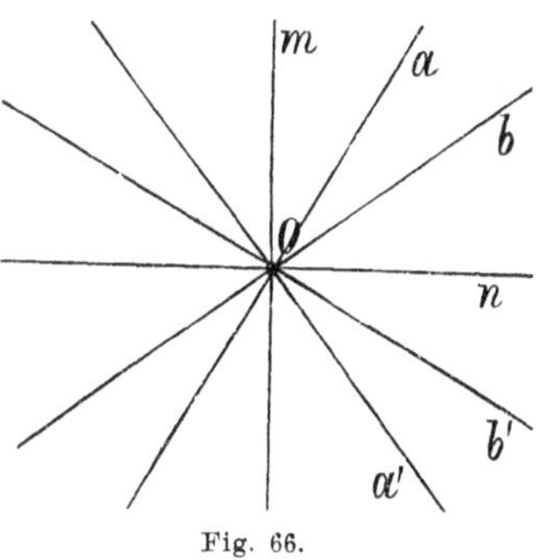

Fig. 66.

Auf Grund des Resultates des § 37 muß eine in einem Büschel gegebene Involution, die von der (elliptischen) Involution der rechten Winkel verschieden ist, mit dieser ein Paar gemeinsam haben. So ergibt sich die folgende Eigenschaft:

In einer Involution eines eigentlichen Büschels gibt es immer ein Paar konjugierter Elemente (Strahlen oder Ebenen), die auf einander normal stehen; es gibt nur ein solches Paar, wenn die gegebene Involution nicht diejenige der rechten Winkel ist.

Wenn man in der Ebene mit der unendlich fernen Geraden die Involutionen der rechten Winkel aller Strahlenbüschel schneidet, so erhält man eine bestimmte Involution, die die absolute Involution der Ebene (die direkte involutorische Kongruenz auf der uneigentlichen Geraden) heißt. Dies ist die umkehrbar eindeutige Beziehung zwischen den zu einander rechtwinkligen Richtungen der Ebene.

Hält man sich ein Resultat des § 29 gegenwärtig, so ergibt sich:

Eine Projektivität zwischen zwei uneigentlichen Punktreihen ist eine Kongruenz, wenn in ihr der absoluten Involution auf der einen Punktreihe die absolute Involution auf der andern entspricht; damit dies geschieht, genügt es überdies zu wissen, daß zwei Paaren konjugierter Punkte in der ersten Involution auf Grund der genannten Projektivität zwei Paare konjugierter Punkte in der zweiten entsprechen. In der Tat bringen diese Bedingungen es mit sich, daß irgendwelche zwei eigentliche Strahlenbüschel, welche die Punktreihen projizieren, kongruent sind.

Anmerkung 1. Schneidet man die Involution der rechten Winkel eines Büschels mit einer eigentlichen Geraden, so erhält man eine elliptische Involution.

Umgekehrt:

Jede elliptische Involution einer eigentlichen Geraden kann von zwei Punkten einer durch die Gerade gehenden Ebene aus durch eine Involution der rechten Winkel projiziert werden.

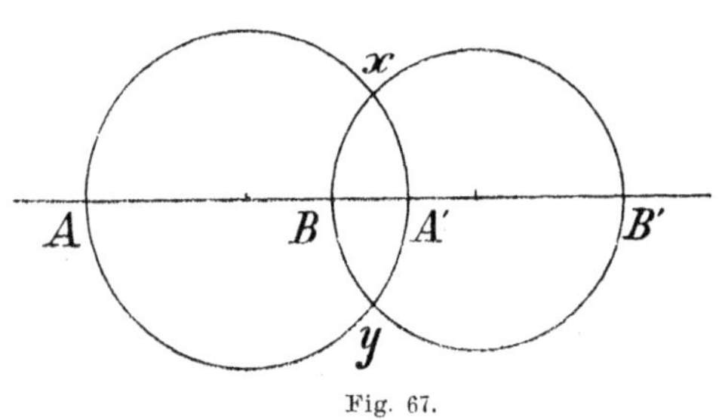

Fig. 67.

In der Tat, wenn man mit AA' und BB' zwei (einander trennende) Paare der Involution bezeichnet, so erhält man die Projektionszentren, von denen in der Aussage die Rede ist, durch den Schnitt der beiden Kreise, welche AA' und BB' zu Durchmessern haben und in einer durch die Gerade gehenden Ebene liegen.

Man kann der ausgesprochenen Eigenschaft einen andern Ausdruck geben, indem man sagt:

Jede elliptische Involution einer eigentlichen Geraden kann in die absolute Involution der uneigentlichen Geraden einer Ebene, welche die erste enthält, projiziert werden.

Anmerkung 2. In der Ausdrucksweise der Theorie des Imaginären (§ 38, Anmerkung 3) muß man sagen, daß die absolute Involution auf der uneigentlichen Geraden einer Ebene ein Paar imaginärer Doppelpunkte hat, denen man den Namen: Kreispunkte der Ebene gibt.

Die Involution der rechten Winkel eines Büschels hat ein Paar imaginärer Doppelstrahlen, die als diejenigen Geraden aufgefaßt werden müssen, welche vom Mittelpunkte des Büschels aus die Kreispunkte der Ebene projizieren; diese Geraden bezeichnet man als die isotropen Geraden[1]) durch den Punkt.

§ 42. Hinweis auf die cyklischen Projektivitäten. Wenn es in einem Gebilde erster Stufe eine Projektivität π gibt, so kann man die Projektivitäten $\pi^2 = \pi \cdot \pi$, $\pi^3 = \pi \cdot \pi^2, \ldots$ betrachten, welche durch Wiederholung von π entstehen.

Im allgemeinen erhält man so für einen Punkt A (der nicht Doppelpunkt ist) eine unendliche Folge von Punkten, die ihm in π, $\pi^2, \pi^3, \ldots, \pi^n, \ldots$ entsprechen; diese Punkte wollen wir mit A', A'', $A''', \ldots, A^n, \ldots$ bezeichnen.

Aber es kann vorkommen, daß immer der Punkt A^n mit A zusammenfällt, das will sagen, daß π^n eine Identität ist; dies wollen wir bezeichnen, indem wir schreiben $\pi^n \equiv 1$.

Wenn dies für einen gewissen Wert von n geschieht, so sagt man, daß π eine cyklische Projektivität n^{ter} Ordnung ist und daß die der Gruppe $AA'A'' \ldots A^{n-1}$ analogen Gruppen ihre Cyklen sind. Die cyklischen Projektivitäten zweiter Ordnung sind die Involutionen.

Man kann beweisen, daß eine Projektivität π eines Gebildes erster Stufe cyklisch ist von der Ordnung $n > 2$, wenn π^n ein Doppelelement hat, das nicht für π Doppelelement ist, d. h. wenn A^n mit A zusammenfällt.

Man kann auch erkennen, daß die cyklischen Projektivitäten von der Ordnung $n > 2$ elliptisch sind.

* Es gibt auf der Geraden keine direkten cyklischen Kongruenzen.

In dem Büschel erzeugt eine Drehung um den Winkel $\alpha = \frac{2\pi}{n}$ eine direkte cyklische Kongruenz von der Ordnung n.

---

1) Nach dem Vorgange von Lie werden sie gewöhnlich (weil ihre Länge Null ist) die Minimalgeraden durch den Punkt genannt. D. H.

Achtes Kapitel.

Projektivitäten zwischen Gebilden zweiter Stufe.

---

§ 43. Definitionen. Zwei Ebenen heißen kollinear (homographisch), wenn sie so auf einander bezogen sind, daß jedem Elemente, Punkt oder Gerade, der einen ein Element, Punkt oder Gerade, der andern entspricht in der Weise, daß einem Punkte und einer Geraden der einen Ebene, die einander angehören, immer in der andern Ebene ein Punkt und eine Gerade, die einander angehören, entsprechen.

Man nennt Kollineation (Homographie) die Beziehung, die zwischen zwei kollinearen Ebenen besteht. Man kann ein einfaches Beispiel einer Kollineation zwischen zwei Ebenen erhalten, wenn man diejenige Beziehung (Perspektivität) betrachtet, welche entsteht, wenn man die eine Ebene auf die andere von einem außerhalb gelegenen Punkte aus projiziert.

Ein anderes Beispiel * einer Kollineation zwischen zwei Ebenen erhält man, wenn man die eine der beiden Ebenen (im Sinne der elementaren Geometrie) in der Weise bewegt, daß sie zuletzt auf der andern liegt, und als entsprechenden Punkt zu jedem Punkte der ersten Ebene die neue Lage betrachtet, die er angenommen hat.

Eine Kollineation zwischen zwei Ebenen kann man als eine nur zwischen den Punkten der beiden Ebenen bestehende umkehrbar eindeutige Beziehung (oder als eine nur zwischen den beiden ebenen Geradensystemen bestehende umkehrbar eindeutige Beziehung) betrachten. Es besteht dann die fundamentale Eigenschaft: Während ein Punkt in der einen Ebene sich bewegt, indem er eine Gerade beschreibt, bewegt sich der entsprechende Punkt in der andern Ebene, indem auch er eine Gerade (die Gerade, welche der genannten entspricht) beschreibt.

Wenn zwei Ebenen α und α' gegeben sind, so kann man auf unendlich viele Arten eine umkehrbar eindeutige Beziehung zwischen den Punkten der einen und den Punkten der andern Ebene sich vorstellen; aber eine solche Beziehung ist im allgemeinen keine Kollineation. In der Tat, wenn man in der Ebene α einen Punkt P sich bewegen und dabei eine Gerade p beschreiben läßt, so wird der entsprechende Punkt P' in α' im allgemeinen keine Gerade beschreiben, sondern (die Stetigkeit vorausgesetzt) irgend eine Kurve. Der Umstand, daß P' in α' eine Gerade beschreibt, wenn P in α eine Gerade beschreibt, ist gerade das, was die besondere Beziehung zwischen zwei Ebenen, die man „Kollineation" nennt, charakterisiert. In der Tat, wenn diese Bedingung als erfüllt vorausgesetzt wird, so kann man als jeder Geraden p der Ebene α entsprechend die Gerade p', den Ort der Punkte, die den Punkten von p in α' homolog sind, betrachten, und dann tritt dies ein, daß jedem Elemente, Punkt oder Gerade, von α ein Element desselben Namens in α' entspricht, und einem Punkte und einer Geraden von α, die einander angehören, ein Punkt und eine Gerade, die einander angehören, in α' entsprechen.

Es liegt auf der Hand, die zur vorstehenden korrelative Bemerkung zu machen; der Kürze wegen unterdrücken wir sie.

Zwei Ebenen heißen reziprok oder korrelativ, wenn sie so auf einander bezogen sind, daß jedem Elemente, Punkt oder Gerade, der einen ein Element von anderem Namen, Gerade oder Punkt, in der andern entspricht in der Art, daß einem Punkte und einer Geraden der einen Ebene, die einander angehören, in der andern Ebene eine Gerade und ein Punkt, die gleichfalls einander angehören, entsprechen.

Man kann die Reziprozität (nämlich die genannte Beziehung) zwischen zwei Ebenen als eine Beziehung zwischen den Elementen (Punkten) eines ebenen Punktsystems und den Elementen (Geraden) eines ebenen Geradensystems betrachten; diese Beziehung besitzt dann folgende fundamentale und charakteristische Eigenschaft: Während ein Punkt sich in der ersten Ebene bewegt, indem er eine Gerade beschreibt, bewegt sich die homologe Gerade in der andern Ebene, indem sie immer durch einen festen Punkt geht. Infolge dieser Eigenschaft entspricht auch jeder Geraden der ersten Ebene ein Punkt der zweiten, u. s. w.

Anmerkung. Was man nach dem Prinzip der Dualität der Kollineation zwischen zwei Ebenen gegenüberstellen muß, das ist wiederum die Kollineation: wenn man die erste Kollineation als eine Beziehung zwischen den beiden ebenen Punktsystemen betrachtet, so wird man ihr die Betrachtung derselben Kollineation als einer Beziehung zwischen den beiden ebenen Geradensystemen gegenüberstellen.

Was man nach dem Prinzip der Dualität der Reziprozität oder Korrelation zwischen zwei Ebenen gegenüberstellen muß, das ist wiederum die Reziprozität: wenn man sie das eine Mal als eine Beziehung zwischen einem ebenen Punktsystem und einem ebenen Geradensystem betrachtet, so wird man sie das andere Mal als eine Beziehung zwischen einem ebenen Geradensystem und einem ebenen Punktsystem betrachten.

Die angegebenen Definitionen der Kollineation und der Reziprozität lassen sich sofort auf die Bündel übertragen.

Zwei Bündel heißen kollinear, wenn jeder Geraden und jeder Ebene des einen eine Gerade und eine Ebene des andern entspricht in der Art, daß, wenn die genannten Elemente des ersten Bündels einander angehören, dasselbe bei den entsprechenden Elementen im andern Bündel der Fall ist.

Zwei Bündel heißen reziprok oder korrelativ, wenn jeder Geraden und jeder Ebene des einen eine Ebene und eine Gerade in dem andern entspricht in der Art, daß Elementen (Gerade und Ebene) des einen, die einander angehören, Elemente (Ebene und Gerade), die einander angehören, in dem andern entsprechen.

Endlich kann man auch die Kollineation zwischen einer Ebene und einem Bündel betrachten, d. h. diejenige Beziehung zwischen den Elementen, Punkten und Geraden, der Ebene und den Elementen, Geraden und Ebenen, des Bündels, in welcher Elementen (Gerade und Ebene) des Bündels, die einander angehören, Elemente (Punkt und Gerade) in der Ebene, die auch einander angehören, entsprechen. Ebenso ergibt sich die Reziprozität zwischen einer Ebene und einem Bündel, wenn jedem Elemente, Punkt oder Gerade, der Ebene ein Element, Ebene oder Gerade, im Bündel entspricht und Elementen in der Ebene, die einander angehören, einander angehörende Elemente im Bündel entsprechen.

Die Kollineation und die Reziprozität können, in Übereinstimmung mit dem, was für die Kollineation zwischen zwei Ebenen ausführlich auseinandergesetzt worden ist, als eine umkehrbar eindeutige Beziehung zwischen den Elementen zweier Gebilde zweiter Stufe betrachtet werden, in welcher den Elementen eines Gebildes erster Stufe in dem einen Gebilde die Elemente eines Gebildes erster Stufe in dem andern entsprechen. Von diesem Standpunkte aus stellen sich Kollineation und Reziprozität in derselben Weise dar; der Unterschied besteht nur in der Verschiedenheit der Namen der Elemente, die in den beiden Gebilden, die man auf einander bezogen denkt, einander entsprechen.

Gerade darum faßt man die Kollineation und die Reziprozität unter dem allgemeinen Namen der Projektivität (zwischen Ebenen und Bündeln oder zwischen Gebilden zweiter Stufe) zusammen.

Man kann sagen:

Zwei Gebilde zweiter Stufe sind projektiv, wenn sie so auf einander bezogen sind, daß jedem Elemente des einen ein Element des andern entspricht in der Art, daß Elementen eines Gebildes erster Stufe in dem einen Gebilde Elemente eines (homologen) Gebildes erster Stufe in dem andern entsprechen.

Aus den gegebenen Definitionen folgt sofort:

Zwei Gebilde zweiter Stufe, die zu einem dritten projektiv sind, sind unter einander projektiv.

Zwei Gebilde zweiter Stufe, die zu einem dritten kollinear sind, sind unter einander kollinear.

Zwei Gebilde zweiter Stufe, die zu einem dritten reziprok sind, sind unter einander kollinear.

Zwei Gebilde zweiter Stufe, von denen das eine kollinear und das andere reziprok zu einem und demselben Gebilde ist, sind unter einander reziprok.

Diese Sätze lassen sich auch in die Aussage zusammenfassen:

Das Produkt zweier Projektivitäten zwischen Gebilden zweiter Stufe ist eine Projektivität, und zwar eine Kollineation oder eine Korrelation, je nachdem die Projektivitäten, welche die Faktoren bilden, von derselben oder von verschiedener Art sind.

Wenn zwei Gebilde zweiter Stufe so auf einander bezogen sind, daß man von dem einen zum andern durch eine endliche Anzahl von Projektionen und Schnitten übergehen kann, so sind sie kollinear. Der umgekehrte Satz ist auch richtig, wie man aus den folgenden Resultaten ableiten könnte.

§ 44. Fundamentalsatz. Bei dem Studium der Projektivität zwischen zwei Gebilden zweiter Stufe können wir erforderlichenfalls an die Stelle der Bündel zu ihnen perspektive Ebenen (ihre Schnitte) setzen und uns daher darauf beschränken, die Projektivität (Kollineation oder Reziprozität) zwischen zwei Ebenen zu betrachten. So werden wir es auch im folgenden machen, wenigstens im allgemeinen.

Betrachten wir zwei kollineare Ebenen α und α' und in ihnen zwei homologe Gerade p und p'. Während ein Punkt P sich auf p

bewegt, bewegt sich der entsprechende Punkt P' auf p': so entsteht zwischen den beiden Geraden p und p' eine umkehrbar eindeutige Beziehung. Es ist leicht zu sehen, daß diese Beziehung eine Projektivität ist. Man braucht dazu (indem man auf die Definition Bezug nimmt) nur zu zeigen, daß vier Punkten P_1, P_2, P_3, P_4 von p, die eine harmonische Gruppe bilden, vier Punkte P_1', P_2', P_3', P_4' auf p' entsprechen, die gleichfalls eine harmonische Gruppe bilden. Nun betrachte man ein konstruierendes Viereck $ABCD$ der harmonischen Gruppe $P_1 P_2 P_3 P_4$ (vgl. Figur 68): diesem entspricht in der Ebene α' ein Viereck $A'B'C'D'$, von dem zwei Seiten durch P_1' gehen, zwei durch P_2', eine durch P_3' und eine durch P_4'; dies beweist, daß die Gruppe $P_1' P_2' P_3' P_4'$ harmonisch ist, w. z. b. w.

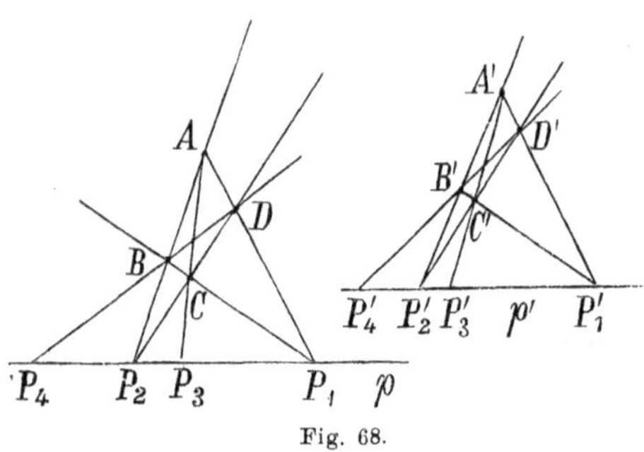

Fig. 68.

Wir haben also den Satz, der in der Theorie der Kollineation zweier Ebenen fundamental ist:

In zwei kollinearen Ebenen sind zwei homologe Punktreihen projektiv.

Und in derselben Weise (wenn man die geeigneten Wortvertauschungen in der vorstehenden Schlußfolge vornimmt) beweist man:

In zwei reziproken Ebenen ist eine Punktreihe projektiv zu dem homologen Strahlenbüschel.

Oder allgemeiner:

In zwei projektiven Gebilden zweiter Stufe sind homologe Gebilde erster Stufe projektiv.

Die so definierte Projektivität zwischen den genannten homologen Gebilden erster Stufe bezeichnet man als erzeugt von derjenigen, welche zwischen den Gebilden zweiter Stufe gegeben ist.

§ 45. Bestimmung der Projektivität zwischen Gebilden zweiter Stufe. Die Hauptaufgabe der Theorie der Projektivität zwischen Gebilden erster Stufe bestand darin, anzugeben, wie die Projektivität zwischen zwei Gebilden hergestellt und bestimmt werden kann; dieselbe Aufgabe erscheint hier für die Gebilde zweiter Stufe.

Wir fassen den Fall zweier Ebenen ins Auge und sprechen zunächst von der Kollineation.

Es seien α und α' zwei kollineare Ebenen und AA' und BB' zwei Paare von Punkten in ihnen, die sich in der Kollineation entsprechen. Die Strahlenbüschel A und A' und ebenso die Büschel B und B' sind projektiv; dem Strahle AB, ob in dem Büschel A oder in B betrachtet, entspricht beidemal der Strahl $A'B'$.

Irgend ein Punkt P der Ebene α, der außerhalb der Geraden AB liegt, kann als Schnittpunkt der Geraden PA und PB bestimmt werden, und dann wird der ihm entsprechende Punkt P' bestimmt als Schnittpunkt der Geraden, die in der Projektivität zwischen den Büscheln A und A', und B und B' den genannten homolog sind. Irgend eine von P in α beschriebene Gerade p, die nicht durch A oder B geht, kann als Ort der Schnittpunkte der homologen Strahlen zweier perspektiver Büschel A und B betrachtet werden; auf Grund der Projektivität zwischen A und A', und B und B', wobei dem Strahle AB immer $A'B'$ entspricht, sind die Büschel A' und B' (projektiv, und der Strahl $A'B'$ entspricht sich dabei selbst, daher) perspektiv, und der Ort der Schnittpunkte der homologen Strahlen ist die der Geraden p entsprechende Gerade p', die der Punkt P' beschreibt.

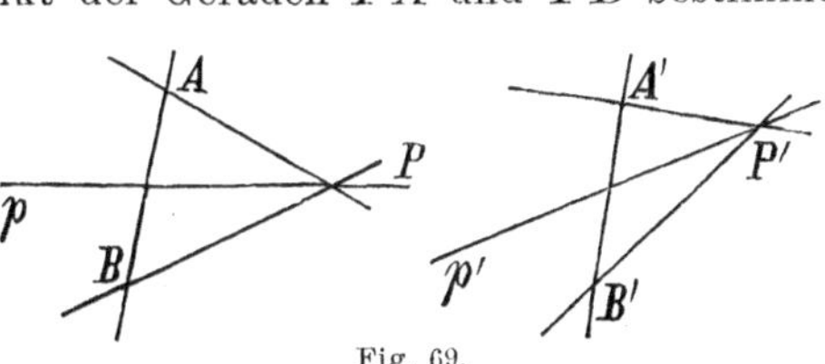

Fig. 69.

Diese Bemerkungen zeigen, daß die (als gegeben vorausgesetzte) Kollineation zwischen α und α' durch die Projektivität zwischen den Büschelpaaren AA' und BB' vollständig bestimmt ist.

Nun nehmen wir willkürlich in einer Ebene α zwei Strahlenbüschel A und B an und in einer Ebene α' zwei Büschel A' und B', die zu den ersten in der Weise projektiv sind, daß dem Strahle AB immer (in beiden Projektivitäten) der Strahl $A'B'$ entspricht. Die Frage ist, ob man zwischen α und α' eine Kollineation herstellen kann, in welcher die Paare der genannten Büschel sich in den angenommenen Projektivitäten entsprechen.

Die Antwort ist bejahend.

Die in Rede stehende Kollineation erhält man in der Tat, indem man entsprechen läßt:

1) jedem Punkte P von α außerhalb AB den Punkt P' von α', der als Schnitt der durch A' und B' gehenden Strahlen, die den Strahlen PA und PB entsprechen, bestimmt ist;

2) jeder von P in α beschriebenen (nicht durch A oder B gehenden) Geraden p die von P' in α' beschriebene Gerade p', die als Ort

der Schnittpunkte derjenigen durch A' und B' gehenden Strahlen bestimmt ist, welche den Strahlen, die von A und B aus die Punkte von p projizieren, entsprechen (die Büschel A' und B', die auf diese Weise projektiv auf die perspektiven Büschel A und B bezogen sind, sind auch unter einander perspektiv, weil dem Strahle AB immer $A'B'$ entspricht);

3) jedem Punkte P der Geraden AB (außerhalb A und B) den Punkt P', der als Schnittpunkt von $A'B'$ mit der Geraden p' bestimmt ist, die irgend einer (von AB verschiedenen) Geraden p durch P entspricht.

Dieser Punkt ändert sich in der Tat nicht, wenn man eine andere Gerade p durch P nimmt, da ja zwei Geraden der Ebene α', die sich in einem Punkte außerhalb der Geraden $A'B'$ schneiden, immer zwei Gerade von α entsprechen, die sich in einem Punkte (der nach Konstruktion 2) konstruiert werden kann) außerhalb der Geraden AB schneiden, und daher irgenwelche zwei Gerade von α, die sich auf AB (in P) schneiden, immer zwei Geraden in α' entsprechen, die sich auf $A'B'$ schneiden, d. h. zwei Geraden, die $A'B'$ in demselben Punkte (P') treffen.

Durch die Konstruktionen 1), 2), 3) wird zwischen den Punkten und den Geraden der Ebenen α und α' eine umkehrbar eindeutige Beziehung hergestellt, in welcher einem Punkte und einer Geraden der einen Ebene, welche einander angehören, ein Punkt und eine Gerade, welche gleichfalls einander angehören, in der andern Ebene entsprechen. Die angegebenen Konstruktionen stellen also zwischen den Ebenen α und α' eine genau definierte Kollineation her, in welcher die Büschel A und A', und B und B' sich in den angenommenen Projektivitäten, die dem Strahle AB beidemal den Strahl $A'B'$ zuordnen, entsprechen.

Und daher werden wir auf den Satz geführt:

Zwischen zwei Ebenen existiert eine bestimmte Kollineation, in welcher zwei Paare von Strahlenbüscheln sich in willkürlich angenommenen Projektivitäten entsprechen, vorausgesetzt, daß dem gemeinsamen Strahle der beiden Büschel der einen Ebene immer der gemeinsame Strahl der beiden Büschel der andern Ebene entspricht.

Nun können wir nach dem Gesetze der Dualität die vorhergehenden Schlußreihen, entweder für alle beide Ebenen oder nur für eine einzige, übersetzen.

Die Resultate, die man dabei erhält, gestatten die Bestimmung der Kollineation zwischen zwei Ebenen mit Hilfe zweier Paare projektiver Punktreihen, oder der Korrelation mit Hilfe der Projektivität zwischen zwei Punktreihen und zwei Büscheln. Die allgemeine Aussage, welche sie alle zusammenfaßt, lautet:

Zwischen zwei Gebilden zweiter Stufe existiert eine bestimmte Projektivität, in welcher zwei Paare projektiver Gebilde erster Stufe einander entsprechen, wenn diejenigen Elemente homolog sind, die beiden Paaren gemeinsam sind.

Es ist nützlich, diesen Satz in eine andere Form zu bringen.

Fassen wir, des einfachen Ausdrucks wegen, den Fall einer Kollineation zwischen zwei ebenen Punktsystemen ins Auge und sprechen wir dann das Resultat allgemein aus.

Es mögen sich in den beiden Ebenen α und α' zwei Quaternen von Punkten $ABCD$ und $A'B'C'D'$ befinden, von denen nicht drei in einer geraden Linie liegen. Wird man die beiden Ebenen kollinear so auf einander beziehen können, daß die Punkte der Paare AA', BB', CC', DD' sich entsprechen? Wird diese Kollineation auf diese Weise bestimmt sein?

Der vorstehende Satz zeigt gerade, daß man auf diese Fragen eine bejahende Antwort geben darf.

In der Tat betrachte man z. B. die Geradenpaare AB, CD und $A'B'$, $C'D'$ und bezeichne mit O und O' die Schnittpunkte dieser beiden Paare ($O \equiv AB \cdot CD$, $O' \equiv A'B' \cdot C'D'$).

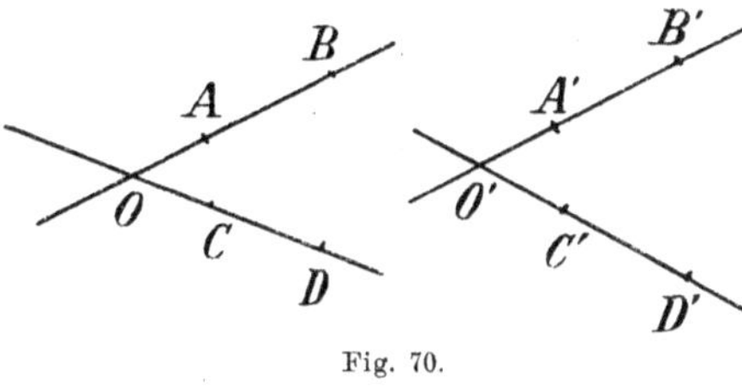

Fig. 70.

Nehmen wir zwischen den Geraden AB und $A'B'$ die Projektivität $\begin{pmatrix} A & B & O \\ A' & B' & O' \end{pmatrix}$ an, welche man erhält, wenn man den Punkten A, B, O die Punkte A', B', O' entsprechen läßt, und ebenso zwischen den Geraden CD und $C'D'$ die Projektivität $\begin{pmatrix} C & D & O \\ C' & D' & O' \end{pmatrix}$; dann ist zwischen den Ebenen α und α' eine Kollineation hergestellt, in welcher die beiden Quaternen von Punkten sich entsprechen. Aber diese Kollineation, in welcher die beiden Quaternen von Punkten sich entsprechen, ist von einziger Art und daher in dieser Weise bestimmt. In der Tat folgt aus dieser Beziehung, daß O und O' sich entsprechen, und daher folgt, daß zwischen den Geraden AB und $A'B'$, und CD und $C'D'$ die oben genannten Projektivitäten $\begin{pmatrix} A & B & O \\ A' & B' & O' \end{pmatrix}$ und $\begin{pmatrix} C & D & O \\ C' & D' & O' \end{pmatrix}$ bestehen müssen, durch welche die Kollineation zwischen α und α' bestimmt ist.

Wir schließen, indem wir verallgemeinern, daß der folgende Satz besteht:

Zwischen zwei Gebilden zweiter Stufe existiert eine durch vier Paare homologer Elemente bestimmte Projektivität, wofern von den vier in jedem der beiden Gebilde angenommenen Elementen nicht drei einem Gebilde erster Stufe angehören.

Anmerkung. Man kann beweisen, daß es immer möglich ist, durch eine endliche Anzahl von Projektionen und Schnitten von einer Ebene zu einer andern in der Weise überzugehen, daß zwei Vierecke sich entsprechen; korrelativ dazu würde es für zwei Bündel heißen. Man kann auch erkennen, daß es möglich ist, durch eine endliche Anzahl von Projektionen und Schnitten von einem ebenen Punktsystem zu einem Strahlenbündel in der Weise überzugehen, daß einem Viereck der Ebene ein Vierkant des Bündels entspricht. Daraus würde man schließen:

Wenn zwei Gebilde zweiter Stufe kollinear sind, so kann man von einem zum andern durch eine endliche Anzahl von Projektionen und Schnitten übergehen.

Konstruktionen. Die Konstruktion der Kollineation zwischen zwei Ebenen ist der Ausgangspunkt unserer Betrachtungen gewesen. Wir haben im besondern den Fall untersucht, daß die Kollineation durch zwei Paare entsprechender projektiver Büschel, in denen die gemeinsamen Strahlen sich entsprechen, definiert ist. Es existiert keine Schwierigkeit, die korrelative Konstruktion der Kollineation zwischen zwei Ebenen anzugeben, wenn man von zwei Paaren homologer projektiver Punktreihen ausgeht, und so kann man leicht die analogen Konstruktionen der Reziprozität u. s. w. angeben. Und wenn die Kollineation und die Reziprozität nicht durch Paare projektiver Gebilde erster Stufe, sondern durch Quaternen homologer Elemente (von denen nicht drei einem Gebilde erster Stufe angehören) definiert werden, so wird durch die vorhergehenden Betrachtungen sofort an die Hand gegeben, wie man in den in Betracht kommenden Konstruktionen vorzugehen hat. Da aber die Konstruktionen, auf welche wir anspielen, von der größten Wichtigkeit, auch in der Praxis, sind, so werden wir sie hier ausführlich auseinandersetzen (wobei wir auch auf den Fall, von dem im Anfang des Paragraphen die Rede war, zurückkommen werden), uns aber auf die Projektivität zwischen Ebenen beschränken.

Gesetzt, man will zwei Ebenen α und α' kollinear auf einander beziehen, wenn gegeben sind vier Paare homologer Punkte, Eckpunkte zweier Vierecke $ABCD$ und $A'B'C'D'$.

Zwischen den Seiten der beiden Vierecke, die homologe Eckpunkte verbinden, z. B. zwischen AB und $A'B'$, wird eine Projektivität hergestellt, in der sich A und A', B und B' und die Diagonalpunkte der beiden Vierecke $AB \cdot CD$ und $A'B' \cdot C'D'$ entsprechen.

Ebenso wird auch zwischen den Strahlenbüscheln A und A' und zwischen B und B' u. s. w. eine Projektivität hergestellt, in welcher den Strahlen AB, AC, AD die Strahlen $A'B'$, $A'C'$, $A'D'$ entsprechen und ebenso den Strahlen BA, BC, BD die Strahlen $B'A'$, $B'C'$, $B'D'$ u. s. w.

Nun sei in α irgendeine Gerade p gegeben, die nicht durch einen der Punkte A, B, C, D geht, so wird sie die Seiten AB und CD in zwei Punkten schneiden, zu denen man die homologen auf den Seiten $A'B'$ und $C'D'$ bestimmen kann; die Gerade p' in α', die diese Punkte verbindet, wird die Gerade sein, die der Geraden p in der zwischen α und α' hergestellten Kollineation entspricht.

Ist dagegen in α ein Punkt P gegeben, der nicht einer der Seiten des Vierecks $ABCD$ angehört, so wird man ihn z. B. von A und B aus projizieren und die zu diesen beiden projizierenden Geraden homologen Strahlen in den Büscheln A' und B' bestimmen;

homologer Geraden, Seiten zweier Vierseite $abcd$ und $a'b'c'd'$.

Zwischen den Büscheln, die durch zwei homologe Seiten der Vierseite bestimmt sind, z. B. zwischen ab und $a'b'$, wird eine Projektivität hergestellt, in der sich a und a', b und b' und die Diagonalgeraden $ab \cdot cd$ und $a'b' \cdot c'd'$ entsprechen.

Ebenso wird auch zwischen den Geraden a und a' und zwischen b und b' u. s. w. eine Projektivität hergestellt, in welcher den Punkten ab, ac, ad die Punkte $a'b'$, $a'c'$, $a'd'$ entsprechen und ebenso den Punkten ba, bc, bd die Punkte $b'a'$, $b'c'$, $b'd'$, u. s. w.

Nun sei in α irgendein Punkt P gegeben, der nicht einer der Geraden a, b, c, d angehört, so werden wir ihn von den Punkten ab und cd aus projizieren und die Geraden bestimmen, die in den Büscheln $a'b'$ und $c'd'$ diesen projizierenden Geraden homolog sind; der Schnittpunkt P' dieser Geraden wird der Punkt sein, der dem Punkte P in der zwischen den Ebenen α und α' hergestellten Kollineation entspricht.

Ist dagegen in α eine Gerade p gegeben, die nicht durch einen Eckpunkt des Vierseits $abcd$ geht, so werden wir sie z. B. mit den Geraden a und b schneiden und die Punkte bestimmen, die diesen Schnittpunkten auf den Geraden a' und b' entsprechen; die

der Schnittpunkt dieser Strahlen wird der Punkt P' sein, der dem Punkte P in der in Rede stehenden Kollineation entspricht.

Gerade p', welche diese Punkte verbindet, wird die Gerade sein, welche der Geraden p in der Kollineation entspricht.

Man möchte nun zwischen den Ebenen α und α' die Reziprozität $\begin{pmatrix} ABCD \\ a\,b\,c\,d \end{pmatrix}$ konstruieren, in welcher vier Punkten A, B, C, D, Eckpunkten eines Vierecks in α, vier Gerade a, b, c, d, Seiten eines Vierseits in α', entsprechen.

Vor allem ist klar, wie die Büschel A, B, C, D den Punktreihen a, b, c, d projektiv gemacht werden, und ebenso die Punktreihen AB, CD, u. s. w. den Büscheln ab, cd, u. s. w.

Ist nun in α ein Punkt P gegeben, der nicht einer Seite des Vierecks $ABCD$ angehört, so wird man ihn z. B. von A und B aus projizieren und die Punkte bestimmen, welche diesen beiden projizierenden Linien auf a und b entsprechen; die Gerade p, die diese beiden Punkte verbindet, wird die Gerade sein, die in der zwischen den beiden Ebenen hergestellten Korrelation dem Punkte P homolog ist. Ist umgekehrt in α eine Gerade p gegeben, die nicht durch A, B, C, D geht, so wird man sie mit AB und CD schneiden und dann die Geraden bestimmen, die in den Büscheln ab und cd diesen Schnittpunkten entsprechen; der Schnittpunkt dieser Geraden wird der Punkt P sein, der in der Korrelation der Geraden p homolog ist.

§ 46. Perspektive Gebilde zweiter Stufe. Wenn zwei (verschiedene) Ebenen perspektiv (d. h. durch Projektion von einem äußeren Punkte aus auf einander bezogen, § 43) sind, so ist die ihnen gemeinsame Gerade (eine sich selbst entsprechende Gerade und) ganz aus sich selbst entsprechenden Punkten zusammengesetzt. Korrelativ dazu: Wenn zwei verschiedene Bündel perspektiv (projizierende Figuren einer und derselben Ebene) sind, so sind die Ebenen, die durch die Verbindungsgerade der Mittelpunkte beider Bündel gehen, sich selbst entsprechende Ebenen.

Umgekehrt erhält man den Satz:

Wenn zwei verschiedene Ebenen kollinear sind und die ihnen gemeinsame Gerade ganz aus sich selbst entsprechenden Punkten besteht, so sind die beiden Ebenen perspektiv.

Wenn zwei verschiedene Bündel kollinear sind und das ihnen gemeinsame Büschel ganz aus sich selbst entsprechenden Ebenen besteht, so sind die beiden Bündel perspektiv.

Fassen wir die Aussage zur linken ins Auge.

Wenn α und α' die beiden Ebenen sind und $a \equiv \alpha\alpha'$ ihre Schnittlinie ist, so trifft jede Gerade p von α die ihr entsprechende Gerade p' von α' in dem Punkte ap, der sich selbst entspricht.

Nun seien A und B zwei Punkte von α und A' und B' die homologen Punkte in α'. Die Geraden AB und $A'B'$ sind homolog und treffen sich daher auf a; daraus folgt, daß die Geraden AA' und BB' in einer Ebene liegen und also incident sind. Also sind die Verbindungsgeraden von homologen Punkten in α und α' zu je zweien incident, und da sie (offenbar) nicht alle in einer Ebene liegen, so gehen sie alle durch einen Punkt (§ 8); daraus folgt, daß α und α' perspektiv s nd, w. z. b. w.

§ 47. Homologie. Man betrachte die Kollineation zwischen zwei in einander liegenden Ebenen, d. h. in einer Ebene α; ein Element, das mit dem entsprechenden zusammenfällt, heißt ein Doppelelement.

Wenn man als Doppelpunkte vier Punkte der Ebene α annimmt, von denen nicht drei einer Geraden angehören, so ist nach § 45 eine Kollineation in α hergestellt, welche die identische Kollineation heißt; in ihr entspricht jedes Element sich selbst.

Also kann es in einer nicht identischen Kollineation der Ebene α nicht vier Doppelpunkte geben, von denen keine drei einer Geraden angehören, oder (korrelativ dazu) vier Doppelgerade, von denen keine drei einem Büschel angehören.

Eine Gerade in α, die zwei Doppelpunkte verbindet, ist infolge der Kollineation Doppellinie und projektiv auf sich selbst bezogen; wenn es daher auf der Geraden einen dritten Doppelpunkt gibt, so sind alle ihre Punkte Doppelpunkte (§ 21); korrelativ dazu sind alle Strahlen eines Büschels, dem drei Doppelgerade angehören, Doppelstrahlen.

Es folgt daraus:

Wenn es in einer ebenen (nicht identischen) Kollineation vier Doppelelemente von demselben Namen (Punkte oder Gerade) gibt, so gibt es ein Gebilde erster Stufe, das ganz aus Doppelelementen besteht.

Wenn es in der Kollineation eine Punktreihe u von Doppelpunkten gibt, so trifft jede Gerade die Gerade u in einem Punkte, der, als Doppelpunkt, der entsprechenden Geraden angehören muß, d. h. irgendwelche zwei homologe Gerade schneiden sich auf u. Umgekehrt: Wenn in einer ebenen Kollineation alle Paare entsprechender Geraden sich auf einer Geraden schneiden, so besteht diese Gerade aus Doppelpunkten, da jeder Punkt von ihr Mittelpunkt eines Doppelstrahlenbüschels ist.

Korrelativ dazu: Die notwendige und hinreichende Bedingung für die Existenz eines Büschels von Doppelstrahlen in einer nicht identischen ebenen Kollineation besteht darin, daß alle Paare homologer Punkte mit einem festen Mittelpunkte in einer geraden Linie liegen.

Zwei in einander liegende kollineare Ebenen, die

(drei Doppelpunkte auf einer Geraden, und daher) eine Punktreihe von Doppelpunkten (u) haben, haben auch ein Büschel von Doppelstrahlen.	(drei Doppelgerade durch einen Punkt, und daher) ein Büschel von Doppelstrahlen (U) haben, haben auch eine Punktreihe von Doppelpunkten.

Es genügt den Satz zur linken nachzuweisen, und man möge zur Übung den Beweis des Satzes zur rechten nach dem Prinzip der Dualität (vgl. § 10) führen.

Es seien α und α' zwei in einander liegende kollineare Ebenen, die in u eine Gerade von Doppelpunkten haben. Bemerken wir vor allem, daß auf u alle Paare homologer Geraden a und a' sich schneiden; in der Tat muß der Punkt au als Doppelpunkt mit dem Punkte $a'u$ zusammenfallen.

Wir legen durch u eine von $\alpha\,(\equiv \alpha')$ verschiedene Ebene α_1 und projizieren α' auf α_1 von einem außerhalb gelegenen Punkte A aus. Es entsteht zwischen α_1 und α eine Kollineation, für welche u eine Gerade von sich selbst ententsprechenden Punkten ist, also (§ 46) eine Perspektivität; das will sagen, die Paare homologer Punkte MM_1, NN_1, ... liegen sämtlich mit einem festen Punkte U_1 auf einer Geraden. Wir projizieren nun α_1 von A aus auf die Ebene α' zurück; die Verbindungslinien der Paare homologer Punkte (MM', NN', ...) in der zwischen α und α' gegebenen Kollineation werden nun alle durch den Punkt U gehen, in welchen U_1 projiziert wird; dieser Punkt U wird also der Mittelpunkt eines Büschels von Doppelstrahlen in der Kollineation sein, dessen Existenz gezeigt werden sollte.

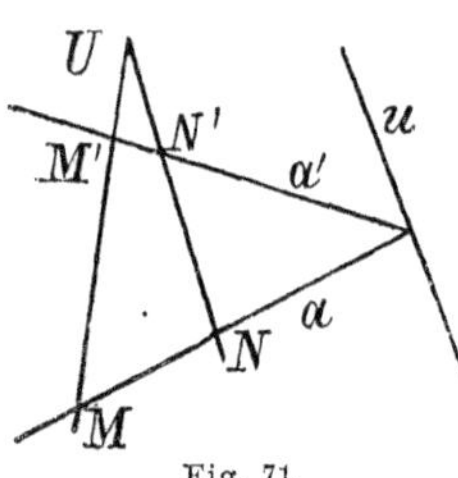

Fig. 71.

Die besondere ebene Kollineation (zwischen zwei in einander liegenden Ebenen), in welcher es eine Gerade u von Doppelpunkten und ein Büschel U von Doppelgeraden gibt, heißt Homologie mit der Achse u und dem Zentrum U (Zentralkollineation, perspektive Kollineation).

Die doppelte fundamentale Eigenschaft der ebenen Homologie besteht darin, daß:

die homologen Geraden sich auf der Achse der Homologie schneiden.

die homologen Punkte mit dem Zentrum der Homologie in gerader Linie liegen.

Die Eigenschaft, welche eine ebene Kollineation haben muß, um eine Homologie zu sein, ist zu sich selbst korrelativ.

Anmerkung. Nicht ausgeschlossen ist der besondere Fall, daß das Zentrum U der Homologie der Achse angehört („spezielle Homologie"); der folgende Satz wird seine wirkliche Möglichkeit dartun.

Satz. Es existiert eine ebene Homologie, die eine gegebene Achse u und ein gegebenes Zentrum U hat, in welcher sich entsprechen:

zwei Punkte A und A', die mit dem Zentrum U in gerader Linie liegen (von ihm verschieden sind und nicht der Achse u angehören).

In der Tat ist diese Homologie die Kollineation, welche (nach § 45) bestimmt ist durch die An-

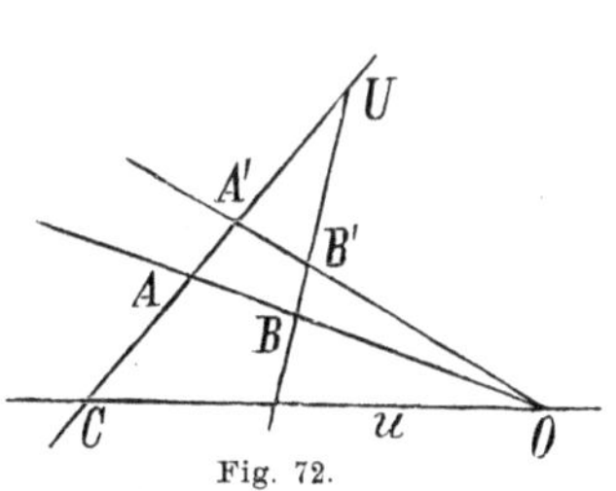

Fig. 72.

nahme, daß die Gerade u sich selbst enspricht und auf ihr die identische Projektivität existiert, und daß die Gerade AA' sich selbst

zwei Gerade a und a', die sich auf der Achse u schneiden (von der Achse verschieden sind und nicht dem Zentrum U angehören).

In der Tat ist diese Homologie die Kollineation, welche (nach § 45) bestimmt ist durch die An-

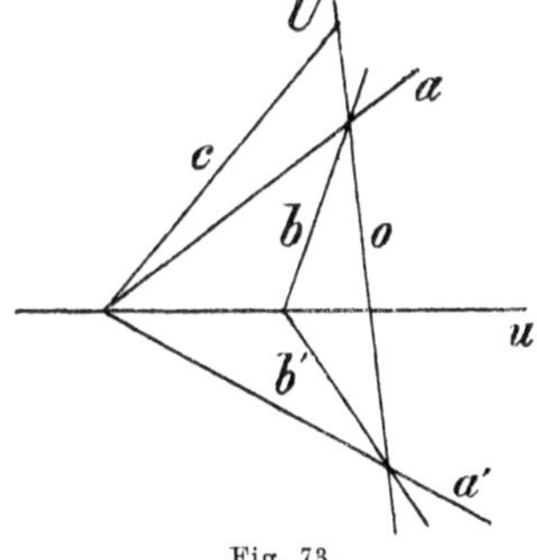

Fig. 73.

nahme, daß die Punkte U und aa' Doppelpunkte sind und in dem Büschel U (als durch die Kollineation erzeugt) die identische Projektivität

entspricht und auf ihr (als durch die Kollineation erzeugt) diejenige Projektivität existiert, in welcher U und $C \equiv AA' \cdot u$ Doppelpunkte und A und A' entsprechende Punkte sind.

Ist außerhalb der Geraden AA' ein Punkt B gegeben, so kann man folgendermaßen verfahren, um den ihm entsprechenden Punkt B' zu konstruieren: Man bestimme den Punkt $O \equiv AB \cdot u$ und bringe dann die Geraden OA' und BU zum Schnitt; der Schnittpunkt ist gerade darum, weil er der Geraden $A'O$, die der Geraden AB entspricht, und der Geraden UB gemeinsam ist, der gesuchte Punkt B'.

existiert, und in dem Büschel aa' diejenige Projektivität, welche u und $c \equiv aa' \cdot U$ zu Doppelstrahlen hat und in welcher die Strahlen a und a' sich entsprechen.

Ist eine Gerade b der Ebene gegeben, die nicht durch den Punkt aa' geht, so kann man folgendermaßen verfahren, um die ihr entsprechende Gerade b' zu konstruieren: Man bestimme die Gerade $o \equiv ab \cdot U$ und verbinde dann die Punkte oa' und bu; die Verbindungslinie ist gerade darum, weil sie dem Büschel $a'o$, das dem Büschel ab entspricht, und dem Doppelbüschel ub gemeinsam ist, der gesuchte Strahl b'.

Sind das Zentrum und die Achse einer ebenen Homologie und ein Paar homologer Punkte gegeben, so konstruiert man sofort ein Paar homologer Geraden, indem man die beiden Punkte mit einem Punkte der Achse verbindet, und umgekehrt; so kann man die Gerade konstruieren, die einer gegebenen entspricht, wenn die Homologie auf die zur linken betrachtete Art definiert ist. Korrelativ dazu kann man den Punkt, der einem gegebenen entspricht, konstruieren, wenn die Homologie auf die zur rechten betrachtete Art gegeben ist.

Satz. Es seien AA' und BB' zwei Paare homologer Punkte und aa' und bb' zwei Paare homologer Geraden in einer ebenen Homologie vom Zentrum U ($\equiv AA' \cdot BB'$) und der Achse u ($\equiv aa' \cdot bb'$), die nicht einander angehören; wenn dann $C \equiv AA' \cdot u$ und $D \equiv BB' \cdot u$ die Schnittpunkte der Geraden AA' und BB' mit der Achse und $c \equiv aa' \cdot U$ und $d \equiv bb' \cdot U$ die Verbindungsgeraden der Punkte aa' und bb' mit dem Zentrum sind, so ist:

$$AA'UC \barwedge BB'UD,$$

$$aa'uc \barwedge bb'ud,$$

$$AA'UC \barwedge aa'cu.$$

In der Tat, wenn die Geraden AA' und BB' zusammenfallen, so ist die Relation

$$AA'UC \barwedge BB'UD$$

diejenige, welche im § 33 aufgestellt worden ist; wenn die Geraden AA' und BB' verschieden sind, so sind die beiden Gruppen $AA'UC$

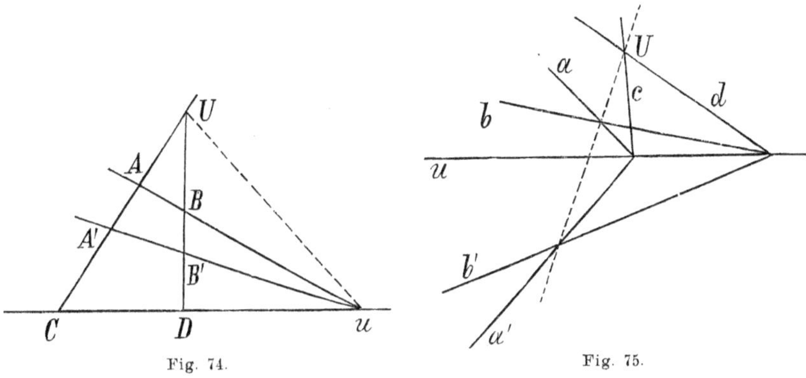

Fig. 74. Fig. 75.

und $BB'UD$ perspektiv, weil die homologen Geraden AB und $A'B'$ sich in einem Punkte der Homologieachse u schneiden.

Korrelativ dazu beweist man die Relation

$$aa'uc \barwedge bb'ud.$$

Wenn man nun als homologe Gerade b und b' zwei Gerade AO und $A'O$ betrachtet, die die Punkte A und A' mit einem Punkte O von u verbinden, so ist

$$bb'du \barwedge AA'UC,$$

woraus folgt

$$AA'UC \barwedge aa'cu.$$

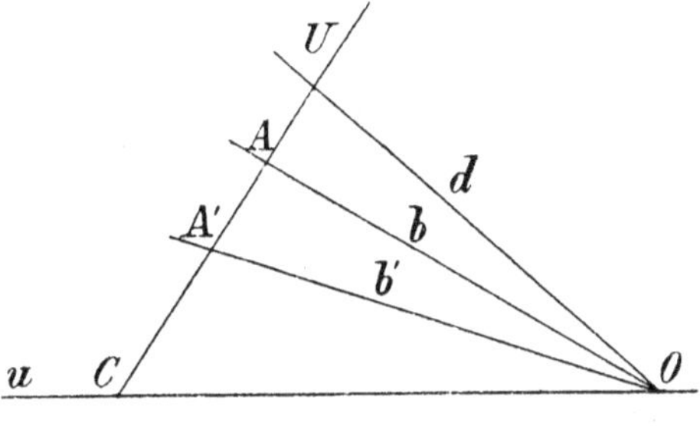

Fig. 76.

Anmerkung. * Den dargelegten Satz kann man auch aussprechen, indem man sagt, daß in einer Homologie die absolute Invariante der auf einer Doppelgeraden (die durch das Zentrum geht, also von der Achse verschieden ist) erzeugten (hyperbolischen) Projektivität für jede dieser Geraden konstant und (wenn man die Reihenfolge der vier Elemente, deren Doppelverhältnis sie ist, geeignet annimmt) der absoluten Invariante der in jedem Doppelstrahlenbüschel, dessen Mittelpunkt auf der Achse liegt, erzeugten (hyperbolischen) Projektivität gleich ist. Diese Invariante, die durch das Doppelverhältnis $(AA'UC)$ gegeben ist, heißt absolute Invariante der Homologie. Wenn das Zentrum der Homologie der Achse angehört, so wird die absolute Invariante gleich 1.

Als besondere metrische Fälle der Homologie führen wir an:

1) Die affine Homologie (perspektive Affinität), in welcher das Zentrum im Unendlichen sich befindet und die Achse eine eigentliche Gerade ist.

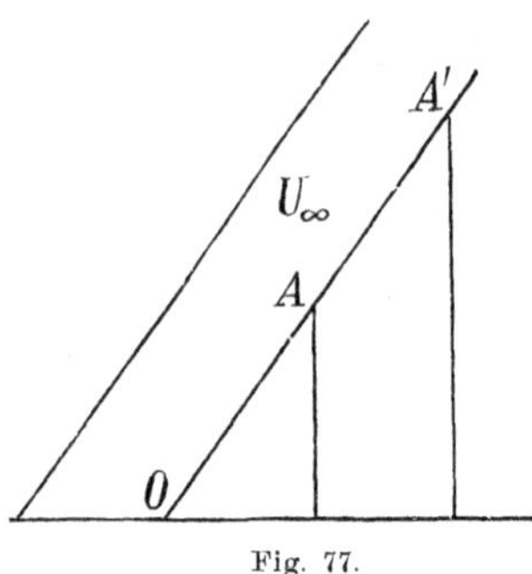

Fig. 77.

Die absolute Invariante der Homologie ist in diesem Falle das konstante Verhältnis der Entfernungen zweier homologer Punkte A und A' von der Achse (in der Figur sieht man, daß diese Entfernungen den Strecken OA und OA' proportional sind, deren Verhältnis gerade die Invariante der Homologie ist).

Unter den affinen Homologien zeichnen sich die orthogonalen aus, in welchen sich das Zentrum (im Unendlichen) auf der Normalen zur Achse befindet.

2) Die Homothetie (perspektive Ähnlichkeit), in welcher die Achse die unendlich ferne Gerade und das Zentrum ein eigentlicher Punkt ist.

In diesem Falle stehen die Entfernungen irgendwelcher zwei homologer Punkte (die mit dem Zentrum auf einer geraden Linie liegen) vom Zentrum in einem konstanten Verhältnis, das die absolute Invariante der Homologie ist (hier Verhältnis der Homothetie genannt). Zwei entsprechende Gerade sind parallel und, insofern sie in der Homothetie auf einander bezogen sind, ähnlich. Das Ähnlichkeitsverhältnis ist auch das konstante Verhältnis der Homothetie.

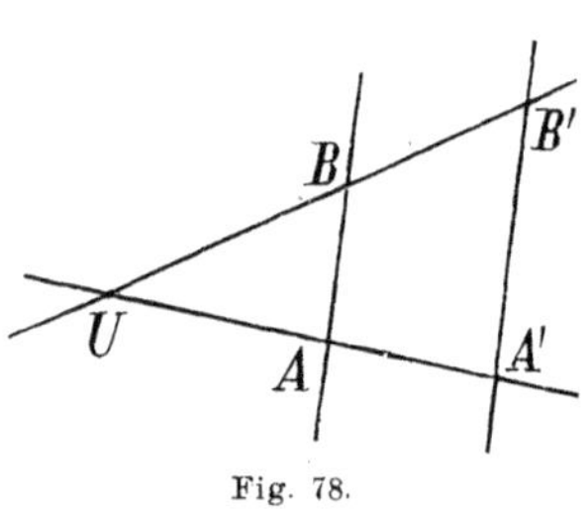

Fig. 78.

In der Tat, wenn A und B zwei Punkte sind, A' und B' die ihnen entsprechenden Punkte und U das Zentrum, so ist:

$$\frac{AB}{A'B'} = \frac{UA}{UA'}.$$

Man sieht hieraus, daß zwei ebene Figuren, die sich in einer Homothetie entsprechen (homothetische Figuren), im Sinne der elementaren Geometrie ähnlich sind; aber sie befinden sich außerdem in einer besondern Lagebeziehung (sie sind ähnlich und ähnlich gelegen).

3) Die Parallelverschiebung (Translation) der Ebene auf sich selbst in einer gegebenen Richtung, d. h. die Homologie, deren Achse und Zentrum im Unendlichen liegen; man kann sie als einen besondern Fall der Homothetie betrachten, nämlich als denjenigen, der dem Werte $+1$ des Verhältnisses der Homothetie entspricht.

Diese besonderen Fälle der Homologie werden sehr guten Stoff für Übungen darbieten.

§ 48. Involution. In einer ebenen (nicht identischen) Kollineation entsprechen sich zwei homologe Elemente im allgemeinen nicht in doppelter Weise, d. h. wenn dem Elemente A das Element A' entspricht, so entspricht dem Elemente A' im allgemeinen ein von A verschiedenes Element. Wenn in einer ebenen Kollineation ω je zwei homologe Elemente sich in doppelter Weise entsprechen, so daß also $\omega \equiv \omega^{-1}$ ist, so heißt die (nicht identische) Kollineation Involution.

Wenn in der im vorhergehenden Paragraphen betrachteten Homologie vorausgesetzt wird, daß die Gruppe $(AA'UC)$ (und daher jede andere analoge Gruppe) harmonisch ist, so ist die (harmonisch genannte) Homologie eine Involution.

Umgekehrt betrachte man eine Involution in einer Ebene α. Die Geraden, welche zwei homologe Punkte wie A und A' verbinden, haben sich selbst (die Verbindungslinien von A' und A) zu entsprechenden Geraden, und daher gibt es unendlich viele Doppelgerade; ebenso gibt es auch unendlich viele Doppelpunkte als Schnittpunkte von Paaren homologer Geraden.

Aber wenn es in einer nicht identischen Kollineation mehr als drei Doppelelemente gibt, so gehören drei davon einem Gebilde erster Stufe an, das dann ganz aus Doppelelementen (§ 47) besteht; also ist die Involution in der Ebene α eine Homologie; aber auf jeder von der Achse verschiedenen Doppelgeraden bilden die Paare entsprechender Punkte eine hyperbolische Involution, daher ist (nach dem Satz des § 38) die Homologie harmonisch.

Die notwendige und hinreichende Bedingung dafür, daß eine ebene Kollineation eine Involution ist, besteht darin, daß sie eine harmonische Homologie ist.

Anmerkung. * In der harmonischen Homologie ist die absolute Invariante gleich -1.

Als besondere metrische Fälle der harmonischen Homologie führen wir an:

1) Die (schiefe oder rechtwinklige) Symmetrie in Bezug auf eine Achse (harmonische affine Homologie).

2) Die Symmetrie in Bezug auf ein Zentrum (harmonische Homothetie).

§ 49. Doppelelemente einer ebenen Kollineation. Es sei eine ebene, nicht homologische Kollineation π gegeben, und U sei ein Doppelpunkt für diese Kollineation. Jeder durch U gehenden Geraden a (von der man voraussetzen kann, daß sie keine Doppelgerade ist, da π keine Homologie ist) wird eine gleichfalls durch U gehende Gerade a' entsprechen, und die beiden Geraden a und a' werden durch π projektiv in der Weise auf einander bezogen sein, daß U sich selbst entspricht, so daß sie perspektiv sein werden. Wir wollen mit A das Zentrum der zwischen ihnen bestehenden Perspektivität bezeichnen.

Betrachten wir noch zwei andere von einander verschiedene homologe Gerade b und b' durch U; auch sie werden durch π perspektiv auf einander bezogen sein; wir wollen das Zentrum ihrer Perspektivität mit B bezeichnen.

Nun wird B sicherlich von A verschieden sein; sonst wäre jede durch A gehende Gerade eine Doppelgerade, da ihren Schnittpunkten mit a und b ihre Schnittpunkte mit a' und b' entsprechen würden; π wäre in diesem Falle eine Homologie vom Zentrum A, und das wäre gegen die Voraussetzung.

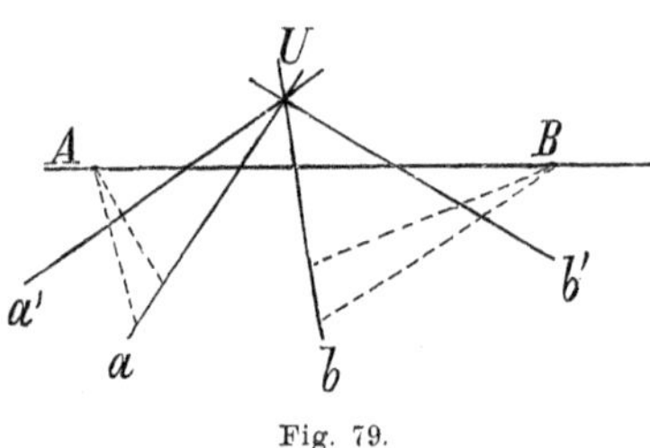

Fig. 79.

Es können sich zwei Fälle darbieten:

1) Die genannten Geradenpaare aa' und bb' können so gewählt werden, daß die Gerade $u \equiv BA$ nicht durch U geht.

Dann ist u Doppelgerade für die Kollineation π, da ja den (verschiedenen) beiden Punkten, in welchen sie a und b schneidet, die Punkte entsprechen, in welchen sie a' und b' schneidet.

Zwei andere durch U gehende, in π homologe Gerade c und c' werden also von u in zwei homologen Punkten geschnitten, und daher enthält u immer das Zentrum C der von π erzeugten Perspektivität zwischen c und c'.

2) Wie auch die Paare aa' und bb' gewählt werden mögen, die Gerade $u \equiv AB$ geht durch U.

Dann kann man sagen, daß die Verbindungsgerade $u \equiv UA$ das Zentrum B der Perspektivität enthält, die zwischen irgendwelchen zwei in π homologen Geraden b und b' des Doppelbüschels U besteht. Die Gerade u ist auch in diesem Falle Doppelgerade, weil in π denjenigen Punkten von ihr, welche Zentren der Perspektivität zwischen Paaren homologer, durch U gehender Geraden sind, Zentren analoger Perspektivitäten entsprechen, die sich auf derselben Geraden befinden.

Wir schließen also:

In einer nicht homologischen ebenen Kollineation wird jedem Doppelpunkte U eine Doppelgerade u **assoziiert**, die alle Zentren der Perspektivitäten enthält, die zwischen den verschiedenen homologen Geraden des Doppelbündels U bestehen.

Korrelativ dazu: Jeder Doppelgeraden u wird ein Doppelpunkt U **assoziiert**, durch den die Achsen der Perspektivitäten zwischen den verschiedenen homologen Büscheln, deren Mittelpunkte auf der Doppelgeraden u liegen, hindurchgehen.

Man bemerke, daß die oben entwickelte Schlußreihe für den Fall 1) folgendes beweist:

Wenn eine nicht homologische ebene Kollineation einen Doppelpunkt und eine Doppelgerade besitzt, die einander nicht angehören, so ist die Gerade dem Punkte assoziiert und der Punkt der Geraden.

Darnach ist es auch leicht, für jeden Fall folgendes zu erkennen:

Die zwischen zwei Doppelelementen, die einander durch eine nicht homologische ebene Kollineation assoziiert sind, bestehende Relation ist reziprok; das will sagen: Wenn u die Doppelgerade ist, die dem Doppelpunkte U assoziiert ist, so ist U seinerseits der Doppelpunkt, der u assoziiert ist.

Dies ist für den Fall, daß u und U einander nicht angehören, bereits nachgewiesen; setzen wir also voraus, daß u, die dem Punkte U assoziierte Gerade, U angehört; versetzen wir uns also in den oben betrachteten Fall 2). Es wird nur zu zeigen sein, daß die Achsen der Perspektivitäten, die zwischen zwei Paaren homologer Büschel, deren Mittelpunkte auf u liegen, bestehen, durch U gehen.

Zu diesem Ende betrachte man eine Gerade a (die keine Doppelgerade ist) des Büschels U; es sei a' die ihr entsprechende Gerade, und dieser wieder entspreche a''. Die Geraden a' und a'' gehen durch U; a' ist perspektiv zu a, a'' zu a'; die Zentren A und A' der beiden Perspektivitäten werden homologe Punkte der Geraden u sein. Nun entspricht jeder durch A gehenden Geraden p in π eine durch A' gehende Gerade p', die a' in dem homologen Punkte zu pa, d. h. in demselben Punkte trifft, in welchem a' von p geschnitten wird.

Also ist a' die Achse der Perspektivität, die in π zwischen den homologen Büscheln A und A', deren Mittelpunkte auf u liegen, besteht.

Wählt man anstelle von a eine andere Gerade b des Büschels U und betrachtet die ihr entsprechende Gerade b', so erhält man ein anderes Paar homologer perspektiver Büschel, deren Mittelpunkte auf u liegen, von der Beschaffenheit, daß die Achse der Perspektivität b' durch U geht. Also ist bewiesen, daß U der Doppelpunkt ist, der u assoziiert ist, w. z. b. w.

Es folgt daraus, daß in einer nicht homologischen ebenen Kollineation eine Doppelgerade nicht zwei Doppelpunkten assoziiert sein kann, und daraus ergibt sich:

Wenn A und B zwei Doppelpunkte einer nicht homologischen ebenen Kollineation sind, so geht die Doppelgerade a, die A assoziiert ist, durch B. Sonst wäre a dem Punkte B assoziiert.

Anmerkung. Wenn U und u der Doppelpunkt und die Doppelgerade sind, die in einer nicht homologischen ebenen Kollineation π assoziiert sind, so transformiert irgendeine Homologie T vom Zentrum U und der Achse u π in sich selbst, so daß

$$T\pi T^{-1} \equiv \pi.$$

Diese Eigenschaft, welche zur Übung bewiesen werden mag, dient auch dazu, in charakteristischer Weise die Beziehung zwischen U und u zu definieren.

§ 50. * Besondere ebene Kollineationen vom metrischen Standpunkte aus. Die Kollineationen zwischen Ebenen bieten bemerkenswerte besondere metrische Fälle dar, unter denen sich (wenn es sich um in einander liegende Ebenen handelt) die bereits erwähnten besonderen Homologien befinden (§ 47).

Wir nennen die folgenden Fälle besonderer Kollineationen zwischen zwei Ebenen:

1) Die unendlich fernen Geraden entsprechen sich. Dann erhält man die affine Kollineation oder Affinität. Die Affinität zwischen

zwei Ebenen ist durch drei Paare (eigentlicher) entsprechender Elemente bestimmt.

In dem allgemeinen Falle der nicht affinen Kollineation gibt es in jeder Ebene eine eigentliche (Flucht-) Gerade, die zur entsprechenden in der andern Ebene die unendlich ferne Gerade hat; dann entspricht einer geradlinigen Strecke eine unendliche oder eine endliche Strecke, je nachdem die erste einen Punkt der Fluchtgeraden enthält oder nicht. Im Falle der Affinität ist die Fluchtgerade in jeder Ebene uneigentlich, und jeder endlichen Strecke entspricht daher immer eine endliche Strecke.

In der Affinität zwischen zwei Ebenen sind zwei homologe Punktreihen ähnlich (§ 29).

In der Affinität entsprechen zwei parallelen Geraden einer Ebene immer (in der andern) zwei parallele Gerade und daher einem Parallelogramm ein Parallelogramm. Man kann beweisen:

„Das Verhältnis der Flächen zweier entsprechender Parallelogramme ist konstant.“

Es seien $LMNK$ und $RUST$ zwei Parallelogramme und $L'M'N'K'$ und $R'U'S'T'$ die ihnen in einer Affinität zwischen zwei Ebenen entsprechenden Parallelogramme.

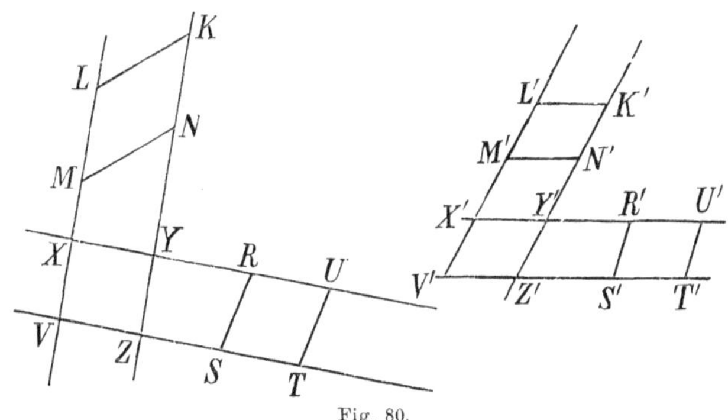

Fig. 80.

Wir führen die Bezeichnungen:

$$X \equiv LM \cdot RU, \qquad Y \equiv KN \cdot RU,$$
$$V \equiv LM \cdot ST, \qquad Z \equiv KN \cdot ST$$

ein (wie in der Figur) und betrachten das Parallelogramm $XYZV$. Ihm entspricht in der andern Ebene ein Parallelogramm $X'Y'Z'V'$, das man in analoger Weise erhält.

Nun stehen die Flächen der beiden Parallelogramme $LMNK$ und $XYZV$ zu einander im Verhältnis der Seiten LM und XV

und ebenso $RUST$ und $XYZV$ im Verhältnis wie ST zu VZ, also ist:

$$LMNK : XYZV = LM : XV,$$

$$XYZV : RUST = VZ : ST.$$

Ebenso ist

$$L'M'N'K' : X'Y'Z'V' = L'M' : X'V',$$

$$X'Y'Z'V' : R'U'S'T' = V'Z' : S'T'.$$

Andererseits sind die projektiven Geraden LM und $L'M'$, in denen sich die unendlich fernen Punkte entsprechen, ähnlich, und daher ist:

$$LM : XV = L'M' : X'V',$$

und analog

$$VZ : ST = V'Z' : S'T'.$$

Es folgt:

$$LMNK : RUST = L'M'N'K' : R'U'S'T',$$

oder das Verhältnis:

$$LMNK : L'M'N'K'$$

der Flächen zweier entsprechender Parallelogramme ist konstant, w. z. b. w.

Beachtet man, daß zwei (endliche) entsprechende Dreiecke in einer Affinität zwischen zwei Ebenen immer als Hälften zweier entsprechender Parallelogramme betrachtet werden können, so folgt, daß auch das Verhältnis der Flächen irgendwelcher zwei entsprechender Dreiecke konstant ist. Sind nun (in den beiden affinen Ebenen) zwei (endliche) entsprechende Polygone gegeben, so wird man sie in eine gleiche Anzahl entsprechender Dreiecke zerlegen können, und daher wird das Verhältnis ihrer Flächen immer dem Verhältnis der Flächen zweier entsprechender Dreiecke (oder Parallelogramme) gleich sein.

Allgemeiner: Ist in einer Ebene eine geschlossene Linie gegeben, so kann man sie als Grenze zweier konvergenter Reihen von eingeschriebenen und umgeschriebenen Polygonen betrachten, und dann ist die von ihr begrenzte Fläche definiert als die Grenze der Flächen ihrer eingeschriebenen (oder umgeschriebenen) Polygone, wenn man die Seiten unbegrenzt abnehmen läßt. Der genannten geschlossenen Linie wird in der andern Ebene eine andere geschlossene Linie entsprechen, deren Fläche in analoger Weise definiert sein wird, und das Verhältnis dieser entsprechenden Flächen wird immer dem irgendwelcher zwei entsprechender Polygone oder entsprechender Dreiecke gleich sein.

Also können wir den Satz aussprechen:

In der Affinität zwischen zwei Ebenen ist das Verhältnis der von zwei entsprechenden geschlossenen Linien begrenzten Flächen konstant.

Wenn dieses Verhältnis gleich 1 ist, so ergibt sich die affine Äquivalenz, in welcher zwei homologe Flächen immer gleichen Wert haben.

Die Affinität kann im besondern zwischen in einander liegenden Ebenen betrachtet werden. Ein besonderer Fall ist die bereits betrachtete affine Homologie.

2) Die unendlich fernen Geraden entsprechen sich und außerdem transformiert die gegebene Kollineation die absolute Involution der einen in die absolute Involution der andern, so daß also Paaren konjugierter Punkte in der einen unendlich fernen Geraden Paare konjugierter Punkte in der andern entsprechen. Das bedeutet, daß die genannten unendlich fernen Geraden der beiden Ebenen kongruent sind (§ 41), und daher entspricht jedem Winkel der einen Ebene immer ein gleicher Winkel in der andern Ebene. Man schließt, daß jedem (eigentlichen) Dreieck ein ähnliches Dreieck entsprechen wird; allgemeiner werden irgendwelche zwei Figuren, die sich in dieser Kollineation entsprechen, ähnlich sein, die Ähnlichkeit im Sinne der elementaren Geometrie verstanden. Deswegen heißt diese besondere Kollineation Ähnlichkeit.

Es ergibt sich:

Das Verhältnis zweier (endlicher) entsprechender Strecken in einer Ähnlichkeit zwischen zwei Ebenen ist konstant; da ja zwei Punktepaare und die ihnen entsprechenden Paare auf zwei ähnliche Vierecke führen.

Diese Eigenschaft ist für die Ähnlichkeit charakteristisch.

Die Ähnlichkeit kann zwischen in einander liegenden Ebenen, d. h. in einer Ebene betrachtet werden; dann unterscheidet man die direkte und die inverse Ähnlichkeit, je nachdem die Kongruenz zwischen zwei Strahlenbüscheln, die in ihr sich entsprechen, direkt oder invers ist, d. h. je nachdem die von der Ähnlichkeit auf der uneigentlichen Doppelgeraden erzeugte Kongruenz direkt oder invers ist.

Es existieren in einer Ebene zwei Ähnlichkeiten, von denen die eine direkt, die andere invers ist, in welchen zwei eigentlichen Punkten zwei andere gegebene eigentliche Punkte entsprechen.

In der Tat seien AA' und BB' die beiden angenommenen Paare entsprechender Punkte. Zwischen den Punktreihen AB und $A'B'$ gibt es eine bestimmte Ähnlichkeit, in welcher die genannten Punkte sich in der angegebenen Weise entsprechen (§ 29). Auf der uneigentlichen Geraden gibt es zwei Kongruenzen, die eine direkt, die andere invers, in welchen dem unendlich fernen Punkte der Geraden AB der unendlich ferne Punkt der Geraden $A'B'$ entspricht (§ 32). Nimmt man nun auf der uneigentlichen Geraden eine der genannten Kongruenzen an und zwischen den Geraden AB und $A'B'$ die erwähnte Ähnlichkeit, so wird in der Ebene (§ 45) eine genau definierte Ähnlichkeit hergestellt, in welcher A und A', und B und B' einander entsprechen; diese ist direkt oder invers je nach dem Sinne der auf der uneigentlichen Geraden angenommenen Kongruenz.

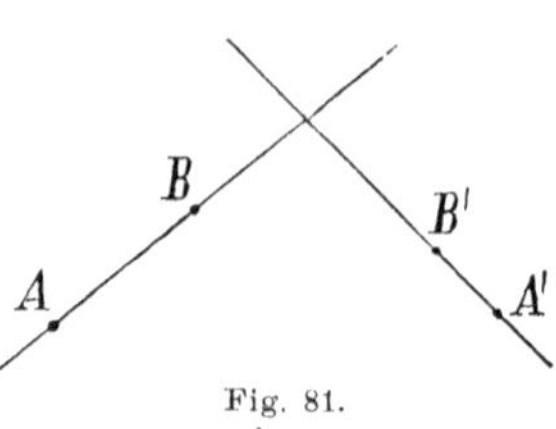

Fig. 81.

Eine Ähnlichkeit in der Ebene kann im besondern homologisch sein. Wir zählen die verschiedenen Fälle auf, die eine homologische Ähnlichkeit darbieten kann.

a) Die Achse der Homologie ist die uneigentliche Gerade, oder die Ähnlichkeit ist eine Homothetie (§ 47).

b) Die Achse der Homologie ist eine eigentliche Gerade. Dann erhält man eine besondere affine Homologie (§ 47). Zunächst ergibt sich auf der uneigentlichen Geraden eine inverse Kongruenz, deren Doppelpunkte zwei auf einander normal stehenden Richtungen entsprechen (§ 32); daher ist die Homologie, um die es sich handelt, orthogonal. Andererseits müssen zwei einander entsprechende, auf der Achse sich schneidende Gerade mit dieser gleiche (entsprechende) Winkel bilden.

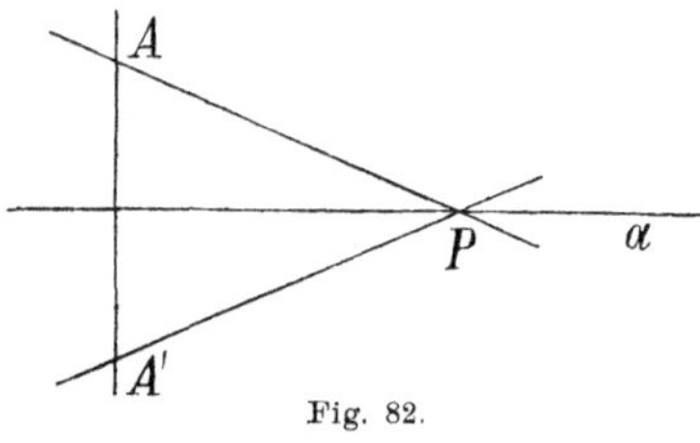

Fig. 82.

Betrachten wir nun zwei entsprechende Punkte A und A', die auf einer Normalen zur Achse a liegen. Nimmt man auf a irgendeinen Punkt P an, so bilden die Geraden PA und PA' mit a gleiche Winkel; daraus folgt, daß A und A' von a gleich weit entfernt sind; also wird die in Rede stehende Homologie (die als nicht identisch vorausgesetzt wird) eine in Bezug auf a orthogonale Symmetrie sein. Umgekehrt ist eine solche Symmetrie eine besondere inverse Ähnlichkeit.

Wenn wir zusammenfassen, erhalten wir:

Eine (nicht identische) homologische Ähnlichkeit der Ebene ist eine Homothetie (im besondern eine Parallelverschiebung) oder eine orthogonale Symmetrie in Bezug auf eine Achse.

Anmerkung. Das Produkt zweier Ähnlichkeiten einer Ebene ist eine direkte oder eine inverse Ähnlichkeit, je nachdem die beiden gegebenen Ähnlichkeiten von derselben oder von verschiedener Art sind (beide direkt oder beide invers, oder die eine direkt und die andere invers).

In der Tat, wenn man in der Ebene hinter einander zwei Ähnlichkeiten herstellt, so erhält man eine Kollineation, die die uneigentliche Gerade zur Doppelgeraden hat und auf ihr diejenige Kongruenz erzeugt, die das Produkt der von den beiden gegebenen Ähnlichkeiten erzeugten Kongruenzen ist.

Daraus kann man leicht herleiten:

Jede inverse Ähnlichkeit einer Ebene kann man als Produkt einer direkten Ähnlichkeit und einer orthogonalen Symmetrie in Bezug auf eine Achse erhalten.

3) Die Ähnlichkeit kann im besondern eine Kongruenz sein, d. h. zwei ähnliche Figuren, die sich in den beiden Ebenen entsprechen, können (immer) kongruent oder gleich sein. Das trifft ein, wenn das Ähnlichkeitsverhältnis die Einheit ist.

Die Kongruenz zwischen zwei Ebenen kann durch eine Bewegung erzeugt werden, durch welche eine Ebene so auf die andere gelegt wird, daß zwei (gleiche) entsprechende Dreiecke zur Deckung kommen; in der Tat wird dadurch, daß die beiden Dreiecke einander entsprechen, die Kongruenz zwischen den beiden Ebenen (die eine besondere Affinität ist) bestimmt.

Handelt es sich um eine Kongruenz zwischen in einander liegenden Ebenen oder in einer Ebene, so unterscheidet man noch die direkte von der inversen Kongruenz.

Das Produkt zweier Kongruenzen einer Ebene ist eine direkte oder eine inverse Kongruenz, je nachdem die beiden gegebenen Kongruenzen von derselben oder von verschiedener Art sind.

Versuchen wir in dem Studium der Kongruenzen in einer Ebene tiefer zu gehen.

Wir zählen zuerst die homologischen Kongruenzen auf.

Unter den früher erwähnten Fällen homologischer Ähnlichkeiten ist die orthogonale Symmetrie in Bezug auf eine Achse (die durch

Umklappung der Ebene um die Achse erzeugt werden kann) immer eine Kongruenz.

Die Homothetie kann in zwei Fällen eine Kongruenz sein; nämlich wenn das Verhältnis der Homothetie den Wert $+1$ oder -1 hat. Im ersten Falle hat die Homothetie ihr Zentrum auf der Achse (§ 47), d. h. auf der uneigentlichen Geraden; dann reduziert sich die Homothetie auf eine Parallelverschiebung der Ebene auf sich selbst. Im zweiten Falle ist die Homothetie harmonisch (§ 48), d. h. eine Symmetrie in Bezug auf ein Zentrum.

Wir schließen, indem wir zusammenfassen:

Eine homologische Kongruenz der Ebene ist eine Parallelverschiebung oder eine Symmetrie in Bezug auf ein Zentrum oder eine orthogonale Symmetrie in Bezug auf eine Achse.

In den beiden ersten Fällen ist die Kongruenz direkt, in dem dritten invers.

Betrachten wir nun in der Ebene eine nicht homologische direkte Kongruenz.

Auf der uneigentlichen Geraden wird von ihr eine direkte Kongruenz erzeugt, die keine Doppelpunkte hat (§ 32), daher ist der der uneigentlichen Geraden assoziierte Doppelpunkt (§ 49) ein eigentlicher Punkt. Wir bezeichnen diesen Punkt mit O.

In dem Büschel O wird eine direkte Kongruenz erzeugt, die man erhalten kann, wenn man die Ebene des Büschels um einen gewissen Winkel α dreht. Da nun zwei entsprechende Punkte von dem Doppelpunkte O gleichweit entfernt sein müssen, so wird, wenn man die erwähnte Drehung um O ausführt, nicht nur jede durch O gehende Gerade mit der entsprechenden zur Deckung kommen, sondern auch irgendein Punkt der Ebene (und daher auch irgendeine Gerade) wird schließlich mit dem homologen Elemente zusammenfallen. Hält man sich noch die beiden Fälle homologischer direkter Kongruenzen gegenwärtig, so erkennt man also:

In der Ebene kann jede direkte Kongruenz durch eine Drehung um ein festes Zentrum oder durch eine Parallelverschiebung der Ebene auf sich selbst erzeugt werden.

Wenn es sich um eine Drehung handelt und der Winkel, um den die Ebene sich dreht, zwei rechte Winkel beträgt, so ist die in Rede stehende Kongruenz eine Symmetrie in Bezug auf das genannte Zentrum.

Gehen wir nun an die Untersuchung einer nicht homologischen inversen Kongruenz in der Ebene.

Auf der uneigentlichen Geraden gibt es jetzt zwei Doppelpunkte A und B, die zu einander rechtwinkligen Richtungen entsprechen (§ 32). Ich behaupte vor allem, daß einer dieser Punkte der uneigentlichen Geraden assoziiert ist.

Dies wird indirekt in folgender Weise bewiesen.

Wenn keiner der genannten Punkte der uneigentlichen Geraden assoziiert ist, so muß es einen eigentlichen Doppelpunkt O geben, der ihr assoziiert ist. Nun wird es in dem Büschel, dessen Mittelpunkt dieser Punkt O ist, eine inverse Kongruenz mit zwei zu einander normalen Doppelgeraden a und b geben. Auf jeder dieser beiden Geraden wird es eine Kongruenz mit dem Doppelpunkte O geben, also eine inverse Kongruenz, gleichbedeutend mit einer Symmetrie in Bezug auf O. Man schließt daraus, daß jeder Geraden u die Gerade u' entsprechen wird, welche a und b in den Punkten A' und B' schneidet, die zu $A \equiv ua$ und $B \equiv ub$ in Bezug auf O symmetrisch sind; das will sagen: jeder Geraden u wird die in Bezug auf O zu ihr symmetrische entsprechen. Aber dies bedeutet, daß die in Rede stehende Kongruenz eine Symmetrie in Bezug auf O sein muß, entgegen der Voraussetzung, daß sie eine nicht homologische inverse Kongruenz ist.

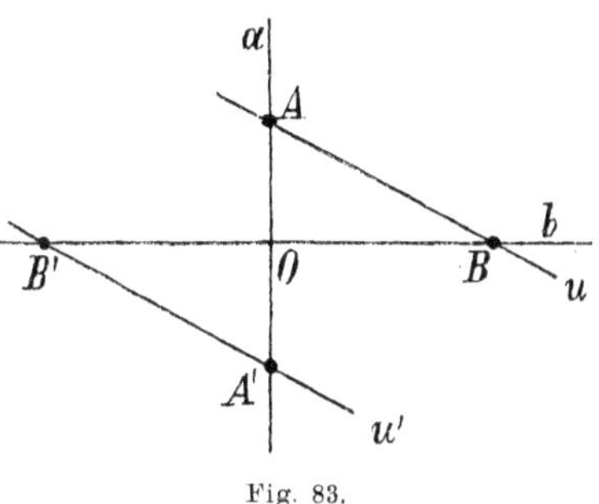

Fig. 83.

Nachdem so dargelegt ist, daß der der uneigentlichen Geraden assoziierte Doppelpunkt einer der beiden ihr angehörenden Doppelpunkte A oder B ist, nehmen wir z. B. an, es sei A dieser Punkt.

Dann wird dem uneigentlichen Doppelpunkte B eine eigentliche Doppelgerade a assoziiert, die durch A gehen muß, andernfalls wäre sie A assoziiert. Auf der Geraden a wird es keinen eigentlichen Doppelpunkt geben, und daher wird die auf ihr erzeugte Kongruenz direkt sein; sie wird also gleichbedeutend sein mit einem Gleiten von a auf sich sich selbst (§ 32) in einem gewissen Sinne von a um eine gewisse Länge l. Nun kann man die gegebene Kongruenz konstruieren wie folgt:

Wir beginnen damit, die Ebene um die Länge l parallel mit sich in der Richtung von a und in dem Sinne des auf a betrachteten Gleitens zu verschieben.

Durch eine derartige Bewegung wird irgendein Punkt P zwar

nicht mit dem Punkte P', der ihm in der gegebenen Kongruenz entspricht, zur Deckung gebracht (da ja diese Kongruenz keine Parallelverschiebung ist), er nimmt aber schließlich eine neue Lage P_1 ein, die sich mit P' auf einer Normalen zu a befindet; in der Tat bewegt sich die von P auf a gefällte Normale (eine Gerade des uneigentlichen Doppelbüschels B) parallel mit sich selbst, und ihr Fußpunkt beschreibt auf a (in dem richtigen Sinne) eine Strecke l, so daß er schließlich mit dem Fußpunkte der von P' auf a gefällten Normalen zusammenfällt. Nun entsprechen sich die Punkte P_1 und P' in einer neuen (nicht identischen) Kongruenz, die das Produkt der gegebenen Kongruenz und jener, im entgegengesetzten Sinne ausgeführten Parallelverschiebung ist; in dieser neuen Kongruenz sind alle Punkte von a Doppelpunkte, so daß die Kongruenz selbst (homologisch oder) eine orthogonale Symmetrie in Bezug auf a ist. Es ist also nach der erwähnten Verschiebung nur noch eine Umklappung um a auszuführen, um in der gegebenen inversen Kongruenz jeden Punkt mit dem entsprechenden zur Deckung zu bringen.

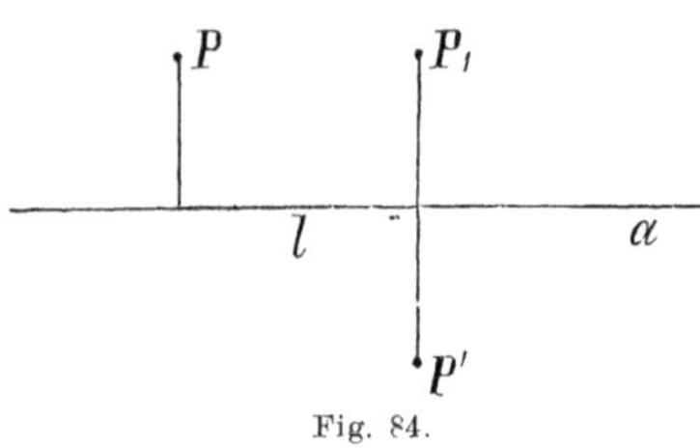

Fig. 84.

Wir kommen also zu dem Schluß:

Jede inverse Kongruenz der Ebene kann erzeugt werden, indem man nach einander eine Parallelverschiebung der Ebene auf sich selbst in der Richtung einer gewissen Achse und eine Umklappung der Ebene um diese Achse ausführt.

Es ist nur eine Umklappung nötig, wenn es sich um inverse homologische Kongruenzen (Symmetrieen) handelt.

Anmerkung 1. Zwei gleiche Figuren einer Ebene (z. B. zwei gleiche Dreiecke ABC und $A'B'C'$) können durch eine Bewegung der Ebene zur Deckung gebracht werden; aber es kann sich ergeben, daß diese Bewegung ausgeführt werden kann, indem man die Ebene auf sich selbst gleiten läßt, und es kann sich im Gegensatz dazu ergeben, daß man die Figur im Raume außerhalb der Ebene bewegen muß. Die beiden Fälle (die sich schon

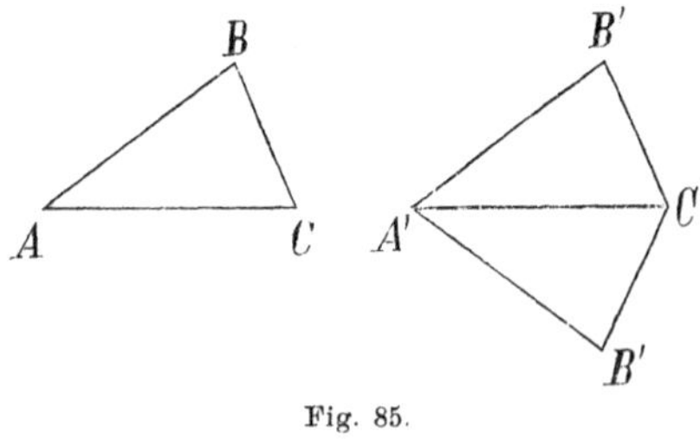

Fig. 85.

in der elementaren Geometrie darbieten) werden jetzt je nach der (direkten oder inversen) Art der Kongruenz der Ebene, in welcher die beiden Figuren als einander entsprechend betrachtet werden können, unterschieden; und mit Beziehung hierauf heißen die Figuren selbst direkt oder invers gleich.

Aus dem Vorhergehenden ergibt sich:

Zwei direkt gleiche Figuren einer Ebene können durch eine Parallelverschiebung der Ebene oder durch eine Drehung der Ebene um einen Punkt zur Deckung gebracht werden; dagegen können zwei invers gleiche Figuren zur Deckung gebracht werden, wenn man zuerst eine Parallelverschiebung der Ebene in einer gewissen Richtung und dann eine Umklappung der Ebene um eine Achse von der genannten Richtung ausführt.

Anmerkung 2. Auf Grund der Betrachtungen dieses Paragraphen kann man jetzt schließen:

Alle metrischen Eigenschaften der Figuren einer Ebene können als visuelle Beziehungen der Figuren zu der uneigentlichen Geraden und der absoluten Involution betrachtet werden; diese beiden Dinge führen zusammen den Namen: das Absolute der Ebene.

Um diesen Satz zu beweisen, bemerken wir vor allem, daß die metrischen Eigenschaften der ebenen Geometrie sich (abgesehen von den visuellen Begriffen) auf die Fundamentalbegriffe der Gleichheit von Winkeln und von Strecken gründen. Es ist also nur die Gleichheit zweier Winkel und zweier Strecken einer Ebene als eine visuelle Beziehung zu der uneigentlichen Geraden und zu der absoluten Involution auszudrücken. Nun ist die Gleichheit zweier Winkel in einer Ebene dadurch definiert, daß zwei Paare uneigentlicher Punkte in einer Kongruenz auf der uneigentlichen Geraden sich entsprechen, oder durch eine Projektivität auf ihr, welche die absolute Involution in sich selbst transformiert; auf diese Weise wird die Gleichheit zweier Winkel sofort in der gewünschten Weise definiert.

Suchen wir in analoger Weise die Beziehung der Gleichheit zwischen zwei Strecken AB und $A'B'$ einer Ebene auszudrücken. Das kann in zweifacher Weise geschehen, wenn man der Thatsache Rechnung trägt, daß die Strecken AB und $A'B'$ (wenn man annimmt, daß ihre Eckpunkte sich entsprechen) sich in einer direkten und in einer inversen Kongruenz entsprechen. Von den beiden möglichen Wegen wählen wir den einfacheren. Die Tatsache, daß die Strecken AB und $A'B'$ sich in einer inversen Kongruenz der Ebene entsprechen, kann man ausdrücken, indem man sagt, daß sie sich in einer Kollineation entsprechen, die man als Produkt einer Parallelverschiebung und einer orthogonalen Symmetrie erhält. Nun ist eine Parallelverschiebung eine Homologie, deren Achse und Zentrum sich im Unendlichen befinden; und eine orthogonale Symmetrie ist eine harmonische Homologie mit einer eigentlichen Achse, deren Zentrum derjenige uneigentliche Punkt ist, der in der absoluten Involution dem unendlich fernen Punkte der Achse konjugiert ist. So wird die Beziehung der Gleichheit zwischen den Strecken AB und $A'B'$ ausgedrückt als eine visuelle Beziehung der Strecken zu der uneigentlichen Geraden und zu der absoluten Involution ihrer Ebene.

Anmerkung 3. Das in Bezug auf die metrischen Besonderheiten der Kollineationen zwischen (eigentlichen) Ebenen Gesagte kann in analoger Weise für die uneigentlichen Bündel wiederholt werden.

Sind zwei uneigentliche Bündel gegeben, so wird zwischen ihnen eine Affinität, eine Ähnlichkeit oder eine Kongruenz stattfinden, je nachdem die Kollineation, die durch die Bündel auf irgendwelchen zwei (außerhalb befindlichen) sie rechtwinklig schneidenden Ebenen bestimmt wird, eben eine Affinität oder eine Ähnlichkeit oder eine Kongruenz ist. In allen drei Fällen entsprechen sich die uneigentlichen Ebenen der beiden Bündel; im Falle der Ähnlichkeit sind die entsprechenden Flächenwinkel gleich und die Breiten der zwischen Paaren entsprechender Strahlen befindlichen Streifen stehen in einem konstanten Verhältnis; dieses Verhältnis ist im Falle der Kongruenz gleich 1.

Im besondern kann man eine Kongruenz in einem uneigentlichen Bündel betrachten; und diese Kongruenz wird direkt oder invers sein können.

Im ersten Falle ist sie gleichbedeutend: entweder mit einer Parallelverschiebung aller Strahlen des Bündels parallel zu einer Ebene, oder mit einer Drehung des Bündels um eine feste (eigentliche) Gerade.

Im zweiten Falle gibt es im Bündel eine eigentliche Doppelebene (aber keine eigentlichen Doppelgeraden), und man kann die Kongruenz erhalten, indem man zunächst eine Parallelverschiebung der Geraden des Bündels parallel zu jener Ebene und dann eine orthogonale Symmetrie in Bezug auf die Ebene selbst ausführt.

Übungen. Es ist in der Ebene eine direkte Ähnlichkeit (die keine Kongruenz sein soll) gegeben; man soll sie in das Produkt einer Drehung um ein Zentrum (das Ähnlichkeitszentrum) und einer Homothetie zerlegen.

Es ist in der Ebene eine inverse Ähnlichkeit (die keine Kongruenz sein soll) gegeben; man soll sie in das Produkt einer Homothetie und einer orthogonalen Symmetrie in Bezug auf eine Achse, die durch das Zentrum der genannten Homothetie (das Ähnlichkeitszentrum) geht, zerlegen.

§ 51. Polarität in der Ebene. Im allgemeinen werden sich in einer Reziprozität zwischen zwei in einander liegenden Ebenen zwei homologe Elemente nicht in doppelter Weise entsprechen, d. h. einem Punkte A ist eine Gerade a homolog, und dieser entspricht in der gegebenen Reziprozität ein Punkt A', der von A verschieden ist. Um sich davon zu überzeugen, braucht man nur zu beachten, daß man eine Gerade a bezeichnen kann, die einem Punkte A entsprechen soll, und annehmen kann, daß zweien auf ihr liegenden Punkten zwei durch einen von A verschiedenen Punkt A' gehende Gerade entsprechen; darnach ist nur noch die homologe Gerade zu einem andern Punkte der Ebene anzunehmen, um die Reziprozität zu bestimmen (§ 45).

Eine Reziprozität in einer Ebene, in welcher irgendwelche zwei homologe Elemente sich in doppelter Weise (involutorisch) entsprechen, d. h. eine Reziprozität, die ihrer Umkehrung gleichwertig ist, heißt ein Polarsystem oder eine Polarität; ein Punkt und eine Gerade, die sich in einer ebenen Polarität entsprechen, heißen Pol und Polare von einander.

Die Polarität in einer Ebene kann man auch definieren als eine umkehrbar eindeutige Beziehung zwischen den Punkten und den Geraden von der Art, daß, wenn die einem Punkte A entsprechende Gerade (Polare) durch einen Punkt B geht, die dem Punkte B entsprechende Gerade (Polare) durch A geht.

Anmerkung. Korrelativ dazu (im Raume) kann man die Polarität in einem Bündel definieren.

Die tatsächliche Existenz von Polarsystemen geht aus folgendem Satze hervor:

Eine Reziprozität in einer Ebene ist eine Polarität, wenn ein Dreieck existiert, in welchem jedem Eckpunkte die gegenüberliegende Seite entspricht.

Vor allem bemerke man, daß, wenn in einer Reziprozität der Ebene den drei Eckpunkten A, B, C die gegenüberliegenden Seiten a, b, c entsprechen, der Geraden $a \equiv BC$ der Punkt $A \equiv bc$ entsprechen muß, u. s. w., d. h. die Eckpunkte des Dreiecks und die gegenüberliegenden Seiten entsprechen sich in doppelter Weise. Nun ist in der betrachteten Projektivität die Punktreihe a zu dem

Büschel A der homologen Strahlen projektiv, so daß, wenn man dieses Büschel mit der Geraden a schneidet, man auf dieser eine Projektivität erhält; da in dieser Projektivität die Punkte B und C sich in doppelter Weise entsprechen, so ist sie eine Involution, daher entsprechen sich die Punkte der Geraden a und die homologen Strahlen des Büschels A in doppelter Weise. Ebendasselbe kann man von den Punkten der Geraden b und c und den zu ihnen homologen Geraden durch B und C behaupten. Infolge dessen wird auch jedem Punkte P, in welchem zwei durch A und B gehende Gerade a' und b' sich schneiden, in doppelter Weise die homologe Gerade p entsprechen, welche als die Verbindungsgerade der (auf den Geraden a und b liegenden) Punkte A' und B', die den Geraden a' und b' entsprechen, definiert wird. Daher ist die betrachtete Reziprozität ein Polarsystem.

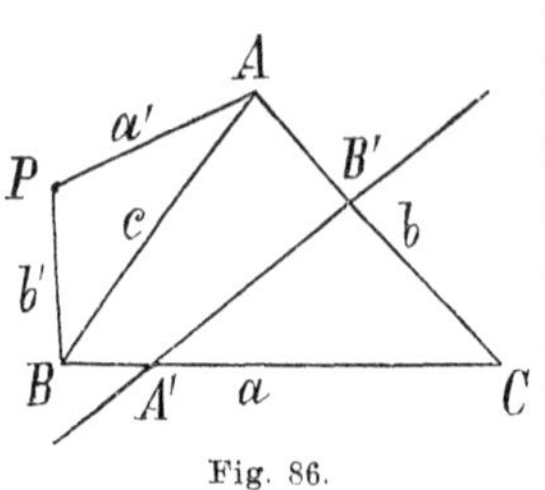

Fig. 86.

In einem ebenen Polarsystem werden die Dreiecke ABC, deren Eckpunkte Pole der gegenüberliegenden Seiten sind (die ihrerseits die Polaren der genannten Eckpunkte bilden) konjugierte oder Polar- (autokonjugierte, autoreziproke, u. s. w.) Dreiecke genannt.

Die Existenz unendlich vieler konjugierter Dreiecke in einer ebenen Polarität wird sehr bald bewiesen werden; es wird daraus folgen, daß die allgemeinste Art, eine Polarität zu erhalten, darin besteht, ein Dreieck zu bezeichnen, das in ihr konjugiert sein soll, und eine Gerade, die nicht einem Eckpunkte des Dreiecks angehört, als Polare eines Punktes anzunehmen, der nicht einer Seite des Dreiecks angehört.

§ 52. Von einer Polarität erzeugte Involution konjugierter Elemente in einem Gebilde erster Stufe. Aus der Definition der Polarität gehen unmittelbar die folgenden korrelativen Eigenschaften hervor:

In einer ebenen Polarität

gehen die Polaren der Punkte einer Geraden durch ihren Pol. Das Büschel der Polaren der Punkte einer Geraden a ist zu der Punktreihe (a) ihrer Pole projektiv (§ 44).	liegen die Pole der durch einen Punkt gehenden Geraden auf der Polaren des Punktes. Die Punktreihe der Pole der Geraden eines Büschels A ist projektiv zu dem Büschel (A) ihrer Polaren (§ 44).

Zwei Punkte A und B, von denen einer auf der Polaren des andern liegt, heißen in dem Polarsystem konjugiert oder reziprok; der Allgemeinheit wegen heißt ein Punkt, der seiner Polaren angehört, sich selbst konjugiert.

Zwei Gerade a und b, von denen jede den Pol der andern enthält, heißen in dem Polarsystem konjugiert oder reziprok; der Allgemeinheit wegen heißt eine Gerade, die ihrem Pol angehört, sich selbst konjugiert.

Wenn ein Element einem andern konjugiert ist, so ist auch das zweite Element dem ersten konjugiert (§ 51).

In einem konjugierten Dreiecke sind die drei Eckpunkte, und die drei Seiten, zu je zweien konjugiert; umgekehrt ist ein Dreieck, in dem die drei Eckpunkte oder die drei Seiten zu je zweien konjugiert sind, ein konjugiertes Dreieck in der Polarität.

Wenn ein Punkt A und eine Gerade a, die in einer Polarität der Ebene sich entsprechen, einander angehören, so:

gehört kein von A verschiedener Punkt der Geraden a seiner Polaren an (d. h. auf a ist nur der Punkt A sich selbst konjugiert).

gehört keine von a verschiedene Gerade durch den Punkt A ihrem Pole an (d. h. unter den durch A gehenden Geraden ist nur die Gerade a sich selbst konjugiert).

In der Tat, wenn wir uns auf den Satz zur linken beziehen, so gehen in der durch die Polarität erzeugten Projektivität zwischen dem Büschel A und der Punktreihe a die zu den Punkten von a homologen Strahlen durch A, und die Strahlen, welche den von A verschiedenen Punkten von a entsprechen, sind von a verschieden; korrelativ dazu würde es für die Aussage zur rechten heißen.

Satz. In einer Polarität der Ebene existiert

keine Gerade, die ganz aus sich selbst konjugirten Punkten gebildet ist.

kein Büschel, das ganz aus sich selbst konjugierten Strahlen gebildet ist.

Es genügt, die Aussage zur linken zu beweisen.

Wenn auf einer Geraden p zwei Punkte A und B existieren, die (sich selbst konjugiert sind, d. h.) ihren Polaren a und b angehören, so befindet sich der (a und b gemeinsame) Pol P von p außerhalb p. Nun betrachte man einen Punkt G der Geraden $a \equiv AP$, der von A und P verschieden ist;

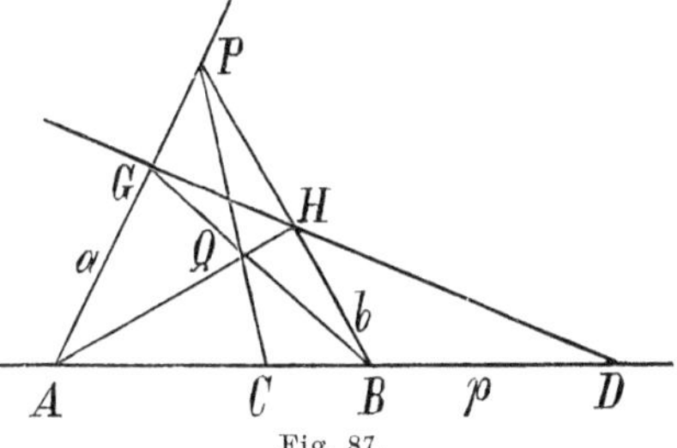

Fig. 87.

seine (von a verschiedene) Polare geht durch den Pol A von a und schneidet b in einem Punkte H, der von P und von B (dem Pole von b) verschieden ist; Polare des Punktes H ist die Gerade BG, welche zwei ihm konjugierte Punkte verbindet, daher ist der Punkt $Q \equiv AH \cdot BG$ den Punkten G und H konjugiert, und darum ist die Gerade GH die Polare des Punktes Q.

Nun betrachte man die Punkte $D \equiv p \cdot GH$ und $C \equiv p \cdot PQ$; diese Punkte sind in der Polarität konjugiert, da ja die Polare von D gerade die Gerade PQ ist, die die Pole von p und GH verbindet. Aber die genannten Punkte C und D sind auch konjugierte harmonische Punkte in Bezug auf A und B, wie aus der Existenz des Vierecks $PGQH$ hervorgeht, und darum sind sie sicher verschiedene Punkte. Also ist bewiesen, daß auf p zwei verschiedene Punkte existieren, die in der Polarität einander konjugiert sind, also nicht sich selbst konjugiert sind.

Nun betrachte man irgendeine Gerade p, die nicht den eignen Pol P enthält. Den Punkten von p entsprechen als Polaren die Geraden durch P, und die Beziehung ist projektiv. Schneidet man das Büschel P mit p, so erhält man auf p eine Projektivität, in welcher sich die Punkte (von p) entsprechen, die in der Polarität konjugiert sind; aus dem früher Gesagten folgt, daß diese Projektivität nicht identisch ist. Aber in ihr entsprechen sich je zwei entsprechende Punkte in doppelter Weise, daher ist sie eine Involution.

Es folgt also der Satz:

In einer Polarität der Ebene

bilden die Paare konjugierter Punkte auf einer Geraden, die nicht ihren Pol enthält, eine Involution, die wir von der Polarität erzeugt nennen wollen.	bilden die Paare konjugierter Strahlen durch einen Punkt, der nicht auf seiner Polaren liegt, eine Involution, die wir von der Polarität erzeugt nennen wollen.

Daher

gibt es auf einer Geraden, die nicht ihren Pol enthält, entweder zwei sich selbst konjugierte Punkte, und diese trennen die Paare konjugierter Punkte harmonisch, oder keinen.	gibt es durch einen Punkt, der nicht auf seiner Polaren liegt, entweder zwei sich selbst konjugierte Gerade, und diese trennen die Paare konjugierter Geraden harmonisch, oder keine.
Dagegen (und dies ist bereits	Dagegen gibt es durch

bemerkt worden) gibt es auf einer Geraden, die ihren Pol enthält, nur diesen Punkt als sich selbst konjugierten Punkt.

einen Punkt, der auf seiner Polaren liegt, nur diese Gerade als sich selbst konjugierte Gerade.

Darnach kann man erkennen, was vorher behauptet worden ist, nämlich den Satz:

In einer Polarität der Ebene existieren unendlich viele konjugierte Dreiecke.

In der Tat, um eines zu konstruieren, nehme man als einen Eckpunkt einen Punkt A, der nicht seiner eignen Polare a angehört, willkürlich an und auf a zwei verschiedene konjugierte Punkte B und C; das Dreieck ABC ist ein konjugiertes Dreieck in der gegebenen Polarität. Man kann auch immer die korrelative Konstruktion anwenden.

Es sei eine ebene Polarität gegeben. Wenn man eine gerade Punktreihe u, die nicht ihren Pol U enthält, auf das Strahlenbüschel, das seinen Mittelpunkt in dem genannten Pole U hat, perspektiv bezogen denkt, so wird die Involution der konjugierten Punkte auf der Geraden u in die Involution der konjugierten Strahlen des Büschels U projiziert und jedem Punkte der Geraden u entspricht als Polare derjenige Strahl, der dem, welcher ihn von U aus projiziert, konjugiert ist. Diese Beziehung zwischen u und U (zwischen einer Geraden und einem Punkte, die einander nicht angehören) ist eine besondere Projektivität, die man als das Produkt einer Perspektivität zwischen u und U und einer Involution auf u (oder in U) definieren kann; eine solche Beziehung kann man Involution zwischen der Punktreihe und dem Büschel nennen. Nun besteht der

Satz. Ist zwischen einer Punktreihe u und einem Strahlenbüschel U eine Involution gegeben, so giebt es unendlich viele Polaritäten der Ebene, in welchen den Punkten von u die konjugierten Geraden durch U entsprechen.

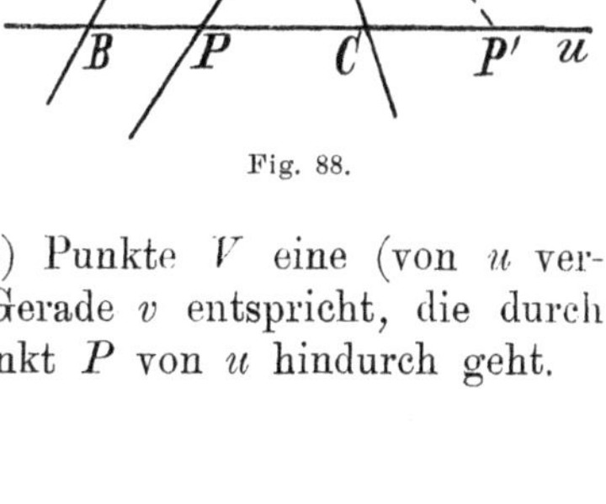

Fig. 88.

In der Tat, um eine solche Polarität anzugeben, braucht man nur anzunehmen, daß einem (von U verschiedenen und außerhalb u liegenden) Punkte V eine (von u verschiedene und U nicht enthaltende) Gerade v entspricht, die durch den dem Strahle UV konjugierten Punkt P von u hindurch geht.

Betrachtet man nämlich zwei (von P und von $P' \equiv u \cdot UV$ verschiedene) Punkte B und C von u, die in der Involution auf u konjugiert sind, und sind UC und UB die ihnen in dem Büschel U konjugierten Strahlen, so gibt es eine genau definierte Polarität (§ 51), in welcher UBC ein konjugiertes Dreieck und v die Polare von V ist. In dieser Polarität entsprechen den Punkten $B, P, \ldots$ von u die Geraden $UC, UV, \ldots$, die ihnen in der zwischen der Punktreihe u und dem Büschel U ursprünglich gegebenen Involution konjugiert sind.

§ 53. Klassifikation der ebenen Polaritäten. Eine ebene Polarität π kann man als durch eines ihrer konjugierten Dreiecke ABC und durch die (nicht durch A, B, C gehende) Polare p eines (außerhalb der Dreiecksseiten liegenden) Punktes P gegeben betrachten; umgekehrt können diese Elemente, die π definieren, beliebig angenommen werden (§ 51).

Versuchen wir zu erkennen, ob in der Polarität π sich selbst konjugierte Elemente, d. h. Punkte und Polaren, die einander angehören, existieren oder nicht.

Es ist nützlich, zu diesem Ende einige Betrachtungen über die Dreiecke voranzuschicken. Ein Dreieck ABC teilt die Ebene in vier Gebiete (die in der Figur mit den Zahlen 1, 2, 3, 4 bezeichnet sind), die aus den Punkten außerhalb der Seiten a, b, c bestehen und durch diese Seiten von einander getrennt werden; eine geradlinige Strecke, die zwei Punkte verschiedenen Gebietes verbindet, trifft wenigstens eine Dreieckseite. Diese Tatsache von anschaulicher Art (wobei die visuelle Anschauung in Betracht kommt) könnte man logisch aus dem Axiom V herleiten; in der Tat kann man die genannten vier Dreiecksgebiete unterscheiden, wenn man von den beiden Winkelpaaren ausgeht, die von den in zwei gegebenen Ecken des Dreiecks, z. B. in A und B, zusammentreffenden Seiten gebildet werden, indem man diejenigen Punkte betrachtet, die sich innerhalb eines der Winkel A und eines der Winkel B befinden; man beweist, daß diese Punkte sich innerhalb eines bestimmten der beiden Winkel befinden, die im dritten Eckpunkte von

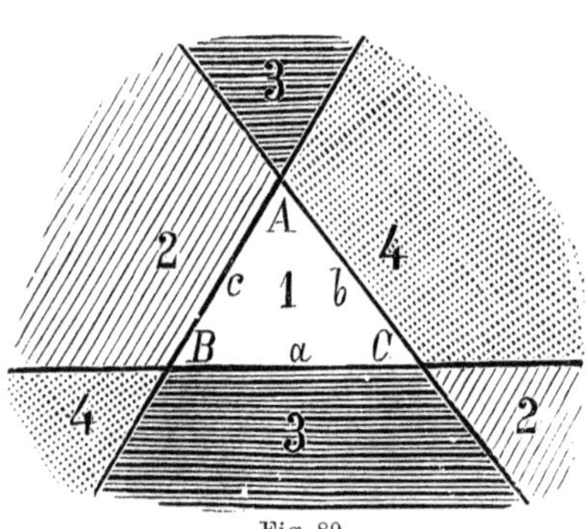

Fig. 89.

den dort zusammentreffenden Seiten gebildet werden. Infolge dessen kann man auch sagen, daß zwei (außerhalb der Dreiecksseiten liegende) Punkte der Ebene demselben Dreiecksgebiete angehören, wenn ihre Projektionen auf jede Seite von dem gegenüberliegenden Eckpunkte aus derselben durch die Eckpunkte begrenzten Strecke angehören; umgekehrt gehören sie verschiedenen Gebieten an, wenn ihre Projektionen auf zwei Seiten die Eckpunkte trennen, während ihre Projektionen auf die dritte Seite in dieselbe von den Eckpunkten begrenzte Strecke fallen.

Aber fahren wir in unserer Untersuchung fort, indem wir uns auf die visuelle Anschauung von den vier durch ein Dreieck gegebenen Dreiecksgebieten stützen, wobei es uns genügen mag, ersehen zu haben, daß das, was wir behaupten, eine logische Konsequenz der bereits eingeführten Axiome ist und durchaus keine neue Tatsache der Anschauung bildet.

Auch die Geraden der Ebene, die nicht durch einen Eckpunkt des Dreiecks ABC gehen, werden durch das Dreieck in vier Gebiete geteilt, da sie je nach den von den Eckpunkten begrenzten Strecken, in welche ihre Schnittpunkte mit den Seiten fallen, von einander unterschieden werden können. Jedem Dreiecksgebiete von Punkten wird ein Dreiecksgebiet von Geraden, die keinen Punkt im Innern jenes Gebietes haben, d. h. außerhalb liegen, assoziiert. Die außerhalb eines Dreiecksgebietes der Ebene liegenden Geraden dringen in die drei andern ein, d. h. sie gehen durch irgend einen Punkt im Innern von ihnen.

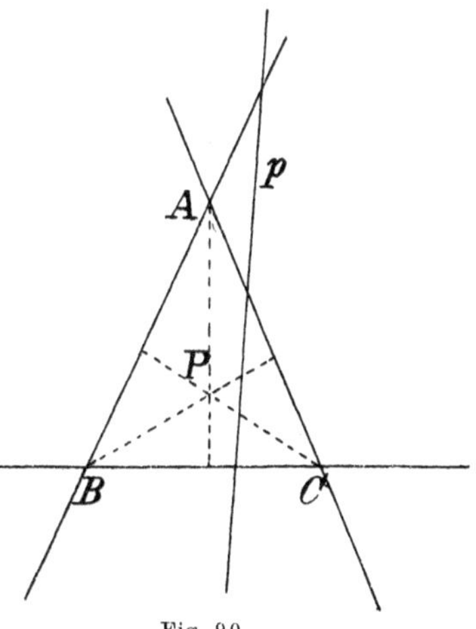

Fig. 90.

Eine Gerade p, die in das Dreiecksgebiet $P.ABC$ der Ebene, das den Punkt P enthält, eindringt, trifft von denjenigen Strecken AB, AC, BC, welchen die von C, B, A aus hergestellten Projektionen von P auf die gegenüberliegenden Seiten angehören, zwei, aber nicht die dritte; diese dritte Seite trennt das Dreiecksgebiet $P.ABC$ von demjenigen, außerhalb dessen die Gerade p liegt.

Nun sei in der Ebene ein Dreieck ABC gegeben, und es sei P ein Punkt innerhalb eines der vier Gebiete, in welche das Dreieck die Ebene teilt; man kann eine Polarität π annehmen, in welcher

ABC ein konjugiertes Dreieck ist und dem Punkte P irgendeine nicht durch A, B, C gehende Gerade entspricht. Nun kann diese Gerade

1) außerhalb des Dreiecksgebietes $P.ABC$, in welchem P liegt, sich befinden,

2) im Gegenteil in das genannte Gebiet $P.ABC$ eindringen.

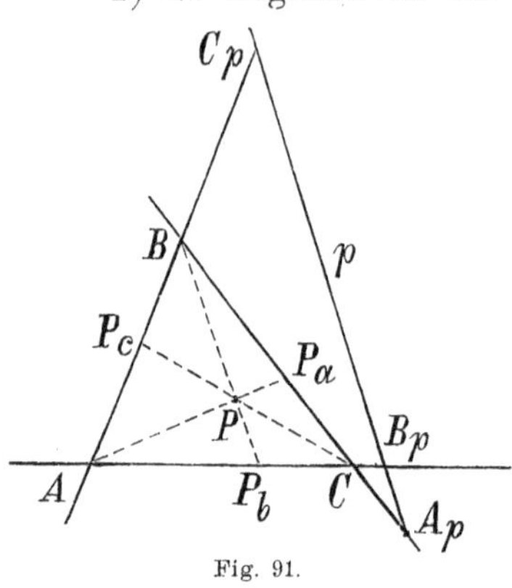

Fig. 91.

Man bezeichne mit P_a, P_b, P_c die von A, B, C aus hergestellten Projektionen von P auf die gegenüberliegenden Seiten a, b, c des Dreiecks ABC und mit A_p, B_p, C_p die Schnittpunkte der genannten Seiten a, b, c mit der Geraden p.

Auf der Geraden a ergibt sich eine von der Polarität π erzeugte Involution konjugierter Punkte, die durch die Paare B, C und P_a, A_p angegeben wird; zwei analoge Involutionen ergeben sich auf b und c.

In dem ersten Falle sind die drei Involutionen konjugierter Punkte auf a, b, c elliptisch (gleichsinnig), weil die beiden Paare B, C und P_a, A_p u. s. w. sich trennen; es trennen sich infolgedessen irgendwelche zwei Paare konjugierter Punkte auf jeder der Geraden a, b, c, und im besondern trennt irgendeines dieser Paare das Eckpunktepaar des Dreiecks ABC, das der in Betracht kommenden Seite angehört. Daher gibt es zunächst auf a, b, c keine sich selbst konjugierten Punkte; andererseits, wenn man irgendeinen (von A, B, C verschiedenen) Punkt P' und seine Polare p' betrachtet, so ergibt sich, daß die von A, B, C aus hergestellten Projektionen von P' auf a, b, c zusammen mit den Schnittpunkten dieser drei Seiten mit p' die Eckpunktepaare des Dreiecks ABC trennen, so daß die Polare p' von P' sich immer außerhalb desjenigen Dreiecksgebietes $P'.ABC$ befindet, welches P' enthält.

Also besitzt im ersten Falle die Polarität keinen (der eigenen Polare angehörenden, d. h.) sich selbst konjugierten Punkt.

Im zweiten Falle (Fig. 92) wird die Gerade p zwei von den drei Strecken AB, AC, BC, denen P_c, P_b, P_a angehören, aber nicht die dritte treffen; setzen wir z. B. voraus, daß sie nicht die Strecke BP_aC trifft. Dann haben wir auf a die Paare (in π) konjugierter Punkte B, C und P_a, A_p, die sich trennen; auf b und c die Paare A, C und P_b, B_p, und A, B und P_c, C_p, die sich nicht trennen; daher ist von den drei Involutionen konjugierter Punkte, welche π auf a, b und c bestimmt, die eine elliptisch und die beiden andern sind hyperbolisch. Von diesen letzten hat jede zwei sich selbst konjugierte Doppelpunkte.

Wir können also folgendes Resultat aussprechen:

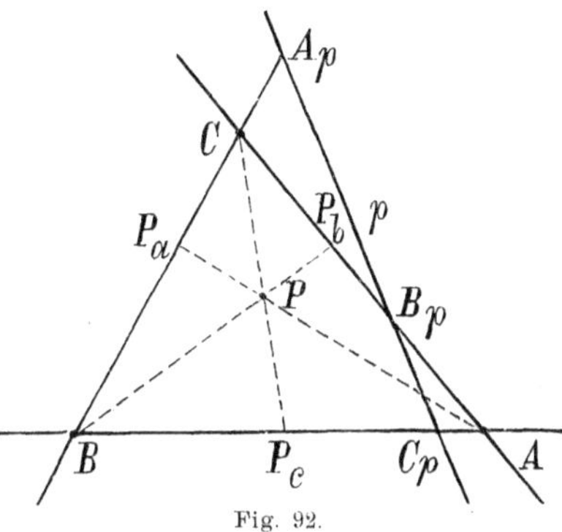

Fig. 92.

Die Polaritäten der Ebene werden in zwei Klassen eingeteilt:

1. Die gleichförmigen Polaritäten ohne sich selbst konjugierte Elemente. Sie sind dadurch charakterisiert, daß die Polare zu jedem Punkte der Ebene, der sich innerhalb eines durch ein konjugiertes Dreieck bestimmten Dreiecksgebietes befindet, außerhalb des genannten Gebietes liegt.

2. Die ungleichförmigen Polaritäten mit sich selbst konjugierten Elementen. Sie sind dadurch charakterisiert, daß die Polare zu jedem Punkte der Ebene, der sich innerhalb eines durch ein konjugiertes Dreieck bestimmten Dreiecksgebietes befindet, in dasselbe Dreiecksgebiet eindringt.

Die gleichförmigen Polaritäten führen ihren Namen von der Tatsache her, daß in ihnen jede Involution konjugierter Elemente auf einer Geraden oder in einem Strahlenbüschel gleichsinnig (elliptisch) ist.

Das Gegenteil tritt für die ungleichförmigen Polaritäten ein; in diesem Falle sind von den drei Involutionen konjugierter Punkte, die auf den drei Seiten eines konjugierten Dreiecks existieren, zwei ungleichsinnig (hyperbolisch) und eine gleichsinnig (elliptisch), und das dazu Korrelative gilt ebenso.

§ 54. * Die orthogonale Polarität im Bündel. Die für die ebenen Kollineationen und Korrelationen dargelegten visuellen Sätze, insbesondere diejenigen, welche sich auf die Polarität der Ebene beziehen, werden sofort mit Hilfe des Prinzips der Dualität, oder indem man eine Projektion ausführt, auf das Bündel übertragen.

Unter den Polaritäten eines eigentlichen Bündels zeichnet sich, vom metrischen Standpunkte aus betrachtet, diejenige gleichförmige Polarität aus, in welcher jeder Geraden des Bündels die dazu normale Ebene entspricht.

Daß diese Beziehung wirklich eine Polarität ist, erkennt man sofort, da, wenn u und v zwei (orthogonale) Strahlen des Bündels von der Art sind, daß die zu u normale Ebene durch v geht, auch die zu v normale Ebene durch u geht (§ 51).

Die erwähnte Polarität führt den Namen orthogonale Polarität des Bündels.

Die Betrachtung der orthogonalen Polarität erhält ihre Bedeutung durch die Eigenschaft, welche wir jetzt darlegen wollen.

Es seien zwei kollineare (eigentliche) Bündel O und O' gegeben und es werde vorausgesetzt, daß in der Kollineation der orthogonalen Polarität des einen Bündels die orthogonale Polarität des andern entspricht; das will sagen, einer Geraden und einer Ebene durch O, die orthogonal sind, mögen eine Gerade und eine Ebene durch O' entsprechen, die gleichfalls orthogonal sind. Irgendwelche zwei entsprechende Strahlen- (oder Ebenen-)Büschel in den beiden Bündeln sind dann projektiv so auf einander bezogen, daß den Paaren orthogonaler Elemente des einen die Paare orthogonaler Elemente des andern entsprechen; die genannten Büschel sind also kongruent (§ 29). In der Kollineation zwischen O und O' entspricht daher dem Winkel zweier Strahlen oder zweier Ebenen des einen Bündels ein gleicher Winkel in dem andern Bündel. Infolgedessen entspricht (wegen der Kollineation) jedem Vielseit mit dem Scheitel O ein Vielseit mit dem Scheitel O', dessen Winkel (Flächenwinkel) und Seiten (Winkel) der Reihe nach den entsprechenden Winkeln und Seiten des ersten gleich sind; zwei in den beiden Bündeln einander entsprechende Vielseite sind also kongruent oder gleich (§ 9). Daher erhält die Kollineation zwischen den beiden Bündeln den Namen Kongruenz.

Nun führe man eine Bewegung des Bündels O aus, durch welche ein Vierseit mit dem Scheitel O mit dem entsprechenden Vierseit mit dem Scheitel O' zur Deckung gebracht wird. Diese Bewegung bringt zwischen den beiden Bündeln eine Kollineation hervor, die sich von derjenigen nicht unterscheiden kann, welche durch das gegenseitige Entsprechen der beiden Vierseite definiert ist. Man schließt also, daß die genannte Bewegung jede Gerade und jede Ebene des Bündels O mit demjenigen Elemente des Bündels O' zur Deckung bringt, das ihr in der gegebenen Kongruenz entspricht.

Wir können also, indem wir zusammenfassen, den Satz aussprechen:

Eine Kollineation zwischen zwei eigentlichen Bündeln, in welcher ihre orthogonalen Polaritäten sich entsprechen, ist eine Kongruenz; sie kann durch eine Bewegung, durch welche das eine Bündel auf das andere gelegt wird, erzeugt werden, indem dabei die entsprechenden Elemente zusammenfallen.

Betrachten wir zwei (eigentliche) Bündel O und O'; durch O mögen zwei nicht orthogonale Gerade a und b gehen, und durch O' zwei Gerade a' und b', die einen Winkel $a'b' = ab$ bilden.

Man kann auf zweifache Weise durch eine Bewegung das Bündel O so auf das Bündel O' legen, daß die Geraden a und a', und b und b' zusammenfallen; man erhält so zwei Kongruenzen, in denen die genannten Elementepaare und darum die Geraden der Büschel ab und $a'b'$ sich in bestimmter Weise entsprechen (§ 32); die eine Kongruenz wird aus der andern durch eine Symmetrie in Bezug auf die Ebene $a'b'$ oder durch eine Rotation um zwei rechte Winkel um die in O' auf der genannten Ebene errichtete Normale hervorgebracht. Wir haben also, wenn wir mit dem erhaltenen Resultate dasjenige verbinden, welches daraus nach dem Prinzip der Dualität abgeleitet wird, den Satz:

Zwischen zwei eigentlichen Bündeln können zwei Kongruenzen hergestellt werden, so daß zwei nicht orthogonalen Geraden (oder Ebenen) des einen zwei Gerade (oder Ebenen) in dem andern entsprechen, die einen gleichen Winkel bilden.

Im besondern kann man die vorhergehenden Resultate, die sich auf zwei Bündel beziehen, auf den Fall anwenden, daß diese in einander liegen; man wird dann von der Kongruenz in einem Bündel (der Kollineation, welche die orthogonale Polarität in sich selbst transformiert) sprechen können. Und zwei Strahlenpaare ab und $a'b'$ eines Bündels, die gleiche, aber nicht rechte Winkel bilden, werden in dem Bündel zwei Kongruenzen bestimmen, in denen a und a', und b und b' sich entsprechen.

Eine Kongruenz in einem Bündel kann homologisch sein. In diesem Falle wird es unendlich viele Doppelgerade geben, die ein Strahlenbüschel zusammensetzen, und unendlich viele Doppelebenen, die durch die Normale a zur Ebene α des genannten Büschels gehen. Jeder Geraden wird die zu a symmetrische Gerade entsprechen oder, was dasselbe ist, die zur Ebene α symmetrische Gerade.

Man schließt also:

Eine homologische Kongruenz in einem eigentlichen Bündel ist eine Symmetrie in Bezug auf eine Achse (und in Bezug auf die dazu normale Ebene) und kann durch eine Drehung des Bündels um zwei rechte Winkel um die Achse erzeugt werden.

Anmerkung 1. Die Gleichheit zweier Winkel oder Flächenwinkel in einem Bündel ist also definiert als eine visuelle Beziehung, die sie zur orthogonalen Polarität haben. So erhält man alle metrischen Eigenschaften der Geometrie des Bündels aus visuellen Beziehungen der Figuren zur orthogonalen Polarität, die darum das „Absolute" des Bündels genannt wird, wie für die Ebene der Inbegriff der uneigentlichen Geraden und der absoluten Involution dieser Geraden diesen Namen bekam.

Anmerkung 2. Man wird als absolute Polarität der uneigentlichen Ebene oder des Raumes diejenige Polarität definieren können, welche man auf der uneigentlichen Ebene durch einen Schnitt mit der orthogonalen Polarität irgendeines eigentlichen Bündels erhält, das will sagen, die durch Orthogonalität hergestellte Beziehung zwischen Richtungen und Lagen. Man kann als Kongruenz jede Kollineation der uneigentlichen Ebene bezeichnen, welche die absolute Polarität in sich selbst transformiert.

In einer Kongruenz der uneigentlichen Ebene werden zwei Punkten, die Richtungen repräsentieren, welche einen gewissen Winkel mit einander bilden, zwei Punkte entsprechen, die (ein kongruentes Paar bilden, d. h.) Richtungen repräsentieren, welche einen gleichen Winkel bilden, u. s. w.

In der uneigentlichen Ebene wird es zwei Kongruenzen geben, in welchen sich zwei kongruente Paare von Punkten in derselben Reihenfolge entsprechen, u. s. w.

Anmerkung 3. Betrachten wir die Polarität, die man in irgendeiner eigentlichen Ebene α erhält, wenn man die orthogonale Polarität eines Bündels, dessen Mittelpunkt O nicht der Ebene angehört, schneidet.

Wird mit A die orthogonale Projektion des Punktes O auf die Ebene α bezeichnet, so konstruiere man in α den Kreis vom Mittelpunkte A und vom Radius AO. Jedem Punkte P dieses Kreises entspricht in der in α definierten Polarität die durch den gegenüberliegenden Punkt gezogene Tangente p an den Kreis.

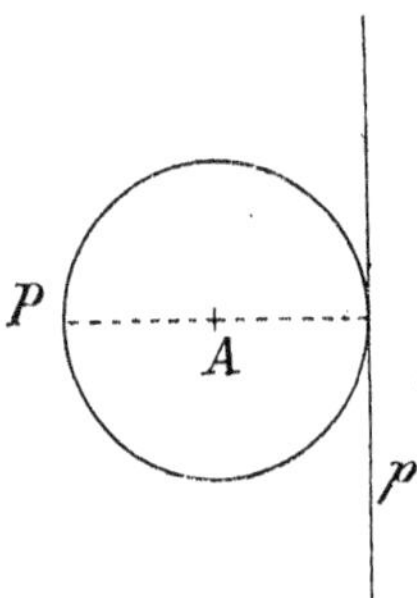

Fig. 93.

Umgekehrt ergibt sich:

Es existiert in einer gegebenen Ebene eine bestimmte (gleichförmige) Polarität, durch welche jedem Punkte eines Kreises die Tangente in dem gegenüberliegenden Punkte zugeordnet wird. Diese Polarität erhält man als Schnitt der orthogonalen Polarität eines Bündels, dessen Mittelpunkt sich auf der im Mittelpunkte des Kreises errichteten Normale zur Ebene, und zwar in einer Entfernung von der Ebene befindet, die dem Radius des Kreises gleich ist.

Diese Polarität heißt Antipolarität in Bezug auf den Kreis und kann als die Projektion der absoluten Polarität des Raumes auf die eigentliche Ebene, die sie enthält, betrachtet werden.

Sie ist als diejenige Korrelation definiert, in welcher irgendwelchen vier Punkten des Kreises die vier Tangenten in den gegenüberliegenden Punkten entsprechen (§ 45).

Die Antipolare des Kreismittelpunktes ist die unendlich ferne Gerade der Ebene.

§ 55. Erweiterung des Gesetzes der Dualität in den Gebilden zweiter Stufe. Im § 9 wurde bewiesen, daß alle aus den fundamentalen Axiomen (I, II, III, IV, V, VI) der projektiven Geometrie abgeleiteten Sätze der Geometrie der Ebene oder des Bündels nach dem Gesetze der Dualität in der Ebene oder im Bündel paarweise einander zugeordnet werden. Die so abgeleiteten Sätze betreffen immer, wie im § 6 bemerkt worden ist, visuelle Eigenschaften der Figuren. Mit Hilfe der Korrelation in der Ebene oder im Bündel können wir das dargelegte Gesetz der Dualität erweitern, indem wir von ihm einen neuen Beweis a posteriori geben.

Beziehen wir uns in der Untersuchung auf den Fall der Ebene. Es sei also in der Ebene eine Figur M mit gewissen visuellen Eigenschaften gegeben. Diese wird man aussprechen können, indem man sagt:

1) gewisse Punkte von M gehören gewissen Geraden von M an (oder umgekehrt);

2) gewisse Punkte auf einer Geraden (oder gewisse Gerade durch einen Punkt) von M folgen auf einander.

Wir stellen in der Ebene eine Korrelation her, in welcher der Figur M eine Figur M' entspricht, dann:

1) entsprechen den Punkten und den Geraden von M, die einander angehören, Gerade und Punkte von M', die einander angehören;

2) entsprechen Punkten, die auf einer Geraden von M auf einander folgen, Gerade durch einen Punkt von M', die (eine projektive Gruppe zu jener der genannten Punkte bilden und daher) auf einander folgen; ebenso auf einander folgenden Geraden durch einen Punkt von M Punkte, die auf einer Geraden von M' auf einander folgen.

Also zu jeder ebenen Figur M, die gewisse visuelle Eigenschaften besitzt, existiert eine ebene (korrelative) Figur M', die die zu jenen (in der Ebene) korrelativen Eigenschaften besitzt. Man kann das erhaltene Resultat, indem man auch den Fall des Bündels einschließt, der analog behandelt wird, so aussprechen:

In einem Gebilde zweiter Stufe kann man jeder Figur eine korrelative Figur zuordnen, deren visuelle Eigenschaften aus denen der ersten durch eine Vertauschung der Elemente (Punkt und Gerade, oder Gerade und Ebene) abgeleitet werden.

Diese Aussage bildet eine wirkliche Erweiterung des Gesetzes der Dualität für die Gebilde zweiter Stufe, da dieses Gesetz nun für alle visuellen Eigenschaften nachgewiesen ist, unabhängig davon, wie diese nachgewiesen worden sind, und daher auch, wenn bei dem Nachweise dieser Eigenschaften metrische Begriffe zur Anwendung gekommen sein sollten.

* Das Gesetz der Dualität in den Gebilden zweiter Stufe kann überdies noch auf alle projektiven Eigenschaften der Figuren ausgedehnt werden, wenn man projektiv diejenigen Eigenschaften nennt, welche durch eine Kollineation nicht geändert werden (d. h. sich in analoge Eigenschaften der transformierten Figuren umsetzen). Zu diesen projektiven Eigenschaften gehören alle visuellen Eigenschaften, aber auch einige metrische, wie der Wert des Doppelverhältnisses von vier Elementen in einem Gebilde erster Stufe.

Wenn wir z. B. die Ebene ins Auge fassen, so bemerken wir, daß irgendeine Kollineation π durch eine Korrelation T in eine Kollineation $T\pi T^{-1}$ transformiert wird (während umgekehrt diese zweite Kollineation in die erste durch die umgekehrte Korrelation T^{-1} transformiert wird); wenn daher M eine Figur der Ebene und M' die ihr in T entsprechende ist, so wird jeder Eigenschaft von M, die sich nicht ändert, wenn irgendeine Kollineation hergestellt wird, eine Eigenschaft von M' entsprechen, die durch irgendeine Kollineation der Ebene nicht geändert wird; und diese Eigenschaft von M' wird aus der vorausgesetzten Eigenschaft von M durch die Vertauschung der Elemente Punkt und Gerade abgeleitet werden. Also schließen wir im allgemeinen:

Das Gesetz der Dualität in den Gebilden zweiter Stufe besteht für alle projektiven Eigenschaften der in ihnen enthaltenen Figuren.

Aber diese zweite Erweiterung des Gesetzes der Dualität bietet im wesentlichen nichts dar, das über das frühere hinausginge. Tatsächlich kann man alle projektiven Eigenschaften der

Figuren, die Gebilden zweiter Stufe angehören, als visuelle Eigenschaften von ihnen aussprechen. In der Tat, wenn es sich um eine projektive Eigenschaft einer gewissen Figur M handelt, die irgendeinen metrischen Begriff enthält, so kann man diese Eigenschaft immer als eine visuelle Beziehung von M zum Absoluten J des Gebildes zweiter Stufe aussprechen, oder als eine visuelle Eigenschaft der zusammengesetzten Figur $M + J$; aber da diese Eigenschaft bei irgendeiner Projektivität erhalten bleiben muß, auch wenn J nicht erhalten bleibt, so ist sie schließlich unabhängig von J oder eine visuelle Eigenschaft der Figur M an sich, die der vorgelegten metrisch-projektiven Eigenschaft gleichwertig ist.

Die vorstehenden Betrachtungen führen auch zu einer Aufklärung darüber, was man über die Anwendbarkeit der Gesetze der Dualität in der metrischen Geometrie der Gebilde zweiter Stufe sagen kann.

Wenn eine metrische Eigenschaft P von M als eine visuelle Eigenschaft von $M + J$ ausgesprochen wird, so erhält man eine dazu korrelative Eigenschaft P' der Figur $M' + J'$, die ihrerseits erhalten wird, indem man der zu M korrelativen Figur M' ein Ding J' hinzufügt, das dem Absoluten korrelativ ist. Wenn nun das gegebene Gebilde zweiter Stufe eine Ebene ist, so ist das Ding J' eine Involution eines gewissen Strahlenbüschels, die, wie sie auch bestimmt sein mag, keine metrische Bedeutung hat; also wird M' die zu jener, M beigelegten, Eigenschaft P korrelative Eigenschaft nur in dem Falle haben, wenn die Eigenschaft P' von $M' + J'$ unabhängig von J' ist, das will sagen, wenn die Eigenschaft P von $M + J$ unabhängig von J ist, d. h. wenn sie eine (einer visuellen Eigenschaft von M gleichwertige und daher) projektive Eigenschaft von M ist; im entgegengesetzten Falle wird die Eigenschaft P' von $M' + J'$ in keiner Weise als eine Eigenschaft der Figur M', an sich betrachtet, angesehen werden können.

Wenn dagegen das in Betracht kommende Gebilde ein Bündel ist, so wird das Ding J' eine Polarität des Bündels sein und so bestimmt werden können, daß es wiederum (wie J) die orthogonale Polarität ist; daher wird die Eigenschaft P' von $M' + J'$ in jedem Falle eine Eigenschaft von M' in Beziehung auf das Absolute sein oder als eine metrische Eigenschaft von M' an sich betrachtet werden können, eine Eigenschaft, die jener, M beigelegten, Eigenschaft P korrelativ ist.

Wir schließen also:

In der Ebene gilt das Gesetz der Dualität nicht allgemein für die metrischen Eigenschaften, sondern nur für diejenigen, welche projektiv sind.

Im Bündel gilt das Gesetz der Dualität auch für alle metrischen Eigenschaften.

Anmerkung. Zu der Erweiterung des Gesetzes der Dualität in Bezug auf Gebilde zweiter Stufe sind wir oben a posteriori gelangt, indem wir von einer Reziprozität Gebrauch gemacht haben. Und so haben wir uns von der Prüfung der Natur des Beweises, der uns auf einen Satz führte, zu dem der korrelative Satz gewünscht wird, frei gemacht; dieser Beweis mag sich nun immerhin auf metrische Begriffe stützen und auf Axione, die sich auf solche Begriffe beziehen.

Aber man könnte zu dieser Erweiterung auch a priori gelangen, wenn man berücksichtigt, daß die Axiome der metrischen Geometrie der Ebene und des Bündels, wenn man sie visuell in Bezug auf das Absolute interpretiert, Sätze der projektiven Geometrie liefern würden, die allein auf Grund der Axiome dieser beweisbar wären.

Neuntes Kapitel.

Die Kegelschnitte.

§ 56. Definitionen. Ist in der Ebene eine ungleichförmige Polarität gegeben, so gibt es immer

drei Klassen von Geraden:

1) Gerade (die dem eigenen Pol angehören), die einen sich selbst konjugierten Punkt enthalten;

2) Gerade (die nicht dem eigenen Pol angehören), auf denen die Involution konjugierter Punkte hyperbolisch ist, d. h. Gerade, die zwei sich selbst konjugierte Punkte enthalten;

3) Gerade (die nicht dem eigenen Pol angehören), auf denen die Involution konjugierter Punkte elliptisch ist, d. h. Gerade, die keinen sich selbst konjugierten Punkt enthalten.

drei Klassen von Punkten:

1) Punkte (die der eigenen Polare angehören), durch welche eine sich selbst konjugierte Gerade geht;

2) Punkte (die nicht der eigenen Polare angehören), für welche die Involution durch sie gehender konjugierter Geraden hyperbolisch ist, d. h. Punkte, durch welche zwei sich selbst konjugierte Gerade gehen;

3) Punkte (die nicht der eigenen Polare angehören), für welche die Involution durch sie gehender konjugierter Geraden elliptisch ist, d. h. Punkte, durch welche keine sich selbst konjugierte Geraden gehen.

W e n n in einer ebenen Polarität ein Punkt existiert, der der eigenen Polare angehört, d. h. ein sich selbst konjugiertes Element (jeder der beiden Arten), so:

existieren unendlich viele sich selbst konjugierte Punkte.

In der Tat sei A ein sich selbst konjugierter Punkt und a

existieren unendlich viele sich selbst konjugierte Gerade.

In der Tat sei a eine sich selbst konjugierte Gerade und A

seine Polare. Jede von a verschiedene Gerade p durch A hat ihren Pol auf a, ist also nicht sich selbst

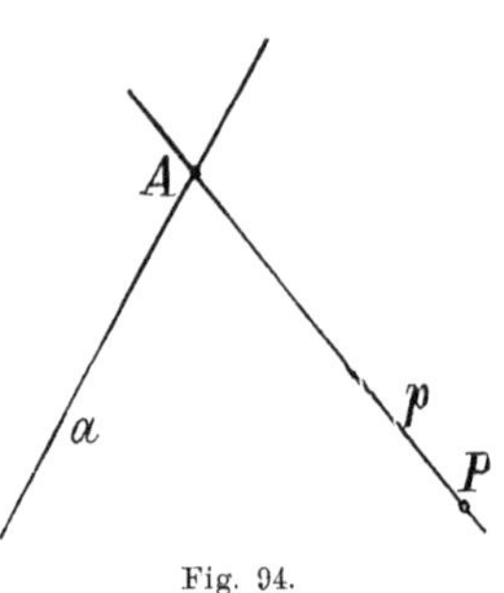

Fig. 94.

konjugiert; daher gehört sie zur Klasse 2) und enthält einen zweiten sich selbst konjugierten Punkt P. Bewegt man die durch A gehende Gerade, so bewegt sich auf ihr der Punkt P, so daß die so erzeugte Gesamtheit der sich selbst konjugierten Punkte wie eine Linie (Ort eines beweglichen Punktes) im anschaulichen Sinne des Wortes erscheint.

ihr Pol. Zu jedem von A verschiedenen Punkte P von a geht die Polare durch A; der Punkt P ist

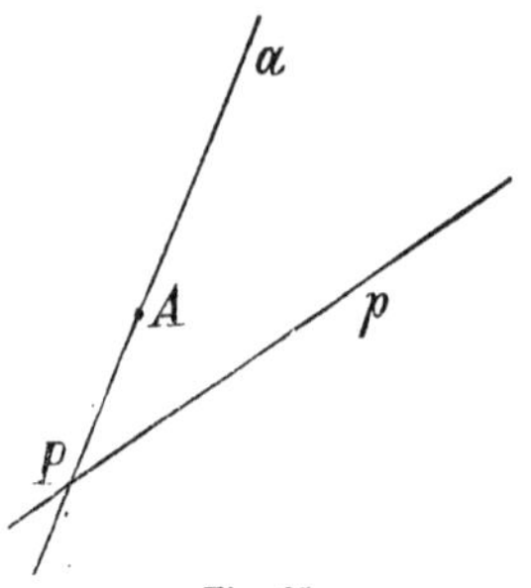

Fig. 95.

also nicht sich selbst konjugiert, daher gehört er zur Klasse 2), und durch ihn geht noch eine andere sich selbst konjugierte Gerade p. Bewegt man den Punkt P auf a, so bewegt sich die durch P gehende Gerade p, so daß die so erzeugte Gesamtheit der sich selbst konjugierten Geraden wie eine Enveloppe (Aufeinanderfolge der Lagen einer beweglichen Geraden) im anschaulichen Sinne des Wortes erscheint.

Die Gesamtheit der sich selbst konjugierten Punkte und Geraden heißt **Fundamentalkegelschnitt** der Polarität.

Der Kegelschnitt, einfach als Inbegriff seiner Punkte betrachtet, heißt Kegelschnittort.

Die Geraden der Ebene haben, je nachdem sie in der Polarität der ersten oder der zweiten Klasse angehören, einen oder zwei Punkte mit dem Kegelschnittort gemeinsam und werden Tangenten oder Sekanten von ihm genannt. Die Geraden der dritten Klasse haben keinen Punkt mit dem Kegel-

Der Kegelschnitt, einfach als Inbegriff seiner Geraden betrachtet, heißt Kegelschnittenveloppe.

Durch einen Punkt der Ebene gehen, je nachdem er in der Polarität der ersten oder der zweiten Klasse angehört, eine oder zwei Gerade der Kegelschnittenveloppe; im ersten Falle heißt der Punkt Berührungspunkt jener Geraden, im zweiten Falle heißt er ein äußerer Punkt des Kegelschnitts.

schnitt gemeinsam und heißen äußere Gerade des Kegelschnitts.

Die Bezeichnung „Tangente" an den Kegelschnitt wird gerechtfertigt, indem man zeigt, daß sie dem anschaulichen Begriffe der Tangente an eine ebene Kurve entspricht, und zwar in folgender Weise:

Wenn A ein Punkt des Kegelschnitts ist, so trifft jede Gerade durch A den Kegelschnitt in einem andern Punkte (und ist eine Sekante) mit Ausnahme der Polare von A, die die Tangente in A ist; diese erscheint also als Grenze einer variablen Sekante, deren anderer Schnittpunkt mit dem Kegelschnitte sich A unbegrenzt nähert, oder, wie man (indem man eine ungenaue, aber ausdrucksvolle Redewendung gebraucht) zu sagen pflegt, als diejenige Gerade, welche zwei unendlich benachbarte Punkte der Kurve verbindet.

Durch einen Punkt der dritten Klasse gehen keine Geraden des Kegelschnitts; ein solcher Punkt heißt ein innerer Punkt.

Die Bezeichnung „Berührungspunkt" einer Geraden mit dem Kegelschnitt wird gerechtfertigt, indem man an einen allgemeinen anschaulichen Begriff anknüpft, der sich auf die Enveloppen bezieht:

Wenn a eine Gerade des Kegelschnitts ist, so geht durch jeden ihrer Punkte eine andere Gerade

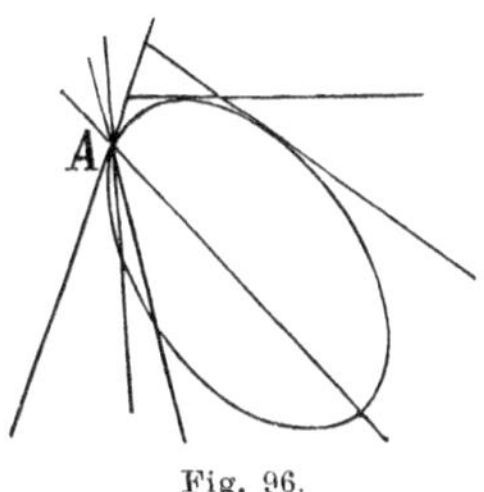

Fig. 96.

des Kegelschnitts, abgesehen von dem Pole von a, der der Berührungspunkt ist; dieser erscheint also als der Schnittpunkt zweier unendlich benachbarter Geraden der Enveloppe, d. h. als Grenze des Schnittpunktes von a mit einer andern Geraden der Enveloppe, die sich ihr unbegrenzt nähert.

Die Geraden eines Kegelschnitts erscheinen als Tangenten des Kegelschnitts, wenn dieser als Ort seiner Punkte betrachtet wird, und ebenso erscheinen die Punkte des Kegelschnitts als Berührungspunkte der entsprechenden Geraden der Enveloppe (Tangenten).

Also: Der Kegelschnitt erscheint als der Inbegriff der Punkte und der Tangenten einer ebenen Kurve.

Anmerkung 1. Diese Kurve teilt die Ebene in zwei Gebiete, von denen das eine, das derjenigen Punkte, welche wir als äußere bezeichnet haben, von den Tangenten beschrieben wird. Dieser Trennung der Punkte steht dual gegenüber die Trennung der Geraden, die nicht Tangenten sind, in „Sekanten" und in „äußere Gerade".

Wollen wir eine erste ungefähre Vorstellung von der Gestalt eines Kegelschnitts erlangen, so nehmen wir uns vor, mit dem Auge seine Entstehung zu verfolgen, indem wir von einem seiner Punkte A ausgehen.

Die Punkte der Kurve werden dann den durch A gehenden Geraden entsprechen; der Bewegung einer durch A gehenden Geraden, welche das Büschel A beschreibt, wobei die Tangente die Anfangslage bildet, entspricht die Bewegung eines Punktes, der von A ausgehend die ganze Kurve beschreibt und nach A zurückkehrt. Also erscheint der Kegelschnitt als eine geschlossene Linie, und es ist auch leicht, sich davon zu überzeugen, daß die beiden Gebiete von äußeren und von inneren Punkten in Bezug auf sie die gewöhnliche anschauliche Bedeutung haben, da eine variable Tangente immer den Kegelschnitt auf einer Seite läßt und niemals in das Gebiet der inneren Punkte eindringt. Dieser Schluß ist jedoch nicht als streng bewiesen zu betrachten; wir haben nur darauf hingewiesen, um für jetzt die Anschauung von den Kegelschnitten zu unterstützen, behalten uns aber vor, später mit aller logischen Strenge die Sätze zu beweisen, auf die er führen könnte.

Anmerkung 2. Wenn man von dem Imaginären reden will, so wird man sagen können, daß ein Kegelschnitt mit einer äußeren Geraden ein Paar imaginärer Punkte gemeinsam hat, nämlich das Paar der Doppelpunkte der Involution, die durch die Polarität auf der Geraden definiert wird.

Der Gebrauch dieser Redeweise führt uns auch auf die Betrachtung des fundamentalen imaginären Kegelschnitts für eine gleichförmige Polarität, der auf jeder Geraden seiner Ebene ein Paar imaginärer Punkte (Schnittpunkte der Geraden mit dem Kegelschnitt) zu bestimmen vermag und durch jeden Punkt ein Paar imaginärer Tangenten.

So wird z. B. * die absolute Polarität der uneigentlichen Ebene betrachtet, als bestände dort ein fundamentaler Kegelschnitt, genannt der absolute Kreis, der von jeder Ebene (oder genauer von ihrer uneigentlichen Geraden) in ihren Kreispunkten geschnitten wird. Durch jede eigentliche Gerade gibt es zwei imaginäre Ebenen, die (deren uneigentliche Gerade) den absoluten Kreis berühren, nämlich die Doppelebenen der Involution der rechten Winkel in dem Ebenenbüschel, das die Gerade selbst zur Achse hat.

* Wir haben gesagt, daß der Kegelschnitt wie eine geschlossene Linie erscheint; wir bemerken sogleich, daß dies im Hinblick auf die visuelle Anschauung verstanden werden muß.

Vom metrischen Standpunkte aus erscheint die Sache anders, da es sich ergeben kann, daß der bewegliche Punkt, der die Kurve beschreibt, (ein oder zwei Mal) die Lage eines uneigentlichen Punktes annimmt. Wenn man sich eine metrische Anschauung von der Gestalt eines Kegelschnittes bilden will, so muß man also von vornherein drei Arten von Kegelschnitten unterscheiden:

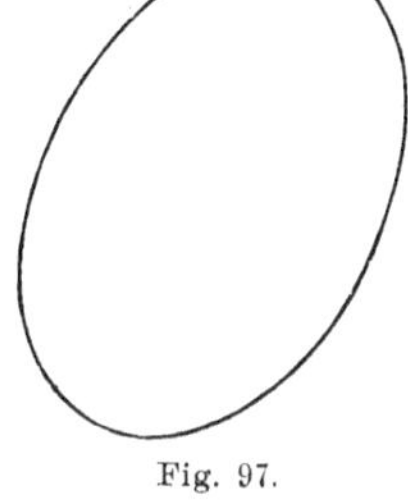

Fig. 97.

1) Die Ellipse, für welche die unendlich ferne Gerade eine äußere Gerade ist; sie hat die Gestalt eines geschlossenen Ovals.

Ein besonderer Fall der Ellipse ist der Kreis.

Man beweist in der Tat, daß der Kreis die Fundamentalkurve einer ebenen Polarität (der Polarität in Bezug auf den Kreis) ist, in welcher jedem Punkte des Kreises die durch ihn gehende Tangente entspricht. Man erhält diese Polarität tatsächlich als Produkt der Antipolarität in Bezug auf den Kreis (§ 54) und der Symmetrie in Bezug auf seinen Mittelpunkt.

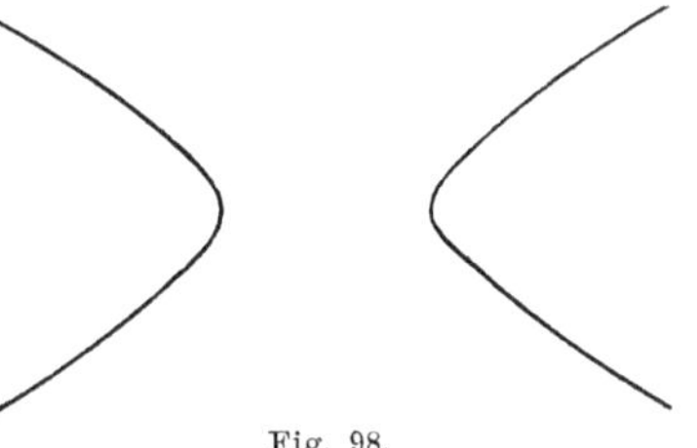

Fig. 98.

2) Die Hyperbel, für welche die unendlich ferne Gerade Sekante ist; sie besteht aus zwei offenen Zweigen, welche sich in zwei unendlich fernen Punkten an einander schließen, d. h. sich unbegrenzt (von entgegengesetzten Seiten her) zwei festen Geraden, den „Asymptoten“, nähern, welche in den unendlich fernen Punkten Tangenten sind.

3) Die Parabel (Fig. 99), für welche die unendlich ferne Gerade Tangente ist; sie wird von einem einzigen offenen Zweige gebildet, der sich keiner eigentlichen Geraden unbegrenzt nähert und, wie man sagen kann, sich im unendlich fernen Punkte schließt.

Durch eine geeignete Projektion können die Kegelschnitte der drei aufgezählten (metrischen) Arten mit einander vertauscht werden.

Dieser Umstand kommt zu Hilfe, um die Gestalt der drei Kurven visuell als eine einzige aufzufassen. Die Hyperbel erscheint als ein

Oval, das durch die unendlich ferne Gerade in Stücke zerlegt ist, die Parabel als ein Oval, das auf der einen Seite unbegrenzt in die Länge gezogen ist.

Das Prinzip der Dualität im Raume führt uns dazu, gewisse zu den Kegelschnitten korrelative Figuren des Bündels, die man auch als Projektionen von ihnen erhält, zu betrachten, nämlich „die Kegel zweiten Grades“. Einen Kegel zweiten Grades kann man als die Gesamtheit derjenigen in einer ungleichförmigen Polarität des Bündels sich entsprechenden Geraden und Ebenen, welche einander angehören, definieren; oder als Projektion eines Kegelschnitts (von einem Zentrum, der „Spitze“, außerhalb seiner Ebene aus). Umgekehrt ist der Schnitt eines Kegels zweiten Grades mit einer nicht durch die Spitze gehenden Ebene ein Kegelschnitt.

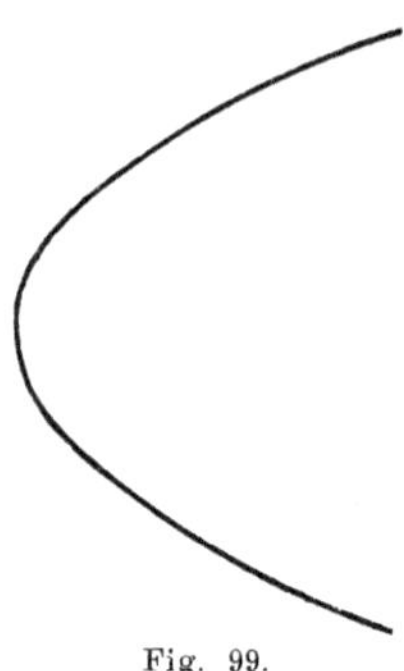

Fig. 99.

Die Geraden eines Kegels heißen seine Erzeugenden; seine Ebenen heißen „Berührungsebenen“ in den polaren Erzeugenden.

Der Kegel, als Ort der Punkte seiner Erzeugenden aufgefaßt, erscheint der Anschauung als eine Oberfläche; die zu ihm korrelative Figur ist die Gesamtheit der Ebenen, welche durch die Tangenten eines Kegelschnitts gehen (Ebenen, welche seine Tangentialebenen heißen).

Ein besonderer Fall * des Kegels zweiten Grades ist der gerade Kreis- oder Rotationskegel, den man erhält, wenn man einen Kreis von einem Punkte der in seinem Mittelpunkte auf seiner Ebene errichteten Normale aus projiziert.

Als eine Erweiterung des Begriffes gerader Kreiskegel kann man den schiefen Kreiskegel betrachten: die Projektion eines Kreises von einem außerhalb seiner Ebene gelegenen Punkte aus, der sich nicht auf der im Mittelpunkte des Kreises zu derselben Ebene errichteten Normale befindet. Später werden wir erkennen, daß jeder Kegel zweiten Grades (mit eigentlicher Spitze) ebene Kreisschnitte hat und daher als ein, gerader oder schiefer, Kreiskegel betrachtet werden kann. Hier beschränken wir uns darauf zu bemerken, daß man, wenn irgendein Kreiskegel gegeben ist, die drei Arten Kegelschnitte: Hyperbel, Parabel, Ellipse als ebene Schnitte erhalten kann, wenn man den Kegel mit einer (nicht durch seine Spitze gehenden) Ebene schneidet, die zwei Erzeugenden des Kegels, oder einer, oder keiner parallel ist.

§ 57. Eigenschaften von Pol und Polare in Bezug auf einen Kegelschnitt. Wie eine ungleichförmige ebene Polarität einen Fundamentalkegelschnitt bestimmt, so bestimmt seinerseits der Kegelschnitt die Polarität.

In der Tat nehme man auf dem Kegelschnitt vier Punkte an (von denen sicher niemals drei in gerader Linie liegen) und lasse ihnen die zugehörigen Tangenten des Kegelschnitts (von denen nicht drei durch einen Punkt gehen) entsprechen, so wird dadurch in der Ebene eine Korrelation bestimmt, die sich von der ungleichförmigen Polarität, die den Kegelschnitt definiert, nicht unterscheiden kann.

Wir werden also im folgenden die durch die Polarität definierten Beziehungen: Pol und Polare, konjugierte Elemente u. s. w. auch als Beziehungen in Bezug auf den Kegelschnitt betrachten können. So definiert oder erzeugt z. B. ein Kegelschnitt auf einer Geraden eine Involution konjugierter Punkte u. s. w. (vgl. § 56, Anm. 2).

Die Betrachtung der Pole und Polaren in Bezug auf einen Kegelschnitt führt auf wichtige Eigenschaften, von denen jede als eine neue Definition der Polarität und als ein Mittel angesehen werden kann, um die in Betracht kommenden Konstruktionsaufgaben leicht zu lösen.

Ist ein Kegelschnitt C gegeben,

so hat die Polare p eines Punktes P, der ihm nicht angehört, folgende Eigenschaften:

1) Sie enthält alle dem Punkte P in Bezug auf die Punktepaare, die dem Kegelschnitt C und irgendeiner Sekante durch P gemeinsam sind, konjugierten harmonischen Punkte.

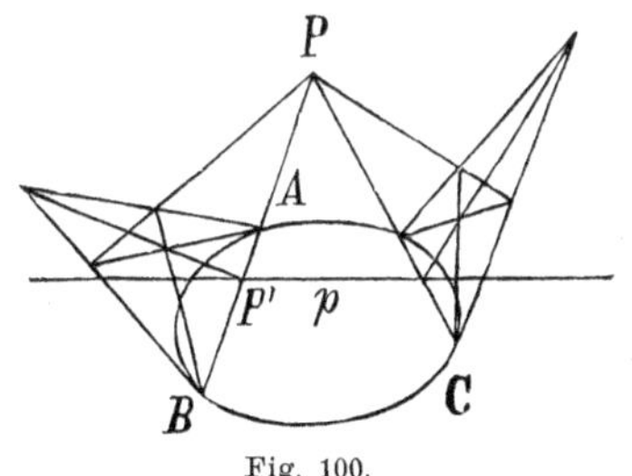

Fig. 100.

so hat der Pol P einer Geraden p, die nicht Tangente an ihn ist, folgende Eigenschaften:

1) Er gehört allen der Geraden p in Bezug auf die Tangentenpaare, die an C von irgendeinem äußeren, auf p gelegenen Punkte aus gezogen werden können, konjugierten harmonischen Geraden an.

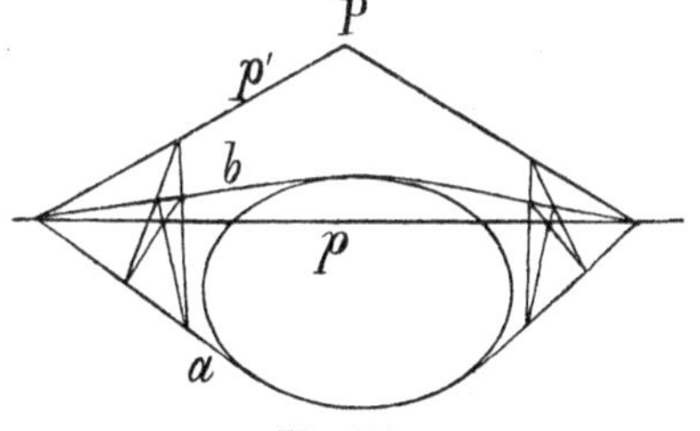

Fig. 101.

In der Tat, wenn man eine Sekante durch P betrachtet, die C in den Punkten A und B schneidet, so hat man auf dieser Geraden eine durch die Paare konjugierter Punkte gebildete (hyperbolische) Involution, die A und B zu Doppelpunkten hat; daher ist auf ihr der dem Punkte P konjugierte Punkt (der ein Punkt von p ist) der diesem Punkte P in Bezug auf A und B konjugierte harmonische Punkt P'.

In der Tat braucht man nur die Schlußreihe aufzustellen, die der zur Linken stehenden korrelativ ist.

2) Sie enthält die Berührungspunkte der Tangenten, die sich möglicherweise von P aus an den Kegelschnitt ziehen lassen.

2) Er gehört den Tangenten in den möglicherweise vorhandenen Schnittpunkten des Kegelschnitts mit der Geraden p an.

In der Tat, wenn durch P eine Tangente an C hindurchgeht, so ist ihr Berührungspunkt A ein dem Punkte P konjugierter Punkt, da die Tangente in A (die Polare von A) durch P hindurchgeht.

Korrelativ (und umgekehrt) zur Aussage zur Linken.

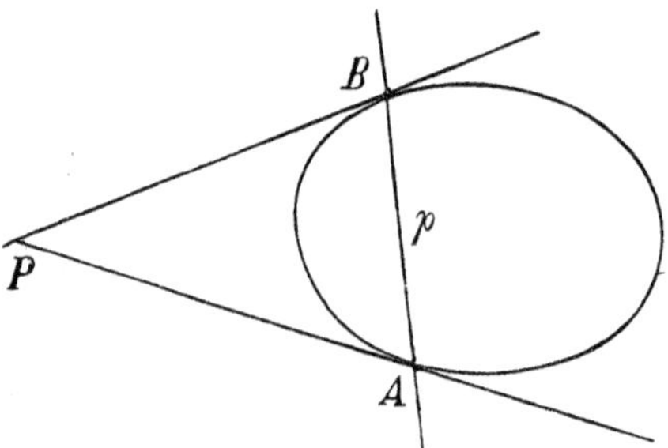

Fig. 102.

3) Sie ist die Achse einer harmonischen Homologie mit dem Zentrum P, die den Kegelschnitt in sich selbst transformiert.

3) Er ist das Zentrum einer harmonischen Homologie mit der Achse p, die den Kegelschnitt in sich selbst transformiert.

Diese Eigenschaft ist nur ein anderer Ausdruck für die erste Eigenschaft.

4) Sie enthält alle andern Diagonalpunkte derjenigen dem Kegelschnitte eingeschriebenen Vierecke, welche einen Diagonalpunkt in P haben.

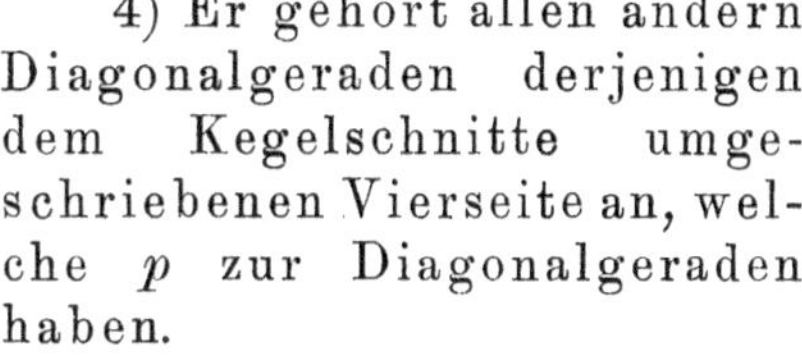

4) Er gehört allen andern Diagonalgeraden derjenigen dem Kegelschnitte umgeschriebenen Vierseite an, welche p zur Diagonalgeraden haben.

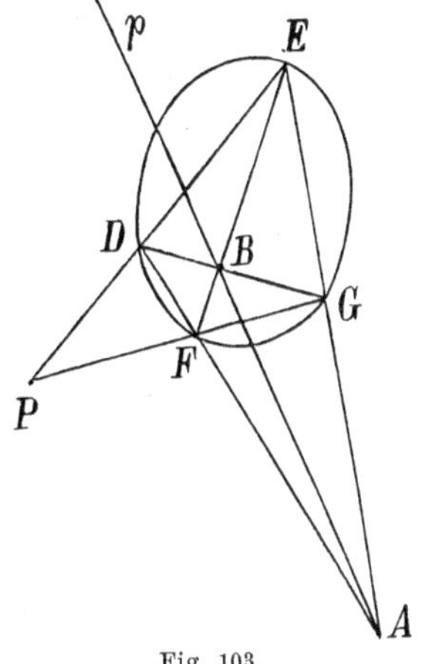

Fig. 103.

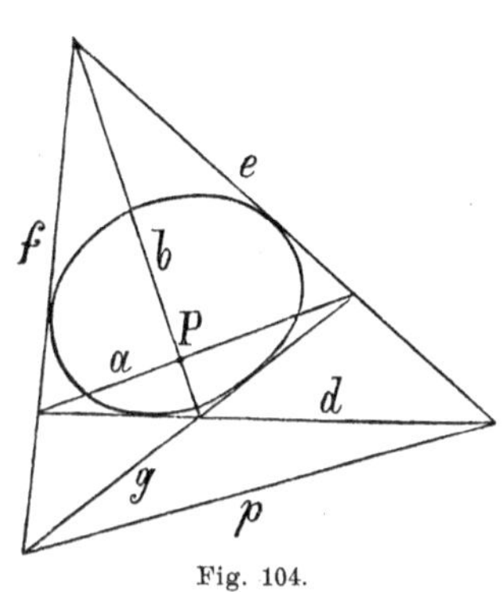

Fig. 104.

Fassen wir z. B. die Aussage zur Linken ins Auge.

Es sei $DEGF$ ein dem Kegelschnitte C eingeschriebenes Viereck, das in P einen Diagonalpunkt hat, und A und B seien seine andern beiden Diagonalpunkte; endlich seien GF und ED die durch P gehenden Seiten des Vierecks. Nach § 14 schneidet die Gerade AB die Geraden GF und ED in den dem Punkte P in Bezug auf die Paare GF und ED konjugierten harmonischen Punkten; daher (infolge der Eigenschaft 1)) ist die Gerade AB die Polare p von P, wodurch der Satz bewiesen ist.

Anmerkung. Diese verschiedenen Definitionen der Polare eines Punktes und des Poles einer Geraden in Bezug auf einen Kegelschnitt führen auf einfache Konstruktionen dieser Gebilde; im allgemeinen ist die durch die Eigenschaft 4) gegebene Konstruktion den andern vorzuziehen. Es ergeben sich daraus auch bemerkenswerte Eigenschaften. Zum Beispiel:

Das Diagonaldreieck eines dem Kegelschnitte eingeschriebenen Vierecks ist ein

Das Diagonaldreiseit eines dem Kegelschnitte umgeschriebenen Vierseits ist ein

konjugiertes Dreieck in Bezug auf den Kegelschnitt.	konjugiertes Dreiseit in Bezug auf den Kegelschnitt.

Da (wenn wir z. B. die Aussage zur Linken ins Auge fassen) die Eckpunktepaare des Dreiecks Paare konjugierter Punkte sind (infolge der Eigenschaft 4)).

Aus der Eigenschaft 2) geht unmittelbar die folgende hervor:

Die Polare eines Punktes in Bezug auf einen Kegelschnitt ist eine äußere Gerade oder eine Sekante, je nachdem der Punkt im Innern oder außerhalb des Kegelschnitts liegt.

Man erhält noch:

In einem in Bezug auf einen Kegelschnitt konjugierten Dreieck sind zwei Seiten Sekanten und eine eine äußere Gerade, zwei Eckpunkte äußere und einer ein innerer Punkt.

In der Tat (§ 53) sind die Involutionen konjugierter Punkte auf zwei der drei das konjugierte Dreieck bildenden Geraden hyperbolisch, während sich auf der dritten eine elliptische Involution befindet.

§ 58. * Durchmesser der Kegelschnitte. Setzen wir einen gegebenen Kegelschnitt mit der unendlich fernen Geraden seiner Ebene in Beziehung und betrachten wir die metrischen Relationen, welche sich dabei aus der Polarität ergeben. Wir werden daraus auch neue Mittel herleiten, um zu einer genaueren Kenntnis von der Form der Kegelschnitte zu gelangen.

Wir haben bereits gesagt, daß ein Kegelschnitt Ellipse, Hyperbel oder Parabel heißt, je nachdem die unendlich ferne Gerade in Bezug auf ihn eine äußere Gerade, eine Sekante oder eine Tangente ist. Obwohl diese drei Linien verschiedene metrische Eigenschaften haben, kann man doch ihr Studium betreiben, indem man sie alle drei zusammen betrachtet; die Unterschiede, soweit solche vorhanden sind, bieten sich von selbst dar.

Die Geraden, welche in Bezug auf irgendeinen Kegelschnitt der unendlich fernen Geraden konjugiert sind, heißen Durchmesser und zwar konjugierte Durchmesser zu den Geraden, welche durch ihren (der Durchmesser) Pol (im Unendlichen) gehen.

Durch den Pol eines Durchmessers, vorausgesetzt, daß er dem Kegelschnitte nicht angehört, gehen unendlich viele parallele Gerade, von denen jede den Kegelschnitt in zwei eigentlichen Punkten schneidet; die zwischen diesen Punkten enthaltenen endlichen Strecken bilden ein System von parallelen Sehnen des Kegelschnitts.

Aus dem § 57 folgt:

Ein Durchmesser eines Kegelschnitts, der nicht Tangente an den Kegelschnitt (in dessen unendlich fernem Punkte) ist, ist der Ort der Mittelpunkte der auf den konjugierten Geraden enthaltenen Kegelschnittsehnen.

Alle Durchmesser eines Kegelschnitts gehen durch einen Punkt, den Mittelpunkt des Kegelschnitts, den Pol der unendlich fernen Geraden. Bei der Hyperbel und der Ellipse ist dies ein eigentlicher Punkt, und daher heißen diese Kurven Kegelschnitte mit einem Mittelpunkt; das Entgegengesetzte findet bei der Parabel statt, d. h. alle Durchmesser sind parallel (der Mittelpunkt befindet sich im Unendlichen).

Der Mittelpunkt ist ein innerer Punkt bei der Ellipse und ein äußerer bei der Hyperbel, da seine Polare im ersten Falle eine äußere Gerade ist und im zweiten Falle eine Sekante. Die beiden durch den Mittelpunkt gelegten Tangenten an die Hyperbel berühren sie in den unendlich fernen Punkten; wie wir schon bemerkt haben, heißen sie Asymptoten.

Wir haben im allgemeinen gesehen (§ 52), daß die in Bezug auf einen Kegelschnitt konjugierten, durch einen nicht dem Kegelschnitte angehörenden Punkt gehenden Geraden sich in einer Involution entsprechen; ist daher ein Kegelschnitt mit einem Mittelpunkt gegeben, so werden die Paare seiner konjugierten Durchmesser eine Involution durch den Mittelpunkt (die Involution der konjugierten Durchmesser) bilden, und diese wird je nach der Art des Kegelschnitts elliptisch oder hyperbolisch sein und im zweiten Falle die Asymptoten zu Doppelstrahlen haben.

Von den sämtlich zu einander parallelen Durchmessern der Parabel ist jeder einer Schar paralleler Geraden von anderer Richtung konjugiert, da sie die Polaren der unendlich fernen Punkte sind.

Anmerkung. Wenn zwei Paare konjugierter Durchmesser eines Kegelschnitts mit einem Mittelpunkt gegeben sind, so kann man unmittelbar die elliptische oder hyperbolische Natur des Kegelschnitts erkennen, wenn man darauf achtet, ob die genannten Paare sich trennen oder nicht (§ 37).

Ein nicht einem Kegelschnitt angehörender Punkt und seine Polare bilden das Zentrum und die Achse einer harmonischen Homologie, die den Kegelschnitt in sich selbst transformiert (§ 57, 3); also:

Der (eigentliche) Mittelpunkt eines Kegelschnitts bildet das Zentrum einer Symmetrie, die den Kegelschnitt in sich selbst transformiert, oder den Mittelpunkt der durch ihn hindurchgehenden Sehnen des Kegelschnitts.

Wenn zwei Sehnen des Kegelschnitts sich halbieren, so ist ihr gemeinsamer Mittelpunkt der Mittelpunkt des Kegelschnitts.

§ 59. * Achsen der Kegelschnitte. Im Kreise stehen alle konjugierten Durchmesser auf einander normal, d. h. die Involution der konjugierten Durchmesser ist die Involution der rechten Winkel. In der Tat, ist ein Durchmesser des Kreises gegeben, so ist der auf ihm senkrecht stehende Durchmesser ihm konjugiert, weil er die zu jenem parallelen Sehnen halbiert.

Umgekehrt: es sei ein Kegelschnitt C (mit einem Mittelpunkt) gegeben, in welchem die Involution der konjugierten Durchmesser diejenige der rechten Winkel ist; ich behaupte, daß C ein Kreis ist. In der Tat, es seien A und B zwei beliebige Punkte des Kegelschnitts. Der auf der Strecke AB normal stehende Durchmesser (durch den Mittelpunkt O) ist den Geraden von der Richtung AB konjugiert und halbiert darum die Sehne AB; also sind die Strecken OA und OB einander gleich. Daher ist der Kegelschnitt der Ort der Punkte, die von O um das Stück OA entfernt sind, d. h. er ist der Kreis vom Mittelpunkte O und vom Radius OA, w. z. b. w.

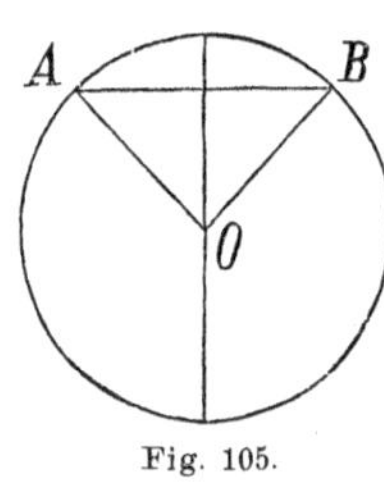

Fig. 105.

Die dargelegten Eigenschaften lassen sich zusammenfassen in dem

Satz: Die notwendige und hinreichende Bedingung dafür, daß ein Kegelschnitt ein Kreis ist, besteht darin, daß die von ihm auf der unendlich fernen Geraden erzeugte Involution konjugierter Punkte die absolute Involution ist.

Anmerkung. Wenn man von der Sprache der Theorie des Imaginären Gebrauch macht, so läßt sich dieser Satz in folgender Weise aussprechen (vgl. § 41):

Die Bedingung dafür, daß ein Kegelschnitt ein Kreis ist, besteht darin, daß er durch die Kreispunkte seiner Ebene geht.

Daher stammt eben der Name für das Paar der Kreispunkte, das allen Kreisen der Ebene gemeinsam ist.

Der vorstehende Satz liefert als Zusatz:

Jeder Kegelschnitt läßt sich in einen Kreis projizieren.

In der Tat braucht man nur eine Projektion des Kegelschnitts in der Weise auszuführen, daß eine eigentliche äußere Gerade in eine uneigentliche Gerade und die auf dieser eigentlichen Geraden vorhandene Involution konjugierter Punkte in Bezug auf den gegebenen Kegelschnitt in die absolute Involution projiziert wird (vgl. § 41).

Mit andern Worten: Jeden Kegelschnitt kann man als Schnitt eines geraden oder schiefen Kreiskegels betrachten; daher der Name „Kegelschnitt". Man erhält hieraus eine Bestätigung der in Bezug auf die Gestalt der Kegelschnitte aufgestellten Sätze anschaulicher Art.

Läßt man den Fall des Kreises außer Betracht, so ist die Involution der konjugierten Durchmesser eines Kegelschnitts mit einem Mittelpunkt nicht diejenige der rechten Winkel; daher gibt es in ihr ein Paar auf einander normal stehender konjugierter Durchmesser, dasjenige Paar, welches der genannten Involution der konjugierten Durchmesser und derjenigen (elliptischen) der rechten Winkel gemeinsam ist (§ 41).

In einem Kegelschnitte heißen die auf einander normal stehenden konjugierten Durchmesser Achsen.

In einem Kegelschnitte mit einem Mittelpunkt gibt es zwei zu einander normale Achsen, oder aber der Kegelschnitt ist ein Kreis, und alle seine Durchmesser sind Achsen.

Bei der Hyperbel sind die Achsen die Halbierungslinien der Winkel der Asymptoten.

Die zu den Durchmessern der Parabel orthogonalen Geraden sind einem genau bestimmten Durchmesser konjugiert: der Achse der Parabel. Daher hat die Parabel **eine** Achse.

Die harmonische Homologie, die eine Achse des Kegelschnitts zur Achse und ihren Pol, d. h. den unendlich fernen Punkt in der orthogonalen Richtung, zum Zentrum hat, transformiert den Kegelschnitt in sich selbst; also:

Eine Achse eines Kegelschnitts ist die Achse einer orthogonalen Symmetrie, welche den Kegelschnitt in sich selbst transformiert.

§ 60. Satz von v. Staudt. Wenn man in der Ebene eines Kegelschnitts

irgendwelche zwei nicht konjugierte Gerade a und b betrachtet und jedem Punkte der einen denjenigen	irgendwelche zwei nicht konjugierte Punkte A und B, die Mittelpunkte zweier Büschel, betrachtet und jeder

Punkt der andern zugeordnet, welcher dem ersten konjugiert ist, so sind die beiden Geraden zu einander projektiv.

In der Tat ist jede Gerade zu dem von den Polaren der Punkte der andern Geraden gebildeten Büschel perspektiv (ein Schnitt davon).

Geraden des einen Büschels diejenige Gerade des andern zuordnet, welche der ersten konjugiert ist, so sind die beiden Büschel zu einander projektiv.

In der Tat ist jedes Büschel zu der von den Polen der Geraden des andern Büschels gebildeten Punktreihe perspektiv (eine projizierende Figur davon).

Im besondern:

Wenn der gemeinsame Punkt der genannten Geraden a und b sich selbst konjugiert ist (d. h. dem Kegelschnitte angehört), so sind die Geraden a und b perspektiv, d. h. die Verbindungsgeraden konjugierter Punkte auf a und b gehen durch einen Punkt.

Wenn die Verbindungsgerade der beiden Punkte A und B sich selbst konjugiert ist (d. h. eine Tangente an den Kegelschnitt ist), so sind die Büschel A und B perspektiv, d. h. die Schnittpunkte zweier konjugierter Geraden durch A und B liegen auf einer Geraden.

Hieraus folgen die Sätze (von v. Staudt):

Ist ein Kegelschnitt und ein ihm eingeschriebenes Dreieck ABC (dessen Eckpunkte also auf dem Kegelschnitte liegen) gegeben, so schneidet jede Gerade, welche einer Seite BC des Dreiecks konjugiert ist, die beiden andern Seiten in konjugierten Punkten.

Umgekehrt, wenn eine Gerade zwei Seiten AB und AC des Dreiecks in zwei konjugierten Punkten schneidet, so ist sie der dritten Seite konjugiert, geht also durch deren Pol.

Ist ein Kegelschnitt und ein ihm umgeschriebenes Dreiseit abc (dessen Seiten also Tangenten an den Kegelschnitt sind) gegeben, so projiziert jeder Punkt, der einem Eckpunkte bc des Dreiseits konjugiert ist, die beiden andern Eckpunkte durch konjugierte Gerade.

Umgekehrt, wenn ein Punkt zwei Eckpunkte ab und ac des Dreiseits durch zwei konjugierte Gerade projiziert, so ist er dem dritten Eckpunkte konjugiert, gehört also dessen Polare an.

Von diesen beiden korrelativen Sätzen beweisen wir den zur Linken.

Die Punktreihen AB und AC, deren gemeinsamer Punkt A sich selbst konjugiert ist, sind, wenn man als einander entsprechend die Punkte der einen und die ihnen konjugierten Punkte auf der andern betrachtet, perspektiv; um das Zentrum der Perspektivität zu finden, hat man nur zwei Paare entsprechender (konjugierter) Punkte zu verbinden. Zu diesem Zwecke betrachte man die Polaren b und c von B und C (die Tangenten an den Kegelschnitt in B und C), die die Geraden AC und AB in den Punkten B' und C' schneiden; die Punkte B und B' und die Punkte C und C' sind konjugierte Punkte, daher ist das gesuchte Zentrum O der Perspektivität der Punkt bc.

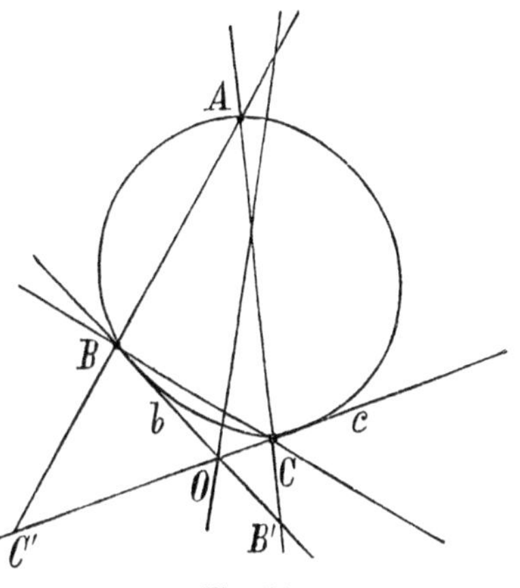

Fig. 106.

Dieser so konstruierte Punkt O ist der Pol der Geraden BC. Dies bedeutet, daß die Verbindungsgerade zweier auf AB und AC gelegener konjugierter Punkte (durch O geht, d. h.) der Geraden BC konjugiert ist. Umgekehrt schneidet jede durch O gehende Gerade, d. h. jede der Geraden BC konjugierte Gerade, die Seiten AB und AC in zwei homologen, d. h. konjugierten, Punkten, w. z. b. w.

Die vorstehenden Sätze lassen sich offenbar auch umkehren, in folgender Weise:

Wenn von einem Dreieck ABC zwei Eckpunkte A und B auf einem Kegelschnitt liegen und die beiden Seiten AC und BC von einer der Seite AB konjugierten Geraden in konjugierten Punkten geschnitten werden, so gehört auch der dritte Eckpunkt C des Dreiecks dem Kegelschnitt an.

Wenn von einem Dreiseit abc zwei Seiten a und b Tangenten an einen Kegelschnitt sind und die beiden Punkte ac und bc von einem dem Punkte ab konjugierten Punkte aus durch zwei konjugierte Gerade projiziert werden, so ist auch die dritte Seite c Tangente an den Kegelschnitt.

§ 61. Satz von Steiner: projektive Erzeugung der Kegelschnitte. Wir stellen jetzt die Sätze auf:

Projiziert man die Punkte eines Kegelschnitts von zweien dieser Punkte A und B aus,

Schneidet man die Tangenten eines Kegelschnitts mit zweien dieser Tangenten

so erhält man zwei projektive Strahlenbüschel.

a und *b*, so erhält man zwei projektive Punktreihen.

Fassen wir z. B. die Aussage zur Linken ins Auge, so sehen wir, daß sie sofort aus folgender Betrachtung hervorgeht: Wenn die beiden Büschel A und B so auf einander bezogen sind, daß zwei Strahlen wie AC und BC, die einen und denselben Punkt C des Kegelschnitts projizieren, sich entsprechen, so bilden die Schnitte der beiden Büschel mit einer der Geraden AB konjugierten Geraden (die nicht durch A und B geht) zwei in einander liegende projektive Punktreihen (in Involution); in der Tat schneiden zwei Strahlen wie AC und BC die Gerade in zwei konjugierten Punkten (§ 60), und die Paare konjugierter Punkte auf einer Geraden, die nicht Tangente an den Kegelschnitt ist, bilden eine Involution.

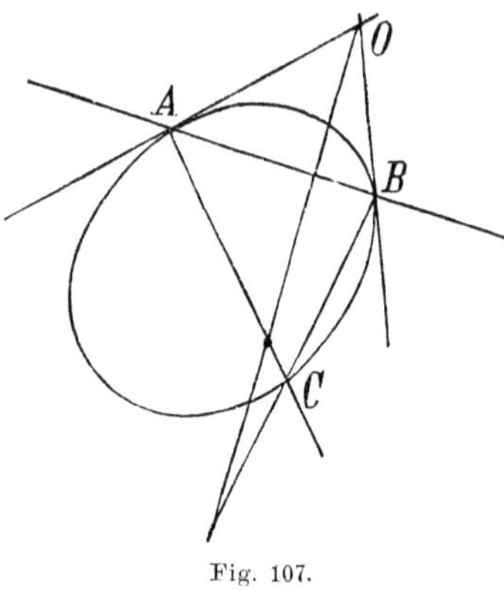

Fig. 107.

Man beachte, daß in der zwischen den beiden Büscheln von den Mittelpunkten A und B bestehenden Projektivität dem gemeinsamen Strahle AB die Tangenten an den Kegelschnitt in den Punkten A und B entsprechen.

Umgekehrt erhält man:

In der Ebene

ist der Ort der Schnittpunkte der homologen Strahlen zweier projektiver Büschel, die nicht perspektiv und nicht konzentrisch sind, ein Kegelschnitt.

ist die Enveloppe der Verbindungsgeraden der homologen Punkte zweier projektiver Punktreihen, die nicht perspektiv sind und nicht in einander liegen, ein Kegelschnitt.

Fassen wir z. B. die Aussage zur Linken ins Auge.

Es seien A und B die beiden Büschel, a und b die (von AB verschiedenen) Strahlen, welche in A und B dem gemeinsamen Strahle AB entsprechen, und O sei ihr Schnittpunkt. Wir betrachten eine (von a und b verschiedene) Gerade d durch O, die AB in einem gegebenen Punkte O' schneidet. Die homologen Strahlen der projektiven Büschel A und B werden von d in zwei in einander liegenden projektiven Punktreihen geschnitten, in welchen O und O' sich in doppelter Weise entsprechen; also bestimmen sie auf d ebensoviele Punktepaare einer Involution. Es seien C und C' zwei (von O und O' verschiedene) durch den Schnitt mit den (entsprechenden) Strahlen AP und BP erhaltene konjugierte Punkte in dieser Involution.

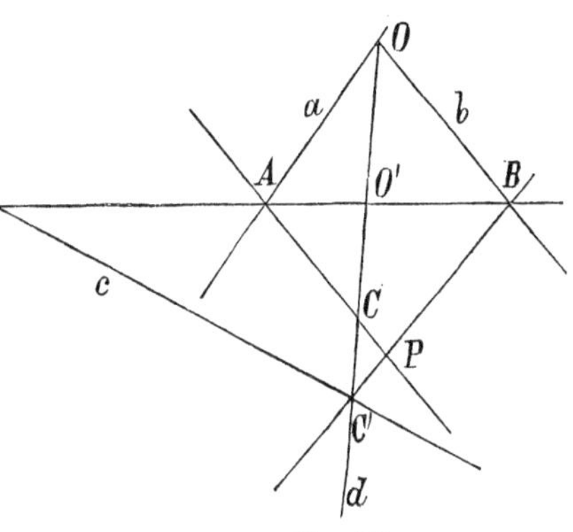

Fig. 108.

Wir können in der Ebene eine genau bestimmte Polarität herstellen, wenn wir als Polaren der Punkte O, A und B die Geraden AB, a und b annehmen und außerdem fordern, daß C und C' konjugierte Punkte sind. In der Tat wird durch die ersten Annahmen bestimmt, daß den Punkten der Geraden AB in der Polarität diejenigen Geraden durch O entsprechen, welche jenen Punkten in der durch die Paare Aa und Bb definierten Involution konjugiert sind, während die Forderung, daß C und C' in der Polarität konjugiert sein sollen, zur Folge hat, daß man dem Punkte C als Polare die Gerade c zuweisen muß, die C' mit dem zu O' in Bezug auf A und B konjugierten harmonischen Punkte verbindet. Die Polarität ist also nach § 52 genau bestimmt und führt auf einen fundamentalen Kegelschnitt, der durch A und B geht und a und b berührt.

Nun schneiden zwei durch A und B gehende Gerade, die sich in der gegebenen Projektivität zwischen den beiden Büscheln entsprechen, d in zwei Punkten, die in der durch die Paare OO' und CC' definierten Involution konjugiert sind, d. h. in zwei in Bezug auf den Kegelschnitt konjugierten Punkten. Es folgt, daß diese Geraden sich in einem Punkte des Kegelschnittes schneiden (§ 60); damit ist der Satz bewiesen.

Anmerkung 1. Wenn man in einer Ebene zwei (nicht konzentrische) perspektive Strahlenbüschel betrachtet, so bildet der Ort der Schnittpunkte homologer Strahlen ein Geradenpaar (einen ausgearteten Kegelschnittort), das aus der Achse der Perspektivität und aus dem gemeinsamen (sich selbst entsprechenden) Strahle der beiden Büschel gebildet wird. Korrelativ dazu erzeugen zwei (nicht in einander liegende) perspektive Punktreihen ein Punktepaar (eine ausgeartete Kegelschnittenveloppe), das aus dem Zentrum der Perspektivität und aus dem gemeinsamen (sich selbst entsprechenden) Punkte der beiden Punktreihen gebildet wird.

Anmerkung 2. Auf Grund der oben mitgeteilten projektiven Erzeugungsweise der Kegelschnitte (durch Büschel oder Punktreihen) lassen sich auf die Kegelschnitte (ob man sie nun als Ort oder als Enveloppe auffaßt) die für die Gebilde erster Stufe aufgestellten Begriffe natürliche Ordnungen, auf einander folgende Elemente, sich trennende Paare u. s. w. übertragen.

In der Tat, wenn mehrere Punkte eines Kegelschnitts von einem Punkte desselben Kegelschnitts aus durch auf einander folgende Strahlen (eines Büschels) projiziert werden, so wird dasselbe eintreten, wenn die genannten Punkte von einem andern, irgendwie auf demselben Kegelschnitt gewählten Punkte aus projiziert werden; man wird alsdann sagen, daß diese Punkte auf dem Kegelschnitt auf einander folgen. So wird man auch sagen, daß mehrere Tangenten eines Kegelschnitts auf einander folgen, wenn sie (von einer und also) von jeder andern Tangente in auf einander folgenden Punkten geschnitten werden. Wir werden also von zwei, durch zwei Punkte bestimmten, einander ergänzenden Segmenten oder Bogen eines Kegelschnitts u. s. w. reden und auf die Kegelschnitte die Betrachtungen und Sätze über geordnete Beziehungen anwenden können.

Wenn mehrere Punkte eines Kegelschnitts auf einander folgen, so folgen auch die in diesen Punkten an den Kegelschnitt gelegten Tangenten auf einander.

Dies entnimmt man der Tatsache, daß die Polarität in Bezug auf den Kegelschnitt einem Büschel von Strahlen, die die Punkte $B, C, \ldots$ des Kegelschnitts von einem auf ihm liegenden Punkte A aus projizieren, diejenige Punktreihe zuordnet, in welcher die durch A gehende Tangente a von den durch $B, C, \ldots$ gehenden Tangenten $b, c, \ldots$ geschnitten wird; man braucht nur zu beachten, daß infolge der Polarität das Büschel A und die Punktreihe a projektiv sind und daher eine geordnete Beziehung bilden.

Als wir im Anfang von der Form der Kegelschnitte, vom visuellen Standpunkte aus betrachtet, sprachen, sagten wir, daß sie wie geschlossene Linien erscheinen, die durch die Bewegung eines in seine Anfangslage zurückkehrenden Punktes (oder einer Tangente) erzeugt werden. Nicht anders erscheint der visuellen Anschauung die Gerade, wenn der uneigentliche Punkt eingeführt ist, und analog ist auch die Erzeugung eines Strahlen- oder Ebenenbüschels durch Bewegung.

Diese Erzeugungsweise durch Bewegung eines in seine Anfangslage zurückkehrenden Elementes ist die gemeinsame anschauliche Grundlage der Begriffe der natürlichen Ordnungen sowohl für die Gebilde erster Stufe wie auch für die Kegelschnitte. Dergestalt, daß die Beziehungen, die mit dem Aufeinanderfolgen u. s. w. von Punkten (oder Tangenten) eines Kegelschnitts zusammenhängen, unmittelbar dem Blick erscheinen, wenn man sich auf die Darstellung eines Kegelschnitts durch die Zeichnung bezieht.

§ 62. * **Besondere metrische Fälle der projektiven Erzeugung eines Kegelschnitts. Kreis und gleichseitige Hyperbel.** Die Sätze des vorhergehenden Paragraphen über die Erzeugung von Kegelschnitten führen uns bei metrischer Betrachtung zu einigen besondern Fällen. Wir verweilen zunächst bei den Kegelschnitten, als Enveloppen aufgefaßt.

Betrachten wir zwei eigentliche parallele Tangenten a und b eines Kegelschnitts mit einem Mittelpunkt. Schneidet man sie mit den andern Tangenten, so erhält man zwischen a und b eine Projektivität, in welcher ihre Berührungspunkte A und B dem gemeinsamen uneigentlichen Punkte, den man auf b oder auf a betrachtet, entsprechen.

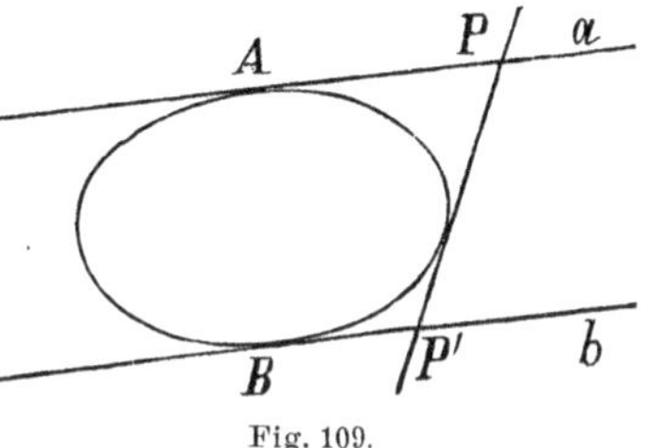

Fig. 109.

Die Punkte A und B sind also die Fluchtpunkte der genannten Projektivität.

Daraus folgt der Schluß (§ 34):

Man betrachte zwei eigentliche parallele Tangenten a und b eines Kegelschnitts mit einem Mittelpunkt und ihre Berührungspunkte A und B; eine variable Tangente des Kegelschnitts schneidet die beiden Tangenten a und b in zwei Punkten derart, daß das Produkt ihrer Entfernungen von A und B konstant ist.

Jetzt sei eine Hyperbel gegeben, und u und v seien ihre Asymptoten. Die Tangenten der Hyperbel bestimmen auf u und v zwei projektive Punktreihen, die beide den Mittelpunkt $O \equiv uv$ zum Fluchtpunkte haben.

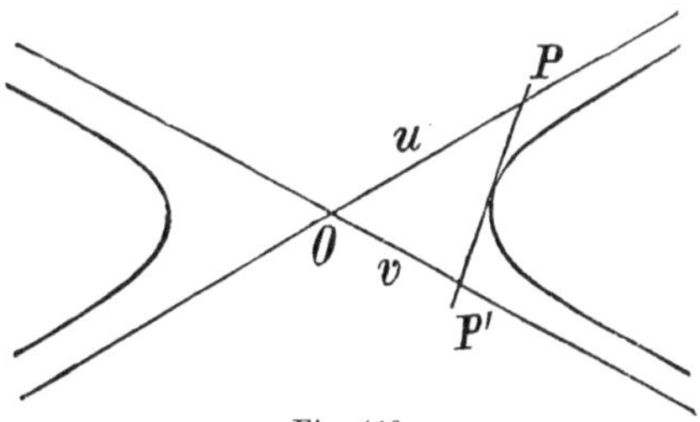

Fig. 110.

Wenn man mit P und P' die Schnittpunkte einer variablen Tangente der Hyperbel mit u und v bezeichnet, so ergibt sich also, daß das Produkt $OP \,.\, OP'$ konstant ist (§ 34). Es folgt:

Ist eine Hyperbel gegeben, so hat das durch die Asymptoten und eine variable Tangente bestimmte Dreieck konstanten Inhalt. Diese Eigenschaft ist für die Hyperbelenveloppe charakteristisch.

Betrachten wir endlich eine Parabel und irgendwelche zwei eigentliche Tangenten an sie. Diese werden von den andern Tangenten in zwei projektiven Punktreihen geschnitten, in denen die unendlich fernen Punkte sich entsprechen. Es folgt (§ 29):

Schneidet man zwei eigentliche feste Tangenten einer Parabel mit einer variablen Tangente, so erhält man ähnliche Punktreihen.

Umgekehrt: Verbindet man die homologen Punkte zweier ähnlicher (nicht perspektiver) Punktreihen einer Ebene, so erhält man als Enveloppe eine Parabel.

Betrachten wir dagegen die Kegelschnitte, als Örter aufgefaßt.

Es bieten sich dann zwei bemerkenswerte besondere Fälle der Ellipse und der Hyperbel dar, Fälle, in denen es eine Erzeugung durch kongruente Strahlenbüschel gibt.

Zwei direkt kongruente Strahlenbüschel in einer Ebene (vorausgesetzt, daß sie nicht durch Parallelismus der Elemente auf einander bezogen sind) erzeugen als Ort der Schnittpunkte homologer Strahlen einen Kreis.

Umgekehrt: Projiziert man die Punkte eines Kreises von zwei auf ihm angenommenen festen Punkten aus, so erhält man zwei direkt kongruente Strahlenbüschel.

Zum Beweise des Satzes betrachte man zwei direkt kongruente (nicht perspektive) Büschel A und B einer Ebene und bemerke vor allem, daß der von ihnen erzeugte Kegelschnitt sicher eine Ellipse ist, weil die genannten Büschel auf der unendlich fernen Geraden (als Schnitt) eine Projektivität (Kongruenz) ohne Doppelpunkte erzeugen.

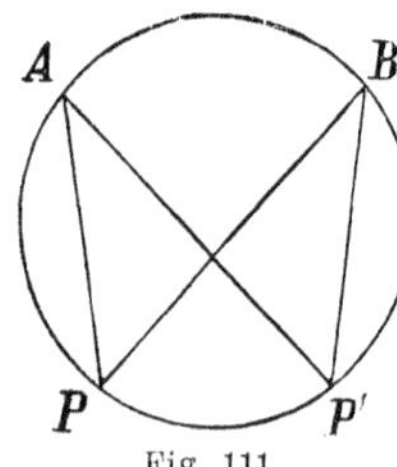

Fig. 111.

Man wähle noch auf der erwähnten Ellipse einen andern festen Punkt P und betrachte endlich auf ihr irgendeinen veränderlichen Punkt P'; es ist nur zu zeigen, daß dieser dem durch die drei Punkte A, B, P bestimmten Kreise angehört, weil es dann klar ist, daß der Ort des veränderlichen Punktes P' der genannte Kreis ist.

Nun sind nach Voraussetzung die Winkel PAP' und PBP' gleich oder Supplementwinkel; aber, da die beiden Büschel direkt kongruent sind, so erkennt man sofort, daß die genannten Winkel, welche das endliche Segment PP'

einschließen, gleich oder Supplemente sind, je nachdem die Punkte A und B in Bezug auf die Gerade PP' auf derselben oder auf entgegengesetzter Seite der Ebene liegen (wenn man die Dinge im Sinne der elementaren Geometrie betrachtet). Daraus folgt, daß die Punkte P und P' immer einem durch A und B gehenden Kreise angehören, w. z. b. w.

Diese Schlußreihe ist durchaus umkehrbar.

Man nennt gleichseitige Hyperbel diejenige Hyperbel, deren Asymptoten auf einander senkrecht stehen.

Es besteht dann der Satz:

In einer Ebene erzeugen zwei nicht perspektive, invers kongruente Strahlenbüschel als Ort der Schnittpunkte homologer Strahlen eine gleichseitige Hyperbel.

In der Tat betrachte man die Projektivität, die man durch den Schnitt beider Büschel auf der uneigentlichen Geraden erhält. Diese Projektivität ist eine inverse Kongruenz, deren Doppelpunkte die unendlich fernen Punkte des Kegelschnitts (der Hyperbel) sind, der durch die beiden Büschel erzeugt wird; aber diese Punkte entsprechen orthogonalen Richtungen (§ 32), also sind die Asymptoten der durch die beiden Büschel erzeugten Hyperbel zu einander orthogonal, w. z. b. w.

Man kann ferner sagen, daß die Mittelpunkte A und B der erzeugenden Büschel in Bezug auf den Mittelpunkt der Hyperbel symmetrisch liegen werden. In der Tat muß die Gerade AB zu den in A und B an die Hyperbel gezogenen Tangenten gleich geneigt sein, so daß man (wenn man dem Sinne der Kongruenz zwischen A und B Rechnung trägt) erkennt, daß die genannten Tangenten parallel sind; aber da sie sich im Pole der Geraden AB schneiden, so ist AB ein Durchmesser, d. h. A und B sind in Bezug auf den Mittelpunkt symmetrisch, w. z. b. w.

Umgekehrt kann man zur Übung beweisen: Wenn man die Punkte einer gleichseitigen Hyperbel von zwei auf ihr gelegenen Punkten aus, die in Bezug auf den Mittelpunkt symmetrisch sind, projiziert, so erhält man zwei invers kongruente Strahlenbüschel.

§ 63. Bestimmungsstücke für einen Kegelschnitt.

In der Ebene

bestimmen fünf Punkte, von denen nicht drei in gerader	bestimmen fünf Gerade, von denen nicht drei durch einen

Linie liegen, einen Kegelschnitt, der durch sie hindurchgeht.

Punkt gehen, einen Kegelschnitt, an den sie Tangenten sind.

Wir beweisen den Satz zur Linken.

Es seien A, B, C, D, E die fünf Punkte. Die beiden Büschel A und B können projektiv auf einander bezogen werden, indem man die Strahlen AC und BC, AD und BD, AE und BE einander zuordnet. Dann erzeugen sie einen Kegelschnitt oder ein Geradenpaar durch die fünf Punkte A, B, C, D, E; aber der zweite Fall ist auszuschließen, da niemals drei der Punkte A, B, C, D, E sich in gerader Linie befinden; also geht durch A, B, C, D, E ein Kegelschnitt hindurch. Dieser Kegelschnitt ist der einzige, da, wenn ein durch die fünf Punkte gehender Kegelschnitt gegeben ist, seine Punkte von A und B aus durch zwei projektive Strahlenbüschel projiziert werden müssen und die Projektivität zwischen den beiden Büscheln dadurch bestimmt ist, daß AC und BC, AD und BD, AE und BE sich entsprechen.

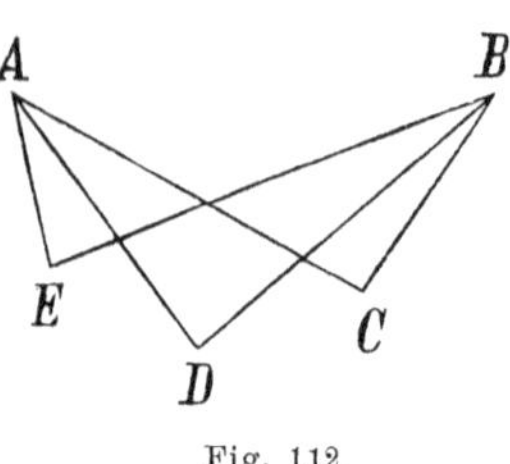

Fig. 112.

Die vorstehende Schlußreihe hört nicht auf zu gelten, wenn man (einen der fünf Punkte, z. B.) den Punkt C durch eine durch B, aber nicht durch einen der andern Punkte gehende Gerade b ersetzt, die an den zu bestimmenden Kegelschnitt Tangente sein soll. In der Tat muß in der Projektivität zwischen den beiden erzeugenden Büscheln des Kegelschnitts b dem Strahle AB entsprechen. Schließlich kann man noch einen andern Punkt D durch die (nicht durch B und E gehende) Tangente a in A ersetzen.

So werden wir darauf geführt, folgende Zusätze auszusprechen:

In der Ebene

bestimmen vier Punkte, von denen nicht drei in gerader Linie liegen, und die Tangente in einem von ihnen, die nicht durch einen der andern Punkte hindurchgeht, einen Kegelschnitt.

In ähnlicher Weise bestimmen drei nicht in einer Geraden liegende Punkte und

bestimmen vier Gerade, von denen nicht drei durch einen Punkt gehen, und der Berührungspunkt auf einer von ihnen, der nicht einer der andern Geraden angehört, einen Kegelschnitt.

Drei nicht durch einen Punkt gehende Gerade und die Berührungspunkte auf

die Tangenten in zwei von ihnen, die nicht durch einen der übrigen Punkte hindurchgehen, einen Kegelschnitt.

zwei von ihnen, die nicht einer der übrigen Geraden angehören, bestimmen einen Kegelschnitt.

Anmerkung. Man kann sagen, daß die ausgesprochenen Zusätze nach dem Prinzip der Stetigkeit aus den vorher aufgestellten Sätzen folgen, wenn man zwei der fünf gegebenen Punkte in gegebener Richtung sich unbegrenzt nähern läßt, u. s. w.

Aber dies wäre kein strenger Beweis jener Ergebnisse, so lange wenigstens das Prinzip der Stetigkeit nicht scharf aufgestellt ist, was (mit Einschränkungen, die hier erfüllt werden) geschehen kann, wenn man von einem höheren Gedankengange ausgeht.

Immerhin ist es vorteilhaft, sich die vorstehenden Ergebnisse zur Linken als einen einzigen Satz über die Bestimmung eines Kegelschnitts durch fünf Punkte (von denen nicht drei in gerader Linie liegen) vorzustellen, von denen zwei, und noch zwei andere, einander unendlich nahe liegen können.

Korrelativ dazu würde es für die Aussagen zur Rechten heißen.

Konstruktionen. Es sei ein Kegelschnitt durch fünf seiner Punkte oder durch vier Punkte und die Tangente in einem von ihnen oder durch drei Punkte und die Tangenten in zwei von ihnen (mit den ausgesprochenen einschränkenden Bedingungen) gegeben; man will konstruieren:

1) den andern Schnittpunkt des Kegelschnitts mit einer Geraden (die nicht Tangente ist), die durch einen der Punkte geht;

2) die Tangente in einem der gegebenen Punkte (wenn sie nicht bekannt ist).

Fassen wir den allgemeinen Fall ins Auge, in welchem der Kegelschnitt durch fünf Punkte A, B, C, D, E (von denen nicht drei in gerader Linie liegen) gegeben ist. Man wird bemerken, daß dieselben Konstruktionen im besondern für die andern Fälle gelten.

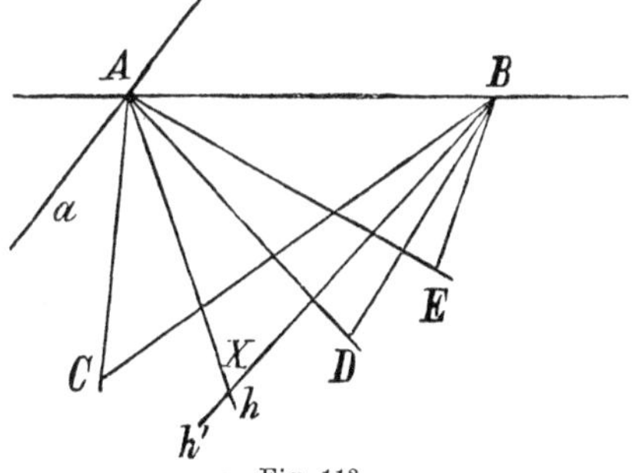

Fig. 113.

Dann werden die verlangten Konstruktionen zurückgeführt auf die der Projektivität zwischen den Büscheln A und B, die durch die beiden Ternen von Strahlen $A(CDE)$ und $B(CDE)$ angegeben ist

(§§ 61, 28). Ist eine durch A gehende Gerade h gegeben, so ist der andere Punkt X, in welchem sie den Kegelschnitt schneidet, der Schnittpunkt von h mit dem homologen durch B gehenden Strahle h'; die Tangente a in A ist der Strahl, der in dem Büschel A dem Strahle BA entspricht.

Betrachtet man verschiedene, einander ziemlich nahe liegende Gerade h durch A und konstriert so einander genügend nahe liegende Punkte X, die durch einen stetigen Zug graphisch verbunden werden können, so erhält man die Konstruktion eines Kegelschnitts durch Punkte und erlangt dabei eine Vorstellung von seiner Gestalt.

Es mögen zur Übung diese Konstruktionen zusammen mit ihren angegebenen besondern Fällen und den korrelativen Konstruktionen ausgeführt werden.

Es sei ein Kegelschnitt durch fünf Elemente in der oben erwähnten Weise gegeben, man will noch

3) die Polare eines Punktes konstruieren.

Setzen wir z. B. voraus, daß der Kegelschnitt durch fünf Punkte A, B, C, D, E (von denen nicht drei in gerader Linie liegen) definiert ist. Man verbinde den in Betracht kommenden Punkt P mit zweien der fünf Punkte, z. B. mit A und B, und bestimme die andern Schnittpunkte A_1 und B_1 der Geraden PA und PB mit dem Kegelschnitt, dann ist die Polare p von P die Verbindungslinie der Schnittpunkte der Geradenpaare AB und A_1B_1, und AB_1 und A_1B.

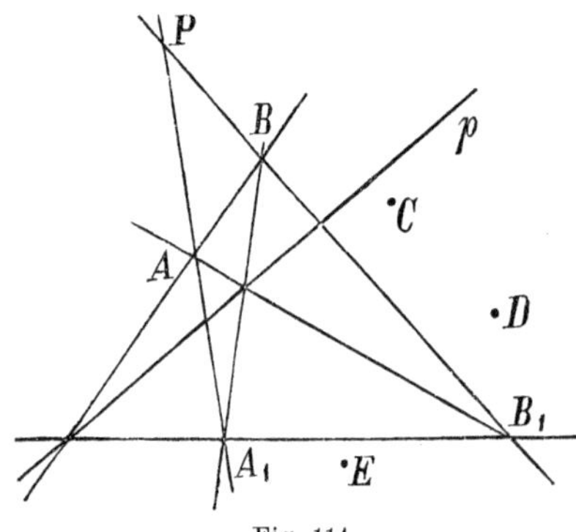

Fig. 114.

Korrelativ dazu konstruiere man den Pol einer Geraden in Bezug auf einen durch fünf Tangenten definierten Kegelschnitt.

Es mögen auch zur Übung die vorstehenden Aufgaben gelöst werden, wenn der Kegelschnitt durch fünf Elemente (unter den üblichen Voraussetzungen) in irgend einer andern Weise definiert ist.

Im besondern * konstruiere man in Bezug auf einen so definierten Kegelschnitt die Polaren zweier uneigentlicher Punkte und bestimme so den (als eigentlich vorausgesetzten) Mittelpunkt und die Involution der konjugierten Durchmesser.

Man erörtere auch besondere metrische Fälle der vorstehenden Konstruktionen, indem man unter den Punkten, die den Kegelschnitt definieren, einen uneigentlichen Punkt annimmt; und unter dieser Voraussetzung (wenn die unendlich ferne Gerade nicht Tangente ist) konstruiere man (für die dadurch definierte Hyperbel) die Asymptote, deren Richtung gegeben ist, und die andere Asymptote.

Ein Kegelschnitt kann in der Ebene außer durch Angabe von fünf seiner Elemente (Punkte oder Tangenten) auch in anderer Weise bestimmt werden, wie dies die folgenden drei Sätze ausdrücken.

Satz. In der Ebene gibt es einen bestimmten Kegelschnitt, der einen Punkt P und eine Gerade p, die einander nicht angehören, zu Pol und Polare hat, auf der Geraden p (und daher im Bündel P) eine vorgeschriebene elliptische Involution erzeugt und

durch einen außerhalb der Geraden p liegenden und von P verschiedenen Punkt A geht.	eine von p verschiedene und nicht durch P gehende Gerade a berührt.

Fassen wir die Aussage zur Linken ins Auge.

Die Existenz des in Rede stehenden Kegelschnitts und zwar seine einmalige Existenz ist implicite durch die Schlußreihe nachgewiesen worden, die gelegentlich des zweiten Satzes des § 61 aufgestellt worden ist, wenn auch dort der Fall, daß die vorgeschriebene Involution hyperbolisch ist, betrachtet worden ist (vgl. auch § 51).

Die einfachste Konstruktion des Kegelschnitts erhält man, wenn man den Satz von v. Staudt anwendet.

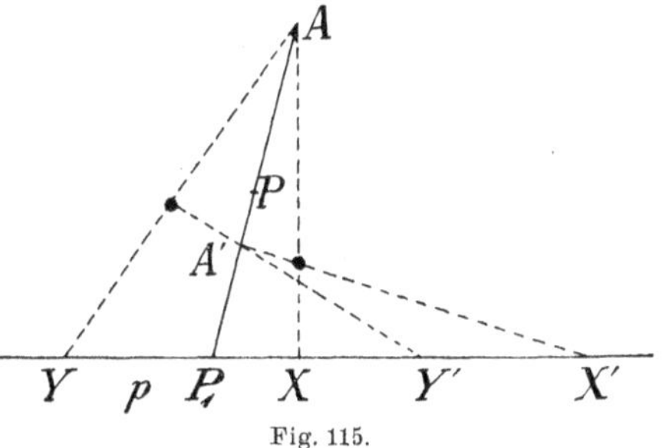

Fig. 115.

Man bestimme (wie in der Figur) den zu A konjugierten harmonischen Punkt in Bezug auf P und auf den Durchschnittspunkt P_1 der Geraden PA mit p, so erhält man einen andern Punkt A' des Kegelschnitts. Wenn man dann von A und A' aus die konjugierten Punkte von p projiziert, so erhält man Strahlen, die sich in Punkten des Kegelschnitts schneiden.

Anmerkung. Der oben ausgesprochene Satz drückt sich, wenn man von dem Imaginären sprechen will, folgendermaßen aus:

Es gibt in der Ebene einen bestimmten Kegelschnitt, der durch zwei konjugierte imaginäre Punkte geht, in ihnen zwei konjugirte imaginäre Gerade berührt und außerdem durch einen (reellen) Punkt geht, der nicht auf der Geraden liegt, auf welcher sich die genannten imaginären Punkte befinden.

außerdem eine (reelle) Gerade berührt, die nicht durch den Schnittpunkt der genannten imaginären Geraden geht.

Einen metrischen Zusatz des Satzes * erhält man, wenn man als imaginäre Punkte die Kreispunkte der Ebene nimmt und als Tangenten in ihnen die isotropen Geraden, die nach einem reellen Punkte gehen; dieser muß also der Mittelpunkt des Kegelschnittes sein, den man konstruieren will. Es ergibt sich alsdann (vgl. § 59):

Es gibt in der Ebene einen bestimmten Kreis, der einen gegebenen Mittelpunkt hat und durch einen gegebenen (eigentlichen) Punkt geht oder eine gegebene (eigentliche) Gerade berührt.

Die Konstruktion des Kreises, die aus dem Satze von v. Staudt in der oben angegegebenen Weise hervorgeht, führt dazu, den Kreis als Ort der Punkte zu konstruieren, von denen aus man den Durchmesser unter einem rechten Winkel sieht, oder (korrelativ dazu) als Enveloppe der Geraden, welche zwei gegenüberliegende (parallele) Tangenten in zwei Punkten schneiden derart, daß die zwischen beiden Punkten enthaltene Strecke vom Mittelpunkt aus unter einem rechten Winkel gesehen wird.

Satz. In der Ebene gibt es einen bestimmten Kegelschnitt, der

durch drei nicht in einer Geraden liegende gegebene Punkte geht und auf einer gegebenen Geraden, die keinen der drei Punkte enthält, eine vorgeschriebene elliptische Involution erzeugt.

drei nicht durch einen Punkt gehende gegebene Gerade berührt und in einem gegebenen Büschel, das keine der drei Geraden enthält, eine vorgeschriebene elliptische Involution erzeugt.

Fassen wir die Aussage zur Linken ins Auge.

Es seien A, B, C die drei gegebenen Punkte, und p sei die Gerade, auf der eine elliptische Involution J vorgeschrieben ist.

Es seien E und D die Punkte, in denen p von den Geraden AB und AC geschnitten wird, und E' und D' seien die zu ihnen in J auf p konjugierten Punkte. Wir konstruieren den zu E in Bezug auf A und B konjugierten harmonischen Punkt E_1 und den zu D in Bezug auf A und C konjugierten harmonischen Punkt D_1.

Wenn ein Kegelschnitt existiert, der den vorgeschriebenen Bedingungen genügt, so ist in Bezug auf ihn der Pol von p der Punkt P, in welchem die Geraden D_1D' und E_1E' sich schneiden.

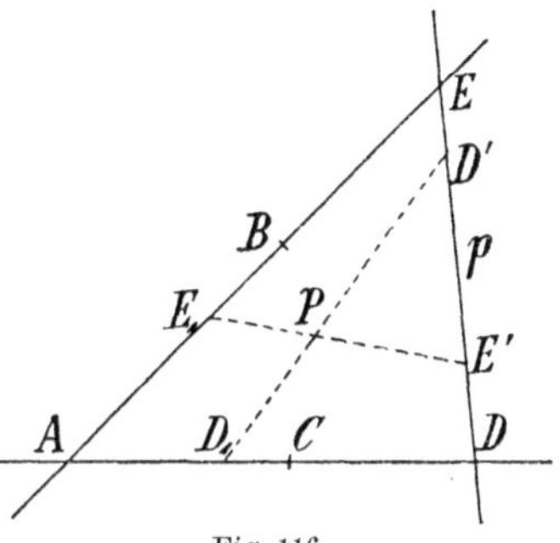

Fig. 116.

Nun ist es klar, daß der Kegelschnitt, der nach dem vorhergehenden Satze dadurch definiert ist, daß er durch A gehen, auf p die Involution J erzeugen und P zum Pole von p haben soll, auch durch B und C gehen muß.

Anmerkung. Wenn man von dem Imaginären sprechen will, so drückt sich der vorstehende Satz folgendermaßen aus:

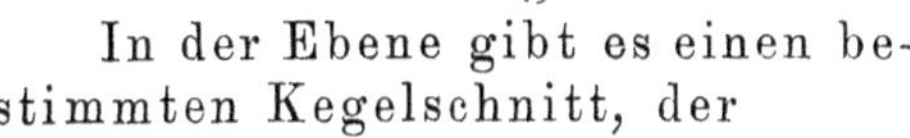

In der Ebene gibt es einen bestimmten Kegelschnitt, der

durch drei nicht in gerader Linie liegende (reelle) Punkte geht und außerdem durch zwei konjugierte imaginäre Punkte, die sich nicht auf einer Geraden befinden, die durch einen jener drei Punkte geht.

drei nicht durch einen Punkt gehende (reelle) Gerade berührt und außerdem zwei konjugierte imaginäre Gerade, die sich nicht in einem Punkte schneiden, der einer jener drei Geraden angehört.

Zusatz *. Es gibt einen Kreis, der durch drei eigentliche, nicht in gerader Linie liegende Punkte geht.

Die Konstruktion des Mittelpunktes des Kreises, die daraus hervorgeht, daß man (wie im vorstehenden angegeben worden ist) den Pol der uneigentlichen Geraden (p) seiner Ebene sucht, ist die gewöhnliche Konstruktion, d. h. man erhält den genannten Mittelpunkt als den Durchschnittspunkt der Geraden, welche in der Mitte der Strecken, die einen der drei vorgeschriebenen Punkte mit den beiden andern verbinden, auf diesen normal stehen.

Satz. In der Ebene gibt es einen bestimmten Kegelschnitt, der

durch einen gegebenen Punkt geht und auf zwei gegebenen, nicht durch den Punkt gehenden Geraden vorgeschriebene elliptische Involutionen erzeugt.

eine gegebene Gerade berührt und in zwei gegebenen, nicht die Gerade enthaltenden Büscheln vorgeschriebene elliptische Involutionen erzeugt.

Wir beziehen uns auf die Aussage zur Linken. Es seien a und b die beiden gegebenen Geraden, auf denen die elliptischen Involutionen J_a und J_b vorgeschrieben sind, und O sei der gegebene Punkt.

Setzen wir für den Augenblick die Existenz eines Kegelschnitts C voraus, der den angegebenen Bedingungen genügt.

Dann können wir in Bezug auf C sogleich die Polare p des Schnittpunktes P von a und b konstruieren: sie ist die Verbindungsgerade der dem Punkte P in den Involutionen J_a und J_b auf a und b konjugierten Punkte P_a und P_b. Wir können auch einen andern Punkt von C konstruieren, nämlich den zu O in Bezug auf P und auf den Punkt R, der den Geraden PO und $p \equiv P_a P_b$ gemeinsam ist, konjugierten harmonischen Punkt O. Dann kann der Kegelschnitt C (nach dem Satze von v. Staudt) konstruiert werden als Ort der Schnittpunkte der Strahlen, welche von O und O' aus die auf p befindlichen konjugierten Punkte projizieren, sobald man die Involution J_p, welche diese konjugierten Punkte auf p bilden, kennt.

Um die Involution J_p zu konstruieren, projiziere man von O aus die beiden Involutionen J_a und J_b auf p. Dadurch wird man zwei elliptische Involutionen J_a' und J_b' erhalten, die ein Punktepaar X und Y gemeinsam haben (§ 37). Ich behaupte, daß X und Y die Doppelpunkte von J_p sind, d. h. daß sie dem Kegelschnitte C angehören.

Zu diesem Ende betrachten wir die Beziehung, welche zwischen den konjugierten Punkten auf den beiden Geraden OX und OY be-

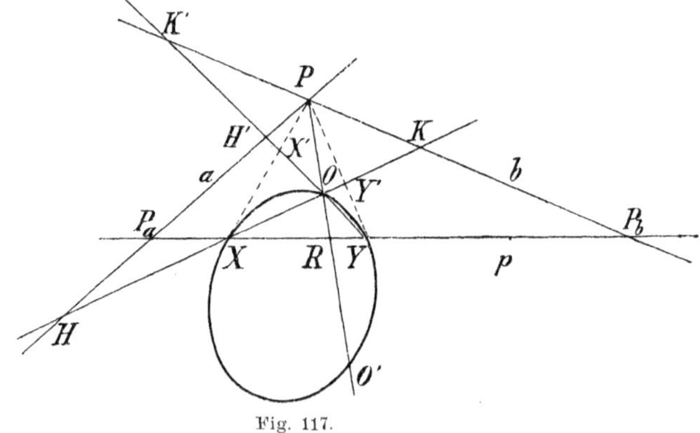

Fig. 117.

steht. Wir wissen, daß dies eine Perspektivität ist (§ 60), und man erkennt, daß das Zentrum der Perspektivität P ist, da die Schnittpunkte H, H' und K, K' von a und b mit OX und OY zwei Paare entsprechender Punkte sind (nämlich Paare konjugierter Punkte in Bezug auf C).

Daraus folgt, daß der zu X konjugierte Punkt auf OY der Punkt X' ist, in welchem OY von PX geschnitten wird, und daher ist die Polare des Punktes X (der den Punkten P und X' konjugiert ist) die Gerade PX', d. h. die Gerade PX. Also ist X, und ebenso Y, sich selbst konjugiert, gehört also dem Kegelschnitt C an.

Diese Untersuchung läßt erkennen, daß, wenn es einen Kegelschnitt gibt, der den vorgeschriebenen Bedingungen genügt, dieser Kegelschnitt durch X, Y und O gehen und P zum Pol von p haben, d. h. PX und PY berühren muß; er ist also durch die oben angegebenen Bedingungen vollständig bestimmt.

Andererseits ist klar, daß der Kegelschnitt, der durch X, Y und O geht und PX und PY berührt, auf a und b die Involutionen J_a und J_b erzeugt, da in Bezug auf ihn die Punkte P und P_a, und H uud H' konjugiert sind (und ebenso P und P_b, und K und K'); in der Tat schneiden nach dem Satze von v. Staudt die Seiten OX und OY des dem Kegelschnitt eingeschriebenen Dreiecks XOY die Geraden a und b in konjugierten Punkten. Der oben bezeichnete Kegelschnitt genügt also den vorgeschriebenen Bedingungen.

Hiermit ist der Satz bewiesen.

Den durch die gegebenen Bedingungen bestimmten Kegelschnitt C konstruiert man, wie gesagt, als Ort der Schnittpunkte der Strahlen, die von O und O' aus die in der Involution J_p auf p konjugierten Punkte, d. h. die in Bezug auf X und Y konjugierten harmonischen Punkte, projizieren. Es ist von Wichtigkeit sich zu erinnern, daß man J_p konstruieren kann, ohne das Paar X, Y seiner Doppelpunkte kennen zu müssen, auf Grund einer Eigenschaft, die am Ende des § 38 (Zusatz) nachgewiesen worden ist, da X und Y die Doppelpunkte der hyperbolischen Projektivität sind, die als Produkt der durch Projektion (von O aus auf p) von J_a und J_b erhaltenen Involutionen J_a' und J_b' entsteht.

Anmerkung. Wenn man von dem Imaginären sprechen will, so drückt sich der nachgewiesene Satz folgendermaßen aus:

In der Ebene gibt es einen bestimmten Kegelschnitt, der

einen (reellen) Punkt und zwei Paare konjugierter imaginärer Punkte enthält, deren Gerade von einander verschieden sind und nicht durch	zu Tangenten eine (reelle) Gerade und zwei Paare konjugierter imaginärer Geraden hat, die sich in zwei von einander verschiedenen Punkten

den gegebenen reellen Punkt gehen. | außerhalb der vorgeschriebenen reellen Tangente schneiden.

Endlich kann man sagen:

In der Ebene ist ein Kegelschnitt durch fünf gleichnamige, nicht einem Gebilde erster Stufe angehörende Elemente (Punkte oder Gerade) bestimmt, auch wenn sich unter diesen Elementen zwei oder noch zwei andere konjugierte imaginäre befinden.

§ 64. Sätze von Pascal und Brianchon. Es mögen sich auf einem Kegelschnitt sechs Punkte A, B, C, D, E, F befinden, die ein ihm eingeschriebenes einfaches Sechseck bilden.

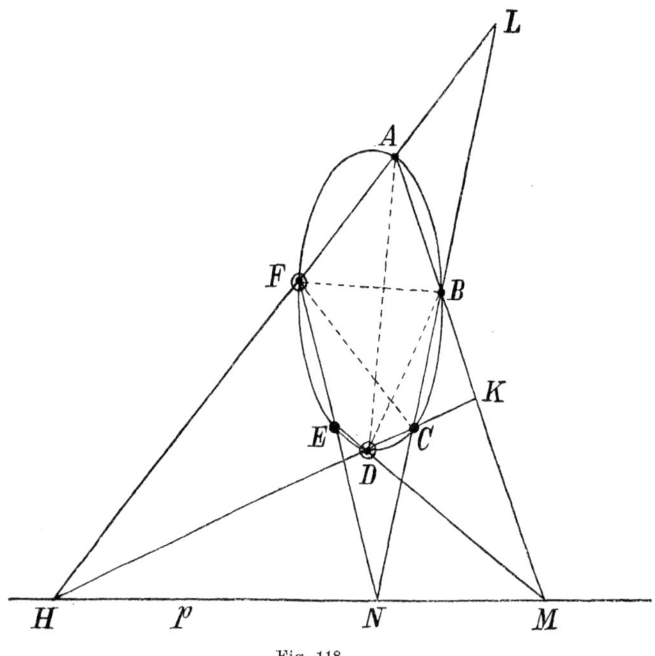

Fig. 118.

Von den Punkten D und F aus projiziere man die übrigen Punkte A, B, C, E.

Man wird dadurch zwei projektive Strahlenbüschel $D(ABCE)$ und $F(ABCE)$ erhalten, die die Geraden AB und BC in zwei projektiven Punktreihen schneiden werden. Wenn wir also mit K und M die Schnittpunkte der Strahlen DC und DE mit AB bezeichnen und mit L und N die Schnittpunkte der Strahlen FA und FE mit BC, so haben wir:

$$BKMA \barwedge BCNL.$$

Aber in den beiden projektiven Punktreihen $BKMA\ldots$ und $BCNL\ldots$ entspricht der Punkt B sich selbst; also sind sie perspektiv, d. h. die Verbindungsgeraden der Punkte K und C, M und N, A und L gehen durch einen Punkt.

Das heißt, die Punkte M und N, in welchen sich die Paare gegenüberliegender Seiten AB und DE, und BC und EF des Sechsecks schneiden, befinden sich in gerader Linie mit dem Punkte H, in welchem sich das andere Paar gegenüberliegender Seiten CD und AF schneidet.

Neben diesem Resultate sprechen wir das dazu korrelative aus, welches sich auf jedes einem Kegelschnitt umgeschriebene einfache Sechsseit, d. h. auf jedes Sechsseit bezieht, das aus sechs Tangenten des Kegelschnitts besteht.

So erhalten wir die berühmten Sätze:

Satz von Pascal:

Wenn ein einfaches Sechseck einem Kegelschnitt eingeschrieben ist, so schneiden sich die drei Paare gegenüberliegender Seiten in drei Punkten einer Geraden (der Pascalschen Geraden); ein solches Sechseck heißt ein Pascalsches Sechseck.

Satz von Brianchon:

Wenn ein einfaches Sechsseit einem Kegelschnitt umgeschrieben ist, so gehen die Verbindungsgeraden der drei Paare gegenüberliegender Eckpunkte durch einen Punkt (den Brianchonschen Punkt); ein solches Sechsseit heißt ein Brianchonsches Sechsseit.

Drehen wir die vorstehende Schlußreihe um. Wenn die drei Paare gegenüberliegender Seiten AB und ED, BC und FE, CD und AF eines Sechsecks $ABCDEF$ sich in gerader Linie befinden, so sind die Strahlenbüschel, welche von D und F aus die übrigen Punkte projizieren, projektiv, und daher liegen die sechs Eckpunkte des Sechsecks auf dem (möglicherweise ausgearteten) Kegelschnitt, der durch die beiden Büschel erzeugt wird.

Sprechen wir noch das dazu korrelative Resultat aus, so haben wir:

Jedes Pascalsche Sechseck, von dem nicht drei Eckpunkte sich in gerader Linie befinden, ist einem Kegelschnitt eingeschrieben. Wenn

Jedes Brianchonsche Sechsseit, von dem nicht drei Seiten durch einen Punkt gehen, ist einem Kegelschnitt umgeschrieben. Wenn drei seiner

drei seiner Eckpunkte sich in gerader Linie befinden, so ist das Sechseck einem Geradenpaar (einem ausgearteten Kegelschnitt) eingeschrieben.

Seiten durch einen Punkt gehen, so ist das Sechsseit einem Punktepaar (einem ausgearteten Kegelschnitt) umgeschrieben.

Als besondere Fälle der Sätze von Pascal (und von Brianchon) können wir diejenigen Aussagen betrachten, welche sich aus ihnen nach dem Prinzip der Stetigkeit (§ 63) ableiten lassen würden, wenn man zwei Eckpunkte eines einem Kegelschnitt eingeschriebenen Sechsecks sich unbegrenzt nähern ließe, u. s. w. Aber es ist anzumerken, daß diese Fälle in strenger und direkter Weise durch denselben Beweisgang, der dazu dient, den Pascalschen Satz darzuthun, bewiesen werden; da (wenn man jene Schlußreihe ins Auge faßt), wenn man ein Fünfeck $ABCDE$ anstatt des Sechsecks $ABCDEF$ betrachtet und die Betrachtung der Seite AF durch die der in A an den Kegelschnitt gezogenen Tangente ersetzt, die Schlüsse sich in gleicher Weise an einander reihen.

So ist es auch, wenn man noch den Punkt C mit dem Punkte D zusammenfallen läßt; und dasselbe gilt im dualen Falle. Wir werden also als besondere Fälle der Sätze von Pascal und Brianchon die folgenden Sätze aussprechen können:

Wenn ein einfaches Fünfeck einem Kegelschnitt eingeschrieben ist, so befindet sich der Schnittpunkt der Tangente in einem Eckpunkte mit der gegenüberliegenden Seite in gerader Linie mit den Schnittpunkten der beiden übrigen Paare nicht auf einander folgender Seiten.

Wenn ein einfaches Fünfeck einem Kegelschnitt umgeschrieben ist, so geht die Verbindungsgerade des Berührungspunktes einer Seite mit dem gegenüberliegenden Eckpunkte durch den Punkt, der den Verbindungsgeraden der beiden übrigen Paare nicht auf einander folgender Eckpunkte gemeinsam ist.

Wenn ein einfaches Viereck einem Kegelschnitt eingeschrieben ist, so befindet sich der Punkt, der den Tangenten in zwei gegenüberliegenden Eckpunkten gemeinsam ist, in gerader Linie mit den (Diagonal-)Punkten, die

Wenn ein einfaches Vierseit einem Kegelschnitt umgeschrieben ist, so geht die Gerade, welche die Berührungspunkte zweier gegenüberliegender Seiten verbindet, durch den Punkt, der den Verbindungsgeraden (Diago-

den Paaren gegenüberliegenden Seiten gemeinsam sind.

nalen) der Paare gegenüberliegender Eckpunkte gemeinsam ist.

Die vorstehenden Sätze sind, ebenso wie die allgemeine Aussage, auch umkehrbar, wobei zu beachten ist, daß der Kegelschnitt (Ort oder Enveloppe), dem das Fünfeck oder das Viereck eingeschrieben ist (oder es gilt das Korrelative), sich als ein ausgearteter Kegelschnitt ergeben kann. So artet er z. B. in zwei Gerade aus, wenn das Fünfeck so beschaffen ist, daß drei seiner Eckpunkte in gerader Linie liegen oder daß die vorgeschriebene Tangente durch einen der andern Eckpunkte geht.

Wenden wir dasselbe Prinzip der Stetigkeit, das uns auf die vorstehenden Sätze führte, noch einmal an, so werden wir zwei andere Punkte, C und E, sich nähern lassen können und so den (zu sich selbst korrelativen) Satz erhalten:

Ein einem Kegelschnitt eingeschriebenes Dreieck und das umgeschriebene Dreiseit, das von den Tangenten in seinen Eckpunkten gebildet wird, sind homolog.

Der Beweis dieses Satzes wird aber nicht direkt durch die Schlußreihe gegeben, welche dazu diente, den Pascalschen Satz zu beweisen. Jedoch kann man das Resultat noch in strenger Weise mit Hilfe der folgenden Bemerkungen beweisen:

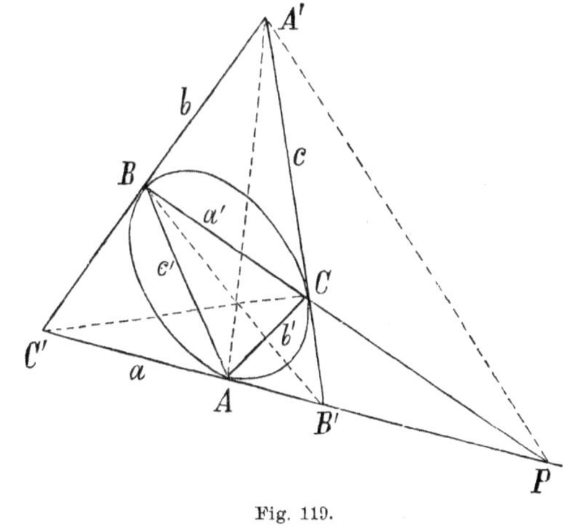

Fig. 119.

Es seien A, B, C drei Punkte auf dem Kegelschnitt, die Eckpunkte des eingeschriebenen Dreiecks, und es seien a, b, c die Tangenten in diesen Punkten und A', B', C' die Eckpunkte des umgeschriebenen Dreiseits, die den Seiten a, b, c gegenüberliegen. Betrachten wir den Punkt $P \equiv a \cdot BC$. Seine Polare ist die Gerade AA', da die Punkte A und A' die Pole der beiden Geraden a und BC sind. Daraus schließt man, daß die Geraden $A'P$ und $A'A$ in Bezug auf den Kegelschnitt konjugiert sind, daher die Tangenten b und c, die in der Involution der durch den Punkt A' gehenden konjugierten Geraden Doppelstrahlen sind, harmonisch trennen.

Wenn man nun A' mit dem Punkte $BB'.CC'$ verbindet, so erhält man eine Gerade, die zusammen mit $A'P$ die Geraden b und c harmonisch trennt (§ 14). Diese Gerade kann also von $A'A$ nicht verschieden sein, und daher gehen die drei Geraden AA', BB', CC' durch einen Punkt.

Korrelativ dazu befinden sich die Punkte aa', bb', cc' in gerader Linie. Dies ist übrigens eine unmittelbare Konsequenz der Homologie der beiden Dreiecke.

Konstruktionen. Die Sätze von Pascal und Brianchon und ihre besonderen Fälle geben uns leicht die Lösung der folgenden, bereits im § 63 behandelten Aufgaben:

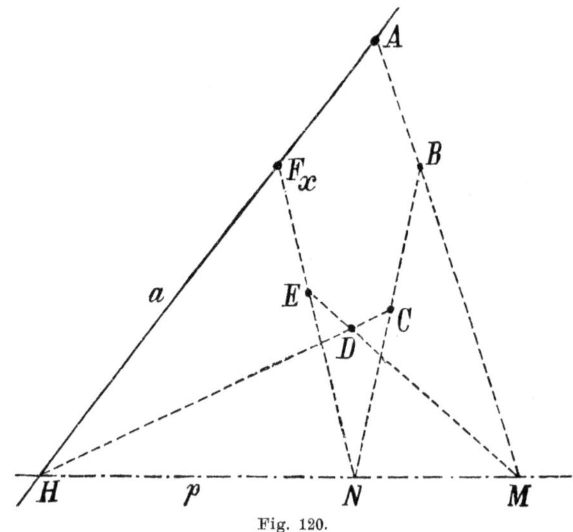

Fig. 120.

1) Es ist ein Kegelschnitt durch fünf Punkte A, B, C, D, E, von denen nicht drei in gerader Linie liegen, gegeben; man soll den zweiten Schnittpunkt F_x des Kegelschnitts mit einer durch den Punkt A gehenden Geraden a konstruieren.

1) Es ist ein Kegelschnitt durch fünf Tangenten a, b, c, d, e, von denen nicht drei durch einen Punkt gehen, gegeben; man soll die zweite Tangente f_x an den Kegelschnitt von einem auf a liegenden Punkte A aus konstruieren.

Man betrachte dazu (links) das dem Kegelschnitt eingeschriebene Sechseck $ABCDEF_x$ (in dem der Eckpunkt F_x unbekannt ist) und bestimme die Pascalsche Gerade p, indem man die Punkte $H \equiv a \,.\, DC$ und $M \equiv ED \,.\, AB$ verbindet. Bezeichnet man mit N den Schnittpunkt der Seite CB mit p, so muß die Gerade $F_x\, E$ durch N gehen; also ist der Punkt F_x als Schnittpunkt der beiden Geraden NE und $a \equiv AF_x$ bestimmt.

2) Es ist ein Kegelschnitt durch fünf Punkte A, B, C, D, E (von denen nicht drei in gerader Linie liegen) gegeben; man soll die Tangente a_x im Punkte A konstruieren.

2) Es ist ein Kegelschnitt durch fünf Tangenten a, b, c, d, e (von denen nicht drei durch einen Punkt gehen) gegeben; man soll den Berührungspunkt A_x der Tangente a konstruieren.

Man betrachte (links) das Fünfeck $ABCDE$.

Ist die Pascalsche Gerade p konstruiert worden, indem die Punkte $N \equiv AE \,.\, CB$ und $M \equiv ED \,.\, AB$ verbunden wurden, so möge H der

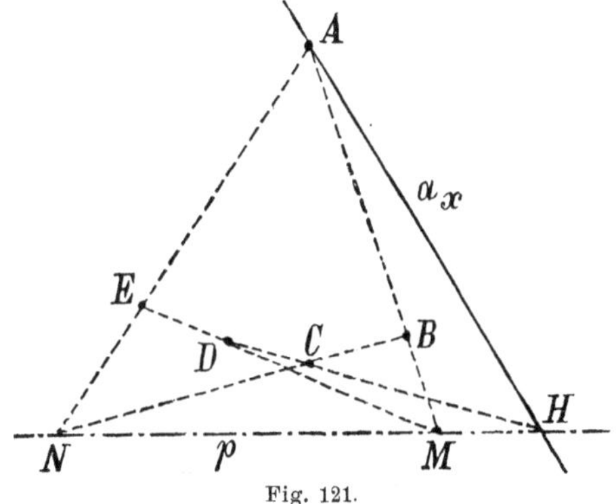

Fig. 121.

Punkt sein, in dem p und CD, die dem Eckpunkte A des Fünfecks gegenüberliegende Seite, sich schneiden.

Die verlangte Tangente a_x wird die Gerade HA sein.

3) Es ist ein Kegelschnitt durch vier Punkte A, B, C, D (von denen nicht drei in gerader Linie liegen) und die Tangente a in A (die nicht durch einen der andern Punkte geht) gegeben; man soll die Tangente c_x in

3) Es ist ein Kegelschnitt durch vier Tangenten a, b, c, d (von denen nicht drei durch einen Punkt gehen) und den Berührungspunkt A von a (der nicht einer der andern Tangenten angehört) gegeben; man soll den

einem der Punkte, z. B. in C, konstruieren.

Berührungspunkt C_x einer der Tangenten, z. B. von c, konstruieren.

Nennt man M und N die Schnittpunkte der gegenüberliegenden Seiten, so ist ihre Verbindungsgerade p die Pascalsche Gerade, und

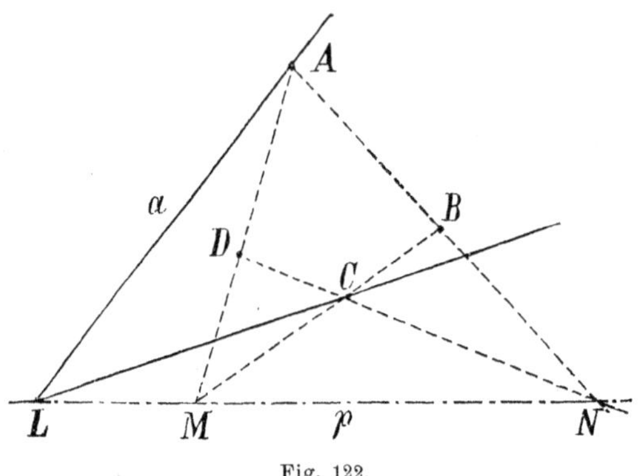

Fig. 122.

wenn daher L der Schnittpunkt von p mit der Tangente a in A ist, so ist die Gerade LC die verlangte Tangente in C.

4) Es ist ein Kegelschnitt durch vier Punkte A, B, C, D (von denen nicht drei in gerader Linie liegen) und die Tangente a in einem von ihnen, A, (die nicht durch einen der übrigen Punkte geht) gegeben; man soll den zweiten Schnittpunkt E_x des Kegelschnitts mit einer durch A gehenden Geraden e konstruieren.

4) Es ist ein Kegelschnitt durch vier Tangenten a, b, c, d (von denen nicht drei durch einen Punkt gehen) und den Berührungspunkt A einer von ihnen, a, (der nicht einer der übrigen Tangenten angehört) gegeben; man soll die zweite Tangente e_x an den Kegelschnitt von einem auf a liegenden Punkte E aus konstruieren.

Man konstruiere (links) die Tangente in dem Eckpunkte C des Vierecks $ABCD$.

Heißt E_x der verlangte Punkt, so bestimme man die Pascalsche Gerade in Bezug auf das Viereck $ABCE_x$, die durch den Punkt L, der den beiden Tangenten a und c gemeinsam ist, und durch den Punkt M', der den beiden Geraden $e \equiv AE_x$ und CB gemeinsam ist, bestimmt ist. Wird dann N' der Punkt $LM'.AB$ genannt, so schneidet die Gerade $N'C$ die Gerade e in dem verlangten Punkte.

In analoger Weise mögen zur Übung die folgenden Aufgaben gelöst werden:

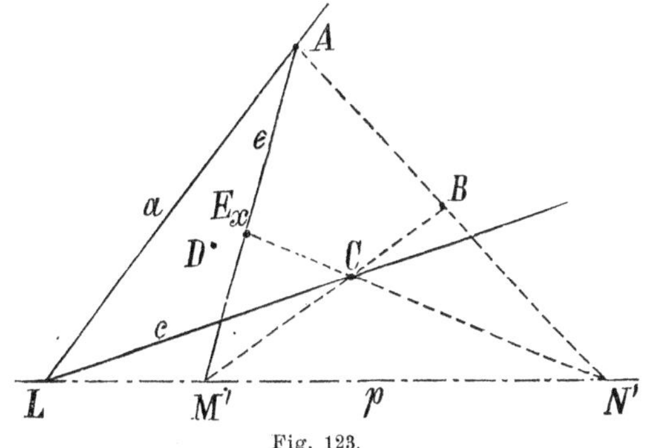

Fig. 123.

Es ist ein Kegelschnitt durch drei Punkte A, B, C (die nicht in gerader Linie liegen) und die Tangenten a und b in A und in B (die nicht durch einen der übrigen Punkte gehen) gegeben; man soll die Tangente c in C konstruieren.

Es ist ein Kegelschnitt durch drei Tangenten a, b, c (die nicht durch einen Punkt gehen) und die Berührungspunkte A und B von a und von b (die nicht einer der übrigen Tangenten angehören) gegeben; man soll den Berührungspunkt C von c konstruieren.

§ 65. Satz von Desargues.

Ist ein Kegelschnitt gegeben

und ein ihm eingeschriebenes Viereck, so trifft eine Sekante des Kegelschnitts, die nicht durch einen Eckpunkt des Vierecks geht, den Kegelschnitt in zwei Punkten, die in der Involution, der die Schnittpunkte mit den drei Paaren gegenüberliegender Seiten des Vierecks angehören (§ 39), konjugierte Punkte sind.

und ein ihm umgeschriebenes Vierseit, so sind zwei Tangenten an den Kegelschnitt, die durch einen nicht auf einer Seite des Vierseits liegenden Punkt gehen, konjugierte Strahlen in der Involution, der die drei Strahlenpaare angehören, die von jenem Punkte aus die gegenüberliegenden Eckpunkte des Vierseits projizieren (§ 39).

Es genügt, die Aussage zur Linken zu beweisen (die in metrischer Form von Desargues angegeben worden ist).

Es sei $QRST$ ein einem Kegelschnitt eingeschriebenes Viereck und u eine Gerade, die den Kegelschnitt in den Punkten P und P' und die Paare gegenüberliegender Seiten des Vierecks in den Punkten A und A', B und B', C und C' schneidet.

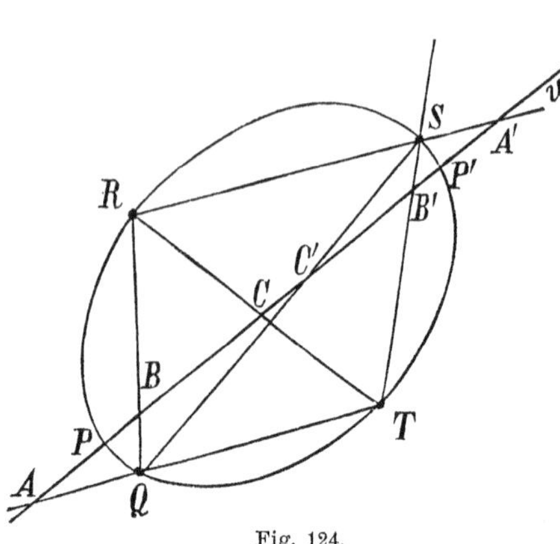

Fig. 124.

Projiziert man von Q und S aus die vier Punkte P, P', R, T des Kegelschnitts, so erhält man:

$$Q(PP'RT) \barwedge S(PP'RT),$$

woraus man, wenn man mit u schneidet, erhält:

$$PP'BA \barwedge PP'A'B',$$

und hieraus folgt:

$$PP'BA \barwedge P'PB'A'.$$

Diese Relation sagt gerade aus, daß A und A' in der Involution $\begin{pmatrix} PP'B \\ P'PB' \end{pmatrix}$ konjugierte Punkte sind.

Dieser selben Involution gehört in analoger Weise auch das Paar C und C' an (was aufs neue beweist, daß A und A', B und B', C und C' drei Paare in Involution sind, vgl. § 39).

Auch von dem Desarguesschen Satz kann man die besondern Fälle verzeichnen, in denen zwei Eckpunkte des Vierecks, z. B. S und R, durch einen Punkt S und die Tangente in ihm ersetzt werden, u. s. w.; auf diese Fälle wird man auch durch die vorstehende Schlußreihe geführt.

Man erhält dann die folgenden Resultate:

Ist ein Kegelschnitt gegeben

und ein ihm eingeschriebenes Dreieck, so trifft eine Sekante des Kegelschnitts (die nicht durch einen Eckpunkt des Dreiecks geht) den Kegelschnitt in zwei Punkten, die in der Involution, der das Paar der Schnittpunkte mit zwei Drei-	und ein ihm umgeschriebenes Dreiseit, so sind zwei Tangenten an den Kegelschnitt von einem (nicht auf einer Seite des Dreiecks liegenden) Punkte aus konjugierte Strahlen in der Involution, der das Paar von Strahlen, die zwei Eck-

ecksseiten und das Paar der Schnittpunkte mit der dritten Seite und der Tangente in dem gegenüberliegenden Eckpunkte angehören, konjugierte Punkte sind.

punkte des Dreiseits projizieren, und das Paar von Strahlen, die den dritten Eckpunkt und den Berührungspunkt der gegenüberliegenden Seite projizieren, angehören.

Ist ein Kegelschnitt gegeben

und zwei Tangenten an ihn, so trifft eine Sekante des Kegelschnitts (die nicht durch einen der Berührungspunkte der Tangenten geht) den Kegelschnitt und die beiden Tangenten in zwei Punktepaaren, die eine Involution bestimmen, die den Schnittpunkt der Sekante mit der Verbindungsgeraden der beiden Berührungspunkte zum Doppelpunkte hat.

und zwei Punkte auf ihm, so bestimmen zwei Tangenten an den Kegelschnitt von einem (nicht auf der Verbindungsgeraden der gegebenen Punkte liegenden) Punkte aus und die beiden Strahlen, welche von diesem Punkte aus die beiden gegebenen Punkte projizieren, eine Involution, welche den Strahl, der den Schnittpunkt der in den gegebenen Punkten gezogenen Tangenten projiziert, zum Doppelstrahle hat.

Dieser letzte Satz führt uns auf folgenden

Zusatz *. Ist eine Hyperbel gegeben und eine sie schneidende Gerade, so sind die (kleinsten) zwischen der Hyperbel und den Asymptoten enthaltenen Strecken einander gleich, oder die auf der Geraden von der Hyperbel und von den Asymptoten gebildeten Strecken AB und CD haben denselben Mittelpunkt O. In der Tat ist O der andere Mittelpunkt der Involution, in der AB und CD Paare konjugierter Punkte sind und der (uneigentliche) Schnittpunkt der gegebenen Geraden mit der uneigentlichen Geraden auch ein Doppelpunkt ist.

Dieser Zusatz führt auf eine einfache Konstruktion der Hyperbel durch Punkte, wenn die Hyperbel durch die Asymptoten und einen eigentlichen Punkt definiert ist. Man möge diese Konstruktion zur Übung ausführen.

Anmerkung 1. Der Desarguessche Satz und die ausgesprochenen besonderen Fälle liefern auch neue Konstruktionen zur Lösung der fundamentalen Aufgaben, die die Bestimmung von Punkten und Tangenten der Kegelschnitte betreffen.

Sind z. B. fünf Punkte A, B, C, D, E gegeben, von denen nicht drei in gerader Linie liegen, so kann man den zweiten Schnittpunkt des Kegelschnitts mit einer durch E gehenden Geraden u bestimmen, indem man auf u den dem Punkte E konjugierten Punkt in der Involution sucht, die durch die Schnitte mit den einander gegenüberliegenden Seiten des vollständigen Vierecks $ABCD$ bestimmt ist, u. s. w.

Nun betrachte man alle Kegelschnitte (die ein Büschel mit den Grundpunkten A, B, C, D bilden), die vier Punkte A, B, C, D (von denen nicht drei in gerader Linie liegen) gemeinsam haben, d. h. die Kegelschnitte, in welche dasselbe Viereck eingeschrieben ist, und fasse eine Gerade r der Ebene ins Auge, die nicht durch einen der Punkte A, B, C, D geht.

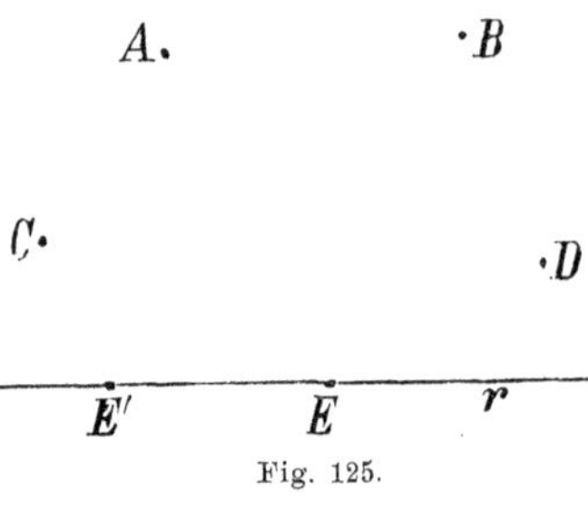

Fig. 125.

Durch jeden Punkt E von r (der nicht Schnitt mit einer Seite des Vierecks $ABCD$ ist) und durch A, B, C, D geht ein Kegelschnitt hindurch, der (wenn er nicht r berührt) die Gerade r in einem andern Punkte E' schneidet. Die zu EE' analogen Punktepaare gehören sämtlich der Involution auf r an, die durch die drei Paare gegenüberliegender Seiten des Vierecks $ABCD$ bestimmt ist; diese Seitenpaare kann man als dem Büschel angehörende ausgeartete Kegelschnitte betrachten.

So erhält man den folgenden Satz, den man als eine andere Form des Desarguesschen Satzes betrachten kann:

Die Kegelschnitte eines Büschels bestimmen auf einer sie schneidenden Geraden, die nicht durch einen der vier Grundpunkte geht, die Paare einer Involution.

Korrelativ dazu erhält man, wenn man die Schar der Kegelschnitte betrachtet, die vier Gerade (von denen nicht drei durch einen Punkt gehen) berühren, so daß diese also ein ihnen umgeschriebenes Vierseit bilden, den Satz:

Die Tangentenpaare, die man an die Kegelschnitte einer Schar von einem außerhalb gelegenen Punkte der Ebene, der nicht einer Seite des umgeschriebenen Vierseits angehört, ziehen kann, sind in Involution.

Wir kehren zu der Betrachtung des Kegelschnittbüschels mit den Grundpunkten A, B, C, D und der Involution, die es auf einer Geraden r (die nicht durch einen Grundpunkt geht) bestimmt, zurück. Es ist klar, daß jedes Paar dieser Involution einem Kegelschnitt des Büschels angehört, der durch einen Punkt des Paares zusammen mit den Punkten A, B, C, D bestimmt ist; diese Behauptung unterliegt keiner Ausnahme, wenn man auch den Fall zuläßt, daß der Kegelschnitt ausgeartet ist.

Man schließt: Wenn in dem Büschel Kegelschnitte existieren, die r berühren, so ist der Berührungspunkt P eines solchen Kegelschnitts für die genannte Involution ein Doppelpunkt, da sonst der durch die fünf Punkte A, B, C, D, P bestimmte Kegelschnitt die Gerade r in einem dem Punkte P konjugierten und von ihm verschiedenen Punkte schneiden und also r nicht in P berühren würde.

Da es nun in einer Involution entweder keine Doppelpunkte gibt oder zwei, so erhalten wir den folgenden Satz zur linken, dem wir den korrelativen zur Seite setzen:

Sind vier Punkte, Eckpunkte eines Vierecks, gegeben und eine Gerade ihrer Ebene, die keinen von ihnen enthält, so gibt es entweder keinen Kegelschnitt, der durch die vier Punkte geht und die Gerade berührt,

oder es gibt zwei solche Kegelschnitte, und ihre Berührungspunkte mit der Geraden sind die Doppelpunkte der Involution, welche auf der Geraden durch die drei Paare gegenüberliegender Seiten des Vierecks bestimmt wird.

Sind vier Gerade, Seiten eines Vierseits, gegeben und ein Punkt ihrer Ebene, der auf keiner von ihnen liegt, so gibt es entweder keinen Kegelschnitt, der die vier Geraden berührt und durch den Punkt geht,

oder es gibt zwei solche Kegelschnitte, und die sie in dem Punkte berührenden Geraden sind die Doppelstrahlen der Involution, welche in dem Büschel durch die drei, die gegenüberliegenden Eckpunkte des Vierseits projizierenden Strahlenpaare bestimmt wird.

Anmerkung 2. Wenn wir, indem wir uns z. B. auf den Fall zur linken beziehen, voraussetzen, daß die gegebene Gerade durch einen (aber nicht durch zwei) der vier Punkte geht, so haben wir gesehen, daß es einen Kegelschnitt durch die vier Punkte gibt, der die Gerade berührt.

Korrelativ dazu würde es für den Fall zur rechten heißen.

Sind die vier Punkte A, B, C, D, die Eckpunkte eines Vierecks, und eine durch keinen der Eckpunkte gehende Gerade r gegeben, so ist es leicht zu entscheiden, ob es durch die vier Punkte Kegelschnitte, die r berühren, gibt oder nicht. In der Tat braucht man dazu nur zu untersuchen, ob die beiden Punktepaare, in welchen r von zwei Paaren gegenüberliegender Seiten des Vierecks geschnitten wird, sich nicht trennen oder sich trennen. Man kann auch die dazu korrelative Bemerkung machen.

Endlich bemerke man, daß der vorstehende Satz auch bestehen bleibt, wenn an Stelle von zweien der vier Punkte A, B, C, D ein einziger Punkt und die Tangente in ihm (die nicht durch einen der übrigen Punkte geht) gesetzt wird, u. s. w.

Anmerkung 3. Den Begriff des Büschels (und korrelativ dazu der Schar) von Kegelschnitten kann man erweitern, wenn man das System der Kegelschnitte betrachtet, die durch zwei gegebene Punkte gehen und auf einer gegebenen Geraden, die nicht durch einen von ihnen geht, eine vorgeschriebene elliptische Involution erzeugen, u. s. w.

Man erhält so Kegelschnittbüschel mit zwei konjugierten imaginären Grundpunkten und Kegelschnittbüschel mit zwei Paaren imaginärer Grundpunkte (und korrelativ dazu Scharen u. s. w.).

Immer gibt es einen Kegelschnitt des Büschels, der durch einen Punkt der Ebene außerhalb der Grundpunkte geht, u. s. w.

Nun könnte man den Desarguesschen Satz in seiner zweiten Form für den Fall erweitern, daß es sich um Büschel oder Scharen mit imaginären Grundpunkten handelt.

Wir wollen uns nicht damit befassen, diese Erweiterung auszuführen.

* Wir wollen nur bemerken, daß sie uns das metrische Resultat des § 40 in Bezug auf das Kreisbüschel wiederfinden lassen würde, da das Kreisbüschel ein Kegelschnittbüschel ist, das zu Grundpunkten die Kreispunkte der Ebene und zwei (reelle oder konjugierte imaginäre) Punkte der Radikalachse hat.

Nach § 59 kann nun irgendein Kegelschnittbüschel mit zwei imaginären Grundpunkten in ein Kreisbüschel projiziert werden, indem man die genannten beiden Punkte in die Kreispunkte (d. h. die elliptische Involution, deren Doppelpunkte die beiden Punkte sind, in eine absolute Involution) projiziert.

Wohlan! so erhält man einen metrischen Beweis der oben angedeuteten Erweiterung des Desarguesschen Satzes auf Grund des im § 40 bewiesenen Satzes.

Zehntes Kapitel.

Projektivität zwischen Kegelschnitten.

§ 66. Definition. Fundamentalsatz. Zwischen zwei Ebenen α und α' bestehe eine Projektivität π. Wenn in der Ebene α eine Polarität Ω gegeben ist, so werden durch π ein Punkt P und eine Gerade p, die in Ω Pol und Polare sind, durch zwei Elemente in α' ersetzt werden, die sich ihrerseits in einer neuen Polarität Ω', der Transformierten von Ω, entsprechen werden:

$$\Omega' \equiv \pi \Omega \pi^{-1}.$$

Wenn es in Ω einen fundamentalen Kegelschnitt K gibt, so wird es auch in Ω' einen fundamentalen Kegelschnitt K' geben, dessen Elemente denen von K umkehrbar eindeutig entsprechen werden.

Also, wenn man zwischen zwei Ebenen eine Projektivität annimmt, so entspricht jedem Kegelschnitt der einen Ebene ein Kegelschnitt in der andern, und die beiden Kegelschnitte sind Element für Element auf einander bezogen, und zwar werden den Punkten des einen Kegelschnitts die Punkte des andern (und den Tangenten die Tangenten) entsprechen, wenn die zwischen den beiden Ebenen angenommene Projektivität eine Kollineation ist, und es werden den Punkten des einen Kegelschnitts dagegen die Tangenten des andern entsprechen, wenn jene Projektivität eine Korrelation ist.

Zwei Kegelschnitte heißen projektiv, wenn sie Element für Element durch eine Projektivität zwischen den Ebenen, in denen sie sich befinden, auf einander bezogen gedacht werden.

Von der Projektivität zwischen den Kegelschnitten sagt man, sie werde durch jene zwischen den beiden Ebenen erzeugt.

Projektiv sind z. B. zwei in verschiedenen Ebenen liegende Kegelschnitte, von denen der eine die Projektion des andern von einem (gegebenen) außerhalb liegenden Punkte aus ist, d. h. zwei Schnitte eines und desselben Kegels zweiten Grades.

Aus der Definition folgt unmittelbar:

Zwei Kegelschnitte, die zu einem dritten projektiv sind, sind unter einander projektiv.

Wenn zwischen zwei Kegelschnitten K und K' eine Projektivität gegeben ist, in welcher den Punkten des einen die Tangenten des andern entsprechen, so ist damit auch eine Projektivität festgelegt, in welcher den Punkten eines jeden die Berührungspunkte der homologen Tangenten des andern entsprechen. Man hat in der Tat nur zu beachten, daß ein Kegelschnitt durch seine Polarität projektiv auf sich selbst bezogen werden kann, indem man jedem Punkte die zugehörige Tangente entsprechen läßt.

Daraus folgt, daß man beim Studium der Projektivität zwischen Kegelschnitten ohne Einschränkung sich auf den Fall beschränken kann, in welchem die entsprechenden Elemente gleichnamig sind. So werden wir es auch im folgenden machen.

Wir beweisen nun den fundamentalen Satz:

Zwei Kegelschnitte können in einer bestimmten Weise projektiv auf einander bezogen werden, wenn man drei Punkten (oder drei Tangenten) des einen drei Punkte (oder drei Tangenten) des andern zuordnet.

Es seien K und K' zwei Kegelschnitte und A, B, C und A', B', C' zwei gegebene Ternen von Punkten auf ihnen. O und O' seien die Pole von AB und $A'B'$ in Bezug auf K und K'.

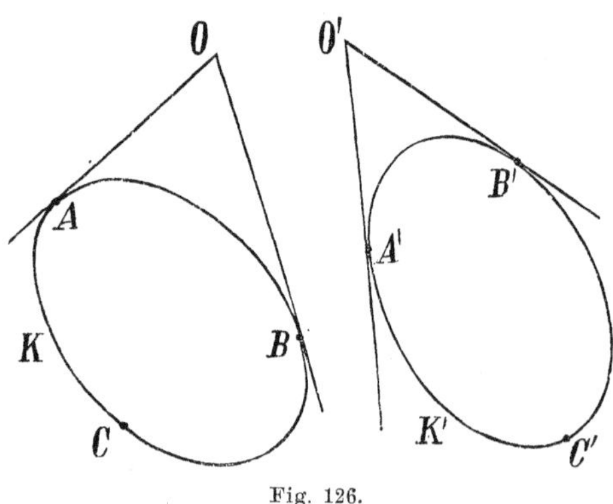

Fig. 126.

Wenn zwischen den beiden Kegelschnitten eine Projektivität existiert, in welcher die Punkte der Paare AA', BB', CC' sich entsprechen, so wird diese Projektivität durch eine Kollineation erzeugt, welche den Punkten A, B, C, O der Ebene von K die Punkte A', B', C', O' der Ebene von K' zuordnet. Nun gibt es zwischen den Ebenen der beiden Kegelschnitte eine Kollineation $\begin{pmatrix} A & B & C & O \\ A' & B' & C' & O' \end{pmatrix}$, die durch die genannten Quaternen homologer Punkte definiert ist. In dieser Kollineation entspricht dem Kegelschnitt K der ersten Ebene in der zweiten Ebene ein Kegelschnitt, der durch A', B' und C' hindurch geht und $O'A'$ und $O'B'$ berührt. Dieser Kegelschnitt kann also von K' nicht verschieden sein (§ 63), und daher sind die Kegelschnitte K und K' in der Kollineation projektiv so auf einander bezogen, daß A und A', B und B', C und C' sich entsprechen.

Also ist der Satz bewiesen.

Die Strahlenbüschel, welche die homologen Punkte zweier projektiver Kegelschnitte von auf ihnen irgendwie gewählten Punkten aus projizieren, sind projektiv.

Die Punktreihen, in welchen von den homologen Tangenten zweier projektiver Kegelschnitte irgendwie gewählte ihrer Tangenten geschnitten werden, sind projektiv.

Wir beweisen den Satz zur Linken.

Es seien K und K' zwei projektive Kegelschnitte, und π sei die Kollineation zwischen den beiden Ebenen, in welchen sie sich entsprechen. Jedem Punkte A von K entspricht (infolge von π) ein Punkt A' von K', und die Büschel, welche von A und A' aus die homologen Punkte der beiden Kegelschnitte projizieren, entsprechen sich in π und sind daher projektiv. Wenn man nun auf K' irgendeinen andern Punkt B wählt und von ihm aus die Punkte von K' projiziert, so erhält man ein Büschel, das demjenigen, welches dieselben Punkte von A' aus projiziert, projektiv ist und daher auch dem Büschel, welches von A aus die entsprechenden Punkte von K projiziert, projektiv ist, w. z. b. w.

Anmerkung. Wenn man von der Projektion der Punkte eines Kegelschnitts von einem auf ihm gelegenen Punkte A aus spricht, so versteht sich, daß für den „Strahl, der A von A aus projiziert“ immer die Tangente in A gesetzt wird.

Damit ergibt sich die Beziehung zwischen dem Kegelschnitt und dem (ihm perspektiven) Büschel ohne Ausnahme.

Um zwei Kegelschnitte K und K' projektiv auf einander zu beziehen, braucht man nur drei Punkten A, B, C des einen drei Punkte A', B', C' des andern zuzuordnen; damit ist die Projektivität zwischen den beiden Kegelschnitten festgelegt. Wenn man dann zwei, zu den beiden Kegelschnitten perspektive Strahlenbüschel, deren Mittelpunkte auf K und K' liegen, betrachtet, so sind diese zu einander projektiv. Da nun andrerseits die Projektivität zwischen den genannten

Büscheln auch bestimmt ist, wenn man die Strahlen des einen, die A, B, C projizieren, denjenigen des andern, die A', B', C' projizieren, zuordnet, so schließt man, daß der oben gegebene Satz umkehrbar ist, d. h.:

Wenn zwei Kegelschnitte so auf einander bezogen sind, daß ihre homologen Punkte von auf ihnen liegenden Punkten aus durch projektive Büschel projiziert werden, so sind die beiden Kegelschnitte projektiv.

Wenn zwei Kegelschnitte so auf einander bezogen sind, daß von ihren homologen Tangenten Tangenten von ihnen in projektiven Punktreihen geschnitten werden, so sind die beiden Kegelschnitte projektiv.

Diese Sätze führen die Konstruktion der Projektivität zwischen zwei Kegelschnitten auf die der Projektivität zwischen den Gebilden erster Stufe zurück.

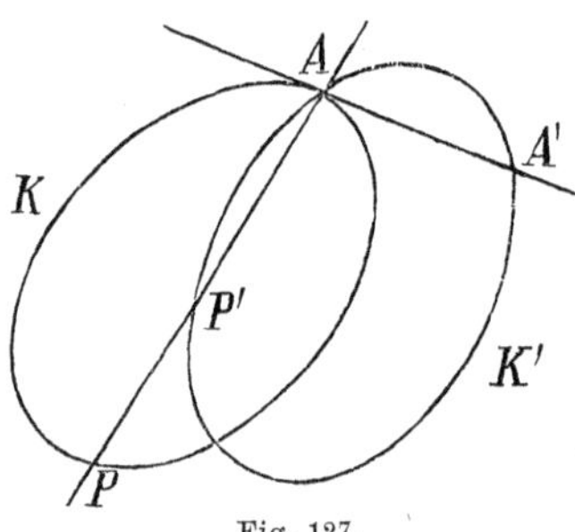

Fig. 127.

Zusatz 1. Projektiv sind zwei Kegelschnitte K und K' einer und derselben Ebene, die einen Punkt A gemeinsam haben und durch eine Projektion von A aus auf einander bezogen sind, so daß also jedem Punkte P des einen Kegelschnitts der Punkt P' des andern entspricht, der mit ihm und A in gerader Linie liegt. Dem Punkte A, auf K gelegen betrachtet, entspricht der (zweite) Schnittpunkt der in A an K gezogenen Tangente mit K'. Wenn die beiden Kegelschnitte im besondern in A dieselbe Tangente haben, so entspricht in der zwischen ihnen bestehenden Projektivität ihr gemeinsamer Punkt A sich selbst, und umgekehrt.

Zusatz 2. Wenn zwei Kegelschnitte mit einer gemeinsamen Tangente (die in derselben Ebene liegen oder auch nicht) dadurch auf einander bezogen sind, daß man die (zweiten) Tangenten, die man an sie von einem Punkte der gemeinsamen Tangente aus ziehen kann, einander zuordnet, so sind die beiden Kegeschnitte projektiv.

Im besondern mögen zwei Kegelschnitte K und K' in verschiedenen Ebenen liegen und eine Tangente a und den Berührungspunkt A mit ihr gemeinsam haben; die beiden Kegelschnitte mögen sich also in A berühren. Bezieht man sie in der oben angegebenen Weise auf einander, so entsteht zwischen ihnen eine Projektivität derart, daß die homologen Tangenten b und b', c und c', d und d' sich (auf a)

schneiden und daher ebensoviele Ebenen bestimmen. Nun betrachte man den Punkt O, der durch drei dieser Tangentialebenen an K und K' bestimmt wird, z. B. durch die Ebenen bb', cc', dd'. Projiziert man von O aus einen der beiden Kegelschnitte, zum Beispiel K', auf die Ebene des andern, so wird man als Projektion einen Kegelschnitt erhalten, der die Geraden b, c, d und außerdem die Gerade a im Punkte A berührt, und dieser Kegelschnitt wird von K nicht verschieden sein können.

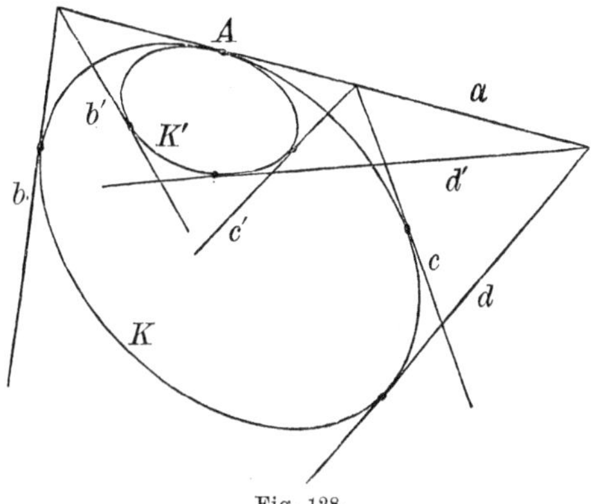

Fig. 128.

Also ist bewiesen:

Zwei in verschiedenen Ebenen gelegene, sich berührende Kegelschnitte kann man als Projektionen von einander von einem gewissen Punkte O aus betrachten, durch den alle Ebenen gehen, die durch die auf der gemeinsamen Tangente sich schneidenden Tangenten an die Kegelschnitte bestimmt sind.

Oder auch: Zwei nicht in derselben Ebene liegende, sich berührende Kegelschnitte sind Schnitte eines und desselben Kegels zweiten Grades.

* Man schließt: Jeden Kegelschnitt kann man als Projektion eines in einer andern Ebene liegenden und ihn berührenden Kreises betrachten.

§ 67. Projektivität auf einem Kegelschnitt. Satz des Apollonius. Der Begriff der Projektivität zwischen zwei Kegelschnitten findet auch auf zwei in einander liegende Kegelschnitte Anwendung; in diesem Falle ergibt sich eine Projektivität auf einem Kegelschnitt.

Man kann dann von inverser Projektivität, von Involution, von Doppelpunkten, und daher von hyperbolischer, elliptischer und parabolischer Projektivität u. s. w. sprechen, genau wie bei den Gebilden erster Stufe.

Die Konstruktionen der Projektivität auf einem Kegelschnitt lassen sich einfach in folgender Weise ausführen:

Es seien auf dem Kegelschnitt K drei Paare entsprechender Punkte AA', BB', CC' gegeben, welche dazu dienen, die Projektivität festzulegen. Wollen wir, daß dies keine identische Projektivität ist, so müssen wir voraussetzen, daß wenigstens eins der genannten Paare, z. B. AA', aus verschiedenen Punkten besteht.

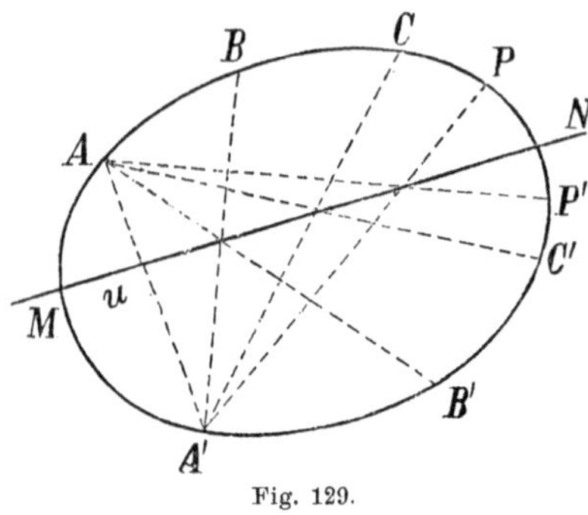

Fig. 129.

Wenn wir von A' aus die Punkte $B, C, \ldots$ des Kegelschnitts und von A aus die entsprechenden Punkte $B', C' \ldots$ projizieren, so erhalten wir zwei projektive Strahlenbüschel, deren gemeinsamer Strahl AA' sich selbst entspricht, und die daher perspektiv sind. Die homologen Geraden der beiden Büschel schneiden sich in den Punkten einer Geraden u. Infolgedessen erhält man den Punkt P', der einem gegebenen Punkte P auf K entspricht, wenn man P von A' aus auf u und den so erhaltenen Punkt von A aus auf den Kegelschnitt projiziert. Die Gerade u ändert sich nicht, wenn man an Stelle von A und A' zur Konstruktion zwei andere, von einander verschiedene Punkte B und B' wählt, die sich in der Projektivität entsprechen; sie heißt die Kollineationsachse der Projektivität.

Die vorstehende Behauptung erweist sich als richtig, wenn man beachtet, daß die Gerade u die Pascalsche Gerade des dem Kegelschnitt eingeschriebenen Sechsecks $AB'CA'BC'$ ist und daher sich auch die Geraden BC' und $B'C$ (und die analogen) auf ihr schneiden.

Korrelativ dazu wird man erhalten:

Wenn a und a', b und b', c und c', ... verschiedene Tangenten sind, die sich in einer Projektivität auf einem Kegelschnitt entsprechen, so gehen die Geraden, welche die Punkte ab' und $a'b$, ac' und $a'c$, bc' und $b'c$, ... verbinden, durch einen festen Punkt, der das Kollineationszentrum der Projektivität heißt.

Durch die Polarität in Bezug auf den Kegelschnitt gehen zwei entsprechende Punkte in zwei entsprechende Tangenten über, u. s. w., daher geht die Kollineationsachse einer Projektivität auf dem Kegelschnitt in das Kollineationszentrum über, d. h.:

Das Kollineationszentrum und die Kollineationsachse einer auf einem Kegelschnitt gegebenen (nicht identischen) Projektivität sind Pol und Polare in Bezug auf den Kegelschnitt.

Die Betrachtung der Kollineationselemente einer Projektivität auf einem Kegelschnitt ist von wesentlicher Bedeutung für die Bestimmung der Doppelelemente. Es folgt in der Tat aus den angegebenen Konstruktionen:

Die Kollineationsachse einer (nicht identischen) Projektivität auf einem Kegelschnitt trifft den Kegelschnitt in den Doppelpunkten der Projektivität (wenn solche vorhanden sind).

Die genannte Achse ist also eine schneidende, eine berührende oder eine äußere Gerade, je nachdem die Projektivität auf dem Kegelschnitt hyperbolisch, parabolisch oder elliptisch ist.

Die (möglicherweise vorhandenen) durch das Kollineationszentrum einer (nicht identischen) Projektivität auf einem Kegelschnitt an ihn gezogenen Tangenten sind die Doppeltangenten der Projektivität.

Das genannte Zentrum ist also ein äußerer Punkt, ein Punkt des Kegelschnitts oder ein innerer Punkt, je nachdem die Projektivität auf dem Kegelschnitt hyperbolisch, parabolisch oder elliptisch ist.

Eine Projektivität auf einem Kegelschnitt wird durch eine Kollineation der Ebene erzeugt, welche den Kegelschnitt in sich selbst transformiert.

In dieser Kollineation sind das Kollineationszentrum und die Kollineationsachse immer Doppelelemente. Übrigens erkennt man sofort, daß sie assoziierte Doppelelemente sind, wenn man sich die Paragraphen 49 und 57 vergegenwärtigt.

Man kann die Kollineationsachse oder das Kollineationszentrum einer ebenen Kollineation, die einen Kegelschnitt in sich selbst transformieren soll, beliebig annehmen, und darauf können noch zwei entsprechende Punkte auf dem Kegelschnitt (außerhalb der Kollineationsachse) angenommen werden, um die Kollineation zu bestimmen.

In der Tat wird die oben betrachtete Projektivität auf dem Kegelschnitt K (auf Grund ihrer Konstruktion) bestimmt und zwar in einer einzigen Weise, wenn zwei entsprechende Punkte A und A' und die Kollineationsachse gegeben sind.

* Wenn man im besondern als Kollineationsachse die unendlich ferne Gerade wählt, so wird man unendlich viele ebene Affinitäten erhalten, die den Kegelschnitt in sich selbst transformieren und seinen (eigentlichen oder uneigentlichen) Mittelpunkt zum Kollineationszentrum haben. Es existiert eine solche Affinität, in welcher zwei beliebig gegebene eigentliche Punkte auf dem Kegelschnitt sich entsprechen.

Aber für eine Parabel gibt es noch andere Affinitäten, welche sie in sich selbst transformieren.

Man kann auf der Parabel zwei Paare eigentlicher entsprechender Punkte (ohne gemeinsame Elemente) beliebig annehmen und dann eine Projektivität auf ihr bestimmen, in welcher die genannten Punktepaare sich entsprechen und der unendlich ferne Punkt ein Doppelpunkt ist; man erhält so ∞^2 Affinitäten, die die Parabel in sich selbst transformieren. Die Kollineationsachsen dieser Affinitäten sind die Durchmesser der Parabel; unter ihnen befindet sich im besondern die unendlich ferne Gerade (so daß also die vorher betrachteten ∞^1 Affinitäten in diesen ∞^2 enthalten sind).

Wir betrachten zunächst die Kegelschnitte mit einem Mittelpunkt:

Die unendlich vielen Affinitäten, die einen Kegelschnitt mit einem Mittelpunkt in sich selbst transformieren, sind äquivalent (§ 50).

In der Tat, wenn der gegebene Kegelschnitt eine Ellipse ist, so transformiert eine solche Affinität das Gebiet ihrer inneren Punkte in sich selbst, und dieses Gebiet kann man als die (endliche) Grenzfläche zweier Reihen konvergenter ein- und umgeschriebener (endlicher) Polygone betrachten; dies folgt in der Tat, wenn man die Ellipse als Projektion eines Kreises betrachtet. Wenn dagegen der gegebene Kegelschnitt eine Hyperbel ist, so transformiert die genannte Affinität ein von den Asymptoten und einer andern Tangente gebildetes Dreieck in ein analoges Dreieck; da nun zwei solche Dreiecke immer äquivalent sind (§ 62), so schließt man, daß auch in diesem Falle die genannte Affinität äquivalent ist.

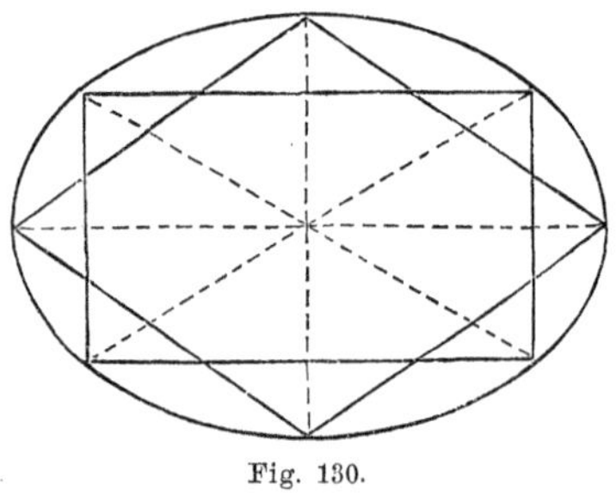

Fig. 130.

Fassen wir den Fall, daß eine Ellipse vorliegt, ins Auge, so folgt der

Satz des Apollonius: Alle einer Ellipse eingeschriebenen Parallelogramme, die zwei konjugierte Durchmesser zu Diagonalen haben, sind äquivalente Parallelogramme.

In der Tat betrachte man zwei Parallelogramme, deren Diagonalen konjugierte Durchmesser sind. Die äquivalente Affinität, welche den Kegelschnitt in sich selbst transformiert und einem Eckpunkte des einen Parallelogramms einen Eckpunkt des andern zuordnet, wird auch dem Paare konjugierter Durchmesser, das von den beiden Diagonalen des ersten Parallelogramms gebildet wird, das Paar, das von den beiden Diagonalen des zweiten gebildet wird, zuordnen. Also transformiert die genannte Affinität das eine Parallelogramm in das andere, woraus folgt, daß die beiden Parallelogramme äquivalent sind, w. z. b. w.

Anmerkung. Es wird später (§ 70) bewiesen werden, daß einer Ellipse Parallelogramme eingeschrieben werden können, die zwei konjugierte Durchmesser zu Diagonalen haben, während es sich zeigen wird, daß solche Parallelogramme einer Hyperbel nicht eingeschrieben werden können. Denn man wird erkennen, daß im ersten Falle zwei (irgendwelche und im besondern) konjugierte Durchmesser immer Sekanten sind und daher zwei Paare in Bezug auf den Mittelpunkt symmetrischer Punkte bestimmen, die die Ecken eines Parallelogramms sind, wogegen im zweiten Falle von zwei konjugierten Durchmessern der eine eine Sekante und der andere eine äußere Gerade ist.

Nichtsdestoweniger wird der Satz des Apollonius in anderer Form auch für die Hyperbel ausgesprochen werden (§ 70).

Wir betrachten nun die ebenen Affinitäten, welche eine Parabel in sich selbst transformieren.

Es gibt eine Affinität, welche zwei eigentlichen Punkten A und B der Kurve zwei andere eigentliche Punkte A' und B' zuordnet. Und in ihr entspricht dem Bogen (oder Stück) AB der Parabel der Bogen $A'B'$, dem Parabelabschnitt (AB) (der von dem Bogen und der Sehne AB eingeschlossenen Fläche) der Abschnitt $(A'B')$, und dem dem Abschnitt (AB) umgeschriebenen Dreieck ABC, das von der Sehne AB und den Tangenten in deren Endpunkten A und B gebildet wird, das dem homologen Abschnitt $(A'B')$ umgeschriebene Dreieck $A'B'C'$.

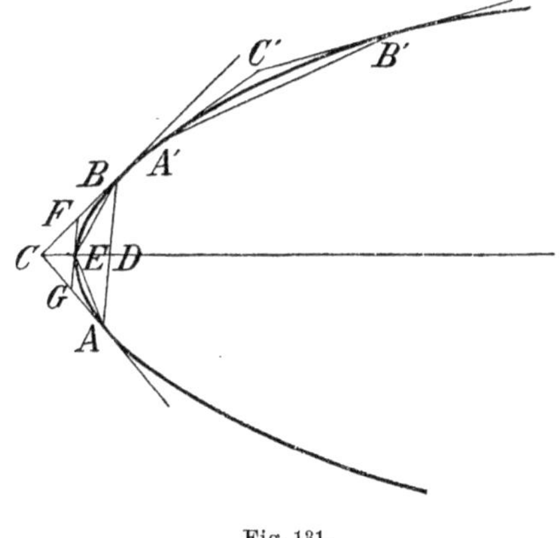

Fig. 131.

Daraus schließt man zunächst auf Grund der Eigenschaft affiner Kollineationen (§ 50), daß das Verhältnis der Flächen des Parabelabschnitts und des umgeschriebenen Dreiecks einen konstanten Wert k hat:

$$\frac{(AB)}{ABC} = \frac{(A'B')}{A'B'C'} = k.$$

Versuchen wir den Wert dieser Konstanten zu berechnen.

Zu diesem Ende konstruieren wir den konjugierten Durchmesser zu der Sehne AB, d. h. die Gerade, welche den Pol C und den Mittelpunkt D der Sehne selbst verbindet.

Es sei E der Punkt, in welchem der genannte Durchmesser die Parabel schneidet, und G und F seien die Punkte, in welchen die in E an die Kurve gezogene Tangente die Geraden AC und BC schneidet.

Dann ergeben sich zwischen den Flächen die folgenden Relationen:

$$(AB) = (AE) + (BE) + AEB$$

$$k \cdot ABC = k(AGE + BFE) + AEB = k(ABC - GCF - AEB) + AEB.$$

Nun bemerken wir, daß C und D als konjugierte Punkte in Bezug auf den Kegelschnitt die Punkte E und den unendlich fernen Punkt auf der sie verbindenden Geraden harmonisch trennen, oder daß E der Mittelpunkt von CD ist.

Infolgedessen schließt man aus der Ähnlichkeit der Dreiecke ACD und GCE, daß $AD = 2GE$ und ebenso $BD = 2FE$, also $AB = 2FG$ ist.

Vergleicht man also die Flächen der beiden Dreiecke AEB und GCF, die dieselbe Höhe haben, so erhält man:

$$AEB = 2GCF$$

und daher

$$k \cdot ABC = k(ABC - 3GCF) + 2GCF$$

oder

$$k \cdot 3GCF = 2GCF$$

$$k = \frac{2}{3}.$$

Als Schlußresultat erkennt man also:

Die Fläche eines Parabelabschnitts ist gleich $\frac{2}{3}$ des umgeschriebenen Dreiecks.

§ 68. Involution. Eine Involution auf einem Kegelschnitt ist eine nicht identische Projektivität, die ihrer Umkehrung gleichwertig ist, d. h. eine Projektivität, in welcher die homologen Elemente sich in doppelter Weise entsprechen.

Es sei auf dem Kegelschnitt K eine Involution vorhanden, und man betrachte die K in sich selbst transformierende Kollineation, durch welche die Involution erzeugt wird. Die Verbindungsgeraden konjugierter Punkte des Kegelschnitts sind Doppelgerade für die

Kollineation, und ebenso sind die Schnittpunkte konjugierter Tangenten (Tangenten in konjugierten Punkten) Doppelpunkte, so daß die (nicht identische) Kollineation unendlich viele Doppelgerade und unendlich viele Doppelpunkte hat und also eine Homologie ist.

Es folgt, daß die Verbindungslinien konjugierter Punkte der auf dem Kegelschnitt vorhandenen Involution durch das Zentrum U der Homologie gehen, und ebenso, daß die konjugierten Tangenten sich auf der Achse u der Homologie schneiden, so daß diese also Polare von U in Bezug auf den Kegelschnitt ist (§ 57).

Die in Rede stehende Homologie ist die harmonische oder involutorische Homologie (§ 48), die U zum Zentrum und u zur Achse hat, weil zwei, auf dem Kegelschnitt gewählte entsprechende Punkte (und daher auch irgendwelche zwei entsprechende Punkte) den Punkt U und den Schnittpunkt ihrer Verbindungsgeraden mit u harmonisch trennen.

Man erkennt dann leicht, daß u die Kollineationsachse der auf dem Kegelschnitt vorhandenen Projektivität ist und U ihr Kollineationszentrum (§ 67). In der Tat, wenn AA', BB' Paare konjugierter (mit U in gerader Linie liegender) Punkte sind, so schneiden sich die Geraden AB' und $A'B$ und (da das Entsprechen in doppelter Weise stattfindet) auch die Geraden AB und $A'B'$ auf der Kollineationsachse, so daß diese durch die Schnittpunkte der genannten Geradenpaare bestimmt ist. Aber solche Schnittpunkte entsprechender Geraden fallen auch auf die Homologieachse u und bestimmen sie ebenso; also ist u gerade die Kollineationsachse der Projektivität, w. z. b. w.

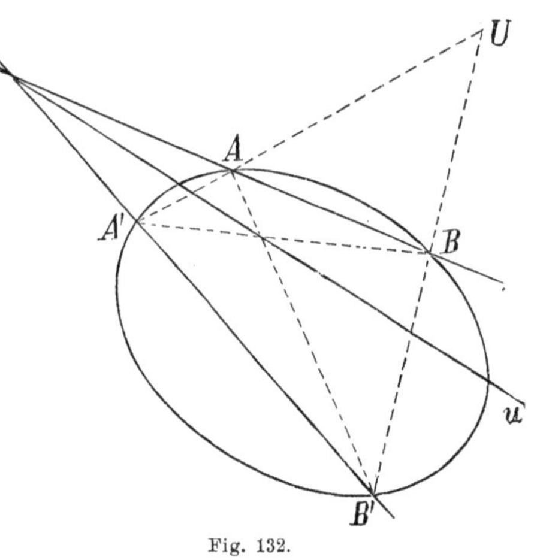

Fig. 132.

Korrelativ dazu ist U, ihr Pol, das Kollineationszentrum derselben Projektivität.

Wir können die eben erhaltenen Resultate zusammenfassen, indem wir den Satz aussprechen:

Eine Involution auf einem Kegelschnitt wird durch eine harmonische Homologie erzeugt, die den Kegelschnitt in sich selbst transformiert: durch diejenige Homologie, welche das Kollineationszentrum und die Kollineationsachse der Involution zum Zentrum und zur Achse hat.

Und ferner:

Eine Involution auf einem Kegelschnittort besteht aus den Punktepaaren des Kegelschnitts, welche mit einem festen Zentrum (dem Kollineationszentrum) in gerader Linie liegen.

Dieser Punkt ist ein äußerer oder ein innerer Punkt, je nachdem die Involution hyperbolisch oder elliptisch ist.

Eine Involution auf einer Kegelschnittenveloppe besteht aus den Tangentenpaaren des Kegelschnitts, die sich in den Punkten einer festen Geraden (der Kollineationsachse) schneiden.

Diese Gerade ist eine Sekante oder eine äußere Gerade, je nachdem die Involution hyperbolisch oder elliptisch ist.

Ist ein Kegelschnitt gegeben,

so kann jeder Punkt O der Ebene, der ihm nicht angehört, zum Kollineationszentrum einer Involution auf dem Kegelschnitt selbst genommen werden.

Man kann in der Tat sagen, daß diese Involution durch zwei, mit O in gerader Linie liegende Punktepaare auf dem Kegelschnitt bestimmt ist. Solcher Paare gibt es immer eins auf jeder Geraden, die den Punkt O mit irgendeinem Punkte des Kegelschnitts verbindet; nur wenn die betrachtete Gerade eine der beiden (möglicherweise vorhandenen) Tangenten durch O an den Kegelschnitt ist, reduziert sich das genannte Paar konjugierter Punkte auf einen Punkt, einen Doppelpunkt der Involution.

so kann jede Gerade o der Ebene, die ihm nicht angehört, zur Kollineationsachse einer Involution auf dem Kegelschnitt selbst genommen werden.

Man kann in der Tat sagen, daß diese Involution durch zwei, sich auf o schneidende Tangentenpaare an den Kegelschnitt bestimmt ist. Solcher Paare gibt es immer eins durch jeden Schnittpunkt von o mit irgendeiner Tangente des Kegelschnitts; nur wenn der betrachtete Punkt einer der beiden (möglicherweise vorhandenen) auf o liegenden Kegelschnittpunkte ist, reduziert sich das genannte Paar konjugierter Tangenten auf eine einzige Gerade, eine Doppelgerade der Involution.

Anmerkung. Für die Projektivitäten auf einem Kegelschnitt und daher im besondern für die Involutionen lassen sich ohne weiteres die für die Gebilde erster Stufe bewiesenen Sätze in Bezug auf den Sinn der Beziehung aussprechen (§§ 31, 37). So ist jede ungleichsinnige Projektivität auf einem Kegelschnitt hyperbolisch. Eine Involution auf einem Kegelschnitt ist elliptisch und gleichsinnig, wenn irgendwelche zwei Paare konjugierter Punkte sich trennen; dagegen ist sie hyperbolisch und ungleichsinnig im entgegengesetzten Falle, u. s. w.

Im allgemeinen kann man sagen, daß auf die Kegelschnitte (und daher auch auf die Kegel zweiten Grades) sich alle diejenigen Eigenschaften erstrecken, welche den Gebilden erster Stufe zukommen, wenn man diese für sich betrachtet und von den Beziehungen zum übrigen Raume absieht.

Darum ist es oft nützlich, die Gebilde erster Stufe und die Kegelschnitte (und die Kegel zweiten Grades) unter der gemeinsamen Bezeichnung elementare Gebilde (erster und zweiter Ordnung) zusammenzufassen.

§ 69. Äußere und innere Punkte, Sekanten und äußere Gerade. Aus dem vorhergehenden Paragraphen folgt:

Ist ein Kegelschnitt gegeben

und ein ihm nicht angehörender Punkt O, so kann man erkennen, ob O ein äußerer oder ein innerer Punkt ist, indem man untersucht, ob die Involution auf dem Kegelschnitt, die O zum Kollineationszentrum hat, hyperbolisch oder elliptisch ist.	und eine ihm nicht angehörende Gerade o, so kann man erkennen, ob o eine Sekante oder eine äußere Gerade ist, indem man untersucht, ob die Involution auf dem Kegelschnitt, die o zur Kollineationsachse hat, hyperbolisch oder elliptisch ist.

Man muß zu dem Ende zusehen, ob die Paare konjugierter Elemente in der genannten Involution sich trennen oder nicht.

Andrerseits hat man nach einem früher bewiesenen Kriterium (§ 56):

Um zu erkennen, ob

O ein äußerer oder ein innerer Punkt ist, muß man die Natur der Involution der konjugierten Geraden in Bezug auf den Kegelschnitt in dem Büschel vom Mittelpunkt O untersuchen.	o eine Sekante oder eine äußere Gerade ist, muß man die Natur der Involution der konjugierten Punkte in Bezug auf den Kegelschnitt auf der Punktreihe des Trägers o untersuchen.

Nun können die sich so ergebenden beiden Kriterien natürlich nicht auf verschiedene Schlüsse führen.

Dies ist a priori klar, erweist sich aber auch unmittelbar als richtig, da folgende Sätze gelten:

Wenn man von einem Punkte des Kegelschnitts aus die Punktepaare einer auf dem Kegelschnitt gegebenen Involution auf die Kollineationsachse projiziert, so erhält man auf dieser Geraden Paare konjugierter Punkte in Bezug auf den Kegelschnitt.

Wenn man mit einer Tangente des Kegelschnitts die Tangentenpaare einer Involution schneidet und die so erhaltenen Punkte von dem Kollineationszentrum aus projiziert, so erhält man Paare konjugierter Geraden in Bezug auf den Kegelschnitt.

Diese Sätze bilden nur einen andern Ausdruck für den v. Staudtschen Satz (§ 60).

In der Tat sei (links) p die Polare von P, dem Kollineationszentrum der auf C gegebenen Involution; A und A' seien zwei Punkte von C, die mit P auf einer geraden Linie liegen, und D sei ein dritter Punkt von C. Dann schneidet (nach jenem Satze) die Gerade p, die der Seite AA' des eingeschriebenen Dreiecks $AA'D$ konjugiert ist, die Geraden AD und $A'D$ in konjugierten Punkten; also sind die von D aus hergestellten Projektionen zweier mit P in gerader Linie liegender Punkte von C auf p zwei konjugierte Punkte, w. z. b. w.

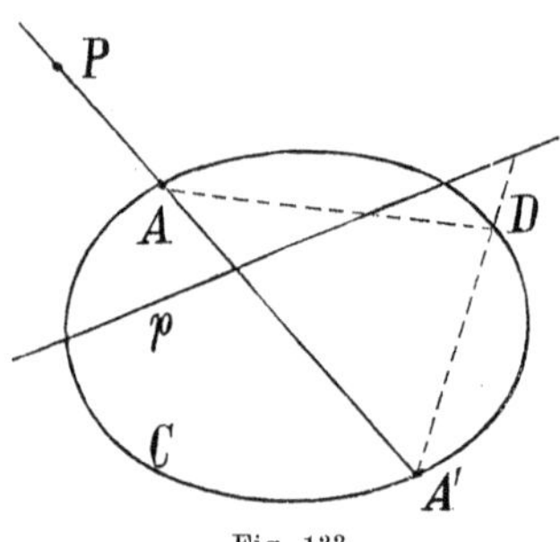

Fig. 133.

Jede Gerade, die durch einen inneren Punkt des Kegelschnitts geht, ist eine Sekante.

Jeder Punkt einer äußeren Geraden des Kegelschnitts ist ein äußerer Punkt des Kegelschnitts.

Wir beschränken uns darauf, den Satz zur Linken zu beweisen.

Es sei O ein innerer Punkt des Kegelschnitts C und a eine durch ihn gehende Gerade. Auf a gibt es immer äußere Punkte in Bezug auf C: die Schnittpunkte von a mit Tangenten, deren Berührungspunkte sich außerhalb a befinden; es sei P ein auf a liegender äußerer Punkt von C. Von

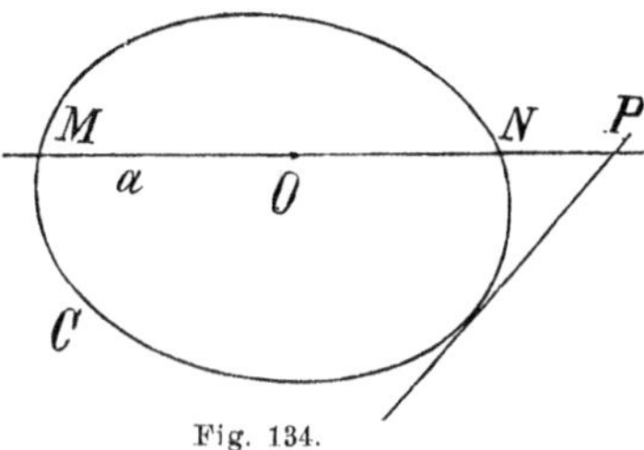

Fig. 134.

den beiden Involutionen auf dem Kegelschnitt, die zu Kollineationszentren O und P haben, ist die eine elliptisch, die andere hyperbolisch; also haben sie ein gemeinsames Paar, das von zwei Punkten von C auf a gebildet wird. Und darum ist a eine Sekante, w. z. b. w.

Anmerkung. Der vorstehende Satz überträgt im wesentlichen in eine für die Anschauung unmittelbar einleuchtende Form den im § 37 gegebenen Satz von dem Paar, das zwei Involutionen gemeinsam ist. Man braucht dazu diesen Satz nur auf Involutionen auf einem Kegelschnitt anstatt auf Involutionen auf einem Gebilde erster Stufe zu beziehen, was durchaus zulässig ist, da es sich in ihm um Eigenschaften handelt, die (nach der Anmerkung des vorhergehenden Paragraphen) in gleicher Weise für alle elementaren Gebilde gelten.

Nun entsprechen die beiden Fälle des angeführten Satzes: „eine elliptische und eine hyperbolische Involution haben ein Paar gemeinsam“ und „zwei elliptische Involutionen haben ein Paar gemeinsam“ den anschaulichen Sätzen: „verbindet man einen inneren und einen äußeren Punkt eines Kegelschnitts, so erhält man eine Sekante“ und „verbindet man zwei innere Punkte eines Kegelschnitts, so erhält man eine Sekante“.

Im § 38 wurde die Bedingung dafür angegeben, daß zwei hyperbolische Involutionen desselben Gebildes erster Stufe ein gemeinsames Paar haben: es ist erforderlich und hinreichend, daß die Paare der Doppelpunkte sich nicht trennen (oder daß sie ein Element gemeinsam haben). Wendet man diesen Satz auf die Kegelschnitte an, so erhält man eine Eigenschaft, die auch für die Anschauung unmittelbar einleuchtend ist:

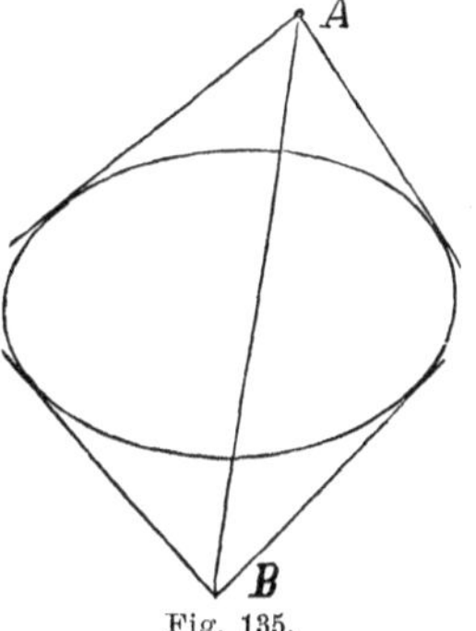

Fig. 135.

Ist ein Kegelschnitt gegeben und zwei äußere, nicht auf einer Tangente liegende Punkte A und B, so besteht die Bedingung dafür daß die Gerade AB Sekante ist, darin daß die von A und B an den Kegelschnitt gezogenen Tangentenpaare (oder die Paare der Berührungspunkte) sich nicht trennen.

Es bestehen die korrelativen Sätze:

Ist ein Kegelschnitt gegeben,

so bestimmen auf einer Sekante die beiden Punkte des Kegelschnitts zwei sich er-	so bestimmen in einem Strahlenbüschel, dessen Mittelpunkt ein äußerer Punkt ist,

gänzende Strecken, von denen die eine aus inneren, die andere aus äußeren Punkten in Bezug auf den Kegelschnitt besteht.

die beiden Tangenten zwei sich ergänzende Winkel, von denen der eine aus Sekanten des Kegelschnitts, der andere aus äußeren Geraden besteht.

Wir beweisen die Aussage zur Linken.

Es sei C ein Kegelschnitt und MN eine Gerade, die ihn in den Punkten M und N schneidet. Auf dieser kann man einen Punkt A betrachten, der in Bezug auf C ein äußerer Punkt ist, nämlich den Schnitt mit der Tangente, die in dem von M und N verschiedenen Punkte P an C gezogen ist. Es sei B ein Punkt der Strecke MN, die nicht A enthält, und es sei B' der andere Schnittpunkt von PB mit dem Kegelschnitt C. Die Gruppe der Kegelschnittpunkte $PMB'N$ ist zu der Gruppe der vier Geraden $P(AMB'N)$ projektiv, daher trennen sich die Punktepaare PB' und MN (auf dem Kegelschnitt); es folgt, daß die Involution auf C, die B zum Kollineationszentrum hat, elliptisch ist; also ist B ein innerer Punkt.

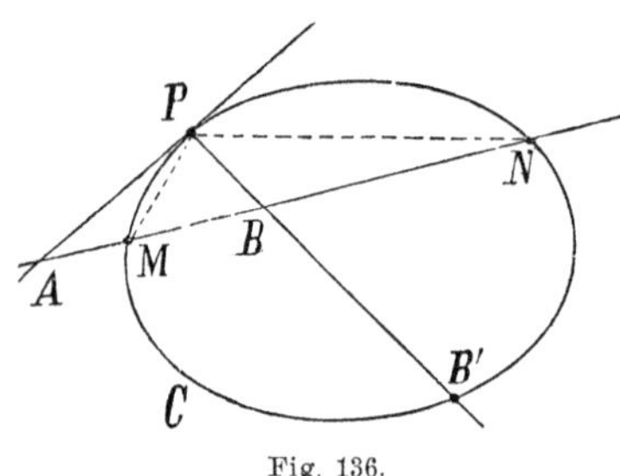

Fig. 136.

Wenn man dagegen B in der Strecke MAN angenommen hätte, so würde man ebenso bewiesen haben, daß B in Bezug auf C ein äußerer Punkt ist.

Anmerkung. Der vorstehende Satz entspricht vollständig dem anschaulichen Begriffe, den wir uns von Anfang an von inneren und äußeren Punkten in Bezug auf einen Kegelschnitt gebildet haben.

In einem Elementargebilde kann man die unendlich vielen Elementepaare, die ein festes Element gemeinsam haben, als die Paare einer ausgearteten Involution betrachten. Alsdann kann man einen Punkt eines Kegelschnitts als das Kollineationszentrum einer ausgearteten Involution betrachten.

In einer ausgearteten Involution gibt es einen Doppelpunkt, d. h. die ausgearteten Involutionen sind parabolisch.

Man kann sagen, daß die ausgearteten Involutionen die elliptischen Involutionen von den hyperbolischen trennen, in Übereinstimmung mit der Ausdrucksweise, daß die Punkte des Kegelschnitts die beiden Gebiete der äußeren und inneren Punkte trennen.

§ 70. * Reelle und ideelle Durchmesser. Scheitel. Bei einer Ellipse ist der Mittelpunkt ein innerer Punkt, daher sind die Geraden durch ihren Mittelpunkt Sekanten, oder:

Jeder Durchmesser der Ellipse schneidet die Ellipse in zwei Punkten.

Bei der Hyperbel teilt man die von den Asymptoten verschiedenen Durchmesser in reelle Durchmesser (Sekanten) und in ideelle Durchmesser (äußere Gerade) ein. Die reellen Durchmesser bilden den einen der von den Asymptoten eingeschlossenen Winkel, die ideellen Durchmesser den andern.

Von zwei konjugierten Durchmessern ist der eine reell, der andere ideell, da sie die Asymptoten harmonisch trennen müssen.

Man kann die Bezeichnung reell allen Durchmessern der Ellipse beilegen.

Alsdann kann man sagen: Bei der Ellipse sind die Achsen (§ 59) reell. Bei der Hyperbel ist eine Achse reell, die andere ideell; die erste wird die transversale Achse oder die Hauptachse genannt, die andere die konjugierte Achse oder die Nebenachse.

Definieren wir nun für jeden Kegelschnitt mit einem Mittelpunkt die Länge eines Durchmessers.

Zunächst ist die Länge eines reellen Durchmessers die Länge der (endlichen) Strecke, welche seine Schnittpunkte mit dem Kegelschnitt zu Endpunkten (Endpunkten des Durchmessers) hat.

Nun betrachte man eine Hyperbel K und einen ihrer ideellen Durchmesser c. Es sei d der zu c konjugierte Durchmesser, und D und D' seien die Punkte, in denen er K schneidet. Die Tangenten an K in D und D' sind c parallel und treffen die Asymptoten in zwei Punktepaaren, die in Bezug auf den Mittelpunkt O von K symmetrisch liegen und die Eckpunkte eines Parallelogramms bilden, das die Asymptoten selbst zu Diagonalen und die konjugierten Durchmesser c und d zu Mittellinien hat. Die Länge CC' der Mittellinie c (oder die Länge der zu c parallelen Seite des Parallelogramms) soll als „Länge des ideellen Durchmessers c“ bezeichnet werden.

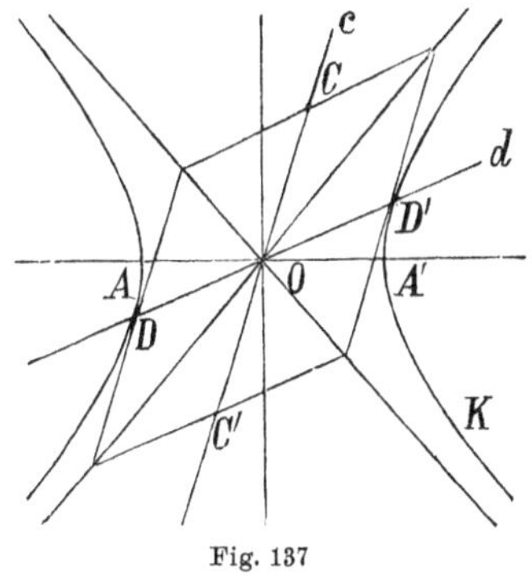

Fig. 137

Im Grenzübergang muß die Länge einer Asymptote der Hyperbel als unendlich groß betrachtet werden.

Die in der Figur mit C und C' bezeichneten Punkte kann man die Endpunkte des ideellen Durchmessers c nennen.

Die Schnittpunkte der Achsen mit dem Kegelschnitt heißen Scheitel.

Die Ellipse hat vier Scheitel (den Fall des Kreises ausgenommen, bei dem alle Punkte als Scheitel betrachtet werden können), und die Strecken AA' und BB', welche sie einschließen, sind die Längen der Achsen. Von diesen Längen wird im allgemeinen eine die größere sein, und die zugehörige Achse soll die große Achse oder die Hauptachse genannt werden, während die andere die kleine Achse heißen soll.

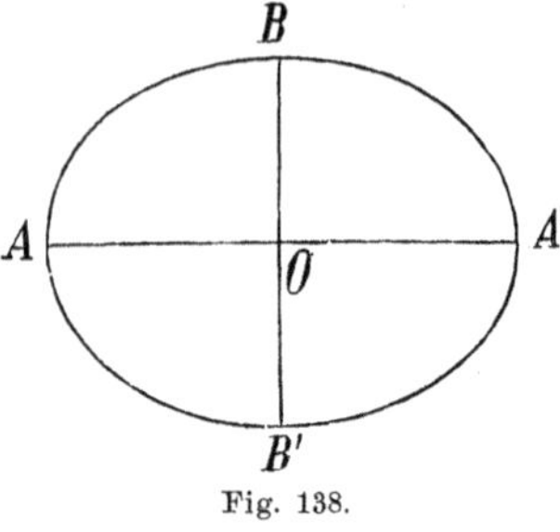

Fig. 138.

Diejenige Ellipse, welche zwei gleiche Achsen hat, ist ein Kreis. In der Tat kann man unter dieser Voraussetzung einen Kreis durch die vier Scheitel der Ellipse konstruieren, der sie in diesen Punkten berührt und also von der Ellipse selbst nicht verschieden sein kann.

Die Hyperbel hat zwei Scheitel. Die von ihnen eingeschlossene Strecke AA' bildet die Länge der Hauptachse, während die Länge der Nebenachse durch die andere Mittellinie des Rechtecks gegeben wird, von dem AA' eine Mittellinie ist und die Asymptoten die Diagonalen sind.

Diejenige Hyperbel, deren beide Achsen gleich groß sind, ist gleichseitig. In der Tat sind in diesem Falle die Asymptoten als Diagonalen eines Quadrats zu einander rechtwinklig.

Die Parabel hat einen eigentlichen Scheitel (und einen uneigentlichen), den Schnittpunkt der Achse mit dem Kegelschnitt; bei ihr kann man die Länge der Durchmesser (die unendlich sind) nicht in Betracht ziehen.

Anmerkung 1. Bei der Ellipse (den Fall des Kreises ausgenommen) sind die Längen der Durchmesser verschieden, indem sie (stetig) von einem Minimum zu einem Maximum, die den Längen der beiden Achsen entsprechen, zunehmen.

Bei der Hyperbel haben die Längen der reellen Durchmesser nur ein Minimum, das durch die Länge der Hauptachse gegeben ist, und auch die Längen ihrer ideellen Durchmesser haben nur ein Minimum, nämlich die Länge der Nebenachse.

Anmerkung 2. Wenn wir die Figur auf Seite 245 betrachten, so erkennen wir, daß die Parallelogramme, die die Durchmesser CC'

und DD' zu Diagonalen haben, (als Hälften der Parallelogramme, die CC' und DD' zu Mittellinien haben) einen konstanten Flächeninhalt haben (§§ 62, 67). So erhält man die Erweiterung des für die Ellipse bereits mitgeteilten Satzes des Apollonius für die Hyperbel. Dieser Satz läßt sich nun aussprechen, indem man sagt:

Ist ein Kegelschnitt gegeben, so sind die Parallelogramme, die die Endpunkte zweier konjugierter Durchmesser zu Eckpunkten haben, sämtlich unter einander äquivalent.

§ 71. Homologe Kegelschnitte. Anwendungen. Flächeninhalt der Ellipse. Wenn zwei Kegelschnitte K und K' einer Ebene homolog sind, d. h. sich in einer Homologie entsprechen, und wenn deren Zentrum O dem einen (K) der beiden Kegelschnitte angehört, so gehört O, da es sich selbst entspricht, auch dem andern Kegelschnitte (K') an und ist für beide Kegelschnitte Berührungspunkt (§ 66).

Umgekehrt:

Zwei Kegelschnitte einer Ebene, die sich in einem Punkte berühren, entsprechen sich in einer bestimmten Homologie, die den Berührungspunkt zum Zentrum hat; und korrelativ dazu entsprechen sie sich in einer Homologie, die die Tangente in jenem Punkte zur Achse hat.

Wir beweisen den ersten Teil der Aussage.

Es seien K und K' die beiden Kegelschnitte, und A sei ihr Berührungspunkt. Wir beziehen die beiden Kegelschnitte durch das ihnen perspektive Büschel A projektiv auf einander (§ 66); die Projektivität zwischen ihnen wird durch eine bestimmte Kollineation erzeugt werden, für welche A ein Doppelpunkt sein wird und alle Geraden durch A Doppelgerade sein werden. Diese Kollineation ist also eine Homologie mit dem Zentrum A, die den einen der beiden Kegelschnitte in den andern transformiert. Es gibt offenbar nur eine solche Homologie.

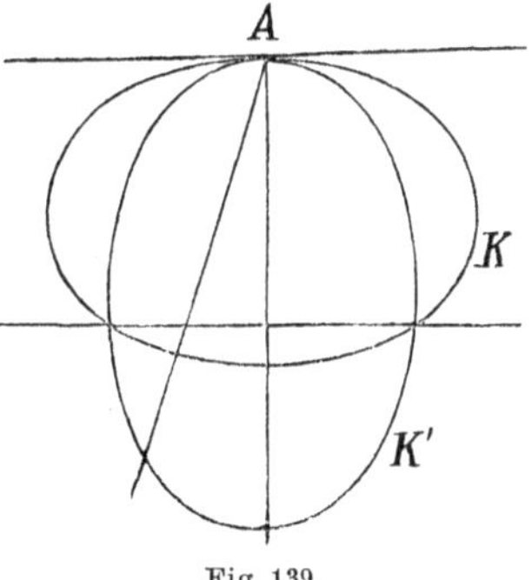

Fig. 139.

Anmerkung. Die Achse der ersten Homologie ist eine Gerade, die die beiden Kegelschnitte (möglicherweise) in denselben (Doppel-) Punkten trifft. Korrelativ dazu ist das Zentrum der in der Aussage erwähnten zweiten Homologie ein Punkt, durch den (möglicherweise) dieselben Tangenten an beide Kegelschnitte gehen.

Zusatz.* Zwei Parabeln mit parallelen Achsen sind affin homolog und homothetisch.

Wenn zwei Kegelschnitte K und K' homolog sind und das Zentrum O der Homologie außerhalb des einen sich befindet, so befindet es sich auch außerhalb des andern, und die beiden Kegelschnitte haben dieselben Tangenten durch O; außerdem werden die durch O gehenden Geraden, die in Bezug auf K Sekanten sind, auch in Bezug auf K' Sekanten sein. Da nun diese Sekanten einen der Winkel der beiden, K und K' gemeinsamen Tangenten bilden (§ 69), so wird man sagen können, daß die beiden Kegelschnitte in denselben Winkel eingeschrieben sind. Es gelten auch die hierzu korrelativen Bemerkungen.

Umgekehrt können wir die Sätze aufstellen:

Wenn zwei Kegelschnitte einer Ebene einem und demselben (von zwei gemeinsamen Tangenten gebildeten) Winkel eingeschrieben sind, so können sie auf zweifache Art homolog auf einander bezogen werden, wenn man den Scheitel des genannten Winkels zum Homologiezentrum nimmt.

Die Achse jeder dieser Homologien wird (möglicherweise) die beiden Kegelschnitte in denselben Punkten schneiden.

Wenn zwei Kegelschnitte einer Ebene zwei Punkte gemeinsam haben und als eine innere Strecke dieselbe (durch die beiden gemeinsamen Punkte bestimmte) Strecke begrenzen, so können sie auf zweifache Art homolog auf einander bezogen werden, wenn man die Verbindungslinie der genannten Punkte zur Achse nimmt.

Durch die Zentren dieser Homologien werden die (möglicherweise vorhandenen) gemeinsamen Tangantenpaare an beide Kegelschnitte gehen.

Fassen wir die Aussage zur Linken ins Auge.

Es seien K und K' die beiden Kegelschnitte mit den gemeinsamen Tangenten a und b, und es seien A und A', und B und B' die Berührungspunkte von a und b mit K und K'; endlich sei $O \equiv ab$.

Man betrachte irgendeine durch O gehende Sekante p von K; sie wird (da K und K' demselben Winkel ab eingeschrieben sind) auch Sekante von K' sein. Es seien P_1 und P_2 ihre Schnittpunkte mit K und P_1' und P_2' ihre Schnittpunkte mit K'. Wenn es eine Homologie mit dem Zentrum O gibt, die den einen der beiden Kegelschnitte K in den andern K' transformiert, so muß diese Homologie den Punkten A und B die Punkte A' und B' zuordnen und dem Paare P_1, P_2 das Paar P_1', P_2', also dem Punkte P_1 entweder den Punkt P_1' oder den Punkt P_2'.

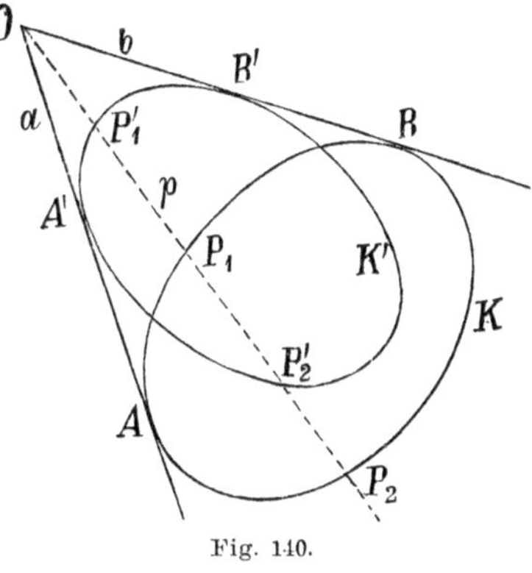

Fig. 140.

Wenn wir nun zum Beispiel dem Punkte P_1 von K den Punkt P_1' von K' zuordnen und den Punkten A und B die Punkte A' und B', so ist zwischen K und K' eine Projektivität festgelegt. Diese wird durch eine Kollineation erzeugt, die K in K' transformiert. Aber drei durch O gehende Gerade (a, b und p) sind Doppelgerade, also ist die genannte Kollineation eine Homologie mit dem Zentrum O.

Damit ist der Satz bewiesen.

Man kann von den vorstehenden Resultaten eine erste wichtige Anwendung machen, wenn man die Kegelschnitte einer Ebene zu bestimmen sucht, welche zwei gegebene Gerade berühren und durch drei gegebene Punkte gehen, die diesen nicht angehören und nicht in gerader Linie liegen.

Damit die Aufgabe lösbar sei, ist zunächst nötig, daß die drei gegebenen Punkte sich im Innern eines und desselben Winkels der beiden Geraden befinden (den Winkel immer im visuellen Sinne des § 5 verstanden), weil der zu konstruierende Kegelschnitt, vorausgesetzt daß er existiert, einem Winkel der beiden vorgeschriebenen Tangenten ganz eingeschrieben sein muß.

Nun seien a und b die beiden Geraden und A, B, C die drei Punkte, die den angegebenen Bedingungen genügen.

Man betrachte irgendeinen Kegelschnitt K', der a und b berührt und durch A hindurch geht (Fig. 141), und man bezeichne dann mit K_x einen, als existierend vorausgesetzten, Kegelschnitt, der a und b berührt und durch A, B und C geht.

Die beiden Kegelschnitte K' und K_x werden in einer genau bestimmten Homologie auf einander bezogen sein, die den Punkt $O \equiv ab$ zum Zentrum hat und für welche A ein (Doppel-) Punkt der Achse ist. In dieser Homologie wird dem Punkte B einer der beiden Punkte B_1 und B_2, in welchen OB den Kegelschnitt K' schneidet, entsprechen; es sei dies zum Beispiel der Punkt B_1. Ebenso wird dem Punkte C einer der beiden Punkte C_1 und C_2, in welchen OC den Kegelschnitt K' schneidet, entsprechen; es sei dies zum Beispiel C_1. Die Homologieachse wird also die Gerade sein, die A mit dem Punkte $H \equiv (BC) \cdot (B_1 C_1)$ verbindet.

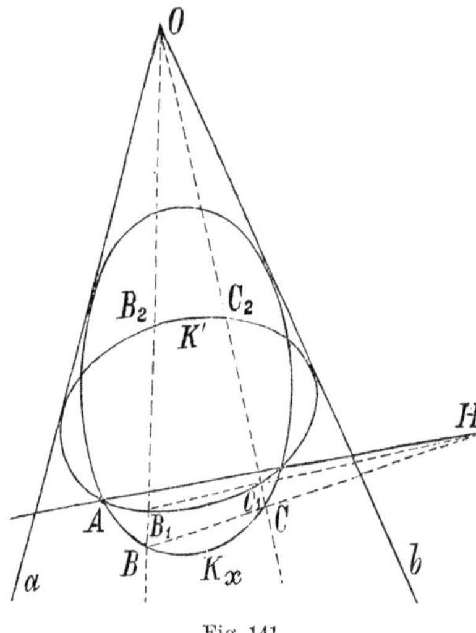

Fig. 141.

Läßt man nun dem Punkte B den Punkt B_1 oder den Punkt B_2 entsprechen und dem Punkte C den Punkt C_1 oder den Punkt C_2, so erhält man vier Homologien mit dem Zentrum O, die A zum Doppelpunkte haben; jede dieser Homologien ist vollständig bestimmt wie jene oben betrachtete, in welcher den Punkten B und C die Punkte B_1 und C_1 entsprechen.

Jede dieser vier Homologien transformiert den Kegelschnitt K' in einen Kegelschnitt (wie K_x), der a und b berührt und durch A, B und C hindurch geht, und dieser Kegelschnitt wird seinerseits durch eine einzige solche Homologie hervorgebracht.

Man gelangt also zu dem Schluß:

In einer Ebene gibt es vier Kegelschnitte, die zwei gegebene Gerade berühren und durch drei, nicht in gerader Linie liegende Punkte im Innern eines und desselben Winkels der beiden Geraden gehen.

Korrelativ dazu: Es gibt vier Kegelschnitte, die durch zwei gegebene Punkte gehen und drei, nicht durch einen Punkt gehende Gerade, die dieselbe durch die beiden Punkte begrenzte Strecke in inneren Punkten schneiden, berühren.

Anmerkung 1. * Wenn wir die erste Aussage ins Auge fassen und die Elemente a, b, A, B, C als eigentlich voraussetzen, so werden die vier Kegelschnitte sämtlich Hyperbeln sein, wenn die drei Punkte A, B, C sich nicht im Innern desselben durch a, b und die unendlich ferne Gerade bestimmten Dreiecks befinden (d. h. wenn sie, im Sinne der elementaren Geometrie, den beiden Scheitelwinkeln ab angehören).

Anmerkung 2. Auf Grund des Desarguesschen Satzes erkennt man leicht, daß die Verbindungsgerade der Punkte M und N, in welchen ein durch A, B und C gehender Kegelschnitt die Geraden a und b berührt, die Gerade AB in einem der Doppelpunkte der Involution schneidet, die durch die Paare A und B, und $a \cdot AB$ und $b \cdot AB$ bestimmt wird, und das Analoge gilt für die Geraden BC und AC. Daraus folgt eine einfache Konstruktion der Berührungspunkte der vier, durch A, B und C gehenden und a und b berührenden Kegelschnitte, ohne daß man einen Hilfskegelschnitt K' zu betrachten braucht, sobald die Doppelpunkte der auf den Seiten des Dreiecks ABC in der angegebenen Weise bestimmten Involutionen bekannt sind.

Anmerkung 3. Der Satz von der Homologie zweier Kegelschnitte, die demselben, von zwei gemeinsamen Tangenten gebildeten Winkel eingeschrieben sind, erstreckt sich auf den Fall, daß zwei Kegelschnitte zwei konjugierte imaginäre Tangenten gemeinsam haben, d. h. daß sie in einem Büschel dieselbe elliptische Involution konjugierter Geraden erzeugen. Zum Beweise dient dieselbe Schlußreihe.

Man schließt daraus, daß es in einer Ebene vier Kegelschnitte gibt, die durch drei reelle, nicht in gerader Linie liegende Punkte gehen und zwei konjugierte imaginäre Gerade berühren, wofern diese nicht in einem der drei Punkte zusammentreffen.

Korrelativ dazu gibt es in einer Ebene vier Kegelschnitte, die durch zwei konjugierte imaginäre Punkte gehen und drei nicht in einem Punkte zusammentreffende reelle Gerade berühren, wofern keine von diesen die beiden vorgeschriebenen Punkte enthält.

Wenn man annimmt, daß die beiden erwähnten imaginären Punkte die Kreispunkte der Ebene sind, so erhält man den Zusatz *:

Es gibt vier Kreise, die drei eigentliche, nicht in einem Punkte zusammentreffende Gerade einer Ebene berühren.

Es sind dies die vier Kreise, die dem von den drei Geraden gebildeten Dreieck eingeschrieben sind.

Ich überlasse dem Lernbegierigen, die Untersuchung der andern Fälle durchzuführen, auf welche die Bestimmung eines Kegelschnitts durch drei Punkte und zwei Tangenten oder durch zwei Punkte und drei Tangenten führt, wenn einige dieser Elemente als imaginär vorausgesetzt werden.

* Eine zweite Anwendung der Sätze über homologe Kegelschnitte gründet sich auf den

Zusatz: Eine Ellipse kann man als affin homolog zu einem Kreise betrachten, der zwei parallele Tangenten der Ellipse berührt.

Man betrachte die Tangenten an eine Ellipse K in den beiden, auf der großen Achse gelegenen Scheiteln A und B und einen Kreis K', der die beiden Tangenten in denselben Punkten A und B berührt.

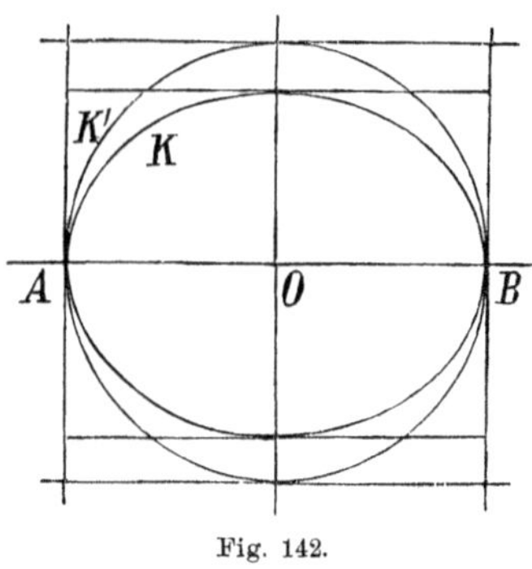

Fig. 142.

Die affine Homologie, welche K in K' transformiert, transformiert auch das der Ellipse umgeschriebene Rechteck, dessen Seiten den Achsen parallel sind, in das dem Kreise umgeschriebene Quadrat, dessen Seiten gleichfalls den Achsen parallel sind. Bezeichnet man mit a und b die Längen der beiden Halbachsen der Ellipse, so drücken sich die Inhalte des Rechtecks und des Quadrates aus durch

$$4ab \text{ und } 4a^2.$$

Nun ist der Inhalt des Kreises K' gleich πa^2; also wird der der Ellipse gegeben sein durch die Proportion:

$$x : \pi a^2 = 4ab : 4a^2.$$

So erhält man das Resultat:

Der Inhalt der Ellipse, deren Halbachsen a und b sind, ist gleich πab.

Elftes Kapitel.

Bestimmte Aufgaben.

§ 72. Allgemeines. Aufgaben ersten Grades. Wir wollen uns in diesem Kapitel mit einigen bestimmten geometrischen Aufgaben beschäftigen und mit den zu ihrer Lösung geeigneten Konstruktionen.

Zunächst sind ein paar erläuternde Worte über das Ziel und den Sinn nötig, in dem diese Konstruktionen verstanden werden sollen.

Das Ziel, das wir uns setzen, ist wesentlich praktischer Art. Es handelt sich darum, unter Benutzung vorgeschriebener Instrumente durch eine Zeichnung die Darstellung von Elementen zu erhalten (zu konstruieren), die geeignet sind, bestimmte Beziehungen zu andern, als gegeben vorausgesetzten Elementen zu erfüllen.

Wir beschränken uns auf die Geometrie der Ebene und betrachten daher die Punkte und die Geraden als Elemente. Wir haben ein Blatt, dessen Dimensionen man theoretisch so groß als man will voraussetzen kann: dies stellt die Ebene dar. Auf diesem Blatte zeichnet man mit dem Bleistift „Punkte", mehr oder weniger angenäherte Darstellungen geometrischer Punkte, die aber in theoretischer Betrachtung ohne Dimensionen sind; auf derselben Ebene zieht man (mehr oder weniger verlängerte) Strecken von „Geraden". So hat man auf dem Blatte gegebene Punkte und Gerade.

Besitzt man ein (hinreichend langes) Lineal, so kann man zwei auf dem Blatte gegebene Punkte durch eine Gerade verbinden und eine beliebig kleine geradlinige, auf dem Blatte selbst gezogene Strecke verlängern.

Ein Punkt kann außerhalb des Blattes gegeben sein, indem man zwei in ihm sich schneidende Gerade angibt, von denen ein Teil auf dem Blatte sich befindet. Mit Hilfe des Lineals kann ein außerhalb des Blattes gegebener Punkt mit einem auf dem Blatte gezeichneten durch eine Konstruktion verbunden werden, die auf dem Satze von den homologen Dreiecken beruht; diese Konstruktion wird gleichzeitig mit dem Gebrauch der Instrumente beim Zeichnen gelehrt.

Eine Gerade kann außerhalb des Blattes gegeben sein, wenn zwei Punkte von ihr in der oben angegebenen Weise gegeben sind.

Alsdann gelingt es (indem man sich auf den Satz von den homologen Dreiecken stützt) mit Hilfe des Lineals ihren Schnittpunkt mit einer Geraden des Blattes anzugeben, indem man eine andere Gerade des Blattes zeichnet, die durch jenen Punkt geht. Endlich kann man auch in analoger Weise den Punkt bestimmen, in welchem zwei außerhalb des Blattes gegebene Gerade sich schneiden, indem man zwei Gerade des Blattes angibt, die durch ihn hindurchgehen.

Die genannten, mit dem Lineal ausführbaren Konstruktionen werden lineare Konstruktionen genannt; sie gestatten im wesentlichen die Ausführung (in der Ebene) von Projektionen und Schnitten irgendwelcher Art.

Mit Hilfe linearer Konstruktionen kann man zahlreiche bestimmte Konstruktionsaufgaben lösen: alle diejenigen Aufgaben, welche, wie man sagt, vom ersten Grade sind (weil sie in der analytischen Geometrie von der Auflösung von Gleichungen ersten Grades abhängen). Von ihnen haben wir schon viele Beispiele gehabt; ja es sind von dieser Art alle Aufgaben (der ebenen Geometrie), welche wir bis jetzt gelöst haben, so: die Konstruktion des vierten harmonischen Elementes zu drei Elementen in einer Punktreihe oder in einem Strahlenbüschel; die Konstruktion der Projektivität zwischen Punktreihen oder Strahlenbüschel, oder die der Kollineation oder der Reziprozität zwischen zwei Ebenen; die Bestimmung des zweiten Schnittpunktes eines Kegelschnittes mit einer Geraden, die durch einen bereits angegebenen seiner Punkte hindurchgeht; die Konstruktion des zweiten Doppelelementes einer Projektivität in einem Gebilde erster Stufe, wenn ein Doppelelement gegeben ist, u. s. w. u. s. w.

* Aber schon bei diesen Aufgaben ersten Grades, wie später bei denen höherer Art, zeigt sich der Unterschied zwischen visuellen Aufgaben und metrischen Aufgaben. Bei den ersten betrachtet man nur visuelle Beziehungen, während man bei den zweiten auch metrischen Verhältnissen Rechnung trägt.

Nun muß man bei diesen letzten Aufgaben die fundamentalen metrischen Dinge, welche das Absolute bilden, nämlich die uneigentliche Gerade und die absolute Involution auf ihr als gegeben betrachten. Nur nachdem diese Dinge gegeben worden sind, wird man die metrischen Aufgaben in gleicher Weise wie die visuellen Aufgaben betrachten und, wenn es sich um Aufgaben ersten Grades handelt, allein mit dem Lineal lösen können.

Die uneigentliche Gerade der Ebene geben heißt (den oben gemachten Bemerkungen entsprechend) zwei Punkte von ihr durch zwei Paare von (parallelen) Geraden geben; also wird man die uneigentliche Gerade als gegeben betrachten müssen, wenn auf dem Zeichnungsblatte ein Parallelogramm gezeichnet ist. Nur dann wird man die Konstruktion der Parallelen durch einen Punkt zu irgendeiner Geraden linear ausführen können.

Die absolute Involution (auf der uneigentlichen Geraden) der Ebene geben wird heißen sie durch zwei Paare konjugierter Punkte angeben, d. h. durch zwei Paare orthogonaler Geraden.

Also wird man die fundamentalen metrischen Dinge der Ebene geben können, indem man in ihr ein Quadrat gibt, das in seinen auf einander folgenden Seiten und in seinen Diagonalen gerade zwei Paare zu einander rechtwinkliger Geraden liefert, die verschiedenen Paaren konjugierter uneigentlicher Punkte in der absoluten Involution entsprechen.

Ist dies geschehen, dann wird man irgendeine metrische Aufgabe wie eine visuelle Aufgabe behandeln können, indem man die andern gegebenen Elemente mit den genannten metrischen Dingen in Beziehung setzt (vgl. die Anmerkung 2 des § 50). Im besondern wird man allein mit dem Lineal jede metrische Aufgabe ersten Grades lösen können.

Die typischen Aufgaben dieser Art sind diejenigen, welche sich auf die Konstruktionen der Parallelen oder der Normalen zu einer gegebenen Geraden durch einen Punkt beziehen. Wir haben bereits angedeutet, wie man die erste dieser Aufgaben löst, und man erkennt sofort, wie sich die zweite unmittelbar auf die Konstruktion der absoluten Involution auf der uneigentlichen Geraden reduziert, derjenigen Involution, welche wir eben gegeben haben.

Anmerkung. Man kann im Raume Betrachtungen anstellen, die den in Bezug auf die Aufgaben der ebenen Geometrie angestellten analog sind, indem man hier als lineare Konstruktionen diejenigen betrachtet, welche in der Bestimmung von Elementen „Punkten, Geraden und Ebenen“ durch andere solche Elemente bestehen, und geeignete fundamentale metrische Dinge einführt, wenn es sich um metrische Aufgaben handelt. Aber wir werden diese Aufgaben, deren systematische Behandlung die deskriptive Geometrie lehrt, indem sie sie mit Hilfe von Konstruktionen, die sich in der Ebene ausführen lassen, löst, bei Seite lassen. Wir werden also im folgenden Aufgaben der ebenen Geometrie ins Auge fassen und wollen noch bemerken, daß die Ebene, in welcher man operiert, immer nach Belieben gewählt werden kann, da ja auf sie erforderlichenfalls die Figuren projiziert werden können, die in einer andern Ebene gegeben sein sollten.

§ 73. Aufgaben zweiten Grades. Vom zweiten Grade nennt man diejenigen bestimmten, höchstens zwei Lösungen liefernden Konstruktionsaufgaben, deren Auflösung man mit Hilfe von Projektionen und Schnitten auf die Bestimmung der Schnittpunkte eines gewissen angenommenen Kegelschnitts mit irgendeiner Geraden (seiner Ebene) zurückführen kann. Eine Aufgabe des zweiten Grades stellt sich als bestimmt oder als unmöglich heraus, je nachdem der gegebene Kegelschnitt von der Geraden, von welcher er geschnitten werden soll, getroffen wird oder nicht; im ersten Falle hat die Aufgabe zwei Lösungen oder eine, je nachdem die Gerade eine Sekante oder eine Tangente des Kegelschnitts ist; im zweiten Falle sagt man auch, daß die Aufgabe zwei imaginäre Lösungen hat.

Es sind also diejenigen Aufgaben vom zweiten Grade, welche sich graphisch allein mit Hilfe des Lineals auflösen lassen, wenn man auch noch von einem vollständig gezogenen festen Kegelschnitte Gebrauch macht, dessen Schnittpunkte mit jeder Geraden seiner Ebene sich also bestimmen lassen.

Wir werden später sehen, daß dieser für die Konstruktionen fundamentale Kegelschnitt durch einen beliebig angenommenen andern ersetzt werden kann.

Die Aufgaben zweiten Grades bedeuten analytisch die Auflösung von Gleichungen ersten Grades und einer Gleichung zweiten Grades, d. h. das Ziehen einer Quadratwurzel.

Es sei in der Ebene (in welcher wir operieren) ein vollständig gezogener fundamentaler Kegelschnitt K gegeben. Dann können wir graphisch die folgenden Aufgaben zweiten Grades auflösen:

Erste Aufgabe. Es sind die Doppelelemente einer in einer Punktreihe oder in einem Strahlenbüschel angenommenen Projektivität zu bestimmen.

Man kann das Gebilde als eine Punktreihe a voraussetzen (die ein Schnitt mit dem gegebenen Strahlenbüschel sein kann).

Es seien auf a AA', BB', CC' drei Paare homologer Punkte, welche die Projektivität definieren. Von einem Punkte P des Kegelschnitts K aus projiziere man auf K die Punkte A, B, C, A', B', C' in die Punkte A_1, B_1, C_1, A_1', B_1', C_1'. Die Projektivität, welche auf K dadurch festgelegt wird, daß A_1A_1', B_1B_1', C_1C_1' als Paare homologer Punkte genommen werden ist diejenige, welche man erhält, wenn man mit K die Strahlen schneidet, die von P aus die in der Projektivität $\begin{pmatrix} A\,B\,C \\ A'\,B'\,C' \end{pmatrix}$ sich entsprechenden Punkte von a pro-

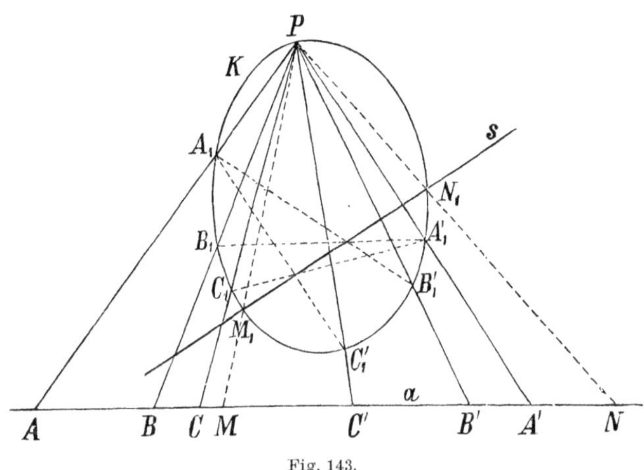

Fig. 143.

jizieren. Wenn es auf K Doppelpunkte gibt, so werden diese in Doppelpunkte der Projektivität auf a projiziert, und umgekehrt.

Nun sind die Doppelpunkte der Projektivität auf K die Schnittpunkte von K mit der Kollineationsachse der genannten Projektivität (§ 67) und sie können (wenn sie reell sind) als Schnittpunkte dieser Kollineationsachse s mit dem Kegelschnitte konstruiert werden; projiziert man sie von P aus auf a, so geben sie die Doppelpunkte der Projektivität $\begin{pmatrix} A\,B\,C \\ A'\,B'\,C' \end{pmatrix}$, welche gefordert waren.

Das gilt ebenso auch in dem besonderen Falle, daß die Projektivität auf a eine Involution ist.

Anmerkung. Im besondern lernt man aus der vorstehenden Aufgabe die Konstruktion der Doppelelemente einer in einem Gebilde erster Stufe gegebenen hyperbolischen Involution.

Zur Übung bestimme man noch:

1) das Paar, welches zwei in einem Gebilde erster Stufe (unter den Bedingungen der §§ 37 und 38) gegebenen Involutionen gemeinsam ist,

2) im besondern das Paar einer elliptischen Involution, welches zwei konjugierte Elemente harmonisch trennt.

Zweite Aufgabe. Es sind die Punkte zu konstruieren, die einem durch fünf Punkte (oder durch fünf Tangenten) gegebenen Kegelschnitte und einer Geraden gemeinsam sind; ferner sind die Tangenten zu konstruieren, die von einem Punkte an den Kegelschnitt gelegt werden können.

Es seien A, B, C, D, E fünf Punkte (von denen nicht drei in gerader Linie liegen), welche einen Kegelschnitt definieren, und a sei eine, nicht durch einen dieser Punkte gehende Gerade der Ebene, deren Schnittpunkte mit dem Kegelschnitte wir haben wollen.

Projiziert man (§ 61) von A und B aus die Punkte C, D und E, so erhält man zwei Ternen, welche die Projektivität zwischen den Strahlenbüscheln A und B, die den Kegelschnitt $(ABCDE)$ erzeugen, definieren. Auf a wird von den beiden Büscheln eine Projektivität erzeugt, deren Doppelpunkte (wenn sie reell sind) die gesuchten Schnittpunkte von a mit dem Kegelschnitt $(ABCDE)$ sind; sie werden also konstruiert, indem man von der oben mitgeteilten Konstruktion Gebrauch macht.

In dem Ausnahmefalle, wenn a durch einen der fünf Punkte A, B, C, D, E geht, ist die Aufgabe, den andern Schnittpunkt von a mit dem Kegelschnitte zu finden, bereits (linear) auf mehrfache Art (§§ 63, 64) gelöst worden. Übrigens würde sie nach der hier befolgten Methode auf die Aufgabe zurückgeführt werden, den andern Doppelpunkt einer Projektivität auf einer Geraden zu konstruieren, wenn ein Doppelpunkt gegeben ist (§ 30).

Um von einem Punkte aus die Tangenten an den Kegelschnitt $(ABCDE)$ zu konstruieren, muß man korrelativ dazu die Doppelstrahlen einer Projektivität konstruieren, nämlich in dem Büschel, das den Punkt zum Mittelpunkte hat.

Anmerkung 1. Wenn der Kegelschnitt durch vier Punkte und die Tangente in einem von ihnen oder durch drei Punkte und die Tangenten in zweien von ihnen gegeben ist, so kann man immer die vorstehende Konstruktion anwenden. Das dazu korrelative Verfahren wird dagegen anzuwenden sein, wenn der Kegelschnitt durch fünf Tangenten gegeben ist oder durch vier Tangenten und den Berührungspunkt auf einer von ihnen, u. s. w.

Anmerkung 2. Die Auflösung der betrachteten Aufgabe gilt mit einer Hinzufügung auch für den Fall, daß der Kegelschnitt durch fünf Punkte oder fünf Tangenten, von denen zwei (oder vier) imaginär sind, gegeben ist. Beschränken wir uns darauf den Fall zu betrachten, daß ein Kegelschnitt durch drei, nicht in gerader Linie liegende reelle

Punkte A, B, C und durch zwei konjugierte imaginäre Punkte gegeben ist, welche als Doppelpunkte einer elliptischen Involution J auf einer nicht durch A, B, C gehenden Geraden p angegeben sind. Alsdann genügt es (nach § 63) den Pol P von p in Bezug auf den Kegelschnitt zu konstruieren und darauf dessen Schnittpunkte mit den Geraden PA und PB zu finden.

Im besondern * wird auf diese Weise die Aufgabe gelöst, einen durch drei Punkte gegebenen Kreis mit einer Geraden zu schneiden.

Anmerkung 3. Die Auflösung der vorstehenden Aufgabe zeigt uns:

Jede Aufgabe zweiten Grades, die graphisch lösbar ist, wenn ein gewisser fundamentaler Kegelschnitt (gezeichnet) gegeben ist, ist auch ebenso lösbar, wenn an Stelle jenes ein anderer fundamentaler Kegelschnitt gegeben ist. Es ist auch gleichgültig, ob man die Schnittpunkte irgendeiner Geraden mit dem fundamentalen Kegelschnitte konstruieren oder ob man durch irgendeinen Punkt die Tangenten an ihn ziehen kann. Die Möglichkeit einer dieser beiden graphischen Operationen gestattet die Auflösung aller Aufgaben zweiten Grades.

Im zweiten Falle muß man nach dem Prinzip der Dualität die im ersten Falle auszuführenden Konstruktionen transformieren.

Im besondern *: Alle graphischen Aufgaben zweiten Grades lassen sich unter Benutzung eines festen Kreises lösen, dessen Schnittpunkte mit irgendeiner Geraden man bestimmen oder an den man von irgendeinem Punkte aus die Tangenten ziehen kann. Und die Wahl eines geeigneten Kreises zum fundamentalen Kegelschnitt für die Konstruktionen entspricht der praktischen Forderung, daß der genannte Kegelschnitt ganz auf dem Blatte der Zeichnung enthalten (eine Ellipse) sei.

Dritte Aufgabe. Es sind die Kegelschnitte zu bestimmen, die durch vier Punkte (von denen nicht drei in gerader Linie liegen) gehen und eine Gerade berühren.

Wenn die gegebene Gerade a durch einen der vier gegebenen Punkte A, B, C, D geht, ohne daß sie einen andern der vier Punkte enthält, so wissen wir (§ 63), daß es einen auf diese Weise bestimmten Kegelschnitt gibt, von dem man so viele Punkte und Tangenten als man will konstruieren kann. Setzen wir voraus, daß a nicht durch einen der vier Punkte geht. Dann gehören auf a die Schnittpunkte mit den Paaren entgegengesetzter Seiten des Vierecks $ABCD$ einer Involution an, deren Doppelpunkte (wenn sie reell sind) die Berührungspunkte der Kegelschnitte sind, die durch A, B, C, D gehen und a berühren (§ 65). Von diesen Kegelschnitten ist einer bestimmt, wenn sein Berührungspunkt mit a bekannt ist, weil man dann von ihm fünf Punkte kennt.

Korrelativ dazu wird man die korrelative Aufgabe lösen.

Anmerkung. Als eine Übung, die sich auf die Erweiterung des Desarguesschen Satzes stützt, kann man:

1) die Kegelschnitte konstruieren, welche durch zwei imaginäre und zwei reelle Punkte gehen und eine vorgeschriebene reelle Gerade (unter den Voraussetzungen für die Existenz) berühren,

2) im besondern * die Kreise bestimmen, die durch zwei eigentliche Punkte gehen und eine Gerade (die nicht einen von ihnen enthält) berühren.

In diesem letzten Falle findet man die bekannte elementare Konstruktion wieder.

Als Beispiel für die sogenannte Methode der Versuche empfiehlt es sich, die folgende Aufgabe zu betrachten.

Vierte Aufgabe. Es ist einem Kegelschnitte ein Dreieck einzuzeichnen, dessen Seiten der Reihe nach durch drei feste Punkte gehen.

Es sei S der gegebene Kegelschnitt, und P_1, P_2, P_3 seien die drei Punkte, die wir als dem Kegelschnitte nicht angehörend voraussetzen (der andere besondere Fall der Aufgabe würde leicht abgetan sein). Man betrachte auf S einen Punkt A und verbinde ihn mit P_1; man bestimme den zweiten Schnittpunkt B von S mit P_1A und verbinde B mit P_2; man bestimme den zweiten Schnittpunkt C von BP_2 mit S, verbinde C mit P_3 und schneide den Kegelschnitt S zum zweiten Male mit CP_3 in dem Punkte A'. Wenn das dem Kegelschnitte S eingeschriebene Dreieck ABC den gestellten Bedingungen genügen würde, so daß also gerade AB seine durch P_1 gehende Seite wäre, so müßte A' mit A zusammenfallen.

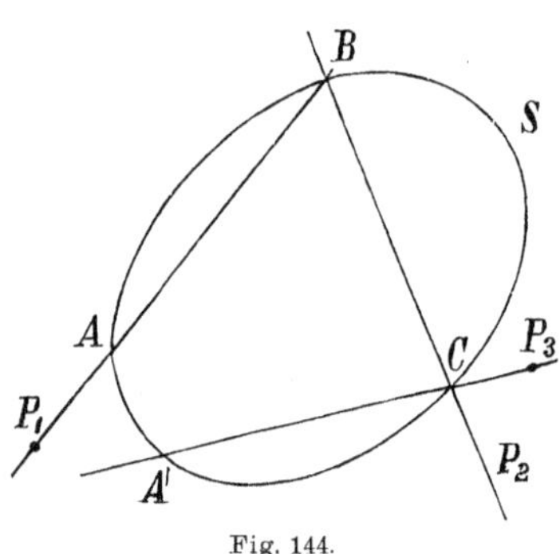

Fig. 144.

Im allgemeinen wird das nicht eintreffen, da A auf dem Kegelschnitte S willkürlich gewählt worden ist. Wenn aber A seine Lage auf dem Kegelschnitte S ändert, so wird das auch A' tun, und durch die angegebenen Konstruktionen wird zwischen den Punkten wie A und A' eine umkehrbar eindeutige Beziehung festgelegt werden; man kann leicht erkennen, daß diese Beziehung eine Projektivität ist. In der Tat entsprechen sich die (mit P_1 in gerader Linie liegenden) Punkte A und B des Kegelschnitts in der Involution, die P_1 zum Kollineationszentrum hat; ebenso entsprechen sich B und C in der Involution, die P_2 zum Kollineationszentrum hat, und C und A' in der Involution, die P_3 zum Kollineationszentrum hat; also ist die Beziehung zwischen A und A', die dadurch entsteht, daß man hinter einander drei involutorische Projektivitäten auf S herstellt, die als Produkt dieser drei Involutionen hervorgehende Projektivität.

Nun führe man für drei Punkte des Kegelschnittes S die Konstruktion aus, die man für A ausgeführt hat; dann wird auf S eine Projektivität hergestellt, deren Doppelpunkte (wenn sie reell sind) die Aufgabe lösen. In der Tat, nimmt man einen ihrer Doppelpunkte zum Punkte A, verbindet ihn mit P_1 u. s. w., so wird man auf ein dem Kegelschnitt eingeschriebenes Dreieck geführt, dessen Seiten der Reihe nach durch P_1, P_2 und P_3 gehen.

Die Doppelpunkte der auf S vorausgesetzten Projektivität werden (wenn sie reell sind) als Schnittpunkte von S mit der Kollineationsachse s der Projektivität bestimmt.

Man kann zur Übung die angegebenen Konstruktionen ausführen, indem man S durch fünf seiner Punkte gibt und sich eines fundamentalen Kegelschnitts K seiner Ebene (zum Beispiel eines Kreises) bedient. Dieser Kegelschnitt tritt nur zur Bestimmung der Schnittpunkte von S mit s helfend ein; alle andern Konstruktionen sind linear.

Zur Übung kann man, indem man wiederum die Methode der Versuche anwendet, die folgende Aufgabe lösen:

Fünfte Aufgabe. Es ist eine auf einer Geraden gegebene Involution in eine andere auf einer andern Geraden gegebene Involution zu projizieren, wobei beide Involutionen entweder elliptisch oder hyperbolisch sein sollen.

Es seien (Fig. 145) a und b die beiden Geraden, die wir als in einer Ebene gegeben voraussetzen, und es mögen mit J_a und J_b die beiden Involutionen auf ihnen bezeichnet werden.

Vor allem müssen die gesuchten Projektionszentren der Geraden p angehören, welche die dem Punkte $P \equiv ab$ in J_a und J_b konjugierten Punkte P_a und P_b verbindet.

Ist nun A ein auf dieser Geraden p angenommener Punkt, so nehme man noch auf a einen Punkt X_a an und projiziere ihn von diesem Punkte A aus in den Punkt X_b auf b; darauf konstruiere man den zu X_b in J_b konjugierten Punkt X_b' und projiziere diesen von X_a', dem zu X_a in J_a konjugierten Punkte, aus auf p. Wird mit A' die so erhaltene Projektion von X_b' bezeichnet, so entsteht zwischen A und A', wenn A sich auf p bewegt, eine Projektivität, die zu Doppelpunkten die gesuchten Punkte hat, von denen aus die Involution J_a in die Involution J_b projiziert wird.

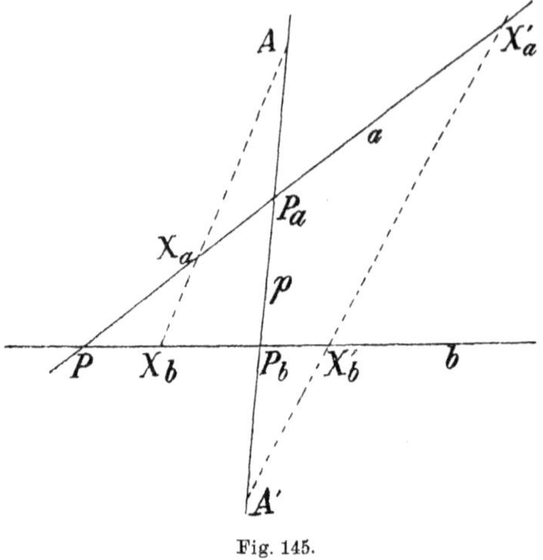

Fig. 145.

Anmerkung. Die betrachtete Hilfsprojektivität ist eine Involution, da in ihr P_a und P_b sich in doppelter Weise entsprechen, und sie ist ungleichsinnig und daher hyperbolisch, da J_a und J_b denselben Sinn haben.

Übrigens ist die Existenz der beiden Lösungen der Aufgabe in dem Falle, daß J_a und J_b hyperbolische Involutionen sind, evident, und wenn sie elliptisch sind, so geht sie auch aus der folgenden Konstruktion hervor, die in gleicher Weise die verlangten Projektionszentren zu bestimmen gestattet.

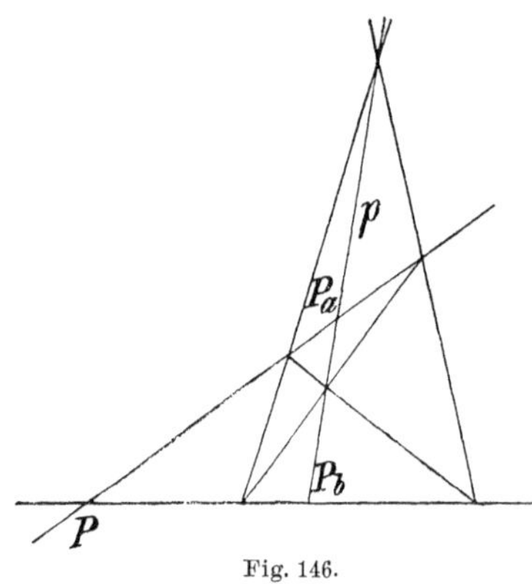

Fig. 146.

Man konstruiere das Paar konjugierter Punkte in J_a, das P und P_a harmonisch trennt (§ 38 u. S. 257), und ebenso das Paar konjugierter Punkte in J_b, das P und P_b harmonisch trennt; dadurch erhält man die Eckpunkte eines vollständigen Vierecks, in dem P ein Diagonalpunkt ist; seine beiden andern Diagonalpunkte liefern die Lösungen der gestellten Aufgabe.

Als besondern Fall * kann man die beiden Zentren bestimmen, von denen aus eine auf einer Geraden einer gegebenen Ebene vorhandene Involution in die absolute Involution projiziert wird.

Eine Lösung dieser Aufgabe ist bereits im § 41 angegeben worden.

Anmerkung. Wenn von einer Aufgabe zweiten Grades eine Lösung gegeben ist, so kann man die andere erhalten, indem man eine Aufgabe ersten Grades löst.

* Wir haben bis jetzt im allgemeinen die visuellen Aufgaben zweiten Grades behandelt und nur auf einige metrische Aufgaben hingewiesen, welche sich als besondere Fälle darbieten können.

Wollen wir nun die metrischen Aufgaben in ihrer ganzen Allgemeinheit betrachten, so wissen wir (nach § 72), daß man den gegebenen Dingen die fundamentalen metrischen Dinge der Ebene (die uneigentliche Gerade und die absolute Involution) hinzufügen muß. Wir haben bereits gesehen, wie diese Dinge einfach durch ein in der Ebene gezeichnetes Quadrat gegeben werden können, und dieses Quadrat wäre also jetzt dem fest angenommenen fundamentalen Kegelschnitte hinzuzufügen. Aber vorteilhafter kann man die für die Auflösung der metrischen Aufgaben zweiten Grades nötigen Daten erhalten, wenn man einen Kreis angibt, dessen Mittelpunkt bekannt ist. In der Tat wird auf diese Weise die uneigentliche Gerade der Ebene als Polare zu dem erwähnten Mittelpunkte und die absolute Involution als Involution der in Bezug auf den Kreis konjugierten Punkte auf dieser Geraden gegeben.

Wir schließen also:

Alle visuellen und metrischen Aufgaben zweiten Grades werden linear gelöst, wenn ein fester fundamentaler Kreis und der zugehörige Mittelpunkt gegeben ist.

Wir führen als Beispiel das Folgende an:

Aufgabe. Es sind die Achsen eines Kegelschnittes mit einem Mittelpunkt zu konstruieren.

Zunächst kann man voraussetzen, daß man den Mittelpunkt O des Kegelschnitts und also auch zwei Paare seiner konjugierten Durchmesser: a und a', b und b' (linear) bestimmt hat.

Man hat alsdann in dem Büschel O eine durch die Paare aa' und bb' definierte Involution, deren konjugierte orthogonale Strahlen zu bestimmen sind. Man setze voraus, daß der fundamentale Kreis K für die Konstruktionen, dessen Mittelpunkt C gegeben ist, durch O geht; es seien (Fig. 147) A und A', und B und B' die Punkte, in welchen er a und a', und b und b' zum zweiten Male schneidet. Die Involution der rechten Winkel in dem Büschel O bestimmt in ihren

Schnittpunkten mit dem Kreise K auf diesem eine Involution, deren Kollineationszentrum C ist (weil die rechten Winkel einem Halbkreise eingeschrieben sind). Nun muß man das Paar finden, das dieser Involution und der durch die Paare AA' und BB' definierten Involution gemeinsam ist. Es wird bestimmt, indem man den Kreis mit derjenigen Geraden schneidet, welche den Punkt C mit dem Schnittpunkte von AA' und BB' (dem Kollineationszentrum der zweiten genannten Involution) verbindet. Projiziert man dieses gemeinsame Paar XY von O aus, so erhält man die verlangten Achsen x und y.

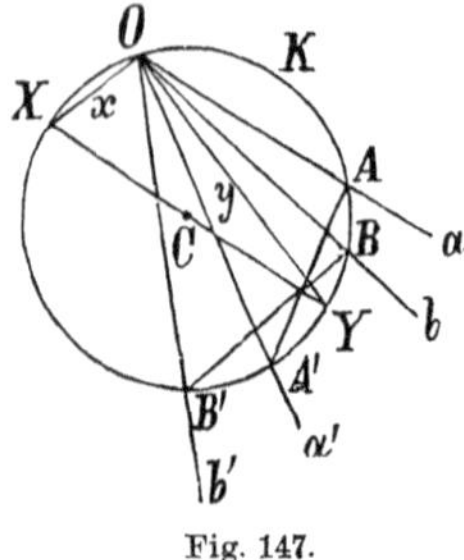

Fig. 147.

Zur Übung konstruiere man noch die Asymptoten des gegebenen Kegelschnitts, vorausgesetzt daß dieser eine Hyperbel ist (also vorausgesetzt, daß die Paare aa' und bb' sich nicht trennen), und bestimme (in jedem Falle) die Scheitel dieses Kegelschnitts.

§ 74 *. Mit Lineal und Zirkel lösbare Aufgaben. Den Ausgangspunkt in unseren Konstruktionen bildete der Gebrauch des Instrumentes „Lineal", das (in der Ebene) alle linearen Konstruktionen auszuführen gestattet, nämlich das Ziehen von geraden Linien und die Bestimmung ihrer gegenseitigen Schnittpunkte. Höhere Aufgaben erfordern andere Konstruktionen, die man mit dem Lineal allein nicht mehr ausführen kann.

Im allgemeinen bestehen diese Konstruktionen im Zeichnen von „Kurven" von höherer Art als die Gerade, und das Zeichnen dieser Kurven kann man auf den Gebrauch von Zeicheninstrumenten von komplizierterer Art als das Lineal zurückführen. Es bieten sich dann zwei Kriterien zur Klassifikation der Konstruktionsaufgaben dar:

1) die Natur der Kurven, auf deren Zeichnung man die verlangte Auflösung zurückführen kann,

2) die Natur der Instrumente, die sich zum Zeichnen der genannten Kurven eignen.

Das erste Kriterium faßt besonders die Einfachheit der Kurven vom geometrischen Standpunkte aus ins Auge, während das zweite Kriterium die mechanische Einfachheit des Zeichnens ins Auge faßt.

Neben die beiden erwähnten Kriterien kann man ein drittes stellen: das durch die analytische Geometrie gegebene, indem man die Natur der, algebraischen oder transcendenten, Rechenoperationen ins Auge faßt, auf welche man die verlangte Lösung zurückführen kann.

Nun bieten sich nach allen drei Kriterien in erster Linie die (visuellen und metrischen) Aufgaben ersten Grades dar.

Gleich dahinter kann man die (visuellen und metrischen) Aufgaben zweiten Grades stellen. In der Tat:

1) Die Konstruktionen, welche zu ihrer Auflösung nötig sind, führen auf die Bestimmung der Schnittpunkte der Geraden der Ebene mit einem festen Kreise von gegebenem Mittelpunkt, und der Kreis ist in vieler Hinsicht nach der Geraden die einfachste Linie.

2) Das Zeichnen des zur Konstruktion nötigen Kreises kann man auf dem Zeichnungsblatte mit dem Instrument „Zirkel" ausführen, und dieses ist nach dem Lineal eins der einfachsten.

3) Die analytische Auflösung dieser Aufgaben führt auf eine Gleichung zweiten Grades (und auf Gleichungen ersten Grades), erfordert also nur das Ausziehen einer Quadratwurzel (und rationale Operationen mit den Größen, die den gegebenen Elementen entsprechen); das Ausziehen einer Quadratwurzel aber ist die einfachste irrationale Operation, welche in der Algebra vorkommt.

Mit den Aufgaben zweiten Grades kann man diejenigen, eine umfassendere Klasse bildenden zusammentun, welche zwar nicht vom zweiten Grade sind, sich aber auf hinter einander auszuführende Aufgaben zweiten Grades zurückführen lassen, d. h. diejenigen Aufgaben, welche in der Zeichnung unter Benutzung eines festen fundamentalen Kegelschnitts gelöst werden, der, wenn es sich um metrische Aufgaben handelt, als ein Kreis von gegebenem Mittelpunkt vorausgesetzt wird.

Von diesen Aufgaben erwähnen wir als Beispiel diejenigen, welche zum Ziele haben, einen durch drei Punkte und zwei Tangenten oder durch drei Tangenten und zwei Punkte gegebenen Kegelschnitt zu konstruieren, deren Auflösung im wesentlichen im § 71 enthalten ist, und diejenigen, welche einige Fälle der Bestimmung der gemeinsamen Elemente zweier Kegelschnitte betreffen und im § 75 behandelt werden sollen.

Nun sind diese Aufgaben offenbar mit den Instrumenten „Lineal und Zirkel" lösbar; aber umgekehrt ist es a priori nicht klar, daß alle Konstruktionsaufgaben, die mit dem Lineal und dem Zirkel lösbar sind, sich auf auf einander folgende Aufgaben zweiten Grades zurückführen und daher unter Benutzung des Lineals und eines festen Kreises von gegebenem Mittelpunkt lösen lassen.

Diese Tatsache kann aber bewiesen werden. Man hat nur zu bemerken, daß die Anwendung der Instrumente „Lineal und Zirkel" der Möglichkeit entspricht, die beiden folgenden fundamentalen Aufgaben zu lösen:

1) Die Schnittpunkte eines Kreises mit einer Geraden zu bestimmen,

2) die Schnittpunkte zweier Kreise zu bestimmen.

Nun ist die erste dieser beiden Aufgaben bereits gelöst und im § 73 auf die Bestimmung der Schnittpunkte einer Geraden mit dem a priori angenommenen fundamentalen Kreise zurückgeführt worden. Die zweite Aufgabe wird auf die vorstehende zurückgeführt, wozu nur nötig ist, einen der beiden Kreise durch die Radikalachse beider zu ersetzen, und diese Achse kann man linear auf die am Ende des § 40 angegebene Weise konstruieren, indem man nämlich folgendermaßen vorgeht:

Man nehme auf jedem Kreise einen Punkt an und bestimme die andern Schnittpunkte der Verbindungslinie der beiden Punkte mit den beiden Kreisen durch die im § 63 angegebenen linearen Konstruktionen; dadurch erhält man auf der betrachteten Geraden zwei Paare einer Involution, deren (dem unendlich fernen Punkte konjugierter) Mittelpunkt der Radikalachse angehört. Ein zweiter Punkt dieser Achse kann in gleicher Weise bestimmt werden, und damit ist die Achse selbst linear konstruiert.

Also ist bewiesen:

Alle bestimmten Konstruktionsaufgaben, die mit dem Lineal und dem Zirkel lösbar sind, können allein mit dem Lineal und unter Benutzung eines festen Kreises von gegebenem Mittelpunkt gelöst werden.

Dieses Resultat kann auch in andrer Form ausgesprochen werden, die geeignet ist, seine praktische Wichtigkeit klar zu machen.

In den vorhergehenden Betrachtungen erschien der Kreis als Kreisort, man kann ihn aber auch als Kreisenveloppe gegeben voraussetzen; mit andern Worten, man kann die Operation, von einem äußeren Punkte die Tangenten an den fundamentalen Kreis zu ziehen, als möglich voraussetzen an Stelle der korrelativen Operation, den Kreis mit einer Geraden zu schneiden. Es ist dies eine unmittelbare Konsequenz des Prinzips der Dualität in der Ebene. Übrigens kann man, sobald man eine der beiden erwähnten korrelativen Operationen ausführen kann, sofort die andere linear ausführen.

Dies vorausgeschickt, werden wir eine Kreisenveloppe als gegeben betrachten können, wenn wir (an Stelle des Zirkels) das Instrument „Lineal mit zwei Kanten" besitzen.

Das Lineal mit zwei Kanten gestattet die Konstruktion eines

zwischen zwei parallelen Geraden enthaltenen Streifens, dessen Länge theoretisch so lang ist als man will und dessen Breite l bestimmt ist.

Nun kann man mit diesem Instrument die beiden Tangenten durch einen äußeren Punkt P an den Kreis mit dem festen Mittelpunkte O und dem Radius l konstruieren. In der Tat braucht man dazu nur das Lineal zu verschieben, wobei eine Kante durch O geht, bis die andere durch P geht, und diese Operation ist in zweifacher Weise ausführbar.

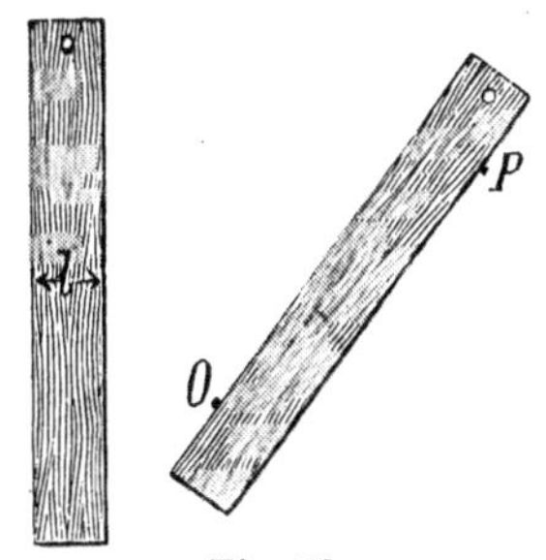

Fig. 148.

Also schließen wir:

Alle bestimmten Konstruktionsaufgaben, die man mit dem Lineal und dem Zirkel lösen kann, kann man auch allein mit dem Lineal mit zwei Kanten lösen.

Aber damit dieser Schluß sich auch in der Praxis als wahr erweist, wo die Länge des Lineals mit zwei Kanten begrenzt ist, müßte man zeigen, wie sich die oben angegebene Konstruktion in Bezug auf einen von O ziemlich entfernten Punkt P ersetzen läßt durch eine analoge Konstruktion in Bezug auf einen andern, O näher liegenden Punkt. Wir wollen den Beweis dieser Möglichkeit übergehen.

Nach den Aufgaben zweiten Grades oder den auf Aufgaben zweiten Grades zurückführbaren Aufgaben, die durch Bestimmung der gegenseitigen Schnittpunkte von Geraden und Kreisen sich lösen lassen, gibt es andere höhere Aufgaben, die sich nicht mehr in derselben Weise lösen lassen. Beispiele von Aufgaben dieser Art erscheinen schon mit der elementaren Geometrie. Man denke nur an die klassischen Aufgaben der Dreiteilung des Winkels, der Verdoppelung des Würfels und der Quadratur des Kreises, an denen sich die griechischen Geometer umsonst abgemüht haben.

Diese Aufgaben kann man heute als gelöst betrachten, insofern bewiesen ist, daß ihre Lösung, wie sie von den Griechen verlangt wurde, nur mit Hilfe des Lineals und des Zirkels, nicht möglich ist, und andrerseits kompliziertere Instrumente gefunden worden sind, die im stande sind sie zu liefern.

Obwohl die Untersuchung derartiger Fragen aus unserem Rahmen herausfällt, können wir uns doch nicht enthalten ihnen einige Bemerkungen zu widmen, um den Begriff der Lösbarkeit geometrischer Aufgaben aufzuklären.

Jede bestimmte Aufgabe muß in allen den Fällen, in welchen

Lösungen existieren, als lösbar betrachtet werden. Aber die Konstruktion der Elemente, welche die tatsächliche Lösung liefern, kann notwendigerweise die Anwendung von Linien und Instrumenten von höherer Art erfordern als diejenigen sind, welche man zur Verfügung hat, und in diesem Sinne relativ unmöglich sein. So ist es unmöglich, die drei genannten Aufgaben zu lösen, wenn man nur Gerade und Kreise zeichnet und ihre gegenseitigen Schnittpunkte bestimmt, d. h. allein unter Benutzung der Instrumente „Lineal und Zirkel". Diese Unmöglichkeit wird durch die analytische Behandlung jener Probleme aufgehellt. Die Dreiteilung des Winkels und die Verdoppelung des Würfels führen analytisch auf die Auflösung einer kubischen Gleichung, und diese Auflösung müßte man allein durch das Ausziehen von Quadratwurzeln erhalten können, damit die Aufgaben selbst mit Hilfe von Geraden und Kreisen gelöst werden könnten; jedoch erfordert eine solche Gleichung im allgemeinen notwendigerweise das Ausziehen einer Kubikwurzel.

Was die Quadratur (oder Rektifikation) des Kreises anbelangt, so handelt es sich dabei um eine noch höhere Aufgabe, da sie analytisch von der Berechnung der Ludolfschen Zahl π abhängt. Wenn man die Quadratur des Kreises mit dem Lineal und dem Zirkel erhalten könnte, so würde man auch eine algebraische Gleichung mit rationalen Koeffizienten erhalten können, von der π eine Wurzel wäre, und dazu müßte sich noch eine solche Gleichung nur durch das Ausziehen von Quadratwurzeln lösen lassen. Nun ist, auch wenn wir von der letzten Bedingung absehen, von Lindemann (Mathematische Annalen, 1882) bewiesen worden, daß π keiner algebraischen Gleichung mit rationalen Koeffizienten genügt, so daß die Aufgabe, π zu bestimmen, (d. h. die der Quadratur des Kreises) eine transcendente Aufgabe und keine algebraische ist.

Aber wenn die oben erwähnten klassischen Aufgaben mit dem Lineal und dem Zirkel unlösbar sind, so muß ihre Lösung unter Benutzung höherer Linien als der Kreis und höherer Instrumente als der Zirkel gesucht werden.

Für die beiden ersten Aufgaben (vom dritten Grade) genügt das Zeichnen von Kegelschnitten und daher ein Instrument (Ellipsen-, Hyperbel- oder Parabelzirkel), mit dem man diese Linien ziehen kann. Die letzte dagegen erfordert höhere Linien und Instrumente, gleichwohl löst man heute auch sie in der Zeichnung durch Anwendung des „Integraphen" von Abdank-Abakanowicz.

Wir verlassen die vorstehenden Betrachtungen und wollen nun von der Aufgabe, die Schnittpunkte zweier Kegelschnitte zu finden, sprechen, wobei wir mit denjenigen Fällen beginnen, in welchen sich diese Aufgabe auf Aufgaben zweiten Grades reduziert, um dann zu der Abgrenzung der Klasse der Aufgaben dritten Grades zu kommen.

§ 75. Schnittpunkte zweier Kegelschnitte, die zwei gegebene gemeinsame Elemente haben. Die allgemeine Aufgabe, die gemeinsamen Elemente zweier Kegelschnitte einer Ebene zu bestimmen, ist nicht vom zweiten Grade und kann auch nicht auf die Lösung auf einander folgender Aufgaben zweiten Grades zurückgeführt werden; das kann man analytisch beweisen, indem man zeigt, daß ihre Lösung von einer irreducibleu Gleichung vierten Grades abhängt.

Die auf diese Schnittpunkte bezüglichen Aufgaben sind jedoch Aufgaben zweiten Grades oder reduzieren sich auf Aufgaben zweiten Grades und werden demgemäß gelöst, wenn man in der Ebene einen festen fundamentalen Kegelschnitt hat, wofern zwei den gegebenen Kegelschnitten gemeinsame Elemente (Punkte oder Tangenten) bereits gegeben sind. Wir beziehen uns auf Kegelschnittörter und überlassen es dem Leser, diese Erörterungen nach dem Prinzip der Dualität zu übersetzen.

Vor allem bemerken wir, daß (§ 63) zwei Kegelschnitte nicht mehr als vier gemeinsame Elemente haben können, sonst würden sie zusammenfallen. Wenn sie in einem gemeinsamen Punkte außerdem die Tangente gemeinsam haben, so muß man dies so betrachten, daß dort mindestens zwei den beiden Kegelschnitten gemeinsame (unendlich nahe) Punkte vereinigt sind.

Dies vorausgeschickt, wollen wir in einer gegebenen Ebene (in der wir operieren) die folgenden Aufgaben lösen:

Erste Aufgabe. Es sind die weiteren Schnittpunkte zweier Kegelschnitte, die zwei gegebene Punkte gemeinsam haben, zu bestimmen.

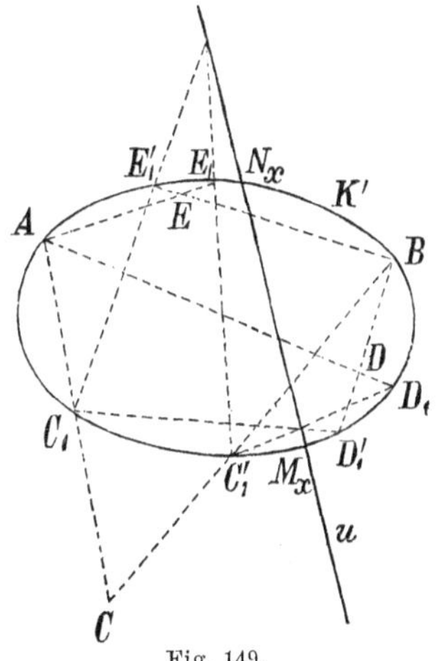

Fig. 149.

Es seien K und K' zwei Kegelschnitte (einer Ebene), die zwei Punkte A und B gemeinsam haben. Man projiziere von A und B aus zum Beispiel die Punkte von K auf K'. Dadurch erhält man auf K' eine Projektivität, deren Kollineationsachse u man bestimmen kann; ihre

Schnittpunkte mit K' gehören auch K an. Der erste Teil der Konstruktion läßt sich linear ausführen, wenn K und K' durch fünf Elemente gegeben sind (durch die Konstruktionen des § 63). Die Schnittpunkte von K' (oder K) mit der Geraden u werden durch die angegebene (§ 73) Konstruktion zweiten Grades bestimmt, wenn in der Ebene ein fester Kegelschnitt gegeben ist. Die Konstruktion wird sehr einfach, wenn einer der Kegelschnitte K und K' vollständig gezeichnet ist und daher als fundamentaler Kegelschnitt angenommen werden kann.

Anmerkung 1. Die beiden Kegelschnitte K und K' haben außer A und B

a) zwei Punkte M_x und N_x gemeinsam, wenn u für einen von beiden (und daher für beide) Sekante ist und nicht durch A und B geht,

b) einen Berührungspunkt (nämlich mit der Tangente selbst) gemeinsam, wenn u außerhalb A und B Tangente an K und K' ist,

c) keinen Punkt gemeinsam, wenn u in Bezug auf K und K' eine äußere Gerade ist; aber in diesem Falle könnte man beweisen, daß die beiden Kegelschnitte auf u dieselbe Involution konjugierter Punkte bestimmen, d. h. daß u mit ihnen dieselben imaginären Punkte gemeinsam hat.

Die beiden Kegelschnitte K und K' haben einen Berührungspunkt in A oder in B, wenn u durch A oder durch B geht.

Wenn die beiden Kegelschnitte K und K' außer A und B einen andern gegebenen gemeinsamen Punkt M haben, so wird der weitere Schnittpunkt N_x linear konstruiert. Der Punkt N_x kann auf A, B oder M fallen; dann ist einer dieser Punkte ein Berührungspunkt.

Wenn die beiden Kegelschnitte K und K' A und B und die Tangente in einem dieser Punkte, zum Beispiel in A, gemeinsam haben, so haben sie im allgemeinen einen andern Punkt gemeinsam, den man linear konstruiert. Ausnahmsweise kann dieser Punkt in den Punkt B fallen, der dann ein Berührungspunkt sein wird, oder in den Punkt A, den man dann einen dreifachen Berührungspunkt nennen würde.

Diese verschiedenen Fälle werden nützliche Konstruktionen zur Übung darbieten.

Anmerkung 2. Die Konstruktion, welche die gestellte Aufgabe löst, gilt nicht für den Fall, daß die als gegeben vorausgesetzten gemeinsamen Punkte der beiden Kegelschnitte imaginär sind.

Aber man kann eine andere Konstruktion angeben, die auch in diesem Falle gilt. Wir beschränken uns darauf sie anzudeuten und stellen die Aufgabe, sie zur Übung auszuführen.

Es sei p die Gerade, welche von den beiden gegebenen Kegelschnitten K und K' in demselben Paare reeller oder konjugierter imaginärer Punkte, die als Doppelpunkte einer Involution J bekannt sind, geschnitten wird.

Wenn K und K' sich nicht in zwei Punkten berühren, so hat p in Bezug auf beide Kegelschnitte verschiedene Pole P und P', und deren Verbindungslinie $a \equiv PP'$ hat in Bezug auf beide Kegelschnitte denselben Pol A. Der Punkt A gehört p an, und durch ihn geht eine zweite Gerade p', die die Kegelschnitte K und K' in denselben reellen oder konjugierten imaginären Punkten schneidet.

Diese Gerade p' wird in folgender Weise bestimmt.

Auf a gibt es zwei Involutionen konjugierter Punkte, die ein Paar BC gemeinsam haben, das aus reellen oder konjugierten imaginären Punkten besteht. In jedem Falle (§ 38) kann man den zu pa in Bezug auf BC konjugierten harmonischen Punkt konstruieren; man erhält so einen Punkt, dessen Projektion von A aus die verlangte Linie p' liefert.

Im besondern * wird verlangt, zur Übung „die Schnittpunkte zweier Kreise zu bestimmen, von denen der eine durch drei Punkte gegeben ist“. Man erhält auf die angedeutete Weise eine neue Konstruktion ihrer Radikalachse (§ 40).

Anmerkung 3. Es ist ferner ohne weiteres klar, daß die Lösung der oben behandelten Aufgabe (nach § 63) für den Fall gilt, daß unter den Punkten, welche außer den gemeinsamen Punkten A und B der beiden Kegelschnitte K und K' zur Bestimmung eines der beiden Kegelschnitte dienen, sich zwei imaginäre Punkte befinden.

Zweite Aufgabe. Es sind die weiteren Schnittpunkte zweier Kegelschnitte, die einen gegebenen Berührungspunkt haben, zu bestimmen.

Es seien K und K' zwei Kegelschnitte, die den Punkt A und in ihm die Tangente a gemeinsam haben. Wir beziehen die beiden Kegelschnitte als Schnitte des Büschels A perspektiv auf einander; sie sind dann homolog (§ 71), und die Homologieachse u schneidet sie in den weiteren Punkten, die sie gemeinsam haben.

Man kann die genannte Achse linear konstruieren, wenn die beiden Kegelschnitte durch fünf Elemente definiert sind.

In der Tat konstruiere man drei Paare entsprechender Punkte BB', CC', DD' (Schnitte von K und K' mit drei durch A gehenden Strahlen). Die einander entsprechenden Geraden BC und $B'C'$, BD und $B'D'$, u. s. w. schneiden sich auf der Homologieachse.

Anmerkung 1. Wenn u nicht durch A geht, so haben die beiden Kegelschnitte K und K' außerhalb A zwei Punkte oder einen Berührungspunkt oder keinen Punkt gemeinsam, je nachdem u Sekante oder Tangente oder äußere Gerade (in Bezug auf einen und daher) in Bezug auf beide Kegelschnitte ist.

Wenn u durch A geht, aber nicht die Tangente a ist, so haben die Kegelschnitte K und K' in A einen dreifachen Berührungspunkt, und es gibt außerhalb A einen zweiten Schnittpunkt von K und K', den man linear bestimmen kann. Wenn u mit a zusammenfällt, so haben K und K' keinen weiteren Schnittpunkt, und man sagt, daß sie in A einen vierfachen Berührungspunkt haben oder, da dies die Berührung höchster Ordnung ist, die zwei Kegelschnitte in einem Punkte eingehen können, daß sie in A oskulieren.

Man kann erkennen, daß ein Kegelschnitt K' existiert, der durch zwei gegebene Punkte außerhalb eines Kegelschnitts K geht und mit K in einem gegebenen Punkte einen dreifachen Berührungspunkt hat. Ebenso existiert ein Kegelschnitt K', der in einem Punkte mit einem gegebenen Kegelschnitte K oskuliert und durch einen andern Punkt außerhalb geht.

Man wird in beiden Fällen so viele Punkte von K' als man will (linear) angeben können.

Es geht aus den vorstehenden Betrachtungen hervor, daß ebenso wie man sagen kann, daß zwei sich in einem Punkte (einfach) berührende Kegelschnitte dort zwei unendlich nahe Schnittpunkte haben, man einen dreifachen oder einen vierfachen Berührungspunkt als gleichbedeutend mit drei oder vier unendlich nahen Schnittpunkten der beiden Kegelschnitte betrachten kann.

Anmerkung 2. Nach § 63 wird die Lösung der Aufgabe auch für den Fall gegeben, daß einer der beiden Kegelschnitte K und K' (außer durch den Punkt A und die zugehörige Tangente) durch drei Punkte bestimmt ist, von denen zwei imaginär sind.

Im besondern * verdient hervorgehoben zu werden: In jedem Punkte eines Kegelschnitts gibt es einen oskulierenden Kreis, d. h. einen Kreis, der mit ihm in dem gegebenen Punkte eine Berührung von der höchsten, im allgemeinen möglichen Ordnung, nämlich einen dreifachen Berührungspunkt hat.

Dritte Aufgabe. Es sind die Schnittpunkte zweier Kegelschnitte, die zwei gegebene gemeinsame Tangenten haben, zu bestimmen.

Diese Aufgabe ist von höherem als zweitem Grade, weil sie bis zu vier Lösungen zuläßt; jedoch kann man ihre Lösung auf die zweier auf einander folgender Aufgaben zweiten Grades zurückführen.

Es seien K und K' zwei Kegelschnitte, die die Geraden t_1 und t_2, welche sich in O schneiden, berühren. Wir wissen, daß einer der beiden Winkel $t_1 t_2$ (derjenige, der K enthält) ganz aus Sekanten von K besteht, der andere aus äußeren Geraden. Wenn K und K' in verschiedenen Winkeln $t_1 t_2$ enthalten sind, so haben sie, wenn sie nicht etwa einen der Berührungspunkte mit t_1 und t_2 oder beide gemeinsam haben, keinen Punkt gemeinsam.

Wir setzen also voraus, daß K und K' einem und demselben Winkel $t_1 t_2$ eingeschrieben sind; wir schließen außerdem aus, daß t_1 und t_2 von den beiden Kegelschnitten in demselben Punkte berührt werden, da dieser Fall auf die vorhergehende Aufgabe zurückführt. Jede durch O gehende Gerade, die den einen Kegelschnitt schneidet, schneidet auch den andern. Es sei c eine solche Gerade, und AA_1 und $B'B_1'$ seien die Punktepaare, in denen sie von den Kegelschnitten K und K' geschnitten wird. Wir können diese beiden Kegelschnitte projektiv auf einander beziehen, indem wir die Punkte T_1 und T_1', und T_2 und T_2', in denen sie von t_1 und t_2 berührt werden, und die Punkte A und B' oder A und B_1' einander zuordnen. Durch jede der beiden Zuordnungen entstehen homologe Kegelschnitte (§ 71), und die Achsen der Homologien, die durch die Schnittpunkte entsprechender Geraden bestimmt werden, schneiden die beiden Kegelschnitte in denselben Punkten. Man erhält auf diese Weise, wenn die genannten Achsen Sekanten sind, vier Schnittpunkte der beiden gegebenen Kegelschnitte.

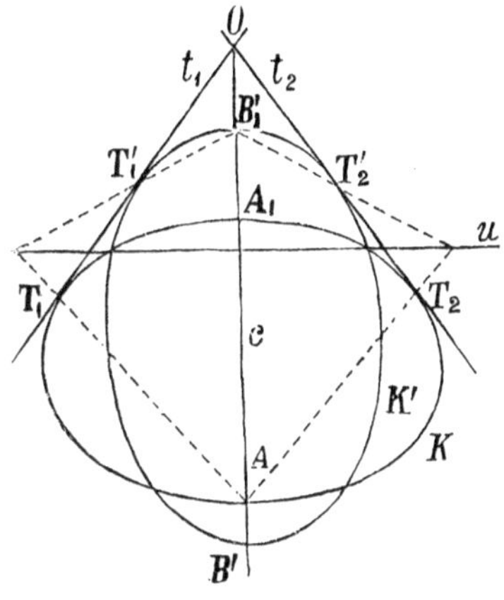

Fig. 150.

Anmerkung. In jedem Falle würde man beweisen können, daß die beiden Kegelschnitte auf jeder der genannten Achsen dieselbe Involution konjugierter Punkte bestimmen, so daß, wenn zwei oder alle vier reellen Schnittpunkte fehlen, diese durch ein oder zwei Paare imaginärer Punkte ersetzt werden, die den beiden Kegelschnitten gemeinsam sind.

In korrelativer Weise löst man die folgende

Vierte Aufgabe. Es sind die gemeinsamen Tangenten zweier Kegelschnitte, die zwei gegebene gemeinsame Punkte haben, zu bestimmen.

Wir überlassen es dem Leser, die entsprechende Konstruktion zur Übung auszuführen. Und wir geben ihm auch als Übung auf, diejenigen Fälle zu behandeln, auf welche die dritte und die vierte Aufgabe führen, wenn die gegebenen gemeinsamen Tangenten und Punkte der beiden Kegelschnitte imaginär sind. Es ist noch dieselbe Konstruktion anwendbar.

Im besondern * bestimme man die Tangenten, die zwei Kreisen gemeinsam sind.

§ 76. Aufgaben dritten Grades. Bestimmung der Doppelpunkte einer ebenen Kollineation. Achse einer Kongruenz im Bündel. Wir wollen als Fundamentalaufgabe dritten Grades die Aufgabe bezeichnen, die weiteren Schnittpunkte zweier Kegelschnitte einer Ebene, die einen gegebenen Punkt, aber nicht als Berührungspunkt, gemeinsam haben, zu bestimmen. Diese Aufgabe ist nicht auf Aufgaben ersten und zweiten Grades zurückführbar. Sie kann nicht mit dem Lineal und dem Zirkel gelöst werden, sondern nur unter Benutzung höherer Instrumente (wie des Ellipsenzirkels, u. s. w.), die sich zum Ziehen von Kegelschnitten eignen. Aufgaben dritten Grades sind alle diejenigen, welche auf die Auflösung der oben genannten Fundamentalaufgabe linear zurückgeführt werden können.

Die Aufgaben dritten Grades haben höchstens drei Lösungen und wenigstens eine, da zwei Kegelschnitte (einer Ebene), die einen Punkt, der nicht Berührungspunkt ist, gemeinsam haben, höchstens drei andere Punkte und wenigstens einen andern Punkt gemeinsam haben, wie wir beweisen wollen.

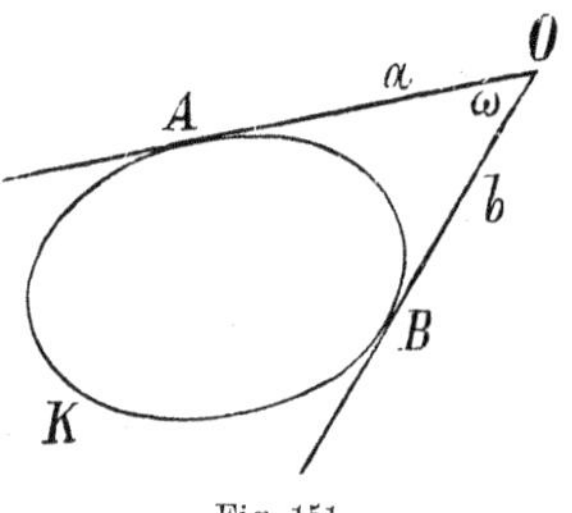

Fig. 151.

Wir schicken den folgenden Hilfssatz voraus.

Hilfssatz. Es seien K ein Kegelschnitt, O ein äußerer Punkt, a und b die von O aus an K gezogenen Tangenten, A und B ihre Berührungspunkte. Man bezeichne mit ω den Winkel ab, der von denjenigen durch O gehenden Geraden gebildet wird, welche Sekanten des Kegelschnitts sind (§ 69). Die Schnittpunkte einer Geraden des Winkels ω mit K trennen die Punkte A und B auf K, weil sie in einer Involution sich entsprechen, in der A und B Doppelpunkte sind; es gibt also einen der genannten Schnittpunkte in jedem der beiden Bogen AB des Kegelschnitts. Umgekehrt liefert die Verbindung jedes Punktes eines Bogens AB mit dem Punkte O eine Gerade von ω. Nun wollen wir zeigen, daß diese umkehrbar eindeutige Beziehung zwischen den Geraden des Winkels ω und den Punkten eines Bogens AB eine geordnete Beziehung ist, d. h. daß, während ein Punkt sich auf dem Kegelschnitte bewegt und einen Bogen AB beschreibt, der Strahl, welcher ihn mit O verbindet, sich in dem Büschel bewegt und den Winkel ω beschreibt.

Man nehme auf K irgendwelche zwei Punkte C und D eines Bogens AB an, von der Beschaffenheit, daß zum Beispiel D auf C in der Ordnung (ACB) von K folgt und daher A, C, D, B auf einander folgende Punkte sind; wir wollen zeigen (und dadurch wird der Hilfssatz nachgewiesen sein), daß auch in dem Büschel O die Geraden:

$$a \equiv OA,\ c \equiv OC,\ d \equiv OD,\ b \equiv OB$$

auf einander folgen werden.

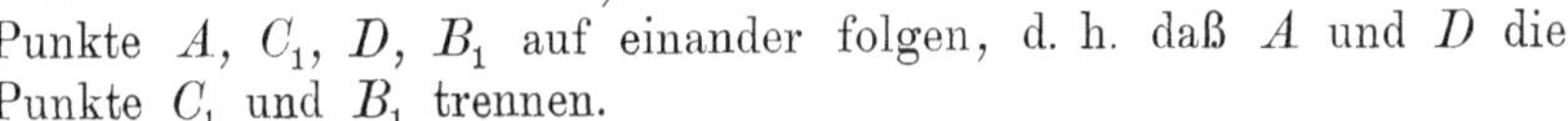

Fig. 152.

Zu dem Ende schneide man die Geraden a, c, d, b mit der Geraden AD in den Punkten A, C_1, D, B_1; dann ist nur zu beweisen, daß die Punkte A, C_1, D, B_1 auf einander folgen, d. h. daß A und D die Punkte C_1 und B_1 trennen.

Nun folgt dies aus dem Paragraphen 69. In der Tat ist der Punkt C_1 ein innerer Punkt des Kegelschnitts K, da die Schnittpunkte C und C' von c mit K die Punkte A und D auf K trennen, weil C' in der Ordnung $(ACDB)$ auf B folgt; umgekehrt ist B_1 ein äußerer Punkt von K, da er der Tangente b angehört. Hiermit ist der Hilfssatz bewiesen.

Nun können wir den folgenden Satz beweisen.

Satz: Zwei Kegelschnitte einer Ebene, die einen Punkt, der nicht Berührungspunkt ist, gemeinsam haben, haben wenigstens noch einen andern Punkt gemeinsam, und korrelativ dazu haben zwei Kegelschnitte einer Ebene, die eine Tangente gemeinsam haben, die sie in verschiedenen Punkten berührt, wenigstens noch eine andere Tangente gemeinsam.

Es seien K und K' zwei Kegelschnitte einer Ebene, die den

Punkt A, nicht als Berührungspunkt, gemeinsam haben. Man betrachte die Tangente in A an den Kegelschnitt K, die den Kegelschnitt K' in einem andern Punkte B' treffen wird. Durch B' ziehe man die zweite Tangente (außer $B'A$) an K; es sei C ihr Berührungspunkt mit K und C' ihr anderer Schnittpunkt mit K'.

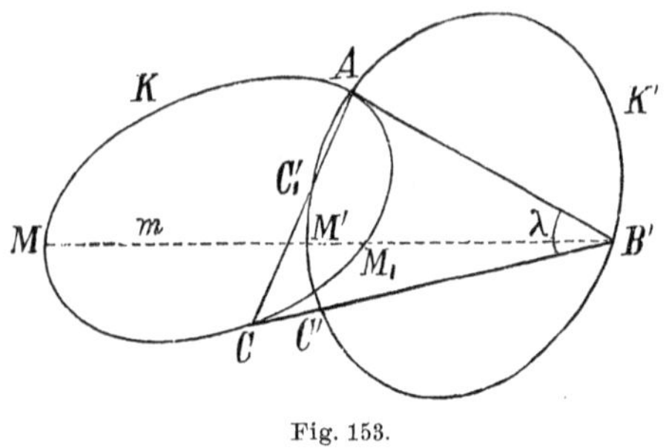

Fig. 153.

Man bezeichne mit λ den Winkel $B'(AC)$ des Büschels B', der von den Sekanten von K gebildet wird, d. h. den Winkel, welchem K eingeschrieben ist. Eine Gerade m von λ trifft K in zwei Punkten M und M_1 und K' außer in B' in einem Punkte M'. Nun werden zwischen den Geraden m des Winkels λ und den zu M und M_1 auf K und zu M' auf K' analogen Punkten geordnete Beziehungen entstehen, durch welche eine geordnete Beziehung des Winkels λ zu den beiden Bogen AC des Kegelschnitts K und zu dem, B' nicht enthaltenden, Bogen AC' des Kegelschnitts K' hergestellt wird; infolgedessen werden die drei genannten Bogen auch in geordneter Weise auf einander bezogen sein.

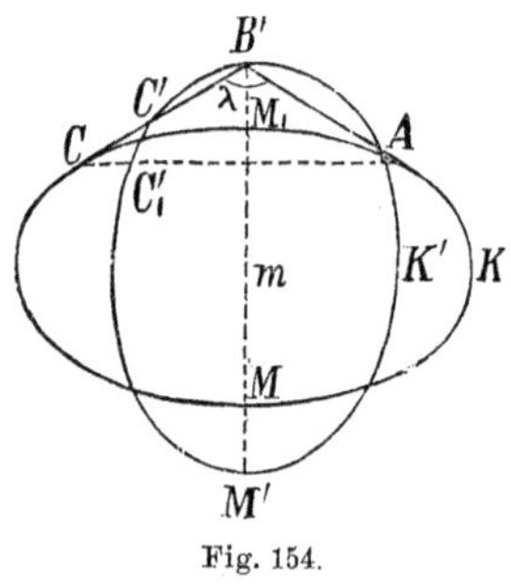

Fig. 154.

Wir beziehen nun die beiden Kegelschnitte K und K' als Schnitte des Büschels A projektiv auf einander, und es sei C_1' die Projektion von C auf K'; den beiden Bogen AC von K werden die beiden (sich ergänzenden) Bogen $B'C_1'$ von K' entsprechen. Nun sind die beiden Bogen $B'C_1'$ in geordneter (perspektiver) Weise auf die beiden Bogen AC von K bezogen und daher in geordneter Beziehung zu demjenigen Bogen AC' von K', der nicht B' enthält.

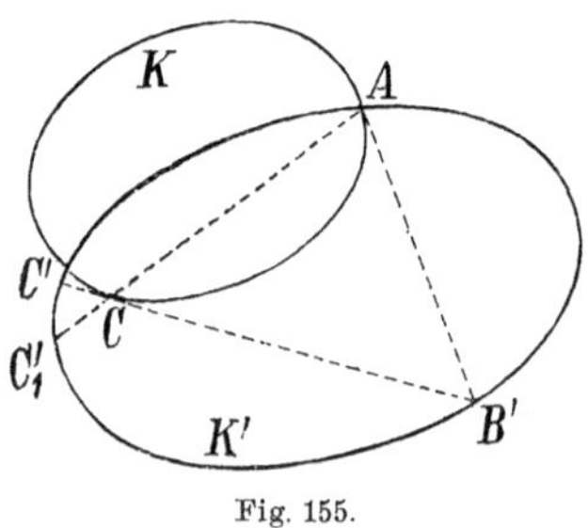

Fig. 155.

Nun sind zwei Fälle zu unterscheiden:

1) B' und C_1' trennen nicht A und C'.

Alsdann gibt es auf K' eine geordnete Beziehung zwischen dem Bogen $B'AC_1'$ und dem in ihm enthaltenen Bogen AC', der B' nicht enthält. Während ein Punkt sich auf K' bewegt und den ersten Bogen beschreibt, bewegt sich der entsprechende, indem er den zweiten Bogen beschreibt; daher (§ 19) gibt es auf AC' mindestens einen (von A verschiedenen) Doppelpunkt, der offenbar den beiden Kegelschnitten K und K' gemeinsam ist.

2) B' und C_1' trennen A und C'.

Wenn man dann auf K' einen Punkt sich bewegen läßt, der den, B' nicht enthaltenden, Bogen AC' beschreibt, so werden die entsprechenden Punkte die sich ergänzenden Bogen $B'C_1'$ in entgegengesetztem Sinne beschreiben; also wird einer dieser beiden Bogen in entgegengesetztem Sinne beschrieben werden als der genannte Bogen AC'. In ihm werden sich die beiden, in Bewegung befindlichen entsprechenden Punkte (die sich einander entgegen bewegen) in einem Doppelpunkte treffen, wie man mit Hilfe der Betrachtungen des § 19 beweisen kann; dieser, von A verschiedene, Doppelpunkt wird offenbar den beiden Kegelschnitten gemeinsam sein.

In jedem Falle also haben die beiden Kegelschnitte K und K' (außer A) wenigstens einen andern Punkt gemeinsam, w. z. b. w.

Anmerkung. Eine weitere, nach denselben Prinzipien anzustellende Untersuchung der Frage würde genau anzugeben gestatten, ob die beiden gegebenen Kegelschnitte mit einem gemeinsamen Punkte noch einen oder noch drei Punkte gemeinsam haben oder ob sie sich (in verschiedener Weise) berühren, u. zw. indem man ihre gegenseitige Lage betrachtet, d. h. die Existenz von Punkten des einen, die äußere oder innere Punkte in Bezug auf den andern sind, u. s. w.

Wenn ferner in einer Ebene zwei Kegelschnitte gegeben sind, ohne daß man von vornherein weiß, ob sie irgendeinen Punkt gemeinsam haben, so würden Untersuchungen ähnlicher Art zu entscheiden gestatten, ob Schnittpunkte vorhanden sind oder nicht, wobei der letzte Fall der Voraussetzung entsprechen würde, daß jeder der beiden Kegelschnitte sich außerhalb des andern befindet, oder daß einer von beiden sich ganz im Innern des andern befindet.

Zu diesen Resultaten (und den dazu korrelativen), die vollständig unserer Anschauung entsprechen, gelangt durch strenges Schlußverfahren Maccaferri in der Abhandlung: „Su di un teorema fondamentale relativo agli elementi comuni di due coniche nel piano“ (Rendiconti del Circolo Matematico di Palermo, 1895).

Wenn endlich in einer Ebene zwei Kegelschnitte ohne gemeinsame (reelle) Punkte vorhanden sind, so kann man fragen, ob die Kegelschnitte immer imaginäre Punkte gemeinsam haben.

Wenn man dem Gedankengange folgt, den wir im dreizehnten Kapitel entwickeln, indem man einen (reellen) Kegelschnitt und eine gleichförmige Polarität (einen imaginären Kegelschnitt) mit einander vergleicht, so würde man zeigen können, daß immer zwei Paare imaginärer Punkte existieren, die den beiden Kegelschnitten gemeinsam sind (und das Korrelative gilt ebenso).

Wir wollen es unterlassen, in einer Untersuchung dieser Art weiter zu gehen, und lieber dazu übergehen, die Konsequenzen des oben bewiesenen Satzes darzulegen, indem wir uns die Aufgabe stellen, folgende Aufgabe dritten Grades zu lösen:

Es sind die Doppelpunkte einer ebenen nicht homologischen Kollineation zu bestimmen.

Man nehme in der Ebene der Kollineation einen Punkt A an, der kein Doppelpunkt ist und keiner Doppelgeraden angehört, was man immer tun kann, da die gegebene Kollineation keine Homologie ist.

Es sei A' der Punkt, der A entspricht, und A'' der Punkt, der A' entspricht. Die Punkte A, A', A'' befinden sich nicht auf einer Geraden, da dies sonst eine Doppelgerade wäre.

Nun sind die Büschel A und A' und ebenso die Büschel A' und A'' in der Kollineation projektiv auf einander bezogen, und diese Beziehungen sind nicht perspektiv, da die Geraden AA' und $A'A''$ nicht sich selbst entsprechen.

Die beiden ersten Büschel werden einen Kegelschnitt K erzeugen, der durch A und A' geht und die Gerade $A'A''$ in A' berührt; die zweiten Büschel werden einen andern Kegelschnitt K' erzeugen, der durch A' und A'' geht und die Gerade AA' in A' berührt. Die beiden Kegelschnitte, die also den Punkt A', in dem sie sich nicht berühren, gemeinsam haben, werden sich außerdem in irgendwelchem Punkte treffen: in wenigstens einem Punkte oder in höchstens drei Punkten. Diese Schnittpunkte, und sie allein, werden die Doppelpunkte der Kollineation sein.

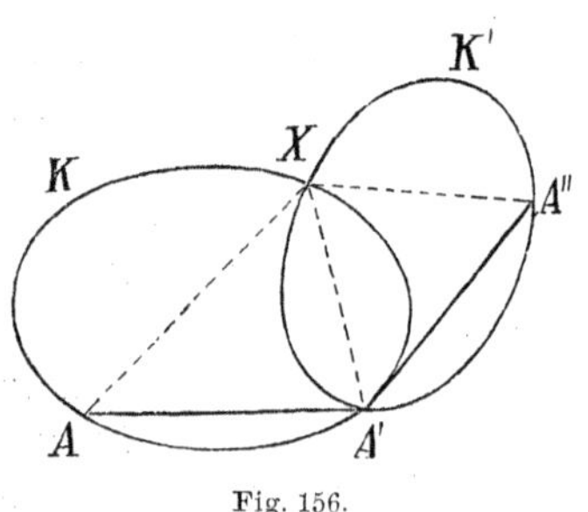

Fig. 156.

In der Tat sei X ein (von A' verschiedener) Punkt, der beiden Kegelschnitten gemeinsam ist; den Geraden AX und $A'X$ entsprechen in der Kollineation die Geraden $A'X$ und $A''X$, und daher entspricht X sich selbst.

Umgekehrt, wenn X ein Doppelpunkt der Kollineation ist, so entsprechen den Geraden AX und $A'X$ die Geraden $A'X$ und $A''X$, und daher befindet sich X auf beiden Kegelschnitten.

Korrelativ dazu kann man die Doppelgeraden der Kollineation konstruieren, die man auch als assoziierte Gerade zu den Doppelpunkten (§ 49) erhalten kann.

Man schließt:

In jeder ebenen Kollineation gibt es wenigstens einen Doppelpunkt und wenigstens eine Doppelgerade.

Nach dem Prinzip der Dualität im Raume werden wir noch schließen:

In jeder Kollineation eines Bündels gibt es wenigstens eine Doppelgerade und wenigstens eine Doppelebene.

Zusatz *. Im besondern wird es in einer in einem eigentlichen Bündel gegebenen Kongruenz (§ 54) mindestens eine Doppelgerade a geben und eine dazu normale Doppelebene.

Nun betrachte man die Kongruenz in dem Ebenenbüschel mit der Achse a; diese wird direkt oder invers sein können (§ 32). Wir untersuchen die beiden Fälle:

1) Wenn die Kongruenz in dem Büschel a direkt ist, so werden alle Ebenen durch a gleichzeitig mit den ihnen entsprechenden zur Deckung gebracht werden können, wenn man eine Rotation um a ausführt; überdies kann man diese Rotation in zweifacher Weise ausführen, indem man (in entgegengesetztem Sinne) Supplementwinkel beschreibt. Nun wird eine solche Rotation entweder alle Strahlen des Bündels mit den entsprechenden zur Deckung bringen oder sie in Lagen bringen, die zu den entsprechenden in Bezug auf a symmetrisch sind (indem sie in dem Bündel eine Kongruenz mit einem Büschel a von Doppelebenen erzeugt, die (§ 54) entweder identisch sein wird oder eine Symmetrie in Bezug auf a); und es wird auch gerade geschehen, daß, wenn man die Rotation in einem geeigneten Sinne ausführt, jeder Strahl mit dem entsprechenden zur Deckung kommt, während er durch die Rotation im andern Sinne in die symmetrische Lage gebracht werden wird. Man sieht also, daß die Kongruenz im Bündel durch eine Rotation um die Gerade a erzeugt werden kann, und diese Gerade wird offenbar die einzige Doppelgerade sein, wenn man den Fall ausschließt, daß alle Ebenen durch a Doppelebenen sind, in welchem Falle eine Symmetrie in Bezug auf a vorhanden ist und alle auf a normal stehenden Strahlen des Bündels Doppelgerade sind.

2) Wenn die Kongruenz in dem Ebenenbüschel a invers ist,

so gibt es durch a zwei Doppelebenen der Symmetrie und in jeder eine (zu a normale) Doppelgerade als Schnitt mit der zu a normalen Doppelebene. Es gibt also ein durch Doppelelemente gebildetes Dreiseit abc mit drei rechten Winkeln. Setzen wir nun voraus, daß es in dem Doppelebenenbüschel mit der Achse b eine direkte Kongruenz gibt; da es durch b zwei Doppelebenen gibt, so werden wir schließen können, daß alle Ebenen durch b Doppelebenen sind, und daher wird die Kongruenz des Bündels eine Symmetrie in Bezug auf b sein müssen. Andrerseits ist, wenn es dagegen im Büschel b eine inverse Kongruenz (eine Symmetrie in Bezug auf ba und bc) gibt, leicht zu erkennen, daß die Kongruenz des Bündels eine Symmetrie in Bezug auf c ist; in der Tat muß jedem Strahle x die Schnittlinie der zu ax in Bezug auf ab symmetrischen Ebene mit der zu bx in Bezug auf bc symmetrischen Ebene entsprechen. Also ist die Kongruenz des Bündels (unter unserer zweiten Voraussetzung) eine Symmetrie in Bezug auf eine Achse, die durch eine Rotation um zwei rechte Winkel um diese Achse erzeugt werden kann (§ 54).

Wenn wir zusammenfassen, so haben wir also:

Jede Kongruenz in einem eigentlichen Bündel kann durch eine Rotation um eine feste Achse erzeugt werden.

Diese Rotationsachse ist immer bestimmt und die einzige Doppelgerade der Kongruenz, wenn diese nicht eine Symmetrie ist.

Im besondern schließt man:

Ist eine Kongruenz in der uneigentlichen Ebene gegeben, so existiert immer eine Doppelgerade, auf der eine direkte Kongruenz erzeugt wird, und ein Doppelpunkt, der in der absoluten Polarität der Pol dieser Geraden ist. Die (als nicht identisch vorausgesetzte) Kongruenz der uneigentlichen Ebene besitzt nur einen Doppelpunkt und eine Doppelgerade, oder sie ist eine harmonische Homologie (eine Symmetrie).

Zwölftes Kapitel.

* Eigenschaften der Brennpunkte der Kegelschnitte.

§ 77. Brennpunkte. Ein Punkt der Ebene eines Kegelschnitts, der die Eigenschaft hat, daß die durch ihn gehenden konjugierten Geraden auf einander normal stehen, d. h. daß die Involution der durch ihn gehenden konjugierten Strahlen die der rechten Winkel ist, wird ein Brennpunkt des Kegelschnitts genannt.

Anmerkung. Ein Brennpunkt eines Kegelschnitts ist ein Punkt seiner Ebene, durch den es zwei imaginäre Tangenten an ihn, die Verbindungslinien mit den Kreispunkten, gibt.

Beschäftigen wir uns zunächst mit der Untersuchung der Brennpunkte für die Kegelschnitte mit einem Mittelpunkt.

Da die Involution (der rechten Winkel), die von den durch einen Brennpunkt gehenden konjugierten Strahlen gebildet wird, elliptisch ist, so befinden sich die Brennpunkte, wenn sie existieren, im Innern des Kegelschnitts.

Wenn ein Brennpunkt in den Mittelpunkt des Kegelschnitts fällt, so ist dieser ein Kreis (§ 59), und alsdann gibt es keine andern Brennpunkte. Diesen Fall schließen wir aus.

Es sei F ein Brennpunkt eines Kegelschnitts C mit einem Mittelpunkt und von seinem Mittelpunkt O verschieden; man ziehe den Durchmesser OF. Die durch F gehende zu OF konjugierte Gerade steht nach der Definition des Brennpunkts in F auf OF selbst normal; daher steht der Durchmesser OF (auf einer und infolgedessen) auf allen konjugierten Sehnen normal, er ist also eine Achse des Kegelschnitts. Also muß sich jeder Brennpunkt auf einer Achse des Kegelschnitts befinden.

Nun muß die Achse OF des Kegelschnitts, der ein Brennpunkt angehört, (da F ein innerer Punkt ist) den Kegelschnitt in zwei

Punkten A und A' (Scheiteln) schneiden und sie muß daher, wenn der Kegelschnitt selbst eine Hyperbel ist, die Hauptachse sein (§ 70).

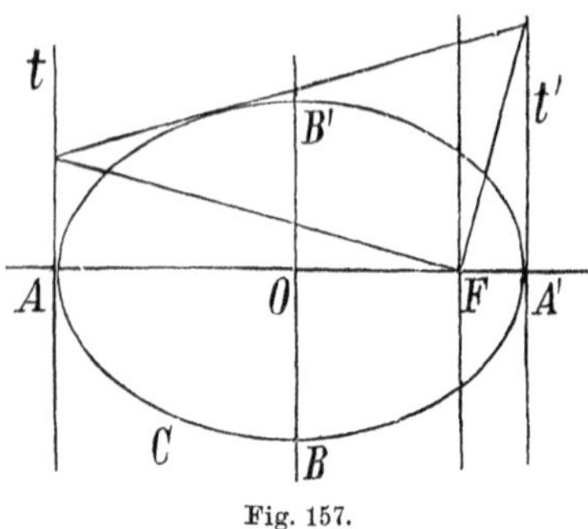

Fig. 157.

Wir ziehen in A und A' normal zu der Achse AA' die Tangenten t und t' an den Kegelschnitt.

Projiziert man von einem Punkte von AA' aus die Schnittpunkte von t und t' mit einer andern Tangente von C, so erhält man immer zwei konjugierte Gerade (§ 60, Satz zur Rechten), da AA' die Polare des unendlich fernen Punktes tt' ist; im besondern besteht diese Eigenschaft noch, wenn die genannten Schnittpunkte von t und t' mit einer andern Tangente von C von F aus projiziert werden; da F ein Brennpunkt ist, so müssen in diesem Falle die projizierenden Strahlen auf einander normal stehen. Also sieht man von einem auf der Achse AA' von C gelegenen Brennpunkte aus die (endliche) Strecke, die auf irgendeiner (von t und t' verschiedenen) Tangente von C durch t und t' abgeschnitten wird, unter einem rechten Winkel.

Umgekehrt dient diese Eigenschaft dazu den Brennpunkt zu charakterisieren, da ein Punkt der Achse AA', von dem aus man die auf einer Tangente durch t und t' abgeschnittene endliche Strecke unter einem rechten Winkel sieht, ein Punkt ist, durch den zwei Paare orthogonaler konjugierter Strahlen gehen; daher ist die Involution der konjugierten Strahlen durch diesen Punkt die der rechten Winkel.

Nun unterscheiden wir die beiden Fälle der Ellipse und der Hyperbel:

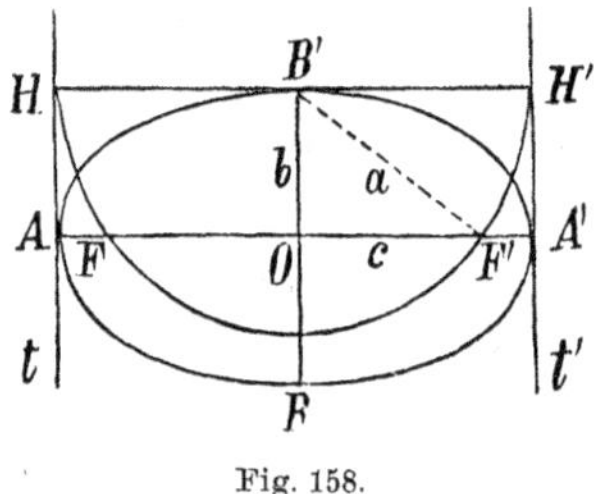

Fig. 158.

a) Der Kegelschnitt C sei eine Ellipse; AA' und BB' seien die beiden Scheitelpaare, die Schnittpunkte der Ellipse mit den Achsen. Die Strecke AA' werde größer als BB' vorausgesetzt, und man ziehe in B' die (zu BB' normale) Tangente an die Ellipse, die t und t' in den Punkten H und H' schneiden mag. Der Kreis vom Durchmesser HH' trifft die Achse AA' in zwei Punkten F und F', und von jedem dieser beiden Punkte sieht man die Strecke HH' unter einem rechten Winkel; diese beiden Punkte (und nicht andere Punkte der Achse AA') sind also Brennpunkte der Ellipse C. Wenn man die Konstruktion wiederholt, indem man die Achsen AA' und BB' vertauscht, so erkennt man, daß auf der Achse BB' Brennpunkte nicht existieren können, da der dem oben betrachteten analoge Kreis, auf dem sie sich befinden müßten, die Achse BB' nicht schneidet. Wenn endlich die Längen der Strecken AA' und BB' einander gleich sind (sodaß man einen Kreis hat, § 70), so erhält man einen Brennpunkt, der beiden Achsen gemeinsam ist, d. h. die Ellipse hat einen Brennpunkt im Mittelpunkte (vgl. § 59).

Es ist also bewiesen, daß die Ellipse, wenn man den Kreis ausnimmt, zwei Brennpunkte hat, die der großen (oder Haupt-) Achse angehören.

Im übrigen liefert das angegebene Verfahren die Konstruktion der Brennpunkte der Ellipse.

Bezeichnet man mit $2a$ und $2b$ die Längen der beiden Achsen, so ergibt sich, daß die Brennpunkte der Ellipse diejenigen Punkte der Hauptachse sind, die symmetrisch zum Mittelpunkte liegen und um das Stück $c = \sqrt{a^2 - b^2}$ von ihm entfernt sind (vgl. die Figur 158).

b) Der Kegelschnitt C sei eine Hyperbel; A und A' seien ihre Scheitel und t und t' die in ihnen gezogenen Tangenten. Die beiden Asymptoten werden von den Tangenten t und t' in zwei Punktepaaren HH' und KK' geschnitten, und dies sind die Paare gegenüberliegender Eckpunkte eines Rechtecks, das die Achsen zu Mittellinien hat. Nun ist ein Brennpunkt der Hyperbel, wenn man seine Existenz annimmt, dadurch charakterisiert, daß er ein Punkt der Achse AA' ist, von dem aus man die Strecke HH' (oder KK') unter einem rechten Winkel sieht; es gibt also für die Hyperbel C zwei Brennpunkte auf der transversalen Achse AA', und sie werden als Schnittpunkte dieser Achse mit demjenigen Kreise konstruiert, welcher dem Rechteck $HKH'K'$ umgeschrieben ist; dieser Kreis hat seinen Mittelpunkt im Mittelpunkte der Hyperbel.

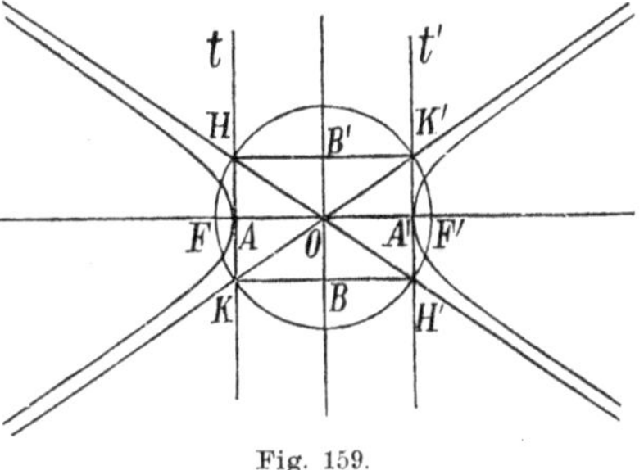

Fig. 159.

Wenn man mit $2a$ und $2b$ die Längen AA' und BB' der Haupt- (der transversalen) Achse und der Nebenachse bezeichnet (§ 70), so werden also die Brennpunkte von dem Mittelpunkte um die Länge $c = \sqrt{a^2 + b^2}$ entfernt sein.

Da für die gleichseitige Hyperbel die Längen $2a$ und $2b$ der beiden Achsen einander gleich sind, so werden in diesem Falle die beiden Brennpunkte von dem Mittelpunkte um das Stück $c = \sqrt{2} \cdot a$ entfernt sein.

Fassen wir zusammen, so können wir den Satz aussprechen:

Satz: In einem Kegelschnitte mit einem Mittelpunkt, dessen Achsen die Längen $2a$ und $2b$ haben, gibt es zwei Brennpunkte, die auf der Hauptachse liegen und vom Mittelpunkte um $\sqrt{a^2 \pm b^2}$ entfernt sind, wobei das obere Zeichen für die Hyperbel gilt und das untere für die Ellipse. Wenn $a = b$ ist, so wird die Ellipse ein Kreis, und die Brennpunkte fallen mit seinem Mittelpunkte zusammen.

Dieser Satz gibt gleichzeitig die einfachste Konstruktion der Brennpunkte.

Die Schlußreihe, die zum Aufsuchen der Brennpunkte für die Kegelschnitte mit einem Mittelpunkt diente, hat uns auch ihre folgende charakteristische Eigenschaft, von der wir Gebrauch gemacht haben, gezeigt:

Ist ein Kegelschnitt mit einem Mittelpunkt gegeben, so wird die Strecke, die auf irgendeiner seiner Tangenten von den Tangenten in den Scheiteln der Hauptachse abgeschnitten wird, von einem Brennpunkte aus unter einem rechten Winkel gesehen.

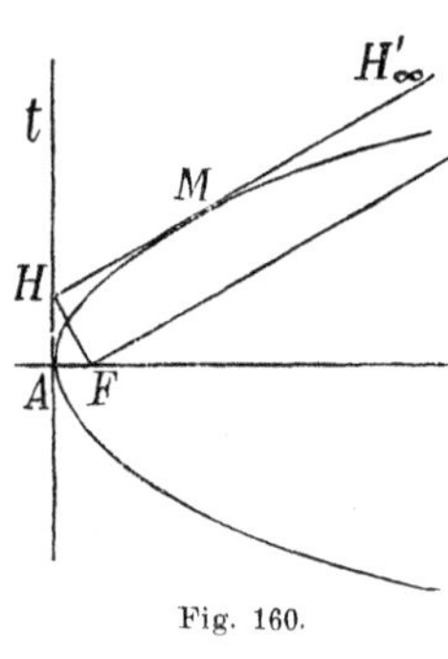

Fig. 160.

Gehen wir jetzt dazu über zu untersuchen, ob für die Parabel Brennpunkte existieren. Wir werden zeigen, daß einer existiert, und werden sehen, wie man ihn bestimmen kann.

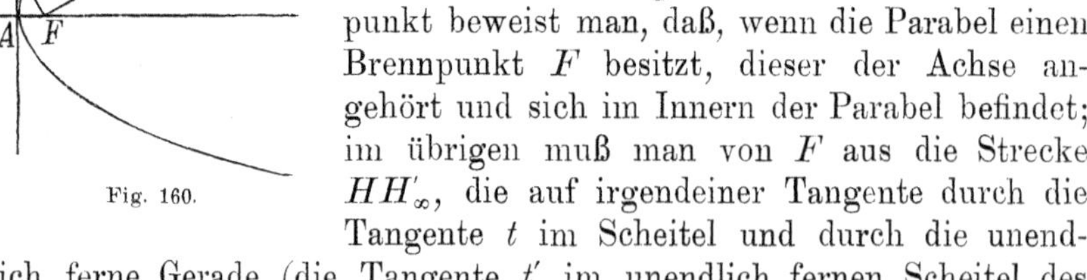

Wie für die Kegelschnitte mit einem Mittelpunkt beweist man, daß, wenn die Parabel einen Brennpunkt F besitzt, dieser der Achse angehört und sich im Innern der Parabel befindet; im übrigen muß man von F aus die Strecke HH'_∞, die auf irgendeiner Tangente durch die Tangente t im Scheitel und durch die unendlich ferne Gerade (die Tangente t' im unendlich fernen Scheitel des Kegelschnitts) abgeschnitten wird, unter einem rechten Winkel sehen.

Umgekehrt charakterisiert diese Eigenschaft den Brennpunkt der Parabel.

Wenn man nun irgendeine eigentliche, von t verschiedene Tangente der Parabel betrachtet, so wird diese die Tangente t in einem eigentlichen Punkte H schneiden. Die in H auf HM errichtete Normale wird die Achse der Parabel in einem eigentlichen Punkte F schneiden.

Der so bestimmte Punkt F ist ein Brennpunkt, da von ihm zwei Paare zu einander senkrechter konjugierter Strahlen ausgehen: die Achse und die Normale dazu, und die Gerade FH und die Parallele zu HM. Umgekehrt gibt es nach dem oben Gesagten keine andern Brennpunkte der Parabel außer F.

Es folgt der

Satz: Die Parabel hat **einen** Brennpunkt, der ein innerer Punkt der Achse ist.

Man konstruiert den Brennpunkt der Parabel in der oben angegebenen Weise, die zu seiner Bestimmung gedient hat.

Der Ort der Fußpunkte der von dem Brennpunkte aus auf die Tangenten der Parabel gefällten Normalen ist die Tangente im Scheitel.

§ 78. Leitlinien. Winkeleigenschaften der Brennpunkte.

Für das Studium der den Brennpunkten der Kegelschnitte eigentümlichen Eigenschaften ist es vorteilhaft, die Polaren der Brennpunkte, die sogenannten Leitlinien (von denen jede einem Brennpunkt entspricht), zu betrachten.

Die Ellipse und die Hyperbel besitzen zwei zur Hauptachse senkrechte und außerhalb des Kegelschnitts befindliche Leitlinien; der Kreis hat als einzige Leitlinie die unendlich ferne Gerade.

Die Parabel besitzt eine zur Achse normale Leitlinie.

Der Schnittpunkt jeder Leitlinie mit der Hauptachse und der zugehörige Brennpunkt trennen das Paar der auf der Achse gelegenen Scheitel harmonisch.

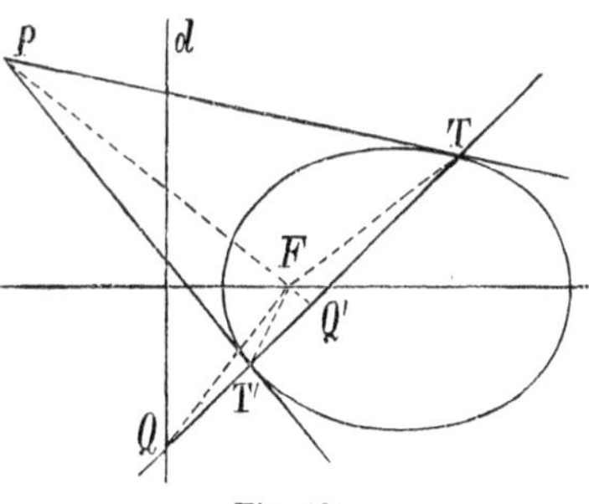

Fig. 161.

Es sei P irgendein Punkt der Ebene außerhalb eines gegebenen Kegelschnitts, und T und T' seien die Berührungspunkte der von P an den Kegelschnitt gezogenen Tangenten. TT' wird die Polare von P sein, daher wird der Punkt Q, der Schnittpunkt von TT' mit der Leitlinie d, der Polare des Brennpunktes F, der Pol der Geraden PF sein. Daraus folgt, daß die von dem Brennpunkte F ausgehenden Geraden FP und FQ konjugiert und daher zu einander senkrecht sein werden. Andrerseits ist Q', der Schnittpunkt der Geraden TT' mit der Geraden PF (der Polare von Q) der konjugierte harmonische Punkt von Q in Bezug auf T und T'; daher wird auch die Strahlengruppe $F(TT'QQ')$, die von F aus die harmonische Gruppe $TT'QQ'$ projiziert, harmonisch sein; aber da die Strahlen FQ und FQ' ($\equiv FP$) zu einander normal sind, so werden die beiden andern Strahlen FT und FT' zu den genannten gleich geneigt sein (§ 17).

Es folgt der

1. Satz: Die Geraden, welche einen Brennpunkt eines Kegelschnitts mit den Berührungspunkten zweier Tangenten verbinden, sind gleich geneigt zu der Geraden, welche den Brennpunkt mit dem Schnittpunkte der beiden Tangenten verbindet.

Im besondern schneiden sich die an einen Kegelschnitt in den Endpunkten einer durch einen Brennpunkt gehenden Sehne gezogenen Tangenten auf der im Brennpunkt zu der Sehne errichteten Normalen.

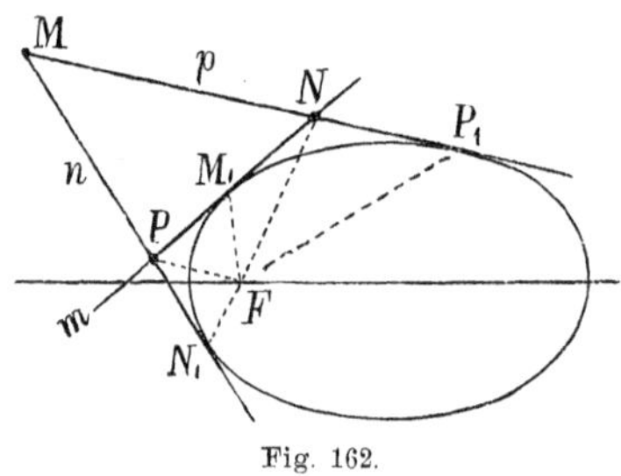

Fig. 162.

Nun betrachte man ein einem Kegelschnitt umgeschriebenes Dreieck, das von drei Tangenten m, n, p gebildet wird und zu (den genannten Seiten gegenüberliegenden) Eckpunkten die Punkte M, N, P hat. Es seien M_1, N_1, P_1 die Berührungspunkte der Tangenten m, n, p mit dem Kegelschnitte. Wenn F ein Brennpunkt des Kegelschnitts ist, so ist nach dem vorhergehenden Satze:

$$NFP_1 = \tfrac{1}{2} M_1FP_1, \qquad N_1FP = \tfrac{1}{2} M_1FN_1,$$

daher

$$NFP = \tfrac{1}{2} N_1FP_1.$$

Daraus folgt, daß, wie immer sich auch die (von n und p verschiedene) Tangente m des Kegelschnitts ändert, während n und p fest bleiben, der Winkel, unter dem man vom Brennpunkte aus die von n und p auf m abgeschnittene Strecke sieht, konstant bleibt.

Mit andern Worten, es gilt der

2. Satz: Die auf einer variablen Tangente eines Kegelschnitts von zwei festen Tangenten abgeschnittene endliche Strecke wird von einem Brennpunkte aus unter einem konstanten Winkel gesehen, der die Hälfte eines der beiden Winkel ist, die von den Strahlen, welche die Berührungspunkte der beiden Tangenten vom Brennpunkte aus projizieren, gebildet werden.

Ein besonderer Fall dieses Satzes ist der im vorhergehenden Paragraphen erwähnte Fall, wenn die beiden festen Tangenten die Tangenten in den Scheiteln der Hauptachse sind (von denen eine die unendlich ferne Gerade ist, wenn es sich um eine Parabel handelt).

Kehren wir zu dem ersten Satze zurück und setzen wir voraus, daß einer der Berührungspunkte T und T' der dort betrachteten Tangenten, z. B. T', ein Scheitel des Kegelschnitts auf der Hauptachse ist. Wenn wir die dort angenommenen Bezeichnungen beibehalten, so wird die Gerade PF eine Halbierungslinie des Winkels TFT' sein. Wenn man (unter der Voraussetzung, daß der Kegelschnitt mit einem Mittelpunkt nicht ein Kreis ist) den andern Brennpunkt F' betrachtet, so wird auch $F'P$ eine Halbierungslinie des Winkels $TF'T'$ sein.

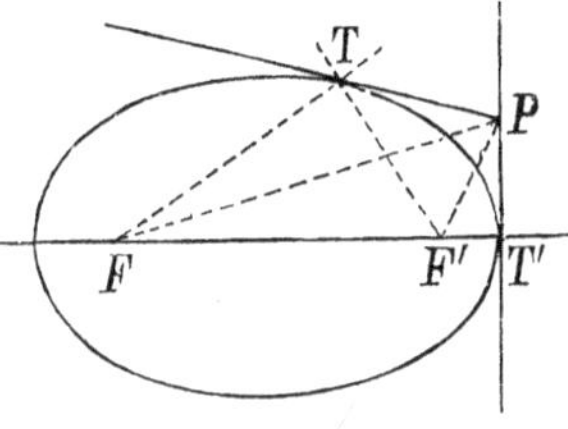

Fig. 163.

Da nun der Punkt P sich auf den Halbierungslinien der Winkel $TF'T'$ und TFT' befindet, so ist er von den drei Geraden TF, TF' und FF' gleich weit entfernt; daraus folgt, daß die Gerade PT einen der Winkel FTF' halbiert. Da nun TP die Tangente in T an den Kegelschnitt ist, so folgt der

3. Satz: Ist ein Kegelschnitt mit einem Mittelpunkt gegeben, so halbiert die Tangente in einem Punkte einen der Winkel, die von den diesen Punkt von den Brennpunkten aus projizierenden Strahlen gebildet werden (man kann sagen, daß dies auch für den Kreis gilt, wo jede Tangente auf dem nach ihrem Berührungspunkte gehenden Radius normal steht).

Anmerkung. Die in einem Punkte des Kegelschnitts gezogene Tangente halbiert den äußeren Winkel der Strahlen, die den Punkt von den Brennpunkten aus projizieren, wenn man als ihren inneren Winkel denjenigen betrachtet, der auf der Hauptachse die in Bezug auf den Kegelschnitt innere Strecke FF' abschneidet; diese innere Strecke ist endlich bei einer Ellipse, unendlich bei einer Hyperbel.

Wenn man den ersten Satz auf die Parabel anwendet und voraussetzt, daß einer der Berührungspunkte der dort betrachteten Tangenten, T', sich im Unendlichen befindet, so folgt der

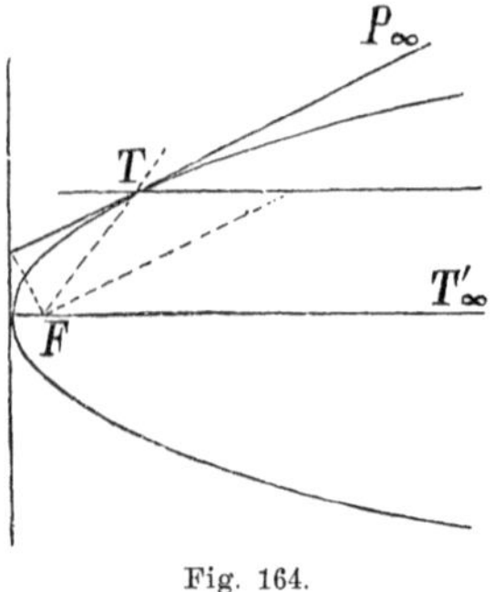

Fig. 164.

4. Satz: Ist eine Parabel gegeben, so halbiert die Tangente in einem Punkte einen der Winkel, die von dem Strahle, der den Brennpunkt mit diesem Punkte verbindet, und von dem Durchmesser durch denselben Punkt gebildet werden.

Anmerkung. Die in T an die Parabel gezogene Tangente ist die Halbierungslinie des äußeren, von den genannten Geraden gebildeten Winkels, wenn man als ihren inneren Winkel denjenigen betrachtet, der auf der Achse die in Bezug auf die Parabel innere Strecke FT'_∞ abschneidet.

§ 79. Streckeneigenschaften der Brennpunkte. Wir haben bis jetzt die Winkeleigenschaften der Brennpunkte untersucht, d. h. diejenigen, welche Beziehungen zwischen Winkeln ausdrücken; untersuchen wir nun die Streckeneigenschaften der Brennpunkte.

Die endliche Strecke, welche einen eigentlichen Punkt eines Kegelschnitts mit einem Brennpunkte verbindet, pflegt man mit dem Namen Brennstrahl oder Vektor des Punktes zu bezeichnen.

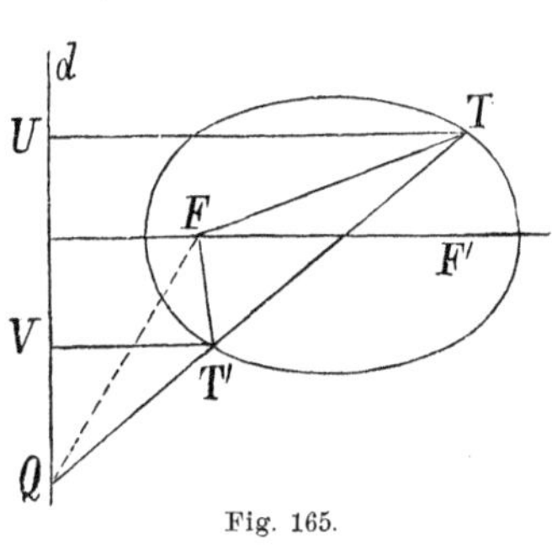

Fig. 165.

Wir nehmen auf einem Kegelschnitte zwei beliebige Punkte T und T' an und verbinden sie mit einem Brennpunkte F. Aus dem Beweise des 1. Satzes (des vorhergehenden Paragraphen) geht hervor, daß die Gerade FQ, die den Brennpunkt F mit dem der zugehörigen Leitlinie d und der Geraden TT' gemeinsamen Punkte verbindet, eine Halbierungslinie des Winkels TFT' ist; daher ist (nach einer bekannten elementaren Eigenschaft)

$$FT : FT' = TQ : T'Q.$$

Nun betrachte man die durch T und T' zu der Geraden d gezogenen Normalen TU und $T'V$. Es ergibt sich:

$$TQ : T'Q = TU : T'V,$$

daher

$$FT : FT' = TU : T'V,$$

oder

$$TF : TU = T'F : T'V.$$

Drückt man diese Relation in Worten aus, so erhält man den

5. Satz: Die Entfernungen eines Punktes eines Kegelschnitts von einem Brennpunkte und der zugehörigen Leitlinie stehen in konstantem Verhältnis.

Dies ist dasjenige Verhältnis, in welchem ein Scheitel des Kegelschnitts die zwischen dem Brennpunkte und der zugehörigen Leitlinie enthaltene Strecke der Achse teilt.

Bei den Kegelschnitten mit einem Mittelpunkt ist dieses in Bezug auf einen Brennpunkt und die zugehörige Leitlinie genommene Verhältnis infolge der symmetrischen Lage des Kegelschnitts zu der Nebenachse gleich dem in Bezug auf den andern Brennpunkt und die zugehörige Leitlinie genommenen Verhältnisse.

Man bezeichnet das genannte Verhältnis mit e und nennt es die Exzentrizität des Kegelschnitts.

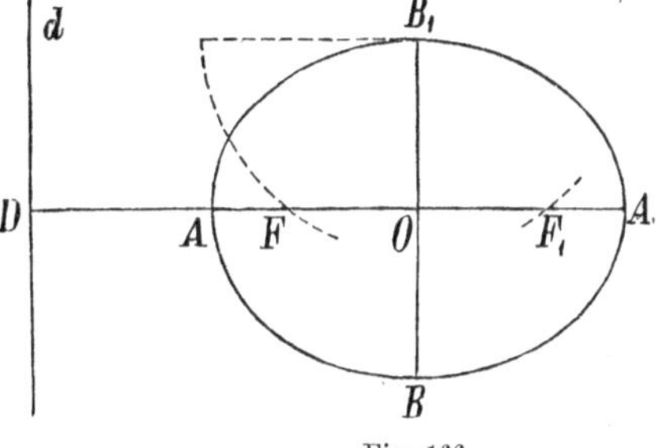

Fig. 166.

Wenn es sich um einen Kegelschnitt mit einem Mittelpunkt handelt und a die halbe Länge der Hauptachse, b die halbe Länge der andern Achse ist, so ist der Abstand der Brennpunkte vom Mittelpunkt (§ 77):

$$c = \sqrt{a^2 \mp b^2},$$

wo das Minuszeichen für die Ellipse und das Pluszeichen für die Hyperbel gilt.

Dann behaupte ich, daß

$$e = \frac{c}{a} = \frac{\sqrt{a^2 \mp b^2}}{a}$$

ist.

Zum Beweise beziehen wir uns z. B. auf die in der Figur angegebene Ellipse. Es ist dann (wenn man den absoluten Wert der Strecken betrachtet) $e = \frac{FA}{DA}$.

Nun ist $OA = a$, $OF = c$, $FA = OA - OF = a - c$; andrerseits ist (da die Gruppe AA_1FD harmonisch ist) $OD = \frac{a^2}{c}$; daher $DA = OD - OA = \frac{a^2}{c} - a = \frac{a}{c}(a - c)$; also $e = \frac{c}{a}$.

Dies wird ebenso für die Hyperbel bewiesen, wenn man die Strecken in ihrem absoluten Werte nimmt.

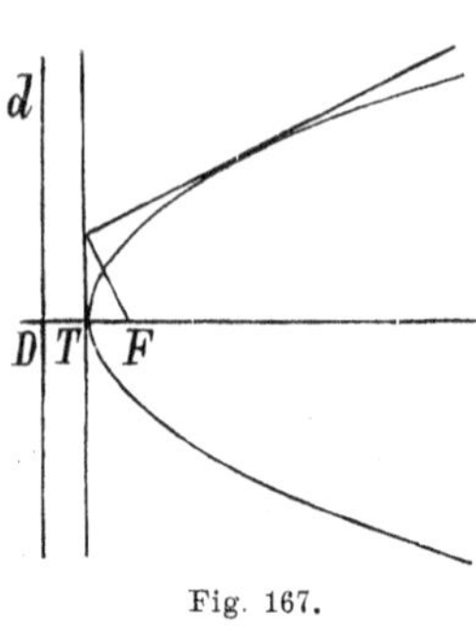

Fig. 167.

Bei der Parabel ist die Exzentrizität gleich 1, d. h. jeder Punkt der Parabel ist von dem Brennpunkte und der Leitlinie gleichweit entfernt. Dies folgt daraus, daß der Scheitel der Parabel der Mittelpunkt der zwischen dem Brennpunkte und der Leitlinie enthaltenen Strecke der Achse (der zum unendlich fernen Punkte der Achse konjugierte harmonische Punkt) ist.

Man kann also folgenden Satz aussprechen:

6. Satz: Die Exzentrizität eines Kegelschnittes ist:

für die Ellipse $\qquad e = \frac{\sqrt{a^2 - b^2}}{a} < 1,$

für die Parabel $\qquad e = 1,$

für die Hyperbel $\qquad e = \frac{\sqrt{a^2 + b^2}}{a} > 1.$

Anmerkung. Die Exzentrizität eines Kreises ist null.

Man betrachte einen Kegelschnitt mit einem Mittelpunkt von der Exzentrizität e; F und F' seien seine Brennpunkte, und T sei irgendein Punkt auf ihm. Mit U und V seien die Fußpunkte der Normalen bezeichnet, die man von T aus auf die Leitlinien d und d', die Polaren von F und F', gefällt hat. Man erhält:

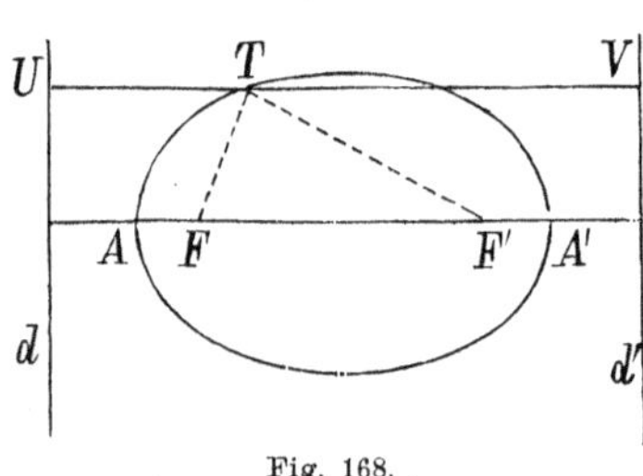

Fig. 168.

$$e = \frac{TF}{TU} = \frac{TF'}{TV},$$

daher (nach einem bekannten Satze über Proportionen)

$$e = \frac{TF + TF'}{TU + TV} = \frac{TF - TF'}{TU - TV}.$$

Nun ist (wenn man die bezeichneten Strecken in ihrem absoluten

Werte nimmt) bei der Ellipse die Summe $TU + TV$, der Abstand der beiden Leitlinien, konstant, dagegen ist bei der Hyperbel die Differenz $TU - TV$, welche in diesem Falle den Abstand beider Leitlinien ausdrückt, konstant.

Also erhält man den

7. Satz: Die Summe der Brennstrahlen irgendeines Punktes einer Ellipse ist konstant und zwar gleich der Länge der Hauptachse (der Summe der Brennstrahlen für einen Scheitel).

Die Differenz der Brennstrahlen irgendeines Punktes einer Hyperbel ist konstant und zwar gleich der Länge der Hauptachse.

8. Satz: Wenn man zu einem Brennpunkte eines Kegelschnitts mit einem Mittelpunkt den symmetrischen Punkt in Bezug auf eine variable Tangente konstruiert, so ist der Ort dieses Punktes ein Kreis, der zum Mittelpunkte den andern Brennpunkt und zum Radius die Länge der Hauptachse hat.

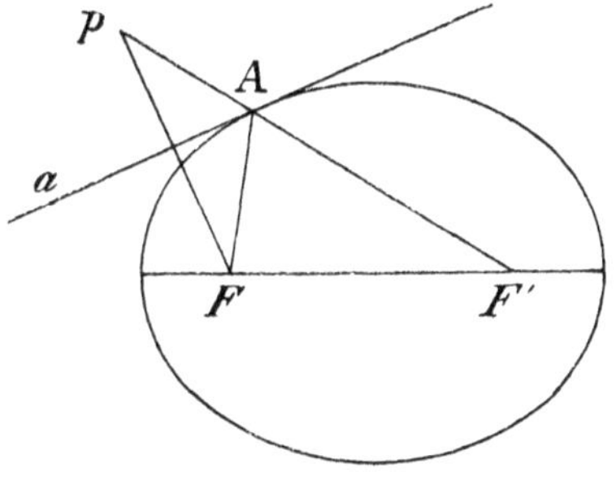

Fig. 169.

Der Kürze wegen beziehen wir uns bei dem Beweise auf eine Ellipse.

Es sei A einer ihrer Punkte, a die zugehörige Tangente und P der zu einem Brennpunkte F in Bezug auf a symmetrische Punkt. Der Punkt P befindet sich auf dem Strahle, der von dem andern Brennpunkte F' nach dem Punkte A geht (infolge des 3. Satzes des § 78) und ist daher von F' um $AP + AF' = AF + AF'$, d. h. um die Länge der Hauptachse entfernt, w. z. b. w.

9. Satz: Der Ort der Fußpunkte der von einem Brennpunkte eines Kegelschnitts mit einem Mittelpunkt auf eine variable Tangente gefällten Normalen ist ein Kreis, der die Hauptachse zum Durchmesser hat.

Beziehen wir uns auf dieselbe, eben betrachtete Ellipse mit den Brennpunkten F und F', betrachten wir wiederum die Tangente a in einem ihrer Punkte A und nennen wir M (Fig. 170) den Fußpunkt der von F auf a gefällten Normalen.

Verlängern wir die Normale FM, bis sie $F'A$ in dem zu F in Bezug auf a symmetrischen Punkte P trifft, und verbinden wir M mit dem Mittelpunkte O der Ellipse.

Dann sieht man, daß die Dreiecke OFM und $F'FP$ ähnlich sind und $OM = \frac{1}{2}F'P$ ist; daraus geht der Satz hervor.

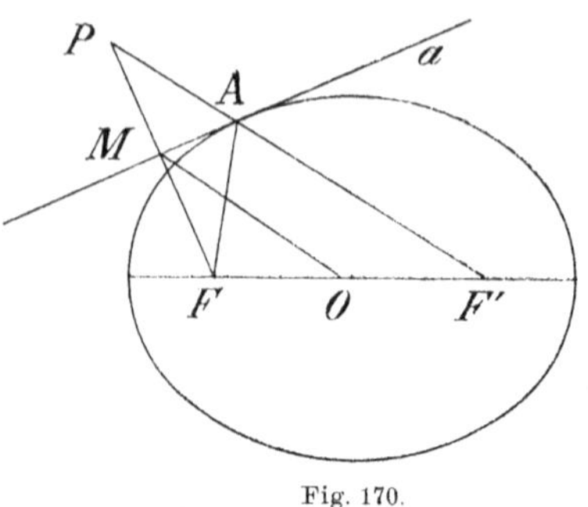

Fig. 170.

Anmerkung. Der Kreis, von dem in der Aussage die Rede ist, wird der erwähnten Eigenschaft wegen die Fußpunktkurve des Brennpunktes F (oder F') genannt.

Bei der Parabel ist die Fußpunktkurve die Tangente im Scheitel (vgl. § 77).

Es besteht ferner für die Parabel der folgende

10. Satz: Die von irgendeinem Punkte der Leitlinie aus an die Parabel gezogenen Tangenten stehen auf einander senkrecht.

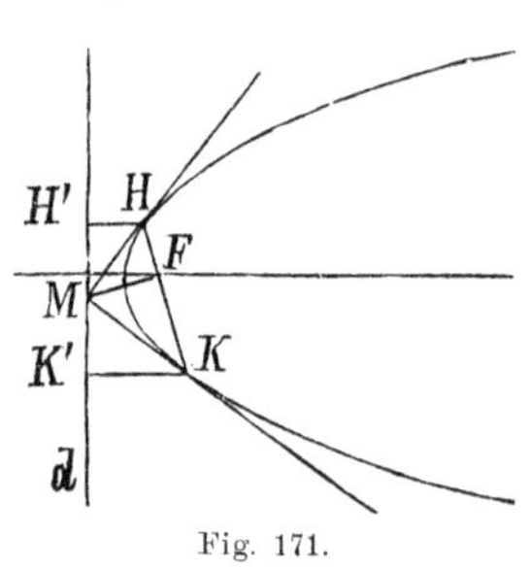

Fig. 171.

Es seien H und K die beiden Berührungspunkte der von einem Punkte M der Leitlinie d an eine Parabel gezogenen Tangenten. Diese Punkte sind die Endpunkte einer durch den Brennpunkt F gehenden, auf der Geraden FM normal stehenden Sehne. Es seien ferner H' und K' die Fußpunkte der von H und K auf d gefällten Normalen. Die rechtwinkligen Dreiecke $HH'M$ und HFM sind einander gleich, weil (nach dem 5. und 6. Satze) $HH' = HF$ ist; daher ist der Winkel $HMF = HMH'$ und ebenso ist $KMF = KMK'$, also $HMK = \frac{\pi}{2}$, w. z. b. w.

§ 80. Konstruktionen mit Hilfe der Brennpunkte.

Die von uns bewiesenen Sätze über die Brennpunkte der Kegelschnitte gestatten hinsichtlich dieser die elementare Ausführung vieler Konstruktionen. Zum Beispiel kann man die Sätze 3 und 4 des § 78 anwenden, um die Tangente in einem Punkte an einen gegebenen Kegelschnitt mit einem Mittelpunkt, dessen Brennpunkte man kennt, oder an eine Parabel, deren Brennpunkt und Durchmesserrichtung man kennt, zu konstruieren.

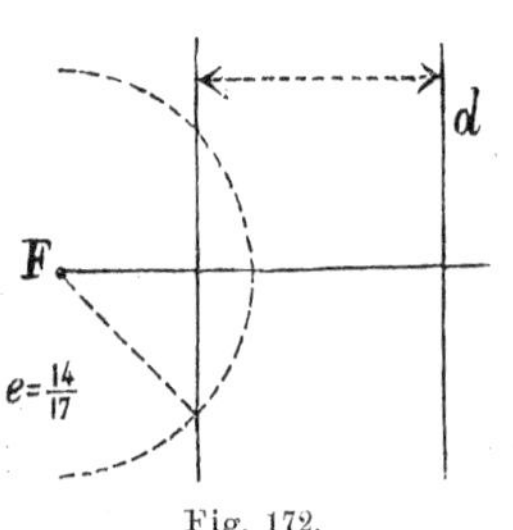

Fig. 172.

Ist ein Brennpunkt F, die zugehörige Leitlinie d und die Exzentrizität e eines Kegelschnitts gegeben, so kann man den Kegelschnitt punktweise konstruieren, indem man Parallele zu d zieht (sodaß sie Sekanten werden) und jede von ihnen mit demjenigen Kreise vom Mittelpunkte F schneidet, dessen Radius zu der Entfernung der Geraden von d im Verhältnis e steht (5. Satz des § 79).

Es ist gut, sich eine andere Konstruktion des Kegelschnitts zu vergegenwärtigen, die man als besondern Fall einer im § 63 angegebenen Konstruktion erhält.

In der Tat, wenn man den Scheitel A des Kegelschnitts bestimmt (indem man die durch den Brennpunkt gehende, zur Leitlinie normale Strecke im Verhältnis e teilt), so kennt man einen Punkt des Kegelschnitts, die von ihm in dem Büschel, dessen Mittelpunkt der Brennpunkt ist, erzeugte Involution und die Polare des Brennpunktes (also einen reellen Punkt und zwei imaginäre Punkte mit den zugehörigen Tangenten).

Daher wird die Punktkonstruktion des Kegelschnitts in folgender Weise ausgeführt:

Zunächst bestimme man den zu A in Bezug auf F und auf den Schnittpunkt von AF mit d konjugierten harmonischen Punkt A', dann projiziere man von A und A' aus die Paare konjugierter Punkte auf d (die Schnittpunkte mit rechtwinkligen Geraden durch F); diese projizierenden Strahlen schneiden sich in Punkten des Kegelschnitts.

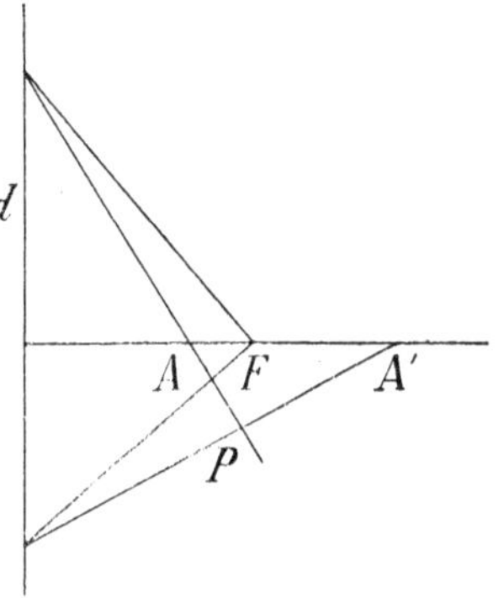

Fig. 173.

Man beachte den besondern Fall dieser Konstruktion für die Parabel.

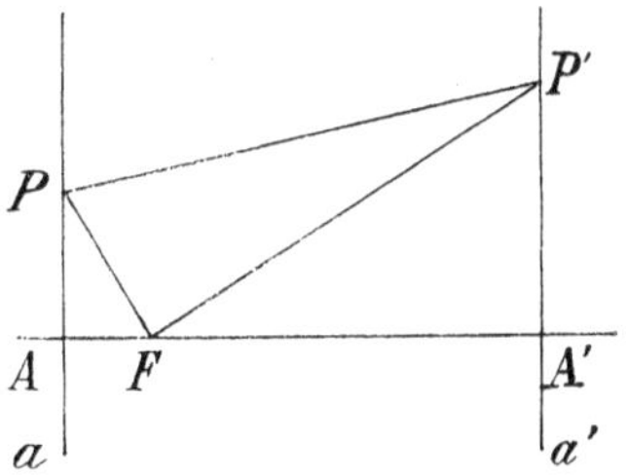

Eine Tangentenkonstruktion des durch dieselben Daten gegebenen Kegelschnitts erhält man einfach auf folgende Weise (vgl. § 77):

Man errichte in A und A' (den Scheiteln des Kegelschnitts) auf AA' die Normalen a und a' und verbinde diejenigen auf ihnen liegenden Punkte P und P', deren Abstand vom Brennpunkte F aus unter einem rechten Winkel gesehen wird.

Fig. 174.

Diese Konstruktion gilt auch für die Parabel mit der daraus hervorgehenden Änderung, daß A' ein uneigentlicher Punkt ist.

Anmerkung. Ist der Brennpunkt F und die Leitlinie d einer Parabel gegeben, so kann man leicht ihre Schnittpunkte mit einer durch den Brennpunkt gehenden Geraden r konstruieren. In der Tat, man bestimme die Halbierungslinien der von r mit der Achse gebildeten Winkel und durch die Schnittpunkte dieser Linien mit d ziehe man die Normalen zu d; sie werden r in den gesuchten Punkten treffen (vgl. den 5. und 6. Satz des vorhergehenden Paragraphen).

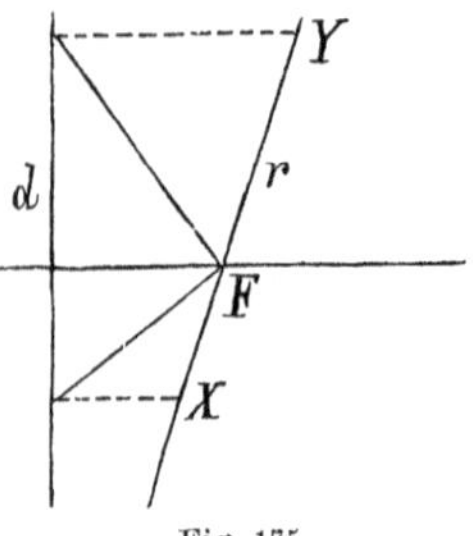

Fig. 175.

Wenn von einem Kegelschnitte die beiden Brennpunkte und eine (nicht durch einen von ihnen gehende) Tangente oder ein Brennpunkt und drei Tangenten gegeben sind, so kann man die Konstruktionen anwenden, welche als besondere Fälle des § 63 (die Kegelschnitte sind durch fünf Tangenten, von denen zwei Paare oder ein Paar imaginär sind, gegeben) sich ergeben. Wir überlassen es dem Leser, diese Konstruktionen zur Übung auszuführen.

Wenn man im zweiten Falle annimmt, daß eine der drei gegebenen (reellen) Tangenten die uneigentliche Gerade ist, so erhält man eine Konstruktion der Parabel, wenn diese durch den Brennpunkt und zwei (eigentliche) Tangenten gegeben ist.

Im besondern ist die folgende elementare Konstruktion der Parabel durch Tangenten bemerkenswert, wenn der Brennpunkt F und der Scheitel V, also auch die in V auf der Achse VF normal stehende Tangente t bekannt ist.

Durch die Punkte H von t ziehe man die Normalen zu den Strahlen FH; dadurch wird man ebensoviele Tangenten der Parabel erhalten (§ 77).

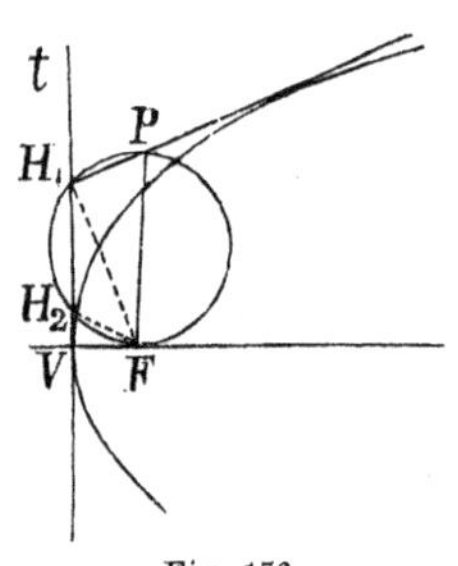

Fig. 176.

Wenn man also von einem äußeren Punkte P aus die Tangenten an die Parabel ziehen will, so wird man sie konstruieren können, indem man die Schnittpunkte des Kreises vom Durchmesser PF mit der Tangente t bestimmt.

Anmerkung. Die in einer Ebene liegenden Kegelschnitte mit einem Mittelpunkt, die dieselben Brennpunkte haben, heißen konfokal. Sie bilden eine Schar von Kegelschnitten, die vier imaginäre Grundtangenten haben (§ 65), nämlich die beiden Paare der imaginären, durch die Kreispunkte der Ebene gezogenen Tangenten.

Es gibt in der Schar einen Kegelschnitt, der eine gegebene

Gerade (die nicht durch einen der Brennpunkte geht) berührt, und es gibt durch einen Punkt zwei Kegelschnitte, die in ihm die Halbierungslinien der von den Brennstrahlen gebildeten Winkel zu Tangenten haben. Der eine von beiden ist eine Ellipse und der andere eine (in den Tangenten) dazu normale Hyperbel.

Alle Parabeln mit demselben Brennpunkte und derselben Achse bilden auch eine Schar konfokaler Parabeln, die zwei konjugierte imaginäre (sich im Brennpunkt schneidende), durch die Kreispunkte gehende Tangenten, die uneigentliche Gerade und den zugehörigen Berührungspunkt gemeinsam haben.

Es gibt in der Schar eine Parabel, die eine (eigentliche) nicht durch den Brennpunkt gehende Gerade berührt, und es gibt zwei konfokale Parabeln, die durch einen Punkt gehen und auf einander senkrecht stehen.

Die hierauf bezüglichen Konstruktionen sind im vorhergehenden angegeben worden.

Dreizehntes Kapitel.

* Die metrischen Eigenschaften der Kegel zweiten Grades.

§ 81. Die Achsen der Kegel zweiten Grades. Die visuellen Eigenschaften der Kegel zweiten Grades erhält man sofort nach dem Prinzip der Dualität oder durch Projektion aus denen der Kegelschnitte, und sie können daher hier als bekannt betrachtet werden. Der Kegel zweiten Grades wird als die fundamentale Figur in einer ungleichförmigen Polarität des Bündels definiert. Er kann als ein Ort von Geraden (Kegelort) oder als eine Enveloppe von Ebenen (Kegelenveloppe) betrachtet werden und gestattet dementsprechend zwei Erzeugungsarten: durch projektive (nicht perspektive) Ebenenbüschel oder durch projektive Strahlenbüschel, u. s. w.

Wir haben schon bemerkt (§ 56), daß der Kegel zweiten Grades als eine Oberfläche von Punkten betrachtet werden kann, korrelativ zu der Auffassung eines Kegelschnitts als Gesamtheit seiner Tangentialebenen.

Von diesem Standpunkte aus bieten sich einige Eigenschaften dar, zu denen wir das Korrelative nicht zu bemerken Gelegenheit hatten, da wir beim Studium der Kegelschnitte in der Ebene geblieben sind.

Ist ein Kegel und ein von seiner Spitze O verschiedener Punkt A gegeben, so soll die Polarebene des Strahles OA in dem Bündel O die Polarebene des Punktes A heißen.

Die Polarebenen der Punkte einer nicht durch O gehenden Geraden a bilden ein Büschel, dessen Achse a' durch O geht; a' heißt die Polargerade von a. Die Ebene Oa ist die Polarebene von a'. Daher enthält a' die Pole von a in Bezug auf die Kegelschnitte, welche durch Schnitte mit durch a hindurchgehenden Ebenen entstehen.

Wenn a durch die Spitze O geht, so ist seine Polare unbestimmt, da alle Punkte von a dieselbe Polarebene in Bezug auf den Kegel haben; jede Gerade dieser Ebene kann als Polare von a betrachtet werden.

Zwei Punkte des Raumes heißen in Bezug auf den Kegel konjugiert, wenn die Polarebene des einen durch den andern hindurch geht.

Zwei Punkte, die in Bezug auf einen durch einen ebenen Schnitt mit dem Kegel erhaltenen Kegelschnitt konjugiert sind, sind auch in Bezug auf den Kegel konjugiert.

Auf einer nicht durch die Spitze des Kegels gehenden Geraden a gibt es eine Involution konjugierter Punkte in Bezug auf den Kegel; sie ist auch die Involution konjugierter Punkte, die auf der Geraden a durch irgendeinen Kegelschnitt bestimmt wird, der durch den Schnitt mit einer durch a hindurchgehenden Ebene entsteht.

Nun wollen wir die Kegel zweiten Grades vom metrischen Standpunkte aus betrachten und beginnen zu dem Ende damit, die Kegel im eigentlichen Sinne des Wortes, mit eigentlicher Spitze, von den Zylindern zu unterscheiden, deren Spitze uneigentlich ist.

Wir fassen zunächst die Kegel ins Auge und schließen einstweilen die Zylinder von den folgenden Betrachtungen aus.

Wir haben bemerkt, daß die Pole einer nicht durch die Spitze eines Kegels zweiten Grades gehenden Geraden in Bezug auf die Kegelschnitte, die durch den Schnitt mit durch die Gerade hindurchgehenden Ebenen entstehen, sich auf ihrer Polare befinden; also ergibt sich im besondern:

Eine durch die Spitze eines Kegels zweiten Grades gehende Gerade enthält alle Mittelpunkte der Kegelschnitte, die durch Schnitte mit den zu der Polarebene der Geraden parallelen Ebenen entstehen.

Eine durch die Spitze eines Kegels gehende Gerade, die zu der eignen Polarebene normal ist, heißt eine Achse des Kegels.

Eine Achse eines Kegels zweiten Grades enthält die Mittelpunkte aller Kegelschnitte, die durch Schnitte mit den zu ihr normalen Ebenen gebildet werden.

Also:

Die Achsen eines Kegels zweiten Grades sind für ihn Symmetrieachsen, d. h. wenn ein Punkt sich auf dem Kegel befindet, so liegt auf diesem auch der zu ihm in Bezug auf eine Achse symmetrische Punkt.

Die Achsen eines Kegels sind die durch die Spitze gehenden Geraden, die in Bezug auf den Kegel und in Bezug auf die orthogonale Polarität des Bündels (§ 54) dieselbe Polarebene haben. Um die Untersuchung bequem zu führen, schneiden wir das Bündel mit einer nicht durch die Spitze gehenden Ebene und wählen als schneidende Ebene die unendlich ferne Ebene; das Aufsuchen der Achsen des Kegels wird auf diese Weise zurückgeführt auf das Aufsuchen derjenigen Punkte der uneigentlichen Ebene, welche in Bezug auf den durch den Schnitt mit dem Kegel erhaltenen Kegelschnitt K und in Bezug auf die absolute Polarität π, welche eine besondere gleichförmige Polarität ist (§ 54), dieselbe Polare haben.

Bezeichnet man mit T die Polarität in Bezug auf K, so sind die Punkte, welche in π und T dieselbe Polare haben, die Doppelpunkte der Kollineation $T\pi$, d. h. die Doppelpunkte der Kollineation, in welcher die Pole einer Geraden in Bezug auf π und T sich entsprechen.

Man muß zwei Fälle unterscheiden:

1) Die Kollineation $T\pi$ ist eine Homologie. Dann hat das Zentrum P der Homologie zur Polare in π und T eine Gerade p, die für die Homologie Doppelgerade ist; und da p nicht P angehört, weil π gleichförmig ist, so wird p die Achse der Homologie sein. Auf dieser Achse bestimmen die Polaritäten π und T dieselbe Involution konjugierter Punkte.

Nun wird man in unserem Falle auf der Achse p der Homologie $T\pi$ eine Involution konjugierter Punkte in Bezug auf den Kegel haben, die mit der absoluten Involution jeder durch die uneigentliche Gerade p hindurch gehenden Ebene zusammenfallen wird. Also sind die Schnitte des Kegels mit den parallelen, p enthaltenden (nicht durch die Spitze gehenden) Ebenen Kreise (§ 59). Die Mittelpunkte dieser Kreise befinden sich auf der Polare von p, die durch P geht und daher eine, zu den schneidenden Ebenen senkrechte Achse des Kegels ist. Folglich kann der Kegel als ein Rotationskegel um diese Achse betrachtet werden (§ 56).

2) Die Kollineation $T\pi$ ist keine Homologie. Dann gibt es in ihr immer wenigstens einen Doppelpunkt P, der in Bezug auf π und T dieselbe Polare p hat. Die beiden Involutionen konjugierter Punkte auf p in Bezug auf π und T fallen nicht zusammen; aber wenigstens eine von diesen Involutionen (diejenige, die von π herrührt) ist elliptisch; daher (§ 37) haben sie ein Paar RS gemeinsam. Die Punkte P, R, S sind die Doppelpunkte der Kollineation $T\pi$, die Ecken eines konjugierten Dreiecks, das beiden Polaritäten π und T gemeinsam ist. Projiziert man also P, R, S von der Spitze des Kegels aus, so erhält man drei, zu je zweien auf einander normal stehende Achsen. Man schließt:

Ein Kegel zweiten Grades hat entweder **drei** Achsen,

von denen je zwei auf einander normal stehen, oder er ist ein Rotationskegel, und in diesem letzten Falle besitzt er unendlich viele Achsen, die ein Büschel und die dazu senkrechte Gerade bilden.

Wir schließen den Rotationskegel von der weiteren Betrachtung aus und beschäftigen uns mit den drei Achsen a, b, c eines Kegels zweiten Grades. Da sie die Kanten eines konjugierten Dreiseits sind, so wird eine von ihnen, z. B. a, sich im Innern des Kegels befinden und die beiden andern außerhalb (§ 57); die erste soll Hauptachse genannt werden.

Die zur Hauptachse a senkrechten ebenen Schnitte sind Ellipsen, die sämtlich einander ähnlich sind (da sie perspektiven parallelen Ebenen angehören); ihre Achsen sind den beiden Achsen b und c des Kegels parallel. Die zu diesen beiden Achsen senkrechten ebenen Schnitte sind Hyperbeln, deren transversale Achse der Hauptachse des Kegels parallel ist, u. s. w.

Die drei zu einander senkrechten Ebenen, die durch je zwei Achsen bestimmt werden, sind Symmetrieebenen des Kegels zweiten Grades, d. h. wenn ein Punkt dem Kegel angehört, so gehört auch der zu jeder der genannten Ebenen symmetrisch liegende Punkt dem Kegel an.

Anmerkung. Faßt man nur den visuellen Inhalt der vorstehenden Betrachtungen ins Auge, so erscheinen sie als darauf gerichtet, einen Fall der folgenden Aufgabe zu behandeln:

„Es sind in einer Ebene zwei Polaritäten gegeben; man soll die Punkte der Ebene bestimmen, die in beiden Polaritäten dieselbe Polare haben.“

Diese Aufgabe (wenn sie nicht unbestimmt ist) ist vom dritten Grade. Man kann zur Übung die verschiedenen Fälle, die bei ihr vorkommen können, diskutieren, indem man beide Polaritäten als gleichförmig oder bei beiden einen fundamentalen Kegelschnitt voraussetzt; die letzte Voraussetzung führt zu einer umständlicheren Untersuchung.

§ 82. Kreisschnitte und Fokalachsen des Kegels zweiten Grades. Wir wollen allgemein untersuchen, ob unter den (eigentlichen) ebenen Schnitten eines Kegels zweiten Grades sich Kreise befinden.

Vor allen Dingen sieht man, daß, wenn eine Ebene einen Kegel in einem Kreise schneidet, dasselbe für jede parallele Ebene eintritt, da die charakteristische Eigenschaft dafür, daß eine Ebene einen

Kegel in einem Kreise schneidet, darin besteht, daß die Involution konjugierter Punkte auf der unendlich fernen Geraden der Ebene die absolute Involution ist (in der die dieser Lage angehörenden, zu einander normalen Richtungen sich entsprechen). Es handelt sich also darum, die unendlich fernen Geraden zu finden, in denen als Involution konjugierter Punkte in Bezug auf den Kegel die absolute Involution sich ergibt.

Mit andern Worten, es handelt sich darum, in der unendlich fernen Ebene diejenigen Geraden zu finden, auf welchen der durch den Schnitt mit dem Kegel erhaltene Kegelschnitt K und die absolute Polarität π dieselbe Involution konjugierter Punkte erzeugen.

Bezeichnen wir wiederum mit T die Polarität in Bezug auf den Kegelschnitt K (in der unendlich fernen Ebene).

Wenn die Kollineation $T\pi$ eine Homologie ist (d. h. wenn der Kegel ein Rotationskegel ist), so ist gerade die Homologieachse p, wie bemerkt worden ist, der Träger derselben Involution konjugierter Punkte in π und in T. Ich behaupte, daß es in diesem Falle keine andern Geraden mit dieser Eigenschaft gibt. In der Tat betrachte man irgendeinen Punkt A der Ebene außerhalb P und p; er hat in Bezug auf π und T zwei von einander verschiedene Polaren, die sich in einem dem Punkte A in beiden Polaritäten konjugierten Punkte treffen; aber diese beiden Polaren entsprechen sich in der Homologie $T\pi$ und schneiden sich daher auf p. Ist nun eine Gerade a gegeben, so liegen die (von dem Punkte P und von dem Punkte pa verschiedenen) Punkte, die ihren Punkten gleichzeitig in π und in T konjugiert sind, auf p und sie können daher nicht auf a liegen, wenn nicht $a \equiv p$ ist.

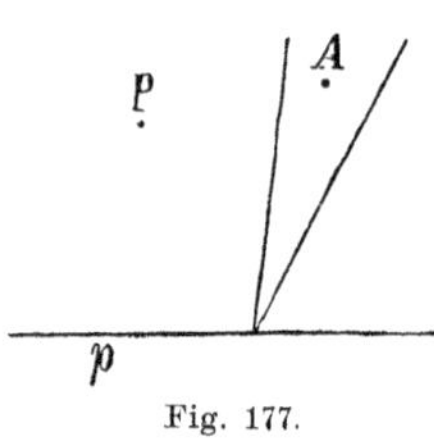

Fig. 177.

Den Fall, daß $T\pi$ eine Homologie ist, schließen wir aus.

$T\pi$ hat alsdann (wie wir wissen) drei Doppelpunkte $A, B, C,$ und diese sind die unendlich fernen Punkte der Achsen des Kegels. Die Seiten des Dreiecks ABC sind nicht Träger derselben Involution in π und in T.

Jeder von A, B, C verschiedene Punkt hat zwei von einander verschiedene Polaren in Bezug auf π und T, und daher gibt es einen Punkt, der ihm in beiden Polaritäten konjugiert ist. Man betrachte irgendeine, von den Seiten des Dreiecks ABC verschiedene Gerade p. Sie hat in den beiden Polaritäten zwei von einander verschiedene Pole P und P'. Jeder (von A, B, C

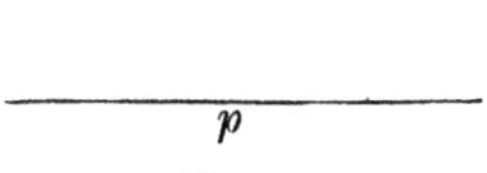

P .P'
p
Fig. 178.

verschiedene) Punkt von p hat zum konjugierten Punkt in π und in T den Schnittpunkt seiner beiden Polaren; diese Polaren beschreiben, wenn man den Punkt auf p sich bewegen läßt, zwei projektive Büschel mit den Mittelpunkten P und P'.

Die genannten Büschel sind perspektiv, wenn die Gerade PP' in π und in T denselben Pol hat; dieser Pol befindet sich alsdann auf p und ist einer der Punkte A, B, C. Schließt man diesen Fall aus, so sind die genannten Büschel nicht perspektiv, daher erzeugen sie einen Kegelschnitt, und dieser ist der Ort der den Punkten von p sowohl in π wie auch in T konjugierten Punkte.

Wenn also eine von den Seiten des Dreiecks ABC verschiedene Gerade p gegeben ist, so bilden die den Punkten von p sowohl in π wie auch in T konjugierten Punkte einen Kegelschnitt oder ein Geradenpaar, und dieses Gebilde wollen wir als den der Geraden p entsprechenden Ort bezeichnen. Es tritt der erste oder der zweite dieser Fälle ein, je nachdem p nicht durch A, B, C geht oder im Gegenteil durch einen dieser drei Punkte geht. Wenn die Gerade p Träger derselben Involution konjugierter Punkte in π und in T sein soll, so muß sie einen Teil des entsprechenden Ortes bilden und also durch einen der drei Punkte A, B, C gehen.

Man betrachte nun irgendeine von AB und AC verschiedene Gerade p durch den Punkt A, und es sei P der Punkt, in dem sie die Gerade BC trifft. Der Punkt P hat auf BC in Bezug auf π und T zwei konjugierte Punkte P_1 und P_2, die die Pole von p in Bezug auf π und T sind.

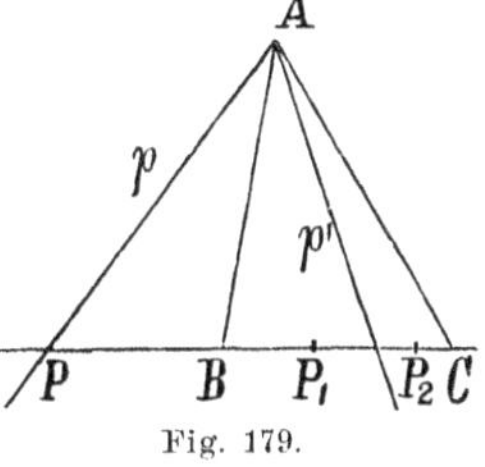

Fig. 179.

Der der Geraden p entsprechende Ort besteht dann aus der Geraden $BC \equiv P_1 P_2$, der Polare des Punktes A, und der Perspektivitätsachse p' der beiden Büschel P_1 und P_2, die von den Polaren (in Bezug auf π und T) der (von A verschiedenen) Punkte von p gebildet werden. Die Gerade p' geht durch A, da P und A zwei konjugierte Punkte sowohl in π wie auch in T sind.

Läßt man p sich um A drehen, so dreht sich auch p' um A; der Geraden AB entspricht die Gerade AC (die Polare von B) und umgekehrt.

Nun wollen wir die so erhaltene (nicht identische) Beziehung zwischen den Geraden p und p' in dem Büschel A betrachten und zeigen, daß sie projektiv ist. Da aber der Zusammenhang, welcher die Beziehung zwischen p und p' definiert, gegenseitig ist, so wird damit bewiesen sein, daß die Paare p und p' sich in einer Involution des Büschels entsprechen.

Um den angekündigten Beweis zu führen, nehmen wir eine von BA und BC verschiedene Gerade r durch B an und konstruieren die Gerade r', den Ort der Punkte, die den Punkten von r sowohl in der Polarität π wie auch in T konjugiert sind. Zwei sich im Büschel A entsprechende Gerade p und p' schneiden die Geraden r und r' in konjugierten Punkten; da aber die Beziehung zwischen den Paaren konjugierter Punkte auf r und r' eine Projektivität ist (§ 60), so wird auch die Beziehung zwischen den durch A hindurch gehenden Geradenpaaren p und p' eine Projektivität sein und daher eine Involution, w. z. b. w.

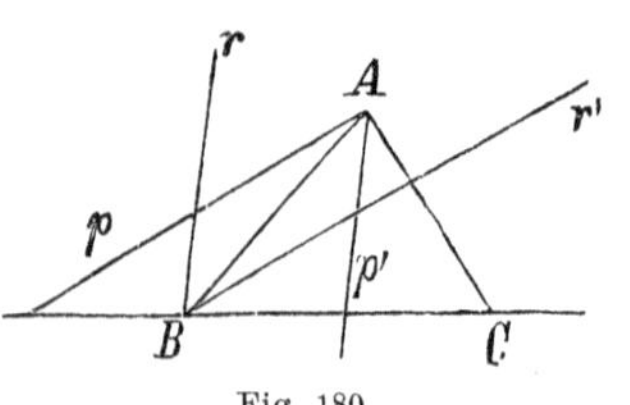

Fig. 180.

In Bezug auf die Büschel B und C kann man analoge Betrachtungen anstellen. Auf diese Weise wird man in den Büscheln A, B, C drei Involutionen J_A, J_B, J_C erhalten.

Die durch jede Ecke gehenden Seiten des Dreiecks ABC bilden ein Paar der Involution. Die Involution selbst wird daher elliptisch oder hyperbolisch sein, je nachdem zwei in ihr konjugierte Gerade die durch ihren Schnittpunkt gehenden Seiten des Dreiecks trennen oder nicht.

Auf Grund dieser Betrachtungen wollen wir zusehen, was man über den Sinn dieser Involutionen sagen kann.

Wir beziehen uns dazu auf die im Paragraphen 53 eingeführten Betrachtungen über die Dreiecke.

Es sei P ein Punkt der Ebene außerhalb der Seiten des Dreiecks ABC, der also einem der vier durch das Dreieck ABC definierten Dreiecksgebiete der Ebene angehört, und es werde mit P' der ihm in Bezug auf π und T konjugierte Punkt (der Schnittpunkt der beiden Polaren p_π und p_T) bezeichnet. Der Punkt P' wird außerhalb des Dreiecksgebietes $P \cdot ABC$ liegen, weil die Polare von P in Bezug auf π, da π eine gleichförmige Polarität ist, sicherlich außerhalb dieses Gebietes liegt.

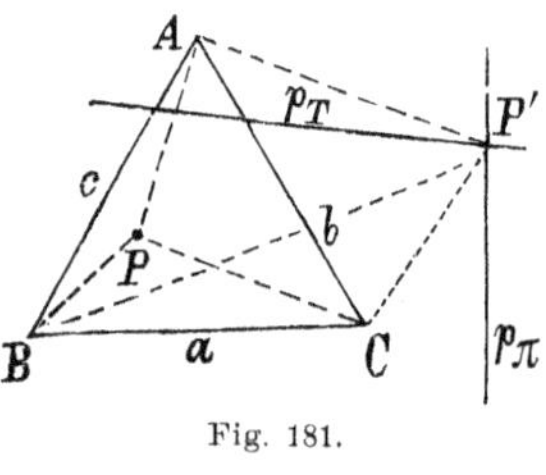

Fig. 181.

Nun werden die Punkte P und P' von den Punkten A, B, C aus durch Paare von Geraden projiziert, die in den Involutionen J_A, J_B, J_C konjugiert sind. Aber von diesen Geradenpaaren werden zwei die durch ihren Schnittpunkt gehenden Seiten des Dreiecks ABC trennen und eines nicht; daher wird von den drei Involutionen J_A, J_B, J_C eine hyperbolisch und zwei werden elliptisch sein. Man schließt, daß zwei durch einen der Eckpunkte des Dreiecks ABC (und zwar durch einen der beiden in Bezug auf K äußeren Eckpunkte, § 69) gehende Gerade der Ebene existieren, die Träger derselben (elliptischen) Involution konjugierter Punkte in π und in T sind.

Erinnert man sich nun der Bedeutung der Polaritäten π und T, die die absolute Polarität und die Polarität in Bezug auf den durch den Schnitt des Kegels mit der unendlich fernen Ebene erhaltenen Kegelschnitt sind, so schließt man:

Ein Kegel zweiten Grades, der kein Rotationskegel ist, wird von den Ebenen zweier uneigentlicher Büschel in Kreisen geschnitten und kann daher immer als ein schiefer Kreiskegel betrachtet werden (§ 56).

Ein Rotationskegel wird nur von den zur Rotationsachse normalen Ebenen in Kreisen geschnitten.

In einem Kegel zweiten Grades, der kein Rotationskegel ist, sind die Ebenen, welche Kreise enthalten, zweien durch eine Achse, die nicht Hauptachse ist, hindurchgehenden (cyklischen) Ebenen parallel.

Jede cyklische Ebene hat die charakteristische Eigenschaft, die Involution der rechten Winkel zur Involution konjugierter Geraden zu haben. Die cyklischen Ebenen eines Kegels zweiten Grades bieten also eine Analogie mit den Brennpunkten der Kegelschnitte dar.

Aber den Brennpunkten der Kegelschnitte stehen in einem Kegel zweiten Grades auch zwei durch die Spitze gehende Gerade gegenüber, die Fokalachsen heißen. Eine Fokalachse kann man als die Achse eines Ebenenbüschels definieren, in welchem die Involution der konjugierten Ebenen diejenige der rechten Winkel ist. Aus dieser Definition folgt sofort:

Schneidet man einen Kegel zweiten Grades mit (nicht durch die Spitze gehenden) Ebenen normal zu einer Fokalachse, so erhält man Kegelschnitte, die einen Brennpunkt auf der genannten Fokalachse haben.

Die Bestimmung der Fokalachsen eines Kegels zweiten Grades bildet eine zu der Bestimmung der cyklischen Ebenen korrelative Aufgabe. In der Tat entsprechen die Fokalachsen denjenigen Punkten der unendlich fernen Ebene, welche Mittelpunkte von Büscheln sind, in denen die Involution der konjugierten Geraden in Bezug auf den durch den Schnitt mit dem Kegel erhaltenen Kegelschnitt K auch die Involution der in der absoluten Polarität π konjugierten Geraden ist.

Wir können also schließen:

Ein Kegel zweiten Grades, der nicht ein Rotationskegel ist, besitzt zwei Fokalachsen, die in einer der durch die Hauptachse hindurchgehenden Symmetrieebenen liegen.

Ein Rotationskegel besitzt nur eine einzige Fokalachse, und diese ist die Rotationsachse.

Anmerkung. Faßt man den visuellen Inhalt der Betrachtungen ins Auge, die uns zur Bestimmung der Kreisschnitte eines Kegels zweiten Grades oder korrelativ dazu zu derjenigen der Fokalachsen geführt haben, so beziehen sie sich auf die folgende allgemeine Aufgabe:

„Es sind in einer Ebene zwei Polaritäten gegeben; man soll die Geraden bestimmen, auf denen dieselbe Involution konjugierter Punkte erzeugt wird, oder die Strahlenbüschel, in denen man dieselbe Involution konjugierter Geraden erhält. Oder auch: Es sind in einer Ebene zwei, reelle oder imaginäre, Kegelschnitte gegeben; man soll ihre gemeinsamen (reellen oder imaginären) Elemente bestimmen."

Diese Aufgabe wurde hier in dem Falle gelöst, daß eine der beiden Polaritäten gleichförmig ist und die andere einen fundamentalen Kegelschnitt besitzt, d. h. (wenn man sich auf die zweite Form der Aussage bezieht) in dem Falle, daß ein Kegelschnitt reell und ein Kegelschnitt imaginär ist. Interessant sind die beiden andern Fälle (die man zur Übung diskutieren kann), vor allem der Fall, daß man zwei fundamentale reelle Kegelschnitte hat, auf den in einer Anmerkung des Paragraphen 76 hingewiesen wurde.

§ 83. Achsen und Fokalachsen des Zylinders zweiten Grades. Die Kegel zweiten Grades, deren Spitze sich im Unendlichen befindet, werden Zylinder (zweiten Grades) genannt. Ein Zylinder ist also der Ort der durch die Punkte eines Kegelschnitts zu einer gegebenen Geraden gezogenen Parallelen.

Jede Ebene, die nicht den Erzeugenden eines Zylinders parallel ist, schneidet ihn in einem Kegelschnitt. Dieser ist eine Ellipse, eine Hyperbel oder eine Parabel, je nachdem die unendlich ferne Ebene sich außerhalb des Zylinders befindet, ihn schneidet oder ihn berührt; dem entsprechend nennt man den Zylinder elliptisch, hyperbolisch oder parabolisch.

In dem uneigentlichen Bündel, dessen Mittelpunkt sich in der (unendlich fernen) Spitze des Zylinders befindet, gibt es eine Polarität, in Bezug auf welche der Zylinder fundamental ist. Die unendlich ferne Ebene hat zur Polare eine Gerade, die die Achse des Zylinders heißt. Diese Achse ist eine eigentliche Gerade für den elliptischen und den hyperbolischen Zylinder und eine uneigentliche Gerade für den parabolischen Zylinder.

Der Kegelschnitt, den man als Schnitt eines nicht parabolischen Zylinders mit irgendeiner Ebene, die nicht den Erzeugenden parallel ist, erhält, hat seinen Mittelpunkt auf der Achse.

Alle ebenen Schnitte eines parabolischen Zylinders sind Parabeln, deren unendlich ferner Punkt sich auf der unendlich fernen Erzeugenden (der Achse) des Zylinders befindet.

In der Tat ist die unendlich ferne Gerade der schneidenden Ebene in Bezug auf den ausgeschnittenen Kegelschnitt die Polare des Durchschnittspunktes der Ebene selbst mit der Achse.

Betrachten wir die Zylinder mit einer eigentlichen Achse und schließen wir für den Augenblick die parabolischen Zylinder aus.

Es gibt eine Involution durch die Achse a hindurchgehender konjugierter Ebenen des Zylinders, die (wenigstens) ein Paar orthogonaler konjugierter Ebenen α und β enthält. Schneidet man den Zylinder mit einer zu einer der beiden Ebenen α und β normalen Ebene, so erhält man einen Kegelschnitt, der die Schnittlinien der Ebene mit α und β zu (orthogonalen konjugierten Durchmessern, d. h. zu) Achsen hat. Infolgedessen sind die beiden Ebenen α und β Symmetrieebenen für den Zylinder, d. h. wenn ein Punkt sich auf dem Zylinder befindet, so befindet sich darauf auch der zu ihm in Bezug auf α und β symmetrische Punkt. Wenn alle durch a gehenden Ebenen auf den konjugierten Ebenen normal stehen, so sind die zu der Achse normalen ebenen Schnitte des Zylinders Kreise, und der Zylinder kann daher als durch Rotation einer seiner Erzeugenden um die Achse entstanden angesehen werden; dann heißt er Rotationszylinder oder gerader Kreiszylinder.

Wir schließen:

Ein Zylinder, der nicht parabolisch und kein Rotationszylinder ist, hat zwei durch die Achse gehende, zu einander normale Symmetrieebenen, und diese enthalten die Achsen aller Kegelschnitte, die durch Schnitte des Zylinders mit den zu ihnen senkrechten Ebenen entstehen. Der Rotationszylinder hat alle durch die Achse gehenden Ebenen zu Symmetrieebenen und ist durch diese Eigenschaft charakterisiert.

Und es ist ferner leicht zu sehen:

Ein parabolischer Zylinder hat eine zu den Erzeugenden parallele Symmetrieebene, die die Achsen aller Parabeln enthält, die durch Schnitte mit zu ihr normalen Ebenen entstehen.

Anmerkung. Der Zylinder hat außerdem zu Symmetrieebenen die zu den Erzeugenden normalen Ebenen.

Man bemerke noch, daß der Zylinder diejenigen Geraden, welche die Achse normal schneiden und in einer der beiden durch sie hindurchgehenden Symmetrieebenen liegen, zu Symmetrieachsen hat. Diese Geraden bilden im allgemeinen zwei uneigentliche Büschel.

Die Bestimmung der Fokalachsen des Zylinders (die ebenso wie für den Kegel definiert werden) ist sehr leicht.

Ein Zylinder, der nicht parabolisch und kein Rotationszylinder ist, hat zwei zu den Achsen parallele Fokalachsen, die der Ort der Brennpunkte der durch Normalschnitte des Zylinders entstehenden Kegelschnitte sind. Der Rotationszylinder hat eine einzige Fokalachse, und diese ist seine Achse.

Der parabolische Zylinder besitzt nur eine einzige Fokalachse, den Ort der Brennpunkte der durch Normalschnitte entstehenden Parabeln.

Bei dem Zylinder steht das Problem der Fokalachsen nicht mehr in demselben Verhältnis zur Bestimmung der Kreisschnitte wie bei dem Kegel.

§ 84. Kreisschnitte des Zylinders. Es ist offenbar unmöglich, einen hyperbolischen oder parabolischen Zylinder mit einer Ebene in einem Kreise zu schneiden. Beschäftigen wir uns mit der Untersuchung, ob man dagegen beim elliptischen Zylinder ebene Kreisschnitte erhalten kann.

Vor allen Dingen sind beim Rotationszylinder und nur bei ihm die durch zur Achse normale Ebenen entstehenden Schnitte Kreisschnitte. Es gibt bei ihm keine andern ebenen Kreisschnitte. Man braucht in der Tat nur zu bemerken, daß es in jeder zur Achse des Zylinders schiefen Ebene zwei auf einer Normalen zur Achse liegende Punkte des Zylinders gibt, deren Entfernung von dem Schnittpunkte mit der Achse (dem Mittelpunkte des ausgeschnittenen Kegelschnitts) kleiner ist als die Entfernung jedes andern Punktes des ausgeschnittenen Kegelschnitts.

Betrachten wir den elliptischen Zylinder, der kein Rotationszylinder ist.

Die Aufgabe, ihn in einem Kreise zu schneiden, besteht darin, die Involution der durch die Achse gehenden konjugierten Ebenen in der Involution der rechten Winkel zu schneiden.

Zunächst wird also die schneidende Ebene den rechten Flächenwinkel, der von den durch die Achse gehenden Symmetrieebenen α und β gebildet wird, in einem rechten Winkel schneiden müssen. Damit dies geschieht, wird die Ebene selbst die zu einer der beiden Ebenen α und β normale Richtung enthalten müssen; in der Tat muß ihre unendlich ferne Gerade die unendlich fernen Geraden a und b der Ebenen α und β in zwei in der absoluten Polarität konjugierten Punkten schneiden, daher (da a und b auch in der absoluten Polarität konjugiert sind) einen der beiden Pole A und B der Geraden a und b enthalten.

Man betrachte den Flächenwinkel, der von zwei andern durch die Achse des Zylinders gehenden konjugierten Ebenen gebildet wird. Eine Ebene, die durch einen der unendlich fernen Punkte A und B geht und (auch) diesen Flächenwinkel in einem rechten Winkel schneidet, schneidet die Involution der durch die Achse gehenden konjugierten Ebenen in der Involution der rechten Winkel, d. h. sie ist eine Ebene, die den Zylinder in einem Kreise schneidet, und dasselbe gilt für jede ihr parallele Ebene. Nun bezeichne man mit m und n die unendlich fernen Geraden der den genannten Flächenwinkel bildenden konjugierten Ebenen; dann sind die Ebenen, deren Schnitt ein Kreis ist, diejenigen, deren unendlich ferne Gerade durch einen der beiden Punkte A und B geht und die Geraden m und n in Punkten schneidet, die in der absoluten Polarität konjugiert sind.

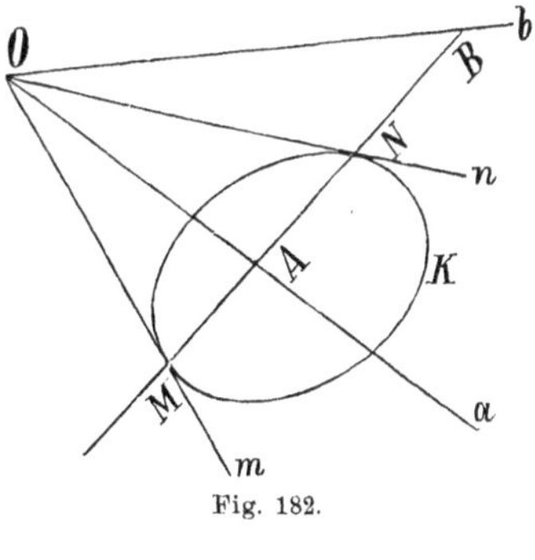

Fig. 182.

Aber die Geraden m und n sind nicht in der absoluten Polarität konjugiert (da der Fall des Rotationszylinders ausgeschlossen ist); wenn man daher jedem Punkte von m den ihm konjugierten auf n entsprechen läßt, so sind die Geraden m und n projektiv auf einander bezogen (§ 60), und die Projektivität zwischen m und n ist nicht eine Perspektivität, weil der ihnen gemeinsame Punkt nicht sich selbst konjugiert ist (da die Polarität gleichförmig ist). Also umhüllen die Geraden, die die Geraden m und n

in Punkten, die in der absoluten Polarität konjugiert sind, schneiden, einen Kegelschnitt K, und m und n sind Tangenten dieses Kegelschnitts. Bezeichnen wir mit O die Spitze des Zylinders, die den Geraden m und n gemeinsam ist, so sind die Berührungspunkte M und N der Geraden m und n mit K die dem Punkte O (auf ihnen) in der absoluten Polarität konjugierten Punkte, liegen also auf der Polare AB von O. Und da die Geradenpaare mn und ab sich trennen, weil die Involution der durch die Achse des Zylinders gehenden konjugierten Ebenen elliptisch ist (§ 37), so werden auch die Punktepaare AB und MN sich trennen müssen. Daraus folgt, daß von den beiden Punkten A und B der eine außerhalb, der andere innerhalb des Kegelschnittes K sich befindet (§ 69). Durch jenen äußeren Punkt gehen zwei Tangenten an K, die die gesuchten unendlich fernen Geraden der Ebenen sind, welche den Zylinder in einem Kreise schneiden.

Man schließt:

Für den elliptischen Zylinder, der kein Rotationszylinder ist, gibt es zwei uneigentliche Büschel von Ebenen, die ihn in einem Kreise schneiden, und beide enthalten die zu einer der beiden durch die Achse gehenden Symmetrieebenen normale Richtung.

Mit andern Worten: der elliptische Zylinder (zweiten Grades) kann in zweifacher Weise als ein schiefer Kreiszylinder betrachtet werden.

Der Rotationszylinder hat zu Ebenen, die ihn in einem Kreise schneiden, nur die zur Achse normalen Ebenen.

Anmerkung. Es mögen die beiden durch einen gegebenen Punkt der Achse gehenden Ebenen, die den elliptischen Zylinder in einem Kreise schneiden, gewünscht sein.

Man betrachte die Ellipse, die als Schnitt des Zylinders mit einer zur Achse normalen Ebene entsteht; ihr Mittelpunkt liegt auf der Achse. Jene Ebenen, die den Zylinder in einem Kreise schneiden, gehen durch eine der Achsen der genannten Ellipse. Man wird bemerken, daß diese Achse die große Achse der Ellipse ist.

Vierzehntes Kapitel.

Projektivität zwischen Gebilden dritter Stufe.

§ 85. Definitionen. Wenn man den Raum sich zweimal, z. B. in verschiedenen Augenblicken, vorstellt, dann spricht man von zwei Räumen.

Zwei Räume heißen kollinear, wenn sie so auf einander bezogen sind, daß jedem Elemente, Punkt oder Ebene, des einen ein Element, Punkt oder Ebene, in dem andern entspricht in der Art, daß einem Punkte und einer Ebene des einen Raumes, die einander angehören, immer in dem andern Raume ein Punkt und eine Ebene, die einander angehören, entsprechen. Man nennt diese Beziehung zwischen den beiden Räumen Kollineation. Ein Beispiel * erhält man, wenn man annimmt, es werde eine Bewegung des als starr gedachten Raumes ausgeführt; die Punkte und die Ebenen der beiden Räume, die in der Anfangslage und in der Endlage der Bewegung sich entsprechen, sind dann kollinear auf einander bezogen.

Eine Kollineation zwischen zwei Räumen kann man auch als eine nur zwischen den Punkten zweier räumlichen Punktsysteme oder nur zwischen den Ebenen zweier räumlichen Ebenensysteme bestehende Beziehung betrachten.

Es besteht alsdann die fundamentale Eigenschaft, daß „während ein Punkt sich in einer Ebene eines der beiden Räume bewegt, der entsprechende Punkt sich in dem andern Raume bewegt und dabei immer in einer (zur ersten homologen) Ebene liegt". Diese Eigenschaft muß man als die charakteristische Eigenschaft betrachten, die die Kollineation von den andern (nicht kollinearen) umkehrbar eindeutigen Beziehungen, die zwischen zwei Räumen sich denken ließen, unterscheidet; in diesen Beziehungen würden den Punkten einer Ebene die Punkte einer nicht ebenen Fläche entsprechen.

Die hierzu korrelative Bemerkung bietet sich von selbst dar.

Zwei Räume heißen reziprok oder korrelativ, wenn sie so auf einander bezogen sind, daß einem Elemente, Punkt oder Ebene, des einen ein Element, Ebene oder Punkt, in dem andern entspricht in der Art, daß zwei einander angehörenden Elementen (Punkt und Ebene) des eines Raumes immer zwei einander angehörende Elemente (Ebene und Punkt) in dem andern entsprechen. Die zwischen zwei reziproken Räumen bestehende Beziehung heißt Reziprozität oder Korrelation.

Die Reziprozität kann man auch als eine umkehrbar eindeutige Beziehung zwischen den Punkten eines räumlichen Punktsystems und den Ebenen eines räumlichen Ebenensystems betrachten, wobei den Punkten einer Ebene (des ersten Raumes) immer die durch einen Punkt gehenden Ebenen (des zweiten) entsprechen.

Man faßt die Kollineation und die Reziprozität zwischen zwei Räumen unter dem allgemeinen Namen der Projektivität zwischen zwei Gebilden dritter Stufe zusammen.

Man kann sagen:

Zwei Gebilde dritter Stufe sind projektiv, wenn sie so auf einander bezogen sind, daß den Elementen eines Gebildes zweiter Stufe in dem einen immer die Elemente eines Gebildes zweiter Stufe in dem andern entsprechen.

Zwei Gebilde dritter Stufe, die zu einem dritten projektiv sind, sind zu einander projektiv.

Zwei Gebilde dritter Stufe, die beide zu einem dritten kollinear oder reziprok sind, sind kollinear.

Zwei Gebilde dritter Stufe, von denen das eine zu einem dritten kollinear und das andere reziprok ist, sind reziprok.

Diese Sätze kann man in folgende Aussage zusammenfassen (vgl. §§ 16, 21):

Das Produkt zweier Projektivitäten zwischen Gebilden dritter Stufe ist eine Projektivität; und zwar ist es eine Kollineation oder eine Reziprozität, je nachdem die komponierenden Projektivitäten von derselben oder von verschiedener Art sind.

Anmerkung. Man vergleiche diesen Paragraphen mit dem Paragraphen 43.

§ 86. Fundamentalsatz. Es seien Σ und Σ' zwei kollineare Räume, und a sei eine Gerade des Raumes Σ. Wir legen durch a zwei Ebenen α und β, und es seien α' und β' die zu ihnen homologen Ebenen in Σ'. Den Punkten der Geraden a entsprechen in Σ' Punkte, die sowohl α' als auch β' angehören, d. h. Punkte der Geraden $a' \equiv \alpha'\beta'$.

Also ergibt sich:

In der Kollineation zwischen zwei Räumen entsprechen immer den Punkten einer Geraden in dem einen Raume Punkte einer (homologen) Geraden in dem andern.

Und korrelativ dazu: In der Kollineation zwischen zwei Räumen entsprechen immer den durch eine Gerade gehenden Ebenen des einen die durch eine (homologe) Gerade gehenden Ebenen des andern.

Umgekehrt bestehen die Sätze:

Wenn zwischen den Punkten zweier Räume eine umkehrbar eindeutige Beziehung besteht, in der den Punkten einer Geraden des einen Raumes immer die Punkte einer Geraden in dem andern Raume entsprechen, so ist die Beziehung eine Kollineation.

Wenn zwischen den Ebenen zweier Räume eine umkehrbar eindeutige Beziehung besteht, in der den Ebenen einer Geraden des einen Raumes immer die Ebenen durch eine Gerade in dem andern Raume entsprechen, so ist die Beziehung eine Kollineation.

Wir beweisen die Aussage zur Linken.

Zum Beweise muß man zeigen, daß den Punkten einer Ebene α, die dem einen der beiden Räume angehört, immer die Punkte einer Ebene in dem andern Raume entsprechen (vgl. den vorhergehenden Paragraphen).

Man bezeichne die beiden Räume mit Σ und Σ'. Es sei α eine Ebene z. B. von Σ, und man wähle in ihr eine Gerade a und einen Punkt A außerhalb a. Den Elementen a und A entsprechen in Σ' eine Gerade a' und ein Punkt A', die sich nicht angehören (wenn A' sich auf a' befände, so würde auch der zu ihm in Σ homologe Punkt A sich auf a befinden). Nun entsprechen den Punkten einer in der Ebene α liegenden und durch A hindurchgehenden Geraden b in Σ' die Punkte einer durch A' hindurchgehenden Geraden b', und da b die Gerade a schneidet, so wird auch b' die Gerade a' (in dem zu ab homologen Punkte) schneiden. Es folgt, daß b' in der Ebene $\alpha' \equiv A'a'$, die a' von A' aus projiziert, liegen wird; und da b irgendeine durch A gehende Gerade in α ist, so folgt, daß allen Punkten der Ebene α in Σ' Punkte der Ebene α' entsprechen, w. z. b. w.

Wiederholt man die vorstehende Schlußreihe, indem man in einem (einzigen) der beiden Räume Σ und Σ' die Punkte und die Ebenen mit einander vertauscht, so erhält man:

Ist eine Reziprozität zwischen zwei Räumen gegeben, so entsprechen den Punkten einer Geraden des einen Raumes die durch eine (homologe) Gerade hindurchgehenden Ebenen in dem andern.

Wenn zwischen den Punkten und den Ebenen zweier Räume eine umkehrbar eindeutige Beziehung besteht, in der den Punkten einer Geraden des einen Raumes immer die durch eine Gerade hindurchgehenden Ebenen in dem andern Raume entsprechen, so ist die Beziehung eine Reziprozität.

Oder, wenn man zusammenfaßt:

Die Projektivität zwischen zwei Gebilden dritter Stufe ist eine umkehrbar eindeutige Beziehung, die die charakteristische Eigenschaft besitzt, daß in ihr den Elementen eines Gebildes erster Stufe des einen Gebildes die Elemente eines (homologen) Gebildes erster Stufe des andern Gebildes entsprechen.

Wenden wir uns der Betrachtung zweier kollinearer Räume Σ und Σ' zu, so machen wir jetzt die folgende Bemerkung: Wenn α und α' zwei entsprechende Ebenen in Σ und Σ' sind, so besteht zwischen ihren Punkten eine umkehrbar eindeutige Beziehung, in der den Punkten einer Geraden die Punkte einer Geraden entsprechen, d. h. eine Kollineation.

Zwei in Σ und Σ' homologe Gerade a und a' können als zwei entsprechenden kollinearen Ebenen angehörig betrachtet werden; also (§ 44) sind sie projektiv.

So ergibt sich die Aussage (der wir rechts die korrelative hinzufügen):

In der Kollineation zwischen zwei Räumen

sind zwei homologe Ebenen kollinear und zwei homologe Punktreihen projektiv.	sind zwei homologe Bündel kollinear und zwei homologe Ebenenbüschel projektiv.

Außerdem sind zwei homologe Strahlenbüschel projektiv, da man sie als homologe Büschel zweier kollinearer Ebenen betrachten kann.

Vertauscht man in dem einen der beiden Räume die Punkte mit den Ebenen, so erhält man analog:

In der Reziprozität zwischen zwei Räumen sind eine Ebene und das ihm homologe Bündel reziprok, und eine

Punktreihe und das ihm homologe Ebenenbüschel oder zwei homologe Strahlenbüschel projektiv.

Oder, wenn man zusammenfaßt:

Wenn zwei Gebilde dritter Stufe projektiv sind, so sind zwei Gebilde zweiter oder erster Stufe, die sich in ihnen entsprechen, projektiv.

Dieser Satz bildet den Fundamentalsatz der Projektivität zwischen Gebilden dritter Stufe.

§ 87. Bestimmung der Projektivität zwischen Gebilden dritter Stufe. Die Entwickelungen dieses Paragraphen gehen denen des Paragraphen 45 parallel.

Wir wollen die Frage untersuchen, wie man die Kollineation (und die Korrelation) zwischen zwei Räumen herstellen kann.

Es seien zwei Räume Σ und Σ' vorhanden. Es seien A und B zwei Punkte von Σ und A' und B' zwei Punkte von Σ'; ferner seien a und a' die Geraden (von Σ und Σ'), die durch die genannten Punktepaare bestimmt sind ($a \equiv AB$, $a' \equiv A'B'$). Wir setzen voraus, daß zwischen Σ und Σ' eine Kollineation π besteht, in der A und A', und B und B' sich entsprechen. In dieser Kollineation entsprechen sich die Geraden a und a', und zwischen den Bündeln A und A' besteht eine von der ge-

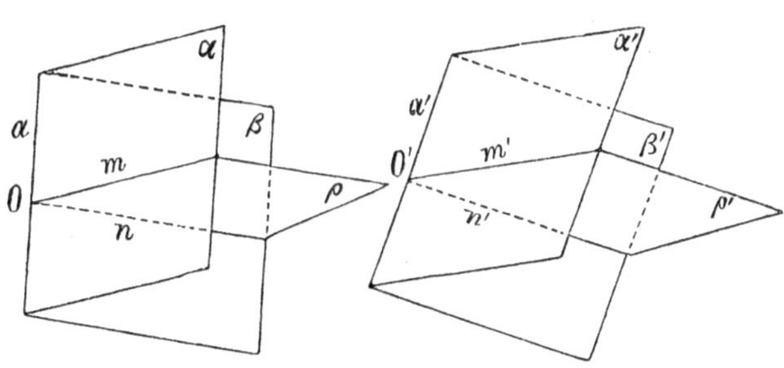

Fig. 183.

Es seien zwei Räume Σ und Σ' vorhanden. Es seien α und β zwei Ebenen von Σ und α' und β' zwei Ebenen von Σ'; ferner seien a und a' die Geraden (von Σ und Σ'), die durch die genannten Ebenenpaare bestimmt sind ($a \equiv \alpha\beta$, $a' \equiv \alpha'\beta'$). Wir setzen voraus, daß zwischen Σ und Σ' eine Kollineation π besteht, in der α und α', und β und β' sich entsprechen. In dieser Kollineation entsprechen sich die Geraden a und a', und zwischen den Ebenen α und α' besteht eine von der gegebenen

gebenen Kollineation erzeugte Kollineation, die man π_A nennen kann, und ebenso besteht zwischen den Bündeln B und B' eine von π erzeugte Kollineation π_B.

Der Geraden a entspricht die Gerade a' sowohl in π_A wie auch in π_B, und π_A und π_B erzeugen überdies zwischen den Ebenenbüscheln a und a' dieselbe Projektivität π_a. Beachtet man dies, so läßt sich die Konstruktion der zwischen Σ und Σ' als gegeben vorausgesetzten Kollineation π auf die Konstruktion der zwischen den Bündeln bestehenden Kollineationen π_A und π_B zurückführen.

Lernen wir nach einander das in π homologe Element konstruieren:

1) zu einem nicht auf a liegenden Punkte von Σ,

2) zu einer nicht durch A und B gehenden Ebene von Σ,

3) zu einem auf a liegenden Punkte von Σ.

1) Es sei in Σ ein nicht auf a liegender Punkt P gegeben; sehen wir zu, wie man den ihm in Σ' entsprechenden Punkt P' konstruieren kann.

Der Punkt P bestimmt mit A und B zwei Gerade m und n, die eine durch a gehende Ebene ω bestimmen. Ihnen sind in π_A und π_B zwei Gerade m' und n' homolog, die eine durch a' gehende Ebene ω' bestimmen, die in π_a der Ebene ω entspricht. Der Punkt $P' \equiv m'n'$ entspricht in π dem Punkte P.

Kollineation erzeugte Kollineation, die man π_α nennen kann, und ebenso besteht zwischen β und β' eine von π erzeugte Kollineation π_β.

Der Geraden a entspricht die Gerade a' sowohl in π_α wie auch in π_β, und π_α und π_β erzeugen überdies zwischen den Punktreihen a und a' dieselbe Projektivität π_a. Beachtet man dies, so läßt sich die Konstruktion der zwischen Σ und Σ' als gegeben vorausgesetzten Kollineation π auf die Konstruktion der ebenen Kollineationen π_α und π_β zurückführen.

Lernen wir nach einander das in π homologe Element konstruieren:

1) zu einer nicht durch a gehenden Ebene von Σ,

2) zu einem außerhalb α und β gelegenen Punkte von Σ,

3) zu einer durch a gehenden Ebene von Σ.

1) Es sei in Σ eine nicht durch a gehende Ebene ϱ gegeben; sehen wir zu, wie man die ihr in Σ' entsprechende Ebene ϱ' konstruieren kann.

Die Ebene ϱ schneidet α und β in zwei Geraden m und n, die sich in einem Punkte O von a schneiden. Ihnen sind in π_α und π_β zwei Gerade m' und n' homolog, die sich in dem Punkte O' von a' schneiden, der in π_a dem Punkte O entspricht. Die Ebene $\varrho' \equiv m'n'$ entspricht in π der Ebene ϱ.

2) Es sei in Σ eine nicht durch A und B gehende Ebene ϱ gegeben. Wir nehmen auf ihr drei nicht auf a liegende und nicht in einer Geraden liegende Punkte P_1, P_2, P_3 an; diese werden mit A die drei Kanten eines Dreikants bestimmen.

Wir konstruieren die Punkte P_1', P_2', P_3', die den Punkten P_1, P_2, P_3 entsprechen; sie können nicht in einer Geraden liegen, weil sie mit A' die drei Kanten eines Dreikants bestimmen. Die genannten Punkte bestimmen also eine Ebene ϱ', und diese entspricht in π der Ebene ϱ.

3) Es sei ein auf a liegender Punkt S von Σ gegeben. Wir legen durch S eine nicht durch a gehende Ebene ϱ und konstruieren die dazu in Σ' homologe Ebene ϱ'; der Punkt $S' \equiv a'\varrho'$ ist der zu S homologe Punkt.

Wir sehen also, daß, wenn zwischen Σ und Σ' eine Kollineation vorhanden ist, in der zwischen A und A' und zwischen B und B' die Kollineationen π_A und π_B (die in den Büscheln a und a' dieselbe Projektivität π_a erzeugen) bestehen, diese Kollineation durch die vorstehende Konstruktion bestimmt ist.

Wir stellen uns nun die folgende Frage:

Es seien in den Räumen Σ und Σ' die Punktepaare A und B, und A' und B' und zwischen den Bündeln A und A', und B und B' die Kollineationen π_A und π_B gegeben, die beide der Geraden

2) Es sei in Σ ein außerhalb α und β gelegener Punkt P gegeben. Wir legen durch ihn drei nicht durch a gehende und nicht einem Büschel angehörende Ebenen ϱ_1, ϱ_2, ϱ_3; diese werden α in den drei Seiten eines Dreiecks schneiden.

Wir konstruieren die Ebenen ϱ_1', ϱ_2', ϱ_3', die den Ebenen ϱ_1, ϱ_2, ϱ_3 entsprechen; sie können nicht einem Büschel angehören, weil sie α' in den drei Seiten eines Dreiecks schneiden. Die genannten Ebenen haben also einen Punkt P' gemeinsam, und dieser entspricht in π dem Punkte P.

3) Es sei eine durch a gehende Ebene τ von Σ gegeben. Wir nehmen auf τ einen außerhalb a gelegenen Punkt P an und konstruieren den dazu in Σ' homologen Punkt P'; die Ebene $\tau' \equiv a'P'$ ist die zu τ homologe Ebene.

Wir sehen also, daß, wenn zwischen Σ und Σ' eine Kollineation vorhanden ist, in der zwischen α und α' und zwischen β und β' die Kollineationen π_α und π_β (die auf a und a' dieselbe Projektivität π_a erzeugen) bestehen, diese Kollineation durch die vorstehende Konstruktion bestimmt ist.

Wir stellen uns nun die folgende Frage:

Es seien in den Räumen Σ und Σ' die Ebenenpaare α und β, und α' und β' und zwischen α und α', und β und β' die Kollineationen π_α und π_β gegeben, die beide der Geraden $a \equiv \alpha\beta$ die Gerade $a' \equiv \alpha'\beta'$

$a \equiv AB$ die Gerade $a' \equiv A'B'$ zuordnen und zwischen den Büscheln a und a' dieselbe Projektivität π_a bestimmen. Gibt es immer zwischen Σ und Σ' eine Kollineation π, die dem Punkte A den Punkt A' und dem Punkte B den Punkt B' zuordnet und zwischen diesen Bündelpaaren die vorgeschriebenen Kollineationen π_A und π_B erzeugt?

Die Antwort ist bejahend. In der Tat können wir zwischen Σ und Σ' eine den gegebenen Bedingungen genügende Kollineation in folgender Weise herstellen:

1) Ist ein nicht auf a liegender und mit A und B die Geraden m und n bestimmender Punkt P von Σ gegeben, so lassen wir ihm den Punkt P' entsprechen, der durch die den Geraden m und n in π_A und π_B entsprechenden Geraden m' und n' bestimmt ist.

2) Ist irgendeine nicht durch A und B gehende Ebene ϱ von Σ gegeben, so nehmen wir in ϱ drei nicht auf a liegende und nicht in einer Geraden liegende Punkte P_1, P_2, P_3 an und konstruieren nach Konstruktion 1) die ihnen entsprechenden Punkte P_1', P_2', P_3'; diese Punkte bestimmen eine Ebene ϱ', die wir der Ebene ϱ zuordnen.

Die so erhaltene Ebene ϱ' hängt nur von ϱ ab und nicht von den auf ϱ angenommenen Hilfspunkten P_1, P_2, P_3.

In der Tat, betrachtet man alle Punkte P von ϱ und projiziert sie von A und B aus, so er-

zuordnen und zwischen a und a' dieselbe Projektivität π_a bestimmen. Gibt es immer zwischen Σ und Σ' eine Kollineation π, die der Ebene α die Ebene α' und der Ebene β die Ebene β' zuordnet und zwischen diesen Ebenenpaaren die vorgeschriebenen Kollineationen π_α und π_β erzeugt?

Die Antwort ist bejahend. In der Tat können wir zwischen Σ und Σ' eine den gegebenen Bedingungen genügende Kollineation in folgender Weise herstellen:

1) Ist eine nicht durch a gehende und die Ebenen α und β in den Geraden m und n schneidende Ebene ϱ von Σ gegeben (s. die Figur auf Seite 313), so lassen wir ihr die Ebene ϱ' entsprechen, die durch die den Geraden m und n in π_α und π_β entsprechenden Geraden m' und n' bestimmt ist.

2) Ist irgendein Punkt P von Σ außerhalb α und β gegeben, so legen wir durch P drei nicht durch a gehende und kein Büschel bildende Ebenen ϱ_1, ϱ_2, ϱ_3 und konstruieren nach Konstruktion 1) die ihnen entsprechenden Ebenen ϱ_1', ϱ_2', ϱ_3'; diese Ebenen schneiden sich in einem Punkte P', den wir dem Punkte P zuordnen.

Der so erhaltene Punkt P' hängt nur von P ab und nicht von den durch P gelegten Hilfsebenen ϱ_1, ϱ_2, ϱ_3.

In der Tat, betrachtet man alle durch P gelegten Ebenen ϱ und schneidet mit ihnen α und β, hält man zwischen A und B eine Perspektivität (deren Ebene ϱ ist). Stellt man nun zwischen A und A' und zwischen B und B' die Kollineationen π_A und π_B her, so entsteht zwischen A' und B' eine Kollineation; aber in dieser Kollineation sind alle durch a' gehenden Ebenen (die in π_A und π_B denselben durch a gehenden Ebenen entsprechen) Doppelebenen, also (§ 46) ist die Kollineation selbst eine Perspektivität, d. h. alle Punkte P', die durch die zu den Paaren m und n (in π_A und π_B) homologen Paare m' und n' bestimmt werden, liegen in einer und derselben Ebene ϱ'.

Also ist bewiesen, daß die Konstruktion 2) von einer nicht durch A und B gehenden Ebene von Σ zu einer bestimmten Ebene von Σ' führt, und umgekehrt.

Wendet man diese Konstruktion auf die durch A und B gehenden Ebenen an, so führt sie auch auf die zu ihnen in π_A und π_B homologen Ebenen. Also erhält man zwischen den Ebenen der beiden Räume eine umkehrbar eindeutige Beziehung, die zwischen A und A' und zwischen B und B' die Kollineationen π_A und π_B erzeugt. Und in dieser Beziehung entsprechen immer (nach der Natur der Konstruktion) den durch einen nicht auf a liegenden Punkt hindurch gehenden Ebenen von Σ die durch einen nicht auf a' liegenden Punkt hindurch gehenden Ebenen von Σ', und umgekehrt.

so erhält man zwischen α und β eine Perspektivität (deren Zentrum P ist). Stellt man nun zwischen α und α', und β und β' die Kollineation π_α und π_β her, so entsteht zwischen α' und β' eine Kollineation; aber in dieser Kollineation sind alle Punkte von a' (die in π_α und π_β denselben Punkten von a entsprechen) Doppelpunkte, also (§ 46) ist die Kollineation selbst eine Perspektivität, d. h. alle Ebenen ϱ', die die zu den Paaren m und n (in π_α und π_β) homologen Paare m' und n' enthalten, gehen durch einen und denselben Punkt P'.

Also ist bewiesen, daß die Konstruktion 2) von einem außerhalb α und β gelegenen Punkte von Σ zu einem bestimmten Punkte von Σ' führt, und umgekehrt.

Wendet man diese Konstruktion auf die Punkte von α und β an, so führt sie auch auf die zu ihnen in π_α und π_β homologen Punkte. Also erhält man zwischen den Punkten der beiden Räume eine umkehrbar eindeutige Beziehung, die zwischen α und α' und zwischen β und β' die Kollineationen π_α und π_β erzeugt. Und in dieser Beziehung entsprechen immer (nach der Natur der Konstruktion) den Punkten einer nicht durch a gehenden Ebene von Σ die Punkte einer nicht durch a' gehenden Ebene von Σ', und umgekehrt.

Es ist noch zu zeigen, daß auch den durch einen auf a liegenden Punkt hindurch gehenden Ebenen von Σ die durch einen auf a liegenden Punkt hindurch gehenden Ebenen von Σ' entsprechen, und umgekehrt. Dazu braucht man nur zu bemerken, daß irgendwelchen zwei Ebenen von Σ, die nicht durch einen auf a liegenden Punkt hindurch gehen, immer in Σ' zwei Ebenen entsprechen, die nicht durch einen auf a' liegenden Punkt hindurch gehen, und umgekehrt; daher müssen irgendwelchen zwei Ebenen von Σ, die durch einen auf a liegenden Punkt hindurch gehen, zwei Ebenen von Σ' entsprechen, die durch einen auf a' liegenden Punkt hindurch gehen, und umgekehrt.

Also ist die zwischen Σ und Σ' hergestellte umkehrbar eindeutige Beziehung eine Kollineation.

Daß diese Kollineation (in der zwischen den Bündeln A und A', und B und B' die Kollineationen π_A und π_B bestehen) die einzige ist, ist schon vorher bewiesen worden.

Es ist noch zu zeigen, daß auch den Punkten einer durch a gehenden Ebene in Σ die Punkte einer durch a' gehenden Ebene in Σ' entsprechen, und umgekehrt. Dazu braucht man nur zu bemerken, daß irgendwelchen zwei Punkten von Σ, die nicht in einer durch a gehenden Ebene liegen, immer in Σ' zwei Punkte entsprechen, die nicht in einer durch a' gehenden Ebene liegen, und umgekehrt; daher müssen irgendwelchen zwei Punkten von Σ, die in einer durch a gehenden Ebene liegen, zwei Punkte von Σ' entsprechen, die in einer durch a' gehenden Ebene liegen, und umgekehrt.

Also ist die zwischen Σ und Σ' hergestellte umkehrbar eindeutige Beziehung eine Kollineation.

Daß diese Kollineation (in der zwischen α und α', und β und β' die Kollineationen π_α und π_β bestehen) die einzige ist, ist schon vorher bewiesen worden.

Also ergibt sich der Satz:

Zwischen zwei Räumen Σ und Σ' gibt es eine bestimmte Kollineation, in der

zwei Punkten A und B des einen (Σ) zwei Punkte A' und B' des andern (Σ') entsprechen in der Weise, daß zwischen den Bündeln A und A', und B und B' zwei vorgeschriebene Kollineationen bestehen, die zwischen den Büscheln, die AB und $A'B'$ zu Achsen haben,

zwei Ebenen α und β des einen (Σ) zwei Ebenen α' und β' des andern (Σ') entsprechen in der Weise, daß zwischen α und α', und β und β' zwei vorgeschriebene Kollineationen bestehen, die zwischen den Geraden $\alpha\beta$ und $\alpha'\beta'$ dieselbe Projektivität erzeugen.

dieselbe Projektivität erzeugen.

Wir haben den Beweis des Satzes in seinen beiden korrelativen Formen ausführlich gegeben, weil eine der beiden Formen sich unmittelbar an den für den Fall der Ebene im Paragraphen 45 gegebenen Beweisgang anschließt und die andere eine einfachere Darstellung durch die Figur gestattet.

Nun besteht keine Schwierigkeit, den analogen Satz von der Bestimmung einer Korrelation zwischen den Räumen Σ und Σ' auszusprechen, wenn man zweien Ebenen α und β von Σ zwei reziproke Bündel A und B von Σ' entsprechen läßt in der Weise, daß zwischen der Punktreihe $\alpha\beta$ und dem Ebenenbüschel AB dieselbe Projektivität entsteht.

Aus dem oben ausgesprochenen Satze geht eine andere Bestimmungsart der Kollineation (oder der Korrelation) zwischen zwei Räumen hervor.

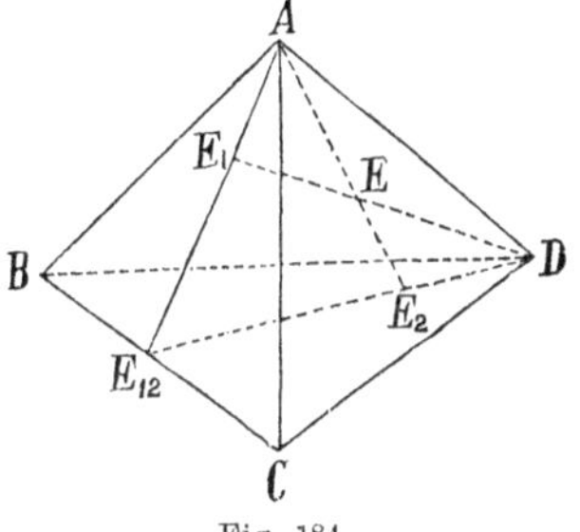

Fig. 184.

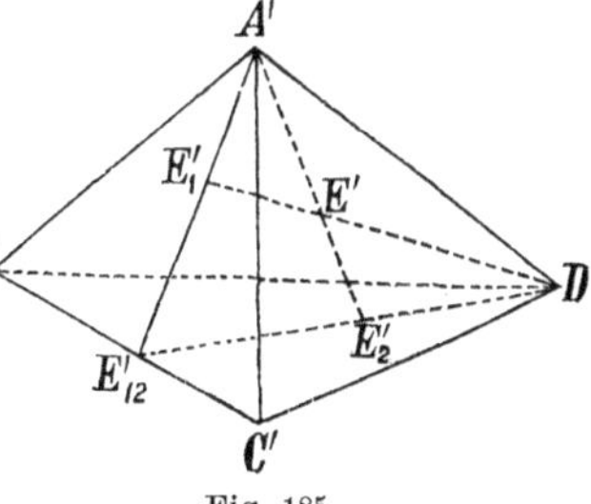

Fig. 185.

Es seien in einem Raume Σ fünf Punkte A, B, C, D, E gegeben, von denen nicht vier in einer Ebene liegen, oder, wie man kürzer sagt, fünf unabhängige Punkte; ebenso seien fünf unabhängige Punkte A', B', C', D', E' in einem andern Raume Σ' gegeben.

Wir bezeichnen mit E_1 und E_2 die von D und A aus hergestellten Projektionen von E auf die Ebenen ABC und BCD, ebenso mit E_1' und E_2' die Projektionen von E' auf $A'B'C'$ und $B'C'D'$ von D' und A' aus.

Infolge der Unabhängigkeit der Punkte A, B, C, D, E und A', B', C', D', E' haben die Quaternen von Punkten $ABCE_1$, $BCDE_2$, $A'B'C'E_1'$, $B'C'D'E_2'$ keine Ternen von in gerader Linie liegenden Punkten.

Der Punkt E wird von der Geraden AD aus in den Punkt E_{12} auf BC projiziert, der auch die Projektion (auf BC) von E_1 von A aus und von E_2 von D aus ist. Ebenso wird der Punkt E' von der Geraden $A'D'$

aus in den Punkt E_{12}' auf $B'C'$ projiziert, der auch die Projektion (auf $B'C'$) von E_1' von A' aus und von E_2' von D' aus ist.

Nach den vorhergehenden Betrachtungen ist es leicht zu sehen, daß zwischen Σ und Σ' eine Kollineation, die wir mit $\begin{pmatrix} A & B & C & D & E \\ A' & B' & C' & D' & E' \end{pmatrix}$ bezeichnen können, existiert, die die Punkte A und A', B und B', C und C', D und D', E und E' einander zuordnet.

In der Tat stelle man zwischen den Ebenen ABC und $A'B'C'$ die durch die beiden Quaternen von Punkten $ABCE_1$ und $A'B'C'E_1'$ bestimmte Kollineation $\begin{pmatrix} A & B & C & E_1 \\ A' & B' & C' & E_1' \end{pmatrix}$ her, und ebenso stelle man zwischen den Ebenen BCD und $B'C'D'$ die Kollineation $\begin{pmatrix} B & C & D & E_2 \\ B' & C' & D' & E_2' \end{pmatrix}$ her. Diese beiden Kollineationen erzeugen zwischen den Geraden BC und $B'C'$ dieselbe Projektivität $\begin{pmatrix} B & C & E_{12} \\ B' & C' & E_{12}' \end{pmatrix}$; daher existiert (nach dem vorhergehenden Satze) zwischen Σ und Σ' eine bestimmte Kollineation, die die Ebenen der Paare ABC und $A'B'C'$, BCD und $B'C'D'$ sich entsprechen läßt und zwischen ihnen die genannten Kollineationen erzeugt. Diese Kollineation zwischen Σ und Σ' ordnet gerade die Punkte A und A', B und B', C und C', D und D', E und E' einander zu. Umgekehrt ordnet eine Kollineation zwischen Σ und Σ', die die Punkte dieser fünf Paare einander zuordnet, auch (der Geraden ED die Gerade $E'D'$ und daher) dem Punkte E_1 den Punkt E_1' und ebenso dem Punkte E_2 den Punkt E_2' zu; daher kann sie von der oben bezeichneten Kollineation nicht verschieden sein.

Es folgt der Satz:

Zwischen zwei Räumen existiert eine bestimmte Kollineation, in der fünf unabhängigen Punkten des einen in bestimmter Ordnung fünf unabhängige Punkte des andern entsprechen.

Korrelativ dazu ergibt sich (wenn man fünf Ebenen unabhängig nennt, wenn nicht vier von ihnen einem Bündel angehören):

Zwischen zwei Räumen existiert eine bestimmte Kollineation, in der fünf unabhängigen Ebenen des einen in bestimmter Ordnnung fünf unabhängige Ebenen des andern entsprechen.

Ebenso erhält man, wenn man in den Schlußreihen, so weit sie sich auf einen der Räume beziehen, Punkte und Ebenen mit einander vertauscht:

Zwischen zwei Räumen existiert eine bestimmte Korrelation, in der fünf unabhängigen Punkten des einen in bestimmter Ordnung fünf unabhängige Ebenen des andern entsprechen.

Oder, wenn man zusammenfaßt:

Zwischen zwei Gebilden dritter Stufe existiert eine bestimmte Projektivität, in der fünf unabhängigen Elementen des einen in bestimmter Ordnung fünf unabhängige Elemente des andern entsprechen.

§ 88. Homologie. Wenn man eine Kollineation zwischen zwei Räumen Σ und Σ' betrachtet und berücksichtigt, daß man jeden Punkt des Raumes dem Raume Σ oder dem Raume Σ' zugehörig denken kann, so kommt man dazu, die beiden Räume als in einander liegend anzusehen, und kann dann die Frage aufwerfen, wie die Doppelelemente der Kollineation, d. h. die Elemente, welche mit den ihnen entsprechenden zusammenfallen, anzugeben sind. Anstatt von der „Kollineation zwischen in einander liegenden Räumen" zu reden kann man auch von der „Kollineation im Raume" reden.

Wenn es in einer Kollineation des Raumes fünf unabhängige Doppelpunkte oder Doppelebenen gibt, so ist die Kollineation identisch, d. h. sie ordnet jeden Punkt und jede Ebene sich selbst zu.

Es ist dies ein unmittelbarer Zusatz zu dem Satze des vorhergehenden Paragraphen, da diejenige Beziehung, welche die genannten fünf Punkte (oder Ebenen) sich selbst zuordnet, eine Kollineation bestimmt und die identische Beziehung gewiß kollinear ist.

Wenn es also in einer Kollineation des Raumes, die nicht identisch ist, fünf Doppelpunkte gibt, so liegen wenigstens vier von ihnen in einer Ebene (und das Korrelative gilt ebenso).

In einer Ebene, die vier Doppelpunkte enthält, gibt es eine identische Kollineation, wenn nicht (wenigstens) drei von diesen Punkten in gerader Linie liegen. Wenn es also in einer nicht identischen Kollineation des Raumes fünf Doppelpunkte gibt, von denen nicht drei in gerader Linie liegen, so gibt es eine Ebene, die ganz aus Doppelpunkten (und Doppelgeraden) besteht. Korrelativ dazu: Wenn es in einer nicht identischen Kollineation fünf Doppelebenen gibt, von denen nicht drei durch eine Gerade gehen, so gibt es ein Bündel, das ganz aus Doppelebenen (und Doppelgeraden) besteht.

Wir beweisen nun den Satz:

Wenn es in einer Kollineation des Raumes eine Ebene von Doppelelementen gibt, so gibt es auch ein Bündel von Doppelelementen, und umgekehrt.

Es sei im Raume eine nicht identische Kollineation gegeben, in der eine Ebene α von Doppelpunkten (und Doppelgeraden) vorhanden ist.

Es seien A und A', und B und B' irgendwelche zwei Paare entsprechender Punkte, von denen wir voraussetzen können, daß sie nicht auf derselben Geraden liegen. Die Geraden AB und $A'B'$ entsprechen sich; aber die Gerade AB trifft die Ebene α in einem Doppelpunkte, daher gehört dieser Punkt auch der Geraden $A'B'$ an; es folgt, daß die Geraden AB und $A'B'$ und daher auch die Geraden AA' und BB' in einer Ebene liegen. Also sind die Geraden, welche die Paare entsprechender Punkte der Kollineation verbinden, zu je zweien incident, und da sie (offenbar) nicht alle in einer und derselben Ebene liegen, so müssen sie durch einen und denselben Punkt O gehen (§ 8). Dieser Punkt O ist ein Doppelpunkt und jede durch ihn gehende Gerade ist eine Doppelgerade, da dem Punkte A ein Punkt A' entspricht, der mit A und O in gerader Linie liegt, so daß AA' durch O geht. Ebenso ist jede durch O gehende Ebene β eine Doppelebene, da alle durch O gehenden und in β liegenden (ein Büschel bildenden) Geraden Doppelgerade sind.

Damit ist der Satz bewiesen. Das Umgekehrte beweist man auf korrelativem Wege.

Die besondere (nicht identische) Kollineation des Raumes, in welcher eine Ebene und (daher auch) ein Bündel von Doppelelementen existiert, heißt Homologie (Zentralkollineation, perspektive Kollineation); die Ebene und der Mittelpunkt des Bündels heißen die Ebene der Homologie und das Zentrum der Homologie. Das Zentrum und die Ebene einer Homologie können beliebig angenommen werden, und die Homologie ist dann bestimmt, wenn außerdem zwei entsprechende (mit dem Zentrum in gerader Linie liegende, aber von ihm verschiedene und außerhalb der Ebene befindliche) Punkte gegeben werden.

In dem besondern Falle, daß das Zentrum und die Ebene der Homologie sich angehören, ergibt sich die sogenannte spezielle Homologie.

Aus der Definition folgt:

In einer Homologie des Raumes

1) schneiden sich zwei entsprechende Ebenen und zwei entsprechende Gerade auf der Ebene der Homologie;

2) liegen zwei entsprechende Punkte mit dem Zentrum der Homologie in gerader Linie und liegen zwei entsprechende Gerade in einer durch das Zentrum gehenden Ebene.

In jeder durch das Zentrum gehenden (Doppel-)Ebene ergibt sich als erzeugte Kollineation eine Homologie, die den Durchschnitt der betrachteten Ebene mit der Ebene der Homologie zur Achse und das Zentrum der Homologie zum Zentrum hat.

Als Zusatz (vgl. § 47) erhält man:

Wenn AA' und BB' zwei Paare homologer Punkte in einer Homologie des Raumes vom Zentrum P und der Ebene π sind, und M und N die Schnittpunkte von AA' und BB' mit der Ebene π sind, so ist

$$PMAA' \barwedge PNBB',$$

und das Korrelative gilt ebenso.

* Anmerkung. Das Doppelverhältnis $(PMAA')$ hat also einen (von A unabhängigen) konstanten Wert, der die absolute Invariante der Homologie heißt; dieselbe Zahl kann auch in korrelativer Weise definiert werden. Sie ist gleich 1, wenn P und M zusammenfallen, d. h. wenn P der Ebene π angehört.

Wenn $(PMAA') = -1$ ist, so heißt die Homologie harmonisch, weil in ihr irgendwelche zwei entsprechende Elemente immer das Zentrum und den Schnittpunkt ihrer Verbindungslinie mit der Ebene der Homologie harmonisch trennen.

Die harmonische Homologie ist involutorisch, d. h. in ihr entsprechen sich entsprechende Punkte in doppelter Weise.

Die Homologie des Raumes bietet die folgenden bemerkenswerten besonderen metrischen Fälle dar:

1) Das Zentrum P der Homologie ist uneigentlich und die Ebene π ist eigentlich.

Dann erhält man die affine Homologie, in der jedem Punkte A ein auf einer Geraden von vorgeschriebener Richtung liegender Punkt A' entspricht, der außerdem dadurch bestimmt ist, daß die Entfernungen der Punkte A und A' von der Ebene π in einem konstanten (durch die absolute Invariante gegebenen) Verhältnis stehen.

Im besondern kann die affine Homologie harmonisch sein, und dann ist sie eine schiefe oder orthogonale Symmetrie in Bezug auf die Ebene π.

2) Das Zentrum P ist eigentlich und die Ebene π ist uneigentlich.

Dann erhält man eine Homothetie (vom Zentrum P), in der zwei entsprechende Punkte mit P in gerader Linie liegen und in einem konstanten Verhältnis (dem Verhältnis der Homothetie) von P entfernt sind. Dieses Verhältnis ist gleich dem irgendwelcher zwei entsprechender endlicher Strecken (und ist durch die absolute Invariante gegeben).

Im besondern erhält man die harmonische Homothetie, d. h. die Symmetrie in Bezug auf das Zentrum P.

3) Das Zentrum P und die Ebene π der Homologie sind beide uneigentlich.

Die Homologie ist dann gleichbedeutend mit einer Parallelverschiebung (Translation) des Raumes in der durch das Zentrum bezeichneten Richtung und kann als ein besonderer Fall der Homothetie betrachtet werden, nämlich als der Fall, der dem Werte 1 des in Betracht kommenden Verhältnisses entspricht. (Vgl. die §§ 47 und 48.)

§ 89. Einachsige und zweiachsige Kollineation. Wenn es in einer nicht identischen und nicht homologischen Kollineation des Raumes

fünf Doppelpunkte gibt, so liegen (wenigstens) drei von ihnen auf einer Geraden, die dann ganz aus Doppelpunkten besteht.	fünf Doppelebenen gibt, so gehen (wenigstens) drei von ihnen durch eine Gerade, die dann die Achse eines Büschels von Doppelebenen ist.

Es besteht der Satz:

Wenn es in einer Kollineation des Raumes eine Gerade von Doppelpunkten gibt, so gibt es auch (wenigstens) ein Büschel von Doppelebenen, und umgekehrt.

Es sei eine (nicht identische) Kollineation mit einer Geraden a von Doppelpunkten gegeben.

Wenn alle durch a gehenden Ebenen Doppelebenen sind, so erweist sich der Satz bereits als richtig. Wenn nicht, so wird es höchstens zwei durch a gehende Doppelebenen geben. Man wähle A außerhalb dieser (möglicherweise vorhandenen) durch a gehenden Doppelebenen. Es sei A' der homologe Punkt von A, und A'' der homologe Punkt von A'. Wenn A'' sich auf der Geraden AA' befindet, so ist diese Gerade eine Doppelgerade, sie wird aber nicht mit a incident sein, denn sonst wäre die Ebene Aa eine Doppelebene; alle durch die Doppelgerade AA' hindurchgehenden Ebenen werden a in einem Doppelpunkte schneiden und also Doppelebenen sein. Im entgegengesetzten Falle wird die Ebene $AA'A''$ die Gerade a in einem Doppelpunkte (M) schneiden und darum eine Doppelebene sein (da der Ebene $AA'M$ dieselbe Ebene $A'A''M$ entsprechen muß). Läßt man A variieren, so wird man in analoger Weise unendlich viele

Doppelebenen erhalten können, und darum wird es ein Büschel von Doppelebenen geben, w. z. b. w.

Die Umkehrung des Satzes wird korrelativ bewiesen.

Die nicht identische und nicht homologische Kollineation des Raumes, in der eine Gerade a von Doppelpunkten und (daher auch) eine Gerade b als Achse eines Büschels von Doppelebenen existiert, heißt einachsige Kollineation. In ihr sind im allgemeinen a und b windschiefe Gerade; aber sie können auch incident sein oder zusammenfallen.

Wenn (wie a) auch b eine Gerade von Doppelpunkten ist, so heißt die Kollineation zweiachsig. In diesem Falle sind b und a windschiefe oder zusammenfallende Gerade, sonst bestände die Ebene ba ganz aus Doppelpunkten, und die Kollineation wäre eine Homologie. Wenn a und b verschiedene (windschiefe) Gerade sind, so heißt die zweiachsige Kollineation hyperbolisch; wenn a und b zusammenfallen, so heißt sie parabolisch; die Geraden a und b heißen die Achsen der zweiachsigen Kollineation.

Eine durch eine Achse (a) einer zweiachsigen Kollineation hindurchgehende Ebene ist immer eine Doppelebene; in ihr ergibt sich als erzeugte Kollineation eine Homologie, deren Achse die Achse a und deren Zentrum der Schnittpunkt mit der andern Achse ist.

In der zweiachsigen Kollineation gehört jeder nicht auf einer Achse liegende Punkt einer Doppelgeraden an; korrelativ dazu gibt es in jeder nicht durch eine Achse gehenden Ebene eine Doppelgerade.

Wir beziehen uns auf den ersten Teil der Aussage, und es sei P der in Rede stehende Punkt. Wenn die zweiachsige Kollineation hyperbolisch ist, so gibt es eine durch P gehende Gerade, die mit a und mit b incident ist, und diese ist eine Doppelgerade. Diese Gerade ist die einzige durch P hindurchgehende Doppelgerade, sonst wäre P (als Schnittpunkt zweier Doppelgeraden) ein Doppelpunkt. Wenn dagegen die zweiachsige Kollineation parabolisch ist, so betrachte man die von ihr in der (Doppel-)Ebene Pa erzeugte Homologie; die Gerade, welche P mit dem (auf a liegenden) Zentrum dieser Homologie verbindet, ist eine durch P gehende Doppelgerade; und diese durch P gehende Doppelgerade ist die einzige, da P kein Doppelpunkt ist.

Wenn P und P' zwei (verschiedene) entsprechende Punkte in einer zweiachsigen Kollineation sind, so ist die Gerade PP' die durch P gehende Doppelgerade. Wenn die zweiachsige Kollineation hyperbolisch ist, so schneidet die genannte Gerade a und b in zwei verschiedenen Punkten M und N.

Wenn P_1 und P_1' zwei andere (verschiedene) entsprechende Punkte sind und M_1 und N_1 die (Doppel-)Punkte, in denen die Gerade $P_1 P_1'$ die Achsen a und b schneidet, so wollen wir zeigen:

Es besteht die Relation:

$$MNPP' \barwedge M_1 N_1 P_1 P_1'.$$

In der Tat, wenn einer der beiden Punkte M und N mit einem der beiden Punkte M_1 und N_1 zusammenfällt, z. B. M mit M_1, so liegen die Punkte PP' und $P_1 P_1'$ in einer durch b gehenden Doppelebene und sie sind zwei Paare entsprechender Punkte in einer Homologie, deren Zentrum M und deren Achse b ist, daher besteht die vorstehende Relation (§ 47).

Im entgegengesetzten Falle kann man eine Hilfs-(Doppel-)Gerade MN_1 und auf ihr zwei (verschiedene) entsprechende Punkte P_2 und P_2' betrachten; es ergibt sich dann:

$$MNPP' \barwedge MN_1 P_2 P_2' \barwedge M_1 N_1 P_1 P_1', \text{ w. z. b. w.}$$

* Anmerkung. Das Doppelverhältnis $(MNPP')$ hat also einen konstanten (von P unabhängigen) Wert. Es heißt die absolute Invariante der zweiachsigen Kollineation. Es ist gleich 1, wenn M und N zusammenfallen, d. h. wenn die zweiachsige Kollineation (im Grenzfall) parabolisch ist.

Wenn $(MNPP') = -1$ ist, so trennen irgendwelche zwei entsprechende Punkte die Schnittpunkte ihrer Verbindungsgeraden mit den Achsen harmonisch, und die zweiachsige Kollineation heißt dann harmonisch. Diese zweiachsige Kollineation ist involutorisch, d. h. in ihr entsprechen sich die entsprechenden Elemente in doppelter Weise.

Wir beschränken uns darauf, folgenden bemerkenswerten besondern metrischen Fall der zweiachsigen Kollineation zu erwähnen:

Die zweiachsige hyperbolische Kollineation habe eine Achse (b) im Unendlichen (in einer Ebene) normal zur eigentlichen Achse a. Dann befinden sich zwei entsprechende Punkte P und P' auf einer (incidenten) Normalen zu a, und das Verhältnis ihrer Entfernungen von a (die absolute Invariante) ist konstant.

Wenn dieses Verhältnis gleich -1 ist, dann ist die (zweiachsige harmonische) Kollineation eine orthogonale Symmetrie in Bezug auf die Achse a.

§ 90. * Besondere Kollineationen vom metrischen Standpunkte aus. Betrachten wir eine Kollineation zwischen zwei Räumen Σ und Σ'. Der uneigentlichen Ebene einer der beiden Räume, z. B. von Σ', entspricht in dem andern, Σ, eine gewisse Ebene λ, die die Fluchtebene dieses Raumes heißt. Im allgemeinen wird die Ebene λ eine eigentliche Ebene sein, und alsdann wird jeder Strecke AB einer, nicht der Ebene λ angehörenden Geraden von Σ eine endliche Strecke in Σ' entsprechen, wenn AB mit der Ebene λ keinen Punkt gemeinsam hat, dagegen eine unendliche Strecke, wenn das Gegenteil eintritt.

Wenn die Ebene λ uneigentlich ist, so heißt die Kollineation zwischen Σ und Σ' affine Kollineation oder Affinität. Die Affinität zwischen zwei Räumen ist also eine Kollineation, in welcher die uneigentlichen Ebenen der beiden Räume sich entsprechen.

Die Affinität zwischen zwei Räumen ist durch vier Paare eigentlicher unabhängiger homologer Punkte oder Ebenen bestimmt.

Wenn zwei Räume affin sind, so entspricht einer endlichen oder unendlichen Strecke einer (eigentlichen) Geraden des einen Raumes eine gleichfalls endliche oder unendliche Strecke einer (eigentlichen) Geraden des andern.

In affinen Räumen einander entsprechende (eigentliche) Punktreihen sind ähnlich.

Die Kollineation zwischen zwei entsprechenden (eigentlichen) Ebenen ist eine Affinität.

Räume, die zu einem dritten affin sind, sind unter einander affin, oder: das Produkt zweier räumlicher Affinitäten ist eine Affinität.

Die Affinität zwischen zwei Räumen ordnet zwei parallelen Ebenen des einen zwei parallele Ebenen des andern zu, daher jedem Parallelepiped ein Parallelepiped.

Nun kann man in analoger Weise wie im § 50 beweisen, daß das Verhältnis der Volumina zweier entsprechender Parallelepipeden konstant ist. Und daraus leitet man die folgende allgemeine Eigenschaft der räumlichen Affinitäten ab:

In der räumlichen Affinität ist das Verhältnis zweier entsprechender Raumteile konstant. Im besondern kann dieses Verhältnis gleich 1 sein; in diesem Falle sind zwei entsprechende Raumteile immer äquivalent (inhaltsgleich): dann erhält man die affine Äquivalenz.

Ein sehr wichtiger besonderer Fall der räumlichen Affinität ist die Ähnlichkeit. Sie kann als eine Kollineation zwischen zwei Räumen definiert werden, in welcher die uneigentlichen Ebenen und die absoluten Polaritäten in ihnen sich entsprechen. Man kann auch sagen, daß eine Ähnlichkeit im Raume eine Kollineation ist, welche die uneigentliche Ebene bestehen läßt und in ihr eine Kongruenz erzeugt (§ 54). Räume, die einem dritten ähnlich sind, sind einander ähnlich, oder: das Produkt zweier räumlicher Ähnlichkeiten ist eine Ähnlichkeit.

In einer räumlichen Ähnlichkeit sind zwei homologe Ebenen immer ähnlich (§ 50), weil ihre uneigentlichen Geraden kongruent sind (§ 41). Jedem (von zwei eigentlichen, nicht parallelen Geraden gebildeten) Winkel entspricht immer ein gleicher Winkel. Auch jedem Flächenwinkel entspricht ein gleicher Flächenwinkel. Daraus folgt, daß nicht nur zwei entsprechende (endliche) Dreiecke ähnlich sind, sondern es sind auch zwei entsprechende (endliche) Tetraeder ähnlich. Daher:

In einer räumlichen Ähnlichkeit ist das Verhältnis zweier entsprechender (endlicher) Strecken konstant.

In der Tat sind irgendwelche zwei, in einem der beiden Räume betrachtete Strecken, wenn sie nicht in einer Ebene liegen, die gegenüberliegenden Seiten eines Tetraeders, dem in dem andern Raume ein ähnliches Tetraeder entspricht.

Zwei homologe Figuren in einer Ähnlichkeit des Raumes sind von solcher Beschaffenheit, daß entsprechende Winkel und Flächenwinkel gleich und entsprechende Strecken proportional sind; daher sind diese Figuren im Sinne der elementaren Geometrie ähnlich. Jedoch kann man (wenn man die beiden Räume als in einander liegend betrachtet) eine direkte und eine inverse Ähnlichkeit unterscheiden, wie wir es in einem besondern Falle (dem Falle der Kongruenz) gut sehen werden.

Unter den Ähnlichkeiten des Raumes zählen wir die zweiachsigen (hyperbolischen) und die homologischen auf (§§ 88, 89).

Ist eine zweiachsige hyperbolische Ähnlichkeit gegeben, so muß eine ihrer Achsen, b, in der unendlich fernen Ebene liegen, da diese Ebene eine Doppelebene ist; die andere Achse, a, wird eine eigentliche Gerade sein. Nun wird es in jeder durch a gehenden (Doppel-) Ebene eine homologische Ähnlichkeit geben, deren Achse a ist und deren Zentrum b angehören wird; eine solche homologische Ähnlichkeit wird eine orthogonale Symmetrie in Bezug auf a sein (§ 50). Man schließt, daß die zweiachsige Ähnlichkeit des Raumes eine orthogonale Symmetrie in Bezug auf a ist.

Ist eine homologische Ähnlichkeit gegeben, so wird sie entweder die Ebene α oder das Zentrum A im Unendlichen haben. Im ersten

Falle ist die Ähnlichkeit eine Homothetie oder, im besondern, eine Translation (§ 50).

Im zweiten Falle (wenn die Ebene der Homologie α als eigentlich vorausgesetzt wird) wird das Zentrum A der Pol der unendlich fernen Geraden von α in der absoluten Polarität sein, d. h. der unendlich ferne Punkt der auf der Ebene α errichteten Normalen. In jeder durch A gehenden (Doppel-)Ebene wird eine homologische Ähnlichkeit erzeugt, die genau eine orthogonale Symmetrie in Bezug auf die Schnittlinie der Ebene selbst mit der Ebene α sein wird. Also ist in diesem Ealle die homologische Ähnlichkeit des Raumes eine orthogonale Symmetrie in Bezug auf die Ebene α.

Fassen wir zusammen, so haben wir also:

Im Raume ist eine (nicht identische) zweiachsige hyperbolische Ähnlichkeit eine orthogonale Symmetrie in Bezug auf eine Achse, eine homologische Ähnlichkeit dagegen eine Symmetrie in Bezug auf eine Ebene oder eine Homethetie (im besondern eine Translation).

Das Verhältnis einer Ähnlichkeit des Raumes kann im besondern gleich 1 sein; dann ergibt sich die Kongruenz. Räume, die einem dritten kongruent sind, sind sich selbst kongruent, oder: das Produkt zweier räumlicher Kongruenzen ist eine Kongruenz.

In einer Kongruenz des Raumes sind bei homologen Figuren die entsprechenden Winkel, Flächenwinkel und Strecken gleich; darum heißen solche Figuren kongruente oder gleiche Figuren.

Sie können jedoch direkt gleich sein, nämlich gleich im Sinne der elementaren Geometrie, d. h. sie können durch eine Bewegung zur Deckung gebracht werden; dagegen kann es sich ungeachtet der Gleichheit ihrer Elemente infolge deren umgekehrter Anordnung als unmöglich erweisen, sie zur Deckung zu bringen, und dann heißen sie invers gleich.

Das einfachste Beispiel dieses letzten Falles wird durch die orthogonale Symmetrie in Bezug auf eine Ebene dargeboten.

In der Tat betrachte man z. B. zwei (symmetrische) Tetraeder, die sich in einer solchen Symmetrie entsprechen. Eine Bewegung, die das Tetraeder mit dem andern zur Deckung brächte, könnte als eine Bewegung des ganzen mit dem beweglichen Tetraeder fest verbundenen Raumes aufgefaßt werden und würde auf eine Kollineation führen, in der die uneigentliche Ebene Doppelebene ist, und diese Kollineation könnte (da in ihr die Tetraeder sich entsprechen) von der angenommenen Symmetrie nicht verschieden sein. Also müßten bei der erwähnten Bewegung alle Punkte der Symmetrieebene fest bleiben; aber dies bildet einen Widersinn, da, wenn die Punkte einer Ebene fest sind, auch alle Punkte des mit ihnen fest verbundenen Raumes fest bleiben, so daß die Bewegung selbst nicht mehr möglich wäre.

Ein allgemeineres Beispiel der inversen Kongruenz leitet man aus dem Vorstehenden ab, indem man wie folgt verfährt. Man betrachte zwei (in Bezug auf eine Ebene orthogonal) symmetrische Figuren und man bringe durch irgendeine Bewegung die eine aus ihrer Lage; dadurch wird man immer zwei invers gleiche Figuren erhalten.

Es wird sich hernach ergeben, daß das vorstehende Beispiel als der allgemeine Fall der inversen Kongruenz betrachtet werden kann.

Wenn man unter den oben erwähnten zweiachsigen und homologischen Ähnlichkeiten die Kongruenzen aufsucht, so findet man (außer der Identität): die orthogonale Symmetrie in Bezug auf eine Achse und die Parallelverschiebung, welche direkte Kongruenzen sind; die Symmetrie in Bezug auf eine Ebene oder in Bezug auf ein Zentrum, welche inverse Kongruenzen sind.

§ 91. * Kongruenzen. Gehen wir auf das Studium der allgemeinen Kongruenzen des Raumes näher ein.

Auf der unendlich fernen Ebene gibt es (wenigstens) einen Doppelpunkt A, den Mittelpunkt eines Büschels, in dem eine direkte Kongruenz erzeugt wird. Die Gerade a, die in Bezug auf die absolute Polarität Polare von A ist, ist eine Doppelgerade, und auf ihr wird auch eine direkte Kongruenz erzeugt (§ 76).

Nun ist A der Mittelpunkt eines uneigentlichen Doppelbündels, in dem eine direkte Kongruenz erzeugt wird. Diese wird gleichbedeutend sein mit einer Rotation um eine (eigentliche) Gerade a' oder mit einer Verschiebung sämtlicher Strahlen des Bündels parallel zu einer Ebene (§ 50, Anm. 3).

In dem uneigentlichen Ebenenbüschel, dessen Achse a ist, wird eine Kongruenz erzeugt werden, die direkt oder invers sein kann. Entsprechend diesen beiden Fällen wird die Kongruenz des Raumes selbst direkt oder invers heißen; wir werden nachher zeigen, daß diese Unterscheidung auf die im vorhergehenden Paragraphen erwähnte Unterscheidung der beiden Arten von Gleichheit zwischen den Figuren führt.

Wir haben nun vier Fälle zu betrachten:

1) Die Kongruenz in dem uneigentlichen Bündel A ist eine Rotation um die eigentliche Gerade a', und die Kongruenz in dem

uneigentlichen Ebenenbüschel a ist direkt. Alsdann erfahren die durch a gehenden (zu a' normalen) Ebenen und daher auch die Punkte von a' infolge der Kongruenz eine Verschiebung. Wir können die genannte Verschiebung ausführen, indem wir eine Verschiebung des ganzen Raumes parallel zu a' vornehmen. Dadurch erhält man eine neue Kongruenz, in der die neuen, von den Punkten P des Raumes nach der Verschiebung eingenommenen Lagen P_1 und die den genannten Punkten P homologen Punkte P' sich entsprechen.

Nun gibt es (der Voraussetzung nach) im Ebenenbüschel a' (wie auf der uneigentlichen, zu a' normalen Geraden a) eine direkte Kongruenz, die in zweifacher Weise durch eine Drehung des Büschels um a' in dem einen oder dem andern Sinne erzeugt werden kann. Führt man noch diese Drehung in irgendeinem der beiden Sinne aus, so werden die Ebenen $a'P_1$ mit den Ebenen $a'P'$ zur Deckung kommen, und die Punkte P_1 werden neue Lagen P_1' von der Art einnehmen, daß die Geraden $P'P_1'$ (vorausgesetzt, daß die P', P_1' nicht zusammenfallen) sämtlich incidente Normale zu a' sein werden. Daher wird zwischen den Punkten P', P_1' eine zweiachsige Kongruenz, deren Achsen a und a' sind, bestehen, und diese Kongruenz wird (§ 90) entweder identisch oder eine orthogonale Symmetrie in Bezug auf a' sein.

Man kommt von dem einen Falle zum andern durch eine Drehung um zwei rechte Winkel um a', und daher wird man auf den einen oder auf den andern Fall geführt je nach dem Sinne, in welchem die Drehung um a', die von den Punkten P_1 zu den Punkten P_1' überleitete, ausgeführt worden ist. Wählt man diesen Sinn zweckmäßig, so werden also die Punkte P_1 zum Zusammenfallen mit den Punkten P' gebracht werden.

Also zeigt sich, daß die Kongruenz durch eine Bewegung des Raumes erzeugt wird, die sich zusammensetzt

α) aus einer Verschiebung parallel zu a',
β) aus einer Drehung um a'.

Eine solche Bewegung des Raumes nennt man eine Schraubenbewegung um a'.

Diese Bewegung wird eine einfache Drehung (so daß die Verschiebung Null ist), wenn auf a' die Identität vorhanden ist, d. h. wenn a' eine Gerade von Doppelpunkten ist, und dann ist die Kongruenz einachsig; im andern Falle läßt die Bewegung keinen eigentlichen Punkt an seiner Stelle, d. h. die Kongruenz hat keine eigentlichen Doppelpunkte.

Die genannte Bewegung kann zu einer Verschiebung parallel zu a' werden; in diesem Falle sind alle uneigentlichen Punkte Doppelpunkte, d. h. auf der uneigentlichen Ebene besteht die Identität und die Kongruenz ist eine besondere Homologie (§ 88).

2) Die in dem uneigentlichen Bündel A erzeugte Kongruenz ist eine Verschiebung zu einer Lage a'; und die Kongruenz in dem uneigentlichen Büschel a ist wiederum eine direkte d. h. translatorische Kongruenz.

Dann ist die Kongruenz des Raumes selbst gleichbedeutend mit einer Parallelverschiebung, die zusammengesetzt werden kann, indem man ausführt:

α) erstens eine zu den Ebenen des uneigentlichen Büschels a normale Verschiebung; diese bringt jede durch a gehende Ebene mit der ihr homologen zur Deckung;

β) sodann eine Verschiebung parallel zu den Ebenen der Lage a' und normal zu den Geraden des uneigentlichen Bündels A (daher parallel zu den durch a gehenden Ebenen); diese Verschiebung bringt jede durch A gehende Gerade mit der entsprechenden zur Deckung.

3) Die in dem uneigentlichen Bündel A erzeugte Kongruenz ist eine Rotation um eine eigentliche Gerade a', und die Kongruenz in dem uneigentlichen Büschel a ist invers, d. h. eine Symmetrie in Bezug auf eine durch a gehende Ebene α.

Dann wird auch auf der Doppelgeraden a' eine inverse Kongruenz erzeugt, d. h. eine Symmetrie in Bezug auf den Punkt $A' \equiv a'\alpha$.

Nun kann man eine Rotation um a' ausführen, durch welche irgendein Punkt P des Raumes in eine neue Lage P_1 gebracht wird, so daß das Paar $P_1 P'$ immer in einer durch a' gehenden Ebene und auf derselben Seite von a' liegt, d. h. sich auf einer Parallelen zu a' befindet. Nach dieser Rotation stelle man die orthogonale Symmetrie in Bezug auf die Ebene α her; die durch P_1 gehende, zu a' normale Ebene wird dann mit der durch P' gehenden, zu a' normalen Ebene zur Deckung kommen, und also der Punkt P_1 mit dem Punkte P'.

Also wird die Kongruenz in diesem Falle erzeugt, indem man zuerst eine Rotation um a' ausführt und dann eine orthogonale Symmetrie in Bezug auf die zu a' normale Ebene α herstellt.

Wenn die genannte Rotation um a' zwei rechte Winkel beträgt, so besteht die Kongruenz in einer Symmetrie in Bezug auf das Zentrum A'. Wenn dagegen die genannte Rotation Null ist, so ergibt sich eine orthogonale Symmetrie in Bezug auf α.

4) Die in dem uneigentlichen Bündel A erzeugte Kongruenz ist

eine Verschiebung zu einer Lage a', und die in dem uneigentlichen Büschel a erzeugte Kongruenz ist invers, d. h. sie ist eine Symmetrie in Bezug auf eine (zu den durch A gehenden Geraden normale) Ebene α.

Dann kann man die Kongruenz des Raumes herstellen, indem man ausführt:

α) zunächst eine Verschiebung des ganzen Raumes in der Richtung parallel zu der Lage a' und normal zu den durch A gehenden Geraden (d. h. parallel zu der Ebene α); dadurch wird jede durch A gehende Gerade mit der zu ihr homologen zur Deckung gebracht;

β) darauf eine orthogonale Symmetrie in Bezug auf die Ebene α.

Diese Erzeugungsweise erscheint als ein Grenzfall der für den Fall 3) angegebenen.

Wenn im besondern die zu a' parallele Verschiebung Null ist, so wird die Kongruenz einfach eine orthogonale Symmetrie in Bezug auf die Ebene α.

Fassen wir die erhaltenen Resultate zusammen, so erhalten wir den

Satz: Es gibt im Raume zwei Arten von Kongruenzen:

I. (Direkte) Kongruenzen, die durch eine Schraubenbewegung um eine Achse erzeugt werden können; die Schraubenbewegung kann im besondern zu einer einfachen Drehung um eine Achse oder zu einer Verschiebung werden (direkte einachsige und homologische Kongruenzen);

II. (Inverse) Kongruenzen, die durch eine Drehung um eine Achse und eine darauf folgende orthogonale Symmetrie in Bezug auf eine zu dieser Achse normale Ebene, oder durch eine Verschiebung und eine darauf folgende orthogonale Symmetrie in Bezug auf eine zu der Richtung der Verschiebung parallele Ebene erzeugt werden können; im besondern Symmetrieen in Bezug auf eine Ebene oder ein Zentrum (inverse homologische Kongruenzen).

Zwei in einer direkten Kongruenz sich entsprechende Figuren sind direkt kongruent oder gleich, d. h. sie lassen sich durch eine Bewegung zur Deckung bringen. Dagegen sind zwei in einer inversen Kongruenz sich entsprechende Figuren invers kongruent, d. h. ihre entsprechenden Elemente (Winkel und Strecken) sind zwar einander gleich, aber in umgekehrter Weise angeordnet, so daß es unmöglich ist (wie im § 90 bemerkt worden ist), sie durch eine Bewegung zur Deckung zu bringen.

Die Unterscheidung zwischen der direkten und der inversen

Kongruenz im Raume erscheint also als analog der für die Ebene aufgestellten. Aber während zwei in einer Ebene invers kongruente Figuren durch eine Bewegung zur Deckung gebracht werden können, wenn man aus der Ebene herausgeht, fehlt hier (in engem Zusammenhange mit unserer Raumanschauung) der Weg, eine analoge Betrachtung anzustellen.

Anmerkung 1. Den ersten Teil des nachgewiesenen Satzes kann man auch in der folgenden Form aussprechen, die nützliche Anwendungen in der Statik der starren Systeme darbietet:

Die Bewegung eines starren Körpers im Raume kann, wenn man seinen Weg von der Anfangslage zur Endlage ins Auge faßt, immer als eine Schraubenbewegung betrachtet werden.

Anmerkung 2. Die Relationen der metrischen Geometrie des Raumes gehen sämtlich (außer aus den visuellen Begriffen) aus den Begriffen „Gleichheit von Winkeln und Strecken“ hervor. Nun kann man diese beiden Fundamentalrelationen als visuelle Relationen der gegebenen Elemente (Winkel oder Strecken) zu der uneigentlichen Ebene und der absoluten Polarität, d. h. zu dem imaginären Kreise, der das Absolute des Raumes bildet, definieren.

Zunächst kann die Gleichheit zweier Winkel ab und $a'b'$ durch die Möglichkeit ausgedrückt werden, die unendlich fernen Punkte von a und a', und b und b' in einer Kongruenz der uneigentlichen Ebene, d. h. in einer in ihr bestehenden Kollineation, welche die absolute Polarität in sich selbst transformiert, einander zuzuordnen (§ 54).

Dagegen kann die Gleichheit zweier (eigentlicher) Strecken AB und $A'B'$ (auf unendlich viele verschiedene Arten) durch die Möglichkeit ausgedrückt werden, die Punkte A und A', und B und B' in einer direkten Kongruenz des Raumes einander zuzuordnen. Nun bestehen die Bedingungen dafür, daß eine Kollineation des Raumes (in dem allgemeinen Falle, in dem es sich nicht um eine einachsige Kollineation handelt) eine direkte Kongruenz ist, darin, daß sie das Absolute in sich selbst transformiert und keinen eigentlichen Doppelpunkt hat. In der Tat wird eine Kollineation von dieser Art vor allem eine Ähnlichkeit sein und eine durch einen uneigentlichen Doppelpunkt A hindurch gehende eigentliche Doppelgerade a' haben, die der uneigentlichen Ebene in dem Bündel A assoziiert ist (d. h. ihr in der absoluten Polarität entspricht); und da es auf a' eine parabolische Kollineation mit dem Doppelpunkte A (d. h. eine Kongruenz) geben wird, so wird die in Rede stehende Ähnlichkeit eine (direkte) Kongruenz sein.

Aus den vorstehenden Betrachtungen folgt:

Alle Relationen der metrischen Geometrie des Raumes können als visuelle Relationen der Figuren zu dem Absoluten definiert werden.

§ 92. * Erweiterung des Gesetzes der Dualität im Raume. Das Gesetz der Dualität im Raume findet eine Erweiterung durch Betrachtungen analog denen, die die Erweiterung des Gesetzes der Dualität in Gebilden zweiter Stufe gestattet haben.

Man nennt projektive Eigenschaften der Figuren im Raume diejenigen Eigenschaften, welche ungeändert auf alle kollinearen Figuren übergehen.

Alle visuellen Eigenschaften sind projektiv. Aber unter diesen letzten gibt es auch metrische Eigenschaften (metrisch-projektive Eigenschaften), die übrigens immer in visueller Form ausgesprochen werden können (Anm. 2 des vorhergehenden Paragraphen) und dann vom Absoluten unabhängig werden (vgl. § 55). Wenden wir nun eine Reziprozität des Raumes an, so erhalten wir:

Jeder Figur des Raumes entspricht eine korrelative Figur und jeder projektiven Eigenschaft der ersten Figur entspricht eine projektive Eigenschaft der zweiten, die durch Vertauschung der Elemente „Punkt und Ebene“ abgeleitet wird. Dies gilt, wie auch immer die projektive Eigenschaft der ersten Figur bewiesen worden sein mag, und daher auch dann, wenn bei dem in Rede stehenden Beweise metrische, nicht in den Axiomen I, II, III, IV, V, VI, auf denen wir die projektive Geometrie aufgebaut haben, enthaltene Begriffe Verwendung gefunden haben.

Umgekehrt schließt man aus dem Umstande, daß im Raume nichts existiert, das eine zu der uneigentlichen Ebene und der in ihr enthaltenen absoluten Polarität korrelative metrische Bedeutung hätte: Das Gesetz der Dualität des Raumes gilt nicht für die nicht projektiven metrischen Eigenschaften der in ihm enthaltenen Figuren.

Anmerkung. Die Erweiterung des Gesetzes der Dualität des Raumes für die projektive Geometrie ist hier a posteriori, unter Zuhilfenahme einer Reziprozität, nachgewiesen worden. Aber in dieser Hinsicht kann man die folgende Bemerkung machen. Die Axiome der gewöhnlichen metrischen Geometrie können als visuelle Sätze ausgesprochen werden, sobald man die visuelle Bedeutung der metrischen Begriffe in Beziehung auf das Absolute berücksichtigt.

Alsdann kann man erkennen, daß diese Sätze von den Axiomen

der projektiven Geometrie nicht logisch unabhängig sind, sondern sogar auf Grund dieser bewiesen werden können. Also kann jede Schlußreihe der metrischen Geometrie in eine Schlußreihe der projektiven Geometrie, die auf deren Axiomen aufgebaut ist, umgeformt werden, wenn man in besonderer Weise eine Ebene und eine gewisse Polarität in ihr (die das Absolute bilden) betrachtet; diese Schlußreihe ist nach dem Gesetze der Dualität übertragbar und führt jedesmal auf einen zu dem ersten korrelativen Satz, wenn dieser erste ein projektiver Satz ist, d. h. von den betrachteten besonderen Dingen unabhängig ist.

Auf diese Weise, kann man sagen, gelangt man dazu, die Erweiterung des Gesetzes der Dualität des Raumes a priori nachzuweisen.

Anhang.

I. Gruppen von Projektivitäten. 1. Wir haben den Begriff Produkt mehrerer Projektivitäten (auf der Geraden, in der Ebene u. s. w.) definiert. Von einem System G von Projektivitäten sagt man, es bilde eine Gruppe, wenn die folgenden beiden Bedingungen erfüllt sind:

1) das Produkt irgendwelcher zwei Projektivitäten von G gehört G an;

2) gleichzeitig mit jeder Projektivität von G gehört auch ihre Umkehrung G an.

Es folgt aus dieser Definition, daß „zu jeder Gruppe die identische Projektivität gehört".

Alle Projektivitäten der Geraden, alle diejenigen der Ebene und alle diejenigen des Raumes bilden Gruppen. Auch die Kollineationen der Ebene bilden eine Gruppe und ebenso die Kollineationen des Raumes; aber die Korrelationen der Ebene (oder des Raumes), für sich genommen, bilden keine Gruppe, da das Produkt zweier Korrelationen nicht eine Korrelation, sondern eine Kollineation ist.

Man kann im übrigen endliche Gruppen, die aus einer endlichen Zahl von Projektivitäten zusammengesetzt sind, betrachten und Gruppen, die eine unendliche Zahl von Projektivitäten enthalten; unter diesen letzten betrachtet man im besondern die kontinuierlichen Gruppen, die wir bald definieren werden.

Die Projektivitäten einer endlichen Gruppe sind cyklisch.

In der Tat, wenn die Projektivität π einer (auf einer Geraden oder in einer Ebene u. s. w. gegebenen) endlichen Gruppe G angehört, so gehören zu G auch die Projektivitäten π^2, π^3, ..., und da die Reihe dieser Projektivitäten nicht unbegrenzt sein kann, so muß sich in ihr eine Projektivität π^n finden, welche einer der vorhergehenden gleich ist; es sei

$$\pi^n \equiv \pi^m, \text{ wo } n > m.$$

Dann ist

$$\pi^{n-m} \equiv 1$$

die identische Gruppe, d. h. π ist cyklisch von der Ordnung $n - m$.

Man schließt daraus im besondern, daß mehrere Projektivitäten eines Gebildes, deren Zahl endlich ist, eine Gruppe bilden, wenn die erste in der Definition aufgestellte Bedingung erfüllt ist; die zweite ergibt sich daraus als Folgerung.

Offenbar kann man nicht dasselbe von einer Gruppe von unendlich vielen Projektivitäten sagen, da, wenn π eine nicht-cyklische Projektivität ist, die unendliche Reihe $\pi, \pi^2, \ldots \pi^n, \ldots$ zwar der Bedingung 1) genügt, aber nicht der Bedingung 2).

Wir wollen einige Beispiele von endlichen Gruppen von Projektivitäten geben.

a) Auf einer Geraden die cyklische Gruppe, die sich aus den Potenzen

$$1, \pi, \pi^2, \ldots \pi^{n-1}$$

einer cyklischen Projektivität von der Ordnung n zusammensetzt.

b) Die Gruppe der Projektivitäten der Geraden, die eine Terne von Punkten ABC in sich selbst transformieren.

Diese Gruppe besteht aus sechs Projektivitäten: der Identität $\begin{pmatrix} ABC \\ ABC \end{pmatrix}$; den drei Involutionen, welche einen der drei Punkte zum Doppelpunkte haben und die andern beiden mit einander vertauschen: $\begin{pmatrix} ABC \\ ACB \end{pmatrix}$, $\begin{pmatrix} ABC \\ BAC \end{pmatrix}$, $\begin{pmatrix} ABC \\ CBA \end{pmatrix}$; den beiden cyklischen Projektivitäten dritter Ordnung $\begin{pmatrix} ABC \\ CAB \end{pmatrix}$, $\begin{pmatrix} ABC \\ BCA \end{pmatrix}$, von denen die eine die Umkehrung der andern ist.

c) Die Gruppe der Projektivitäten einer Geraden, welche eine Quaterne von Punkten $ABCD$ in sich selbst transformieren.

Sie besteht im allgemeinen aus der Identität und den drei Involutionen: $\begin{pmatrix} ABCD \\ BADC \end{pmatrix}$, $\begin{pmatrix} ABCD \\ DCBA \end{pmatrix}$, $\begin{pmatrix} ABCD \\ CDAB \end{pmatrix}$.

Aber wenn $ABCD$ eine harmonische Quaterne ist, so umfaßt die genannte Gruppe die Identität, fünf Involutionen und zwei cyklische Projektivitäten der vierten Ordnung, d. h. sie umfaßt außer den genannten die Involutionen $\begin{pmatrix} ABCD \\ BACD \end{pmatrix}$, $\begin{pmatrix} ABCD \\ ABDC \end{pmatrix}$ und die cyklischen Projektivitäten $\begin{pmatrix} ABCD \\ CDBA \end{pmatrix}$, $\begin{pmatrix} ABCD \\ DCAB \end{pmatrix}$.

d) In der Ebene kann man zahlreiche endliche Gruppen von Projektivitäten und im besondern von Kollineationen konstruieren.

Bemerkenswert sind die Gruppen von Kollineationen, die einen Kegelschnitt in sich selbst transformieren und auf ihm die Projektivitäten einer Gruppe erzeugen; sie stehen mit den Gruppen von Projektivitäten der Geraden in engem Zusammenhang. In der Tat, projiziert man den Kegelschnitt von einem seiner Punkte aus auf eine Gerade, so werden die Projektivitäten auf dem Kegelschnitt in Projektivitäten der Geraden projiziert, die auch eine Gruppe bilden.

Umgekehrt kann man durch diese Konstruktion, wenn auf einer Geraden eine Gruppe von Projektivitäten gegeben ist, eine Gruppe von Projektivitäten auf einem Kegelschnitt und eine dazu gehörige Gruppe von Kollineationen der Ebene erhalten.

Als Beispiel möge man die Gruppe der Projektivitäten eines Kegelschnitts betrachten, die eine harmonische Quaterne auf ihm in sich selbst transformiert. Die dazu gehörige Gruppe von 8 Kollineationen der Ebene ist in derjenigen der 24 Kollineationen enthalten, welche ein vollständiges Viereck in sich selbst transformieren.

2. Gehen wir nun dazu über, einige ganz elementare Aufschlüsse über die kontinuierlichen Gruppen von Projektivitäten zu geben.

Dazu müssen die Potenzen mit gebrochenen und irrationalen Exponenten einer Projektivität definiert werden.

Wir wollen uns darauf beschränken, die Sache anzudeuten, indem wir den Fall der Projektivitäten auf der Geraden mit zwei getrennten oder unendlich nahen Doppelpunkten ins Auge fassen.

Es sei also auf einer Geraden eine hyperbolische Projektivität π gegeben. Ist dann n irgendeine ganze Zahl, so wird die Aufgabe gestellt, eine Projektivität

$$\Omega = \pi^{\frac{1}{n}},$$

die durch die Bedingung

$$\Omega^n = \pi$$

definiert ist, zu konstruieren.

Ist n eine gerade Zahl, so ist die Potenz α^n irgendeiner Projektivität gleichsinnig; wenn dann also Ω existieren soll, so müssen wir voraussetzen, daß π gleichsinnig ist. Wir wollen Ω zu konstruieren versuchen, indem wir im Bereiche der gleichsinnigen Projektivitäten bleiben.

Sind zwei Punkte A und A', die sich in π entsprechen, gegeben, so gibt es eine von ihnen begrenzte Strecke, die keine Doppelpunkte enthält. Wir lassen dem Punkte A einen Punkt X dieser Strecke entsprechen; so entsteht eine genau definierte (gleichsinnige) Projektivität, die wir mit (AX) bezeichnen können, die dieselben Doppelpunkte hat als π.

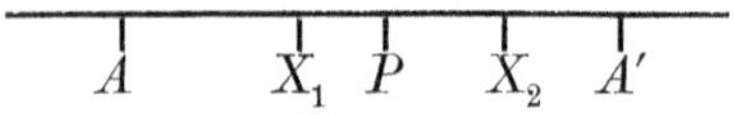

Die Punkte X können nun in zwei Klassen eingeteilt werden; wir weisen einer ersten Klasse diejenigen Punkte X_1 zu, für welche der homologe Punkt A_n von A in der Projektivität $(AX)^n$ in das Innere der betrachteten Strecke AA' fällt, und wir weisen der zweiten Klasse die Punkte X_2 zu, für welche der Punkt A_n in das Äußere der genannten Strecke fällt. Auf diese Weise erhält man eine Einteilung, die den in dem Axiom der Stetigkeit enthaltenen Voraussetzungen genügt. Der Teilpunkt P führt auf eine Projektivität $\Omega = (AP)$ von der Beschaffenheit, daß

$A \quad X_1 \quad P \quad X_2 \quad A'$

Fig. 186.

$$\Omega^n = \pi$$

ist.

Man kann darauf die Potenz $\pi^{\frac{m}{n}}$ durch die symbolische Relation

$$\Omega^m = \pi^{\frac{m}{n}}$$

definieren.

Endlich, wenn μ eine irrationale Zahl ist, die als Teilpunkt zweier Klassen von rationalen Zahlen $\left(\frac{m}{n}\right)$ und $\left(\frac{p}{q}\right)$ gegeben ist, so wird man π^μ definieren, indem man zeigt, daß die Punktgruppen, die einem Punkte A der Geraden in den Projektivitäten $\pi^{\frac{m}{n}}$ und $\pi^{\frac{p}{q}}$ entsprechen, einen Teilpunkt haben; dieser beschreibt dann bei variierendem A eine projektive Punktreihe zu der von A beschriebenen Punktreihe.

Aus dem hier flüchtig skizzierten Verfahren zieht man folgenden Schluß:

Ist auf einer Geraden eine gleichsinnige, hyperbolische oder parabolische, Projektivität π gegeben und ist irgendein Exponent r gegeben, so ist damit eine bestimmte Projektivität π^r definiert, die dieselben Doppelpunkte hat und daher mit π vertauschbar[1]) ist, so daß immer die Relationen

1) Denn man sieht sofort, daß eine hyperbolische oder parabolische Projektivität π durch eine andere hyperbolische oder parabolische Projektivität Ω mit denselben Doppelpunkten in sich selbst transformiert wird:

$$\pi = \Omega \pi \Omega^{-1}.$$

$$\pi^s \pi^r = \pi^{r+s}$$

$$(\pi^r)^s = \pi^{rs}$$

erfüllt sind.

Dieser Schluß kann auch auf den Fall der elliptischen Projektivitäten ausgedehnt werden.

Aber wir wollen uns nicht dabei aufhalten.

Wir wollen uns vielmehr darauf beschränken anzumerken, daß man auf Grund der vorstehenden Aussage die Potenzen mit irgendwelchen Exponenten einer ebenen oder räumlichen Homologie, die auf den durch das Zentrum gehenden Doppelgeraden gleichsinnige Projektivitäten erzeugt, als definiert ansehen kann. Im besondern sind die Potenzen einer (speziellen) Homologie definiert, deren Zentrum der Achse oder der Ebene der Doppelpunkte angehört.

Ebenso kann man die Potenzen einer ebenen Kollineation mit drei Doppelpunkten, die jedes der vier durch das Dreieck der drei Punkte bestimmten Gebiete sich selbst zuordnet, als definiert ansehen, da eine solche Kollineation auf den Seiten des Dreiecks gleichsinnige Projektivitäten erzeugt und bestimmt ist, wenn zwei dieser Projektivitäten gegeben sind.

3. Auf einer Geraden, in einer Ebene oder im Raume, möge es eine Gruppe G von Projektivitäten geben, und für jede Projektivität π von G sei in genau bestimmter Weise die Potenz π^r, wo r irgendeine Zahl bezeichnet, definiert, so daß

1) gleichzeitig mit π auch immer π^r der Gruppe angehört,

2) die beiden fundamentalen Relationen bestehen:

$$\pi^s \pi^r = \pi^{r+s},$$

$$(\pi^r)^s = \pi^{rs};$$

dann wird die Gruppe G eine kontinuierliche Gruppe genannt.

Wir können sofort einige Beispiele von kontinuierlichen Gruppen anführen.

a) Auf der Geraden bilden alle gleichsinnigen Projektivitäten eine kontinuierliche Gruppe. Alle gleichsinnigen Projektivitäten mit einem gegebenen Doppelpunkt oder auch diejenigen mit zwei gegebenen (verschiedenen oder unendlich nahen) Doppelpunkten bilden auch kontinuierliche Gruppen.

Dagegen ist die aus allen Projektivitäten der Geraden zusammengesetzte Gruppe nicht kontinuierlich in dem oben definierten Sinne des Wortes[1]), da eine ungleichsinnige Projektivität nicht Potenzen mit geraden Exponenten zuläßt.

b) In der Ebene setzen alle Kollineationen, welche die Eckpunkte eines Dreiecks fest lassen und die vier durch dieses Dreieck gebildeten Gebiete in sich selbst transformieren, eine kontinuierliche Gruppe zusammen.

Alle gleichsinnigen Homologien der Ebene mit einer bestimmten Achse bilden auch eine kontinuierliche Gruppe. Und innerhalb dieser bilden auch eine kontinuierliche Gruppe alle speziellen Homologien mit derselben Achse, da das Produkt zweier von ihnen immer eine spezielle Homologie mit derselben Achse ist.

Nimmt man also als Achse die uneigentliche Gerade der Ebene an, so ergibt sich (vgl. § 47), daß die Verschiebungen der Ebene eine kontinuierliche Gruppe bilden.

c) Im Raume lassen sich Beispiele anführen, die den in der Ebene betrachteten analog sind.

Wir wollen dabei verweilen, ausdrücklich die kontinuierliche Gruppe zu erwähnen, welche von denjenigen speziellen Homologien (deren Zentrum in der Ebene der Doppelpunkte liegt) gebildet wird, welche eine gegebene Ebene von Doppelpunkten haben; von dieser Gruppe ist ein besonderer metrischer Fall die Gruppe der Verschiebungen.

In der erwähnten Gruppe gibt es eine bestimmte Homologie, die zwei außerhalb der Ebene der Doppelpunkte gegebene Punkte einander zuordnet. Wir wollen außerdem bemerken, daß die genannte Gruppe aus vertauschbaren Homologien gebildet wird und hervorgebracht werden kann, wenn man von drei ihr angehörenden nicht spezialisierten Homologien: π_1, π_2, π_3 ausgeht, deren Potenzen man multipliziert, so daß $\pi_3^{r_3}\pi_2^{r_2}\pi_1^{r_1}$ der allgemeine Ausdruck einer Homologie der Gruppe sein wird. Es folgt daraus, wie zwei Gruppen spezieller Homologien so auf einander bezogen werden können, daß dem Produkte zweier Homologien der einen das Produkt der entsprechenden Homologien entspricht und den Potenzen einer Homologie die gleichen Potenzen der homologen (Beziehung durch Isomorphismus). Diese Beziehung erhält man, wenn man in der ersten Gruppe drei nicht spezialisierte Homologien π_1, π_2, π_3 annimmt und in der zweiten

1) Hier ist es angebracht darauf hinzuweisen, daß die von uns dem Worte „kontinuierliche Gruppe“ im Hinblick auf reelle projektive Transformationen gegebene Bedeutung viel einschränkender ist als die gewöhnliche Bedeutung, die S. Lie in der allgemeinen Theorie der Transformationsgruppen im Hinblick auf den Bereich der komplexen Variablen eingeführt hat.

Gruppe drei andere Ω_1, Ω_2, Ω_3 und darauf diejenigen Homologien

$$\pi_3^{r_3}\pi_2^{r_2}\pi_1^{r_1}, \qquad \Omega_3^{r_3}\Omega_2^{r_2}\Omega_1^{r_1}$$

der beiden Gruppen einander zuordnet, welche denselben Werten der Exponenten r_1, r_2, r_3 entsprechen.

Daß die so erhaltene Beziehung wirklich den erwähnten Bedingungen des Isomorphismus genügt, das hängt eng mit der Tatsache zusammen, daß die Gruppen der Potenzen $\pi_1^{r_1}$, $\pi_2^{r_2}$, $\pi_3^{r_3}$, die durch Multiplikation die erste Gruppe erzeugen, und ebenso $\Omega_1^{r_1}$, $\Omega_2^{r_2}$, $\Omega_3^{r_3}$, die die zweite erzeugen, vertauschbar sind, so daß sich für die erste Gruppe die Formeln

$$(\pi_3^{s_3}\pi_2^{s_2}\pi_1^{s_1})(\pi_3^{r_3}\pi_2^{r_2}\pi_1^{r_1}) = \pi_3^{r_3+s_3}\pi_2^{r_2+s_2}\pi_1^{r_1+s_1}$$

$$(\pi_3^{r_3}\pi_2^{r_2}\pi_1^{r_1})^s = \pi_3^{r_3 s}\pi_2^{r_2 s}\pi_1^{r_1 s}$$

ergeben und für die zweite Gruppe die analogen Formeln.

Anmerkung. Ist in der Ebene oder im Raume eine aus den Potenzen einer Kollineation gebildete einfach unendliche kontinuierliche Gruppe gegeben, so wird ein nicht spezialisierter Punkt durch ihre Kollineationen in die Punkte einer Kurve gebracht, die eine Trajektorie der Gruppe heißt.

Die Trajektorien der einfach unendlichen kontinuierlichen Gruppen führen auf eine Familie bemerkenswerter Kurven, die von Klein und Lie studiert worden sind (Mathematische Annalen Bd. IV und Comptes rendus de l'Académie des Sciences de Paris, 1870).

Die Trajektorien der in den oben betrachteten Homologiegruppen enthaltenen einfach unendlichen Gruppen sind Gerade.

II. Abstrakte Geometrie. Wir haben klar zu machen gesucht, daß die projektive Geometrie sich auf psychologisch genau definierte anschauliche Begriffe bezieht, und wir haben gerade deswegen die Gelegenheit nicht vorübergehen lassen, die Übereinstimmung zwischen den gezogenen Schlüssen und der Anschauung darzutun. Auf der andern Seite jedoch ist von Anfang an darauf hingewiesen worden, daß alle Schlüsse nur auf denjenigen unmittelbar der Anschauung entnommenen Sätzen beruhen, welche als Axiome ausgesprochen werden.

Von diesem Gesichtspunkte aus erscheint die aufgebaute Geometrie wie ein logischer Organismus, in welchem die elementaren Begriffe „Punkt", „Gerade" und „Ebene" (und die mit ihrer Hilfe definierten Begriffe) nur als Elemente einiger ursprünglicher logischer Relationen (der Axiome) und anderer logischer Relationen, welche aus jenen abgeleitet werden, (der Sätze) auftreten. Der anschauliche Inhalt jener Begriffe bleibt vollkommen gleichgültig. Aus dieser Bemerkung geht ein sehr fruchtbares Prinzip hervor, das die ganze moderne Geometrie erfüllt: das Prinzip der Ersetzbarkeit der geometrischen Elemente.

Es mögen irgendwie definierte Begriffe vorhanden sein, die nach Übereinkommen mit den Namen „Punkt", „Gerade" und „Ebene" bezeichnet werden, und es werde vorausgesetzt, daß zwischen ihnen die durch die Axiome der projektiven Geometrie ausgesprochenen fundamentalen logischen Beziehungen bestehen. Alle Sätze der genannten Geometrie werden noch Sinn und Geltung haben, wenn man sie so zu betrachten sich vornimmt, daß sie nicht mehr auschauliche Beziehungen zwischen „Punkten", „Geraden" und „Ebenen" ausdrücken, sondern vielmehr Beziehungen zwischen den gegebenen Begriffen, die nach Übereinkommen mit den genannten Namen bezeichnet worden sind.

Mit andern Worten: Die projektive Geometrie kann als abstrakte Wissenschaft betrachtet werden und daher Deutungen erhalten, die von jener intuitiven Deutung verschieden sind, wenn man annimmt, daß ihre Elemente (Punkte, Gerade und Ebenen) irgendwie bestimmte Begriffe sind, zwischen denen die durch die Axiome ausgesprochenen logischen Beziehungen bestehen.

Einen ersten Zusatz zu diesem allgemeinen Prinzip bildet das Gesetz der Dualität des Raumes. Um es aufzustellen, hat man in der Tat nur festzusetzen, daß der Name „Punkt" das anschauliche Ding „Ebene" bezeichnen soll und der Name „Ebene" das anschauliche Ding „Punkt", da man bemerkt, daß (wenn die Bedeutung einiger Bezeichnungen in passender Weise festgesetzt wird) auf diese Weise die Axiome der projektiven Geometrie befriedigt werden.

Um aus dem aufgestellten Prinzipe neue wichtige Folgerungen herzuleiten, hat man zu beachten, daß die hinsichtlich der Kollineation zwischen zwei Räumen erhaltenen Resultate eine Ausdehnung erfahren können.

Der Satz, der sich auf die Bestimmung der Projektivität zwischen zwei Räumen (§ 87) bezieht, läßt sich auf den Fall ausdehnen, daß es sich um zwei abstrakte, wesentlich verschiedene Räume handelt von der Art, daß in jedem die Elemente eine willkürliche Bedeutung erhalten, doch so, daß die Axiome der projektiven Geometrie befriedigt werden. Es bedarf jedoch einer Abänderung des im Texte gegebenen, auf die Konstruktion des § 22 gegründeten Beweises, da es hier keinen Sinn mehr hätte, eine Punktreihe aus einem Raum in einen andern zu projizieren.

Es ist nur kurz zu zeigen, daß zwei abstrakte Räume S und S' wenigstens in einer Weise kollinear auf einander bezogen werden können. Wenn man darauf diese als konstruiert vorausgesetzte Kollineation mit den Projektivitäten innerhalb eines der beiden Räume verbindet, so wird man eine Projektivität erhalten, die fünf unabhängigen Elementen von S fünf unabhängige Elemente von S' zuordnet, und andrerseits wird sich ergeben, daß nur eine solche Projektivität existiert, da man sonst in einem der beiden Räume eine nicht identische Projektivität mit fünf unabhängigen Doppelelementen hätte (vgl. § 23).

Nun wird man zwei wesentlich verschiedene abstrakte Räume S und S' kollinear auf einander beziehen können, wenn man in folgender Weise vorgeht:

Man betrachte in ihnen zwei Gruppen G und G' spezieller Homologien, die je eine und dieselbe Ebene von Doppelpunkten haben, und beziehe die genannten Gruppen in der angegebenen Weise (Anhang I, 3) durch Isomorphismus auf einander. Darauf ordne man die Homologien der in S angenommenen Gruppe G den Punkten zu, in welche sie einen beliebigen, außerhalb der Ebene der Doppelpunkte angegebenen Punkt A bringen; und in analoger Weise beziehe man die Homologien der in S' angenommenen Gruppe G' auf die Punkte, in welche sie einen außerhalb der Ebene der Doppelpunkte gegebenen Punkt A' bringen.

Auf diese Weise entsteht zwischen den Punkten von S und S' eine umkehrbar eindeutige Beziehung, welche die Homologien von G in diejenigen von G' in der Weise transformiert, daß den Potenzen einer in G enthaltenen Homologie die Potenzen der entsprechenden Homologie in G' entsprechen. Daher wird einer Geraden von S, die als Trajektorie einer in G enthaltenen einfach unendlichen Gruppe betrachtet werden kann, in S' eine Gerade entsprechen, die die Trajektorie der in G' enthaltenen transformierten Gruppe ist. Und darum wird die zwischen S und S' konstruierte Beziehung eine Kollineation sein (§ 86).

Also kann man die Sätze des § 87 als auf den Fall ausgedehnt betrachten, daß es sich um zwei wesentlich verschiedene Räume, deren Elemente eine willkürliche Bedeutung haben, handelt, wofern in jedem Raume die Axiome der projektiven Geometrie erfüllt sind.

III. Transformationen des Raumes, die Kugeln in Kugeln verwandeln. Wir können eine elegante Anwendung der abstrakten Geometrie angeben, die uns auf die Bestimmung derjenigen Transformationen des Raumes führen wird, welche Kugeln in Kugeln verwandeln.

Wir betrachten alle Kugeln und alle Kreise des Raumes, welche durch einen Punkt O gehen, indem wir dabei die durch O gehenden Ebenen und Geraden als Kugeln und Kreise von unendlich großem Radius betrachten.

Es bestehen dann im allgemeinen für die Kugeln und Kreise des genannten Systems die folgenden Eigenschaften:

a) Zwei Kugeln schneiden sich in einem Kreise (durch O).

b) Drei Kugeln, die nicht einen Kreis gemeinsam haben, haben einen (andern) Punkt außerhalb O gemeinsam.

c) Eine Kugel und ein ihr nicht angehörender Kreis schneiden sich in einem Punkte außerhalb O.

d) Zwei Punkte außerhalb O gehören einem bestimmten Kreise (durch O) an.

e) Drei Punkte außerhalb O, die sich nicht auf einem Kreise (des Systems) befinden, gehören einer bestimmten Kugel an.

f) Ein Kreis und ein nicht auf ihm liegender Punkt gehören einer bestimmten Kugel an.

Die ersten drei Sätze sind nicht immer zutreffend, da es z. B. eintreten kann, daß die durch O gehenden Kugeln und Kreise sich berühren.

Man kann jede Ausnahme beseitigen, wenn man den Ausdruck „dem Punkte O unendlich nahe (uneigentliche) Punkte“, deren Gesamtheit als eine Kugel (Kugel vom Radius Null) betrachtet werden muß, einführt und außerdem übereinkommt, alle Punkte im Unendlichen als in einem einzigen Punkte vereinigt zu betrachten, der den durch O gehenden Ebenen gemeinsam ist.

Wir halten uns nicht dabei auf, diese Betrachtungen, die denen des § 2 vollkommen analog sind, auszuführen.

Es ist leicht einzusehen, daß, wenn die genannten Verabredungen getroffen sind, die Axiome der projektiven Geometrie erfüllt sind, wenn man sich dahin verständigt, daß das Wort „Punkt“ die Bedeutung eines gewöhnlichen, von O verschiedenen Punktes oder eines O unendlich nahen Punktes haben, das Wort „Gerade“ einen „durch O gehenden Kreis (oder eine durch O gehende Gerade)“ bezeichnen und endlich das Wort „Ebene“ eine „durch O gehende Kugel (oder Ebene)“ bezeichnen soll.

Daher werden die durch O gehenden Kugeln als die Elemente (Ebenen) eines abstrakten Raumes Σ aufgefaßt, in dem die projektive Geometrie Geltung hat.

Es ist ferner bemerkenswert, daß in Σ auch eine konventionelle metrische Geometrie, analog der gewöhnlichen metrischen Geometrie, definiert ist, wofern man die Kugel vom Radius Null, die aus den dem Punkte O unendlich nahen Punkten besteht, als die uneigentliche Ebene von Σ betrachtet und als absolute Polarität auf ihr diejenige annimmt, die durch die orthogonale Polarität des Bündels O gegeben ist.

Nun werden wir den abstrakten Raum Σ auf den gewöhnlichen Ebenenraum S projektiv beziehen können und damit Gelegenheit geben zu einer Punkttransformation, die die Ebenen den durch O gehenden Kugeln zuordnet. Im besondern werden den durch O gehenden Ebenen diejenigen Ebenen entsprechen, welche durch einen Punkt O' gehen, der homolog zu dem Punkte ist, in welchem man sich der Verabredung gemäß alle unendlich fernen Punkte des ersten Raumes vereinigt denkt.

Verweilen wir dabei, den bemerkenswerten Fall zu betrachten, in welchem die zwischen Σ und S angenommene Kollineation eine Ähnlichkeit ist, d. h. in welchem man der unendlich fernen Ebene von S und ihrer absoluten Polarität die Kugel vom Radius Null und dem Zentrum O (die uneigentliche Ebene von Σ) und die entsprechende Polarität (die orthogonale Polarität des Bündels O) entsprechen läßt.

In diesem Falle ist es klar (§ 54), daß zwei von O ausgehenden Kreisen zwei Gerade entsprechen werden, die einen gleichen Winkel bilden.

Sehen wir hierauf zu, was einem Kreise C entspricht, der nicht durch O geht, aber in einer durch O gehenden Ebene liegt.

Man nehme auf C (Fig. 187) zwei feste Punkte A und B und einen veränderlichen Punkt P an und konstruiere die Kreise a und b, die durch A, P, O und durch B, P, O gehen. Die Winkel, in welchen sich in O (oder in P) die genannten Kreise a und b schneiden, ändern sich nicht, wenn sich P auf C verändert, da man durch Betrachtung der Figur erkennt, daß einer dieser Winkel der Summe der geradlinigen Winkel

$$OAP + OBP = APB - AOB$$

gleich ist und immer in dieser Weise ausgedrückt werden kann, wenn die genannten Winkel mit geeigneten Zeichen genommen werden.

Es folgt hieraus, daß dem Kreise C eine in einer durch O' gehenden Ebene liegende Linie entsprechen wird, die der Ort der Schnittpunkte der (den Kreisen a und b entsprechenden) homologen Geraden zweier direkt gleicher Büschel A' und B' ist, d. h. daß „ein in einer durch O gehenden Ebene liegender Kreis in einen Kreis transformiert wird".

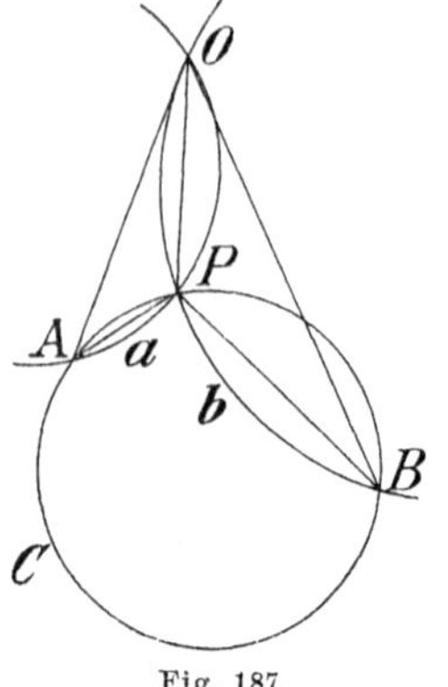

Fig. 187.

Hieraus schließt man weiter, daß die angenommene Transformation irgendeine nicht durch O gehende Kugel in eine Oberfläche verwandelt, die von den durch O' gehenden Ebenen in Kreisen geschnitten wird, d. h. in eine Kugel.

Wir schließen also, wenn wir zusammenfassen:

Wenn die durch einen Punkt gehenden Kugeln in konventioneller Weise als die Ebenen eines abstrakten Raumes betrachtet werden, in dem man die Kugel vom Radius Null und die Polarität in Bezug auf sie als Absolutes nimmt, so führt die Annahme einer Ähnlichkeit zwischen diesem abstrakten und dem gewöhnlichen Raume auf eine Transformation in diesem letzten, die Kugeln in Kugeln verwandelt.

Anmerkung 1. Die Transformationen, die Kugeln in Kugeln verwandeln, bilden eine Gruppe, die unter dem Namen Gruppe der Transformationen durch reziproke Radien bekannt ist.

Diese Gruppe enthält nicht nur die Transformationen durch reziproke Radien im eigentlichen Sinne des Wortes, d. h. die Inversionen an den Kugeln, sondern auch die Produkte dieser mit Ähnlichkeiten.

Die Transformationen, die Kugeln in Kugeln verwandeln, haben die charakteristische Eigenschaft, daß zweien Linien, die sich unter einem gewissen Winkel schneiden, zwei Linien entsprechen, die sich unter einem gleichen Winkel schneiden. Wenn die genannten Transformationen durch das oben angegebene Verfahren definiert werden, so geht diese Eigenschaft sofort aus dem Vergleiche des Winkels, der von zwei durch O gehenden und sich in irgendeinem (andern) Punkte P schneidenden Kreisen gebildet wird (dieser Winkel ist dem Winkel, den dieselben Kreise in O bilden, gleich), mit dem Winkel der beiden entsprechenden Geraden hervor.

Liouville hat gezeigt, daß die erwähnte Eigenschaft charakteristisch ist, d. h. daß „die Punkttransformationen des Raumes, welche die Winkel erhalten (konforme Transformationen), die Kugeln in Kugeln verwandeln“.

Anmerkung 2. Es geht aus den oben angestellten Betrachtungen hervor, daß „das System der durch einen Punkt gehenden Kreise einer Ebene in konventioneller Weise als ein ebenes Geradensystem betrachtet werden kann, das den Kreis vom Radius Null, der jenen Punkt zum Mittelpunkt hat, und die (orthogonale) Involution in Bezug auf ihn zum Absoluten hat“.

Stellt man zwischen dieser abstrakten Ebene und einer gewöhnlichen Ebene eine Ähnlichkeit her, so bringt man eine Transformation zwischen den beiden Ebenen hervor, welche die Kreise der einen in die Kreise der andern verwandelt (Transformation durch reziproke Radien).

Herr Adler hat bemerkt, daß durch eine solche Transformation das in den §§ 73 und 74 hergeleitete Steinersche Resultat, daß alle mit Lineal und Zirkel auflösbaren Konstruktionsaufgaben sich allein mit dem Lineal und unter Benutzung eines festen Kreises von gegebenem Mittelpunkt lösen lassen (Jacob Steiner, Die geometrischen Konstruktionen, ausgeführt mittelst der geraden Linie und eines festen Kreises, Ges. Werke, I, 461—522, Berlin 1881, und Ostwalds Klassiker, Nr. 60, Leipzig 1895), sich in den Satz von Mascheroni verwandelt: Alle mit Lineal und Zirkel auflösbaren Aufgaben können mit dem Zirkel allein aufgelöst werden (L. Mascheroni, Geometria del compasso, Pavia 1797, deutsch unter dem Titel „Gebrauch des Zirkels“ von Grüson, Berlin 1825)[1]).

IV. Projektive Koordinaten. Wir wollen nun eine neue Anwendung jenes in Nr. II des Anhangs genannten Prinzipes angeben, indem wir uns die Aufgabe stellen, die Punkte des Raumes durch Koordinaten analytisch auszudrücken.

Wir bezeichnen das Ziel der Aufgabe genau, wenn wir sagen, wir nehmen uns vor, den (eigentlichen und uneigentlichen) Punkten des Raumes umkehrbar eindeutig die gegenseitigen Verhältnisse von vier Zahlen x_1, x_2, x_3, x_4 (homogene projektive Koordinaten) in der Weise entsprechen zu lassen, daß die Ebenen durch lineare Gleichungen ausgedrückt werden.

---

1) Vgl. den Artikel des Herrn Daniele in der Sammlung: Questioni riguardanti la Geometria elementare von F. Enriques, Bologna, Zanichelli, 1900.

Wir bezeichnen mit Σ' die Gesamtheit der homogenen Gruppen von Werten $x_1 x_2 x_3 x_4$. Und wir bezeichnen das Element von Σ', d. h. die bis auf einen Proportionalitätsfaktor definierte Quaterne $x_1 x_2 x_3 x_4$, mit dem Namen „analytischer Punkt“, und ebenso mit dem Namen „analytische Ebene“ die Gesamtheit der analytischen Punkte, die durch eine homogene lineare Gleichung

$$a_x = a_1 x_1 + a_2 x_2 + a_3 x_3 + a_4 x_4 = 0$$

(wo die a Konstante sind) definiert sind.

Sind die vorstehenden Verabredungen getroffen, so können wir Σ' als einen „analytischen Raum“ betrachten, auf den wir in konventioneller Weise alle für den gewöhnlichen Raum festgesetzten Bezeichnungen übertragen können und für den wir dann die Axiome der projektiven Geometrie verifizieren wollen.

Für den (intuitiven) Raum Σ ein System homogener projektiver Koordinaten aufstellen (was durch unsere Aufgabe gefordert wird) wird dann so viel heißen als zwischen den Punkten von Σ und von Σ' eine umkehrbar eindeutige Beziehung herstellen, in welcher den Punkten einer Ebene in Σ die Punkte einer (analytischen) Ebene in Σ' entsprechen; das will sagen, unsere Aufgabe wird auf die Aufgabe zurückkommen, zwischen dem Raume Σ und dem (analytischen) Raume Σ' eine Kollineation herzustellen.

Beginnen wird also damit, die Verifikation der Axiome der projektiven Geometrie für den analytischen Raum Σ' kurz anzudeuten.

Vor allem muß man „(analytische) Gerade“ den Inbegriff der analytischen Punkte nennen, die zwei analytischen Ebenen

$$1) \quad \begin{cases} a_x = a_1 x_1 + a_2 x_2 + a_3 x_3 + a_4 x_4 = 0 \\ b_x = b_1 x_1 + b_2 x_2 + b_3 x_3 + b_4 x_4 = 0 \end{cases}$$

gemeinsam sind.

Die genannte Gerade ist nicht nur den beiden genannten Ebenen, sondern auch allen Ebenen

$$\lambda a_x + \mu b_x = 0$$

gemeinsam, die bei Variation der Parameter λ und μ (und ihres Verhältnisses) ein Büschel beschreiben.

Wenn $(y_1 y_2 y_3 y_4)$ und $(z_1 z_2 z_3 z_4)$ zwei Systeme von Lösungen der Gleichungen 1) (d. h. zwei Punkte der Geraden) sind, so werden alle andern Lösungen durch die Gleichungen

$$x_1 = \lambda y_1 + \mu z_1$$
$$x_2 = \lambda y_2 + \mu z_2$$
$$x_3 = \lambda y_3 + \mu z_3$$
$$x_4 = \lambda y_4 + \mu z_4$$

gegeben; läßt man das Verhältnis $\lambda : \mu$ variieren, so erhält man also alle Punkte der Geraden.

Nun kann man sofort die Axiome der ersten Gruppe: a), b), c), d), e), f) (oder I, II, III; vgl. die §§ 2 und 3) verifizieren.

In der Tat übersetzen sie sich sofort in bekannte Eigenschaften der Systeme linearer Gleichungen.

Betrachten wir z. B. das Axiom a): „Zwei Punkte gehören einer Geraden an."

Es seien $(y_1 y_2 y_3 y_4)$ und $(z_1 z_2 z_3 z_4)$ zwei analytische Punkte; sie gehören einer analytischen Geraden an, die von den Punkten

$$(\lambda y_1 + \mu z_1,\ \lambda y_2 + \mu z_2,\ \lambda y_3 + \mu z_3,\ \lambda y_4 + \mu z_4)$$

(die von dem Verhältnisse $\lambda : \mu$ abhängen) gebildet wird.

Das Axiom b) ist durch die Definition verifiziert.

Das Axiom c): „Drei Punkte, die nicht einer Geraden angehören, gehören einer Ebene an" verifiziert sich in folgender Weise:

Es seien $(y_1 y_2 y_3 y_4)$, $(z_1 z_2 z_3 z_4)$ und $(u_1 u_2 u_3 u_4)$ drei analytische Punkte, die nicht einer Geraden angehören, d. h. sie erfüllen nicht zwei lineare Gleichungen und es gibt keine Werte von λ und μ, für welche

$$u_i = \lambda y_i + \mu z_i \qquad (i = 1, 2, 3, 4)$$

ist.

Die Punkte (y_i), (z_i) und (u_i) bestimmen die Ebene, die von den Punkten $(\lambda y_i + \mu z_i + \nu u_i)$ $(i = 1, 2, 3, 4)$ gebildet wird; diese Ebene hat die Gleichung

$$\begin{vmatrix} x_1 & x_2 & x_3 & x_4 \\ y_1 & y_2 & y_3 & y_4 \\ z_1 & z_2 & z_3 & z_4 \\ u_1 & u_2 & u_3 & u_4 \end{vmatrix} = 0.$$

Das Axiom d) verifiziert sich sofort, da drei unabhängige homogene lineare Gleichungen (d. h. drei analytische Ebenen, die nicht die unendlich vielen Punkte einer Geraden gemeinsam haben) ein einziges System von Lösungen, die bis auf einen Faktor bestimmt sind, (d. h. einen analytischen Punkt) gemeinsam haben.

In analoger Weise werden die Axiome e) und f) leicht verifiziert.

Betrachten wir jetzt die Axiome IV, V und VI der zweiten und der dritten Gruppe (§§ 5, 6, 18) und deuten wir an, wie sie sich für die analytische Gerade verifizieren lassen, woraus ihre Gültigkeit für die andern Gebilde erster Stufe folgt.

Die Punkte

$$x_i = \lambda y_i + \mu z_i \qquad (i = 1, 2, 3, 4)$$

einer analytischen Geraden ordnen sich in dem einen und dem entgegengesetzten Sinne an je nach wachsenden oder abnehmenden Werten des Verhältnisses $\lambda : \mu$. Man erhält so zwei (einander entgegengesetzte) Ordnungen, die als erstes Element denselben Punkt (y_i) haben, der dem Werte

$$\frac{\lambda}{\mu} = \infty \quad (\lambda = 1, \mu = 0)$$

entspricht; dieser Punkt ist irgendein Punkt der Geraden.

Die genannten Ordnungen erfüllen alle Eigenschaften der natürlichen Ordnungen einer anschaulichen Geraden (wenn der uneigentliche Punkt hinzugefügt wird). Auf diese Weise verifizieren sich die Axiome IV und VI, da dieses letzte der Einführung der irrationalen Zahlen entspricht. Es ist dann auch leicht das Axiom V zu verifizieren, da man bemerkt, daß die Operation des Projizierens im analytischen Raume durch eine lineare Substitution dargestellt wird.

Man kann daher behaupten, daß „für den analytischen Raum alle Axiome der projektiven Geometrie und daher alle ihre Sätze gelten“.

Dies vorausgeschickt, kann man eine Kollineation zwischen dem intuitiven Raume Σ und dem analytischen Raume Σ' aufstellen, indem man festsetzt, daß fünf unabhängigen Punkten von Σ fünf unabhängige Punkte von Σ' entsprechen sollen. Wir werden in Σ' die Punkte:

$$(1000), (0100), (0010), (0001), (1111)$$

annehmen können, da die Systeme der angegebenen Zahlen derart sind, daß (die Determinante von vier von ihnen nicht null ist und daher) vier von ihnen nicht einer und derselben linearen Gleichung genügen, d. h. unabhängige analytische Punkte sind. Wir können mit

$$A_1, A_2, A_3, A_4, E$$

die Punkte von Σ bezeichnen, die den genannten Punkten von Σ' entsprechen.

Da diese Beziehung die Kollineation zwischen Σ und Σ' bestimmt, so können wir schließen:

Will man die Punkte des Raumes durch homogene projektive Koordinaten darstellen (in der Weise, daß die Gleichung der Ebene linear wird), so kann man in ihm fünf unabhängige Punkte

$$A_1, A_2, A_3, A_4, E$$

annehmen und ihnen die Gruppen von Koordinaten

$$(1000), (0100), (0010), (0001), (1111)$$

zuordnen; aber dann sind bis auf einen Proportionalitätsfaktor die Koordinaten jedes andern Punktes des Raumes bestimmt.

Die Punkte A_1, A_2, A_3, A_4 heißen Grundpunkte oder Ecken des Grundtetraeders des Koordinatensystems; der Punkt E heißt Einheitspunkt.

Anmerkung 1. Es ist leicht die geometrische Bedeutung der Koordinaten x_i eines Punktes oder besser ihrer gegenseitigen Verhältnisse anzugeben. Wir wollen uns darauf beschränken sie auszusprechen. Man projiziere E und P von der Geraden

$$a_{lm} = A_l A_m$$

auf die Gerade

$$a_{ik} = A_i A_k,$$

die gegenüberliegende Kante des Grundtetraeders, und man bezeichne mit E_{ik} und P_{ik} die Projektionen; dann ist das Doppelverhältnis

$$(A_i A_k E_{ik} P_{ik}) = \frac{x_i}{x_k}.$$

Zum Beweise dieses Satzes würde nur zu zeigen sein, daß durch die angegebene Konstruktion tatsächlich bis auf einen Faktor vier, einem Punkte P des Raumes angehörende Zahlen (homogene Koordinaten) definiert werden, in der Weise daß, wenn P in einer Ebene sich verändert, die genannten Zahlen immer einer linearen Gleichung genügen.

Anmerkung 2. Die Darstellung der Punkte des Raumes durch homogene projektive Koordinaten ist allein auf Grund der Axiome I, II, III, IV, V, VI der projektiven Geometrie nachgewiesen worden. Diese Axiome genügen also zur Begründung der ganzen analytisch-projektiven Geometrie.

Anmerkung 3. Es geht im besondern aus den vorstehenden Bemerkungen hervor, daß das Doppelverhältnis von vier Elementen eines Gebildes erster Stufe (z. B. von vier Punkten einer Geraden) ohne Zuhilfenahme metrischer Begriffe definiert werden kann.

Anmerkung 4. Die Kollineationen des Raumes werden, sobald seine Punkte durch homogene projektive Koordinaten dargestellt werden, durch homogene lineare Substitutionen für die Koordinaten dargestellt.

Man möge dies zur Übung beweisen.

Anmerkung 5. Aus den homogenen projektiven Koordinaten, die wir in allgemeinster Weise definiert haben, leitet man als besondere Fälle die gebräuchlicheren Darstellungen der Punkte des Raumes ab, die in der analytischen Geometrie vorkommen.

Im besondern nehme man als Grundtetraeder dasjenige an, das von drei zu einander normalen Ebenen:

$$x_1 = 0, \quad x_2 = 0, \quad x_3 = 0$$

und von der unendlich fernen Ebene: $x_4 = 0$ gebildet wird. Alsdann werden die aus den homogenen projektiven Koordinaten eines Punktes P gebildeten Verhältnisse

$$\frac{x_1}{x_4}, \quad \frac{x_2}{x_4}, \quad \frac{x_3}{x_4}$$

seine rechtwinkligen Cartesischen Koordinaten in Bezug auf die drei Ebenen $x_1 = 0$, $x_2 = 0$, $x_3 = 0$ werden.

V. Imaginäre Elemente. Die Darstellung der Punkte des Raumes durch (projektive) Koordinaten führt dazu, den Raum selbst durch die Einführung der imaginären Punkte (und daher der imaginären Geraden und Ebenen) zu erweitern. In dem Gedankengange der analytischen Geometrie, in dem wir uns jetzt befinden, stellen sich diese imaginären Elemente als konventionelle Dinge dar, die komplexen Werten der Koordinaten entsprechen, und sie leiten ihren Ursprung von der Nützlichkeit her, in dem erweiterten Zahlengebiet ein vollkommenes Gegenstück zu dem geometrischen Gebiete aufzustellen. Sie gewähren die Möglichkeit, die zur Lösung einer Aufgabe führenden Rechnungen, bei denen man mit irgendwie komplexen Größen operiert und doch zuweilen zur Bestimmung reeller Größen gelangt, in geometrische Ausdrucksweise zu übertragen.

Nachdem wir erkannt haben, daß „die elementaren Gesetze der algebraischen Operationen in einer ganzen Reihe fundamentaler Gesetze der projektiven Geometrie des Raumes ihren Ausdruck finden, wenn die Punkte des Raumes selbst durch projektive Koordinaten dargestellt werden"[1]), kann kein Zweifel an der Rechtmäßigkeit des Gebrauchs der imaginären Elemente in diesem Gebiete der Geometrie entstehen; die Rechtfertigung liegt darin, daß die fundamentalen Gesetze des algebraischen Rechnens in dem Gebiete der komplexen Zahlen ebenso wie in dem beschränkteren der reellen Zahlen gültig sind. So daß der projektiven Geometrie angehörige Schlußreihen, die sich auf die Betrachtung reeller Elemente gründen, sich auf den Fall erstrecken, daß einige der Elemente selbst imaginär sind, wobei sie doch hin und wieder auf Resultate führen, in denen nur reelle Elemente vorkommen.

Dieser letzte Umstand tritt immer auf, wenn zwei **konjugierte imaginäre** Elemente (d. h. solche, die konjugierte komplexe Koordinaten haben) vorhanden sind, da durch sie ein drittes Element bestimmt wird; so z. B., wenn man die Verbindungsgerade zweier konjugierter imaginärer Punkte bestimmt, u. s. w.

Nun können wir erkennen, daß die auf analytischem Wege definierten imaginären Elemente der Existenz gerade derjenigen geometrischen Dinge entsprechen, welche uns auf den im § 38 eingeführten Gebrauch des Ausdrucks „Paar imaginärer Punkte" geführt haben.

Man betrachte in der Tat einen imaginären Punkt

$$P \equiv (x_1 + iy_1,\ x_2 + iy_2,\ x_3 + iy_3,\ x_4 + iy_4)$$

und man betrachte den ihm konjugierten Punkt

$$P' \equiv (x_1 - iy_1,\ x_2 - iy_2,\ x_3 - iy_3,\ x_4 - iy_4).$$

Die Gerade PP', welche die beiden Punkte verbindet, ist reell, wie man erkennt, wenn man die Gleichungen hinschreibt. Auf ihr gibt es eine genau bestimmte (reelle) elliptische Involution, deren Doppelpunkte P und P' sind.

Das Paar konjugierter imaginärer Punkte PP' entspricht also der reellen Existenz einer elliptischen Involution auf einer reellen Geraden.

Es ist dann klar, daß die angegebene elliptische Involution, die die konjugierten imaginären Punkte P und P' zu Doppelpunkten hat, mit jeder (elliptischen) Projektivität, für welche P und P' Doppelpunkte sind, vertauschbar ist.

Es entsteht nun die Aufgabe, die beiden, das Paar bildenden konjugierten Punkte zu **trennen**, d. h. sie von einander zu unter-

1) Ausgenommen sind die Sätze, die mit dem Begriffe der natürlichen Anordnung eines elementaren Gebildes verknüpft sind.

scheiden, indem man mit jedem von ihnen ein anderes geometrisches Ding verbindet.

Stellen wir uns vor, es werde das Paar PP' auf eine Kante des Grundtetraeders projiziert, z. B. auf $a_{12} \equiv A_1 A_2$ von der gegenüberliegenden Kante a_{34} aus; es werden

$$P_1 \equiv (x_1 + iy_1,\ x_2 + iy_2,\ 0,\ 0)$$
$$P_1' \equiv (x_1 - iy_1,\ x_2 - iy_2,\ 0,\ 0)$$

die Projektionen von P und P' sein, und man wird nur die beiden Punkte des Paares $P_1 P_1'$ zu trennen brauchen, um die genaue Bestimmung von P und P' zu erhalten.

Nun betrachten wir irgendeinen Punkt M der Geraden a_{12} als bestimmt durch das Verhältnis $\lambda + i\mu$ seiner zweiten zur ersten Koordinate; wir werden dann die beiden entgegengesetzten Sinne der Geraden mit den beiden Zeichen, dem positiven und dem negativen, welche der Koeffizient μ haben kann, verknüpfen können.

Nun entsprechen die beiden Punkte P_1 und P_1' zwei konjugierten imaginären Verhältnissen:

$$\lambda_1 + i\mu_1 = \frac{x_2 + iy_2}{x_1 + iy_1}$$
$$\lambda_1 - i\mu_1 = \frac{x_2 - iy_2}{x_1 - iy_1};$$

dadurch werden sie mit den beiden entgegengesetzten Sinnen der Geraden a_{12} verbunden und also von einander getrennt.

Den beiden Sinnen der Geraden a_{12} entsprechen andrerseits zwei entgegengesetzte Sinne der (von a_{34} aus auf a_{12} projizierten) Geraden PP'; also werden die Punkte P und P' mit den beiden entgegengesetzten Sinnen der sie verbindenden Geraden verknüpft und auf diese Weise von einander unterschieden.

Wir können also schließen:

Die Betrachtung eines imaginären Punktes im Raume entspricht der Betrachtung einer elliptischen Involution auf einer reellen Geraden, verbunden mit der Betrachtung eines Sinnes dieser Geraden.

Diese Deutung des Imaginären in der Geometrie verdankt man v. Staudt (Beiträge zur Geometrie der Lage), der, von ihr ausgehend, in eingehenden Betrachtungen auf synthetischem Wege den grundlegenden Teil der projektiven Geometrie auf das weitere, die imaginären Elemente umfassende Gebiet ausgedehnt hat.

Bei vielen Fragen genügt es indessen, das Imaginäre in Paaren (konjugierter Elemente) einzuführen, und dies kann in einer viel einfacheren Weise geschehen. Herr Segre hat diese Behandlungsart in einer Schrift didaktischer Natur auseinandergesetzt, die wir bereits im § 38 zu zitieren Gelegenheit hatten.

VI. Historisch-kritische Notiz über die Entstehung der Fundamentalbegriffe der projektiven Geometrie. Es ist nützlich, auf die Entstehung der Hauptbegriffe, die der projektiven Geometrie zu Grunde liegen, einen kurzen Blick zu werfen.

1. Wenn auch die projektive Geometrie als Wissenschaft dem 19. Jahrhundert angehört, so kann man ihre Keime doch schon in der Perspektive des Euklid und des Heliodor erkennen. In der Blütezeit der Künste, besonders der Malerei und der Architektur, zur Zeit der Renaissance fand die Perspektive zahlreiche Förderer, so L. B. Alberti und Leonardo da Vinci; Guido Ubaldo del Monte wies später ihre mathematischen Grundlagen auf (1600)[1].

Die Betrachtung der geometrischen Figuren vom Standpunkte der Perspektive aus bringt es mit sich, daß ihre visuellen Eigenschaften hervortreten und von den metrischen Eigenschaften unterschieden werden, und führt so zu einer allgemeineren Auffassung der Figuren selbst.

Außerdem sind in der Perspektive die beiden, für die projektive Geometrie fundamentalen Operationen des Projizierens und Schneidens implicite enthalten. Die erste Operation findet in der Tat ihr Gegenstück in dem Sehvorgange, der dadurch entsteht, daß von dem Augenmittelpunkte (dem Projektionszentrum) aus alle nach den Punkten einer Figur gehenden Lichtstrahlen gezogen werden, und die zweite Operation entspricht der Herstellung des Bildes der gesehenen Figur auf einer vorgeschriebenen Bildfläche (der schneidenden Ebene).

Es scheint, daß Desargues (1593—1661) und Pascal (1623—1662) das Verdienst zukommt, in der Geometrie und besonders in der Theorie der Kegelschnitte die Methoden der Perspektive angewandt zu haben[2].

Die Kegelschnitte waren von den Alten als Schnitte des geraden Kreiskegels betrachtet worden und in allgemeinerer Weise von Apollonius (247 v. Chr.) auch als Schnitte eines schiefen Kreis-

---

1) Man kann in dieser Hinsicht die „Histoire des sciences mathématiques en Italie" von Guglielmo Libri (Paris, Jules Renouard et Cie, 1838) zu Rate ziehen. Heliodor wird dort Bd. IV S. 39 erwähnt.

2) Vgl. Chasles: „Aperçu historique sur l'origine et le développement des méthodes en Géométrie . . ." (Bruxelles, 1837).

kegels; dieser Geometer hatte eine tiefgehende Studie über sie mitgeteilt, in der er viele ihrer schönsten Eigenschaften ans Licht brachte. Aber es scheint, daß niemand vor Desargues die fruchtbare Idee gehabt hat, die gemeinsame Grundlage der Eigenschaften der Kegelschnitte darin zu suchen, daß sie Projektionen eines Kreises sind.

Diese Auffassung liegt den Behandlungsweisen des Desargues (1639) und des Pascal (1640) zu Grunde, die nicht weniger wegen der Originalität der Gesichtspunkte als wegen der neuen und wichtigen Resultate bewundernswert sind (vgl. z. B. die Sätze der §§ 64 und 65).

Aber uns liegt besonders daran hervorzuheben, daß die Einführung der Methoden der Perspektive in das Studium der Kegelschnitte dem generalisierenden Geiste entsprechend erscheint, der nunmehr die wissenschaftlichen Untersuchungen belebte, während die engen Unterscheidungen der Geometrie der Griechen nicht mehr dem Bedürfnisse genügten, viele Wahrheiten in eine einzige zusammenzufassen und in lichtvollerer Weise aus einem einzigen Prinzip hervorgehen zu lassen.

Die Desarguessche Auffassung führte dazu, die drei Kegelschnittarten (Ellipse, Hyperbel, Parabel), die früher getrennt gehalten wurden, als zu einer einzigen Familie gehörig zu betrachten, und zwar auf Grund der Betrachtung der uneigentlichen Punkte, die man auch Desargues verdankt.

Wir haben bereits (Note auf Seite 9) die psychologische Entstehung der Vorstellung, zwei parallele Gerade als solche zu betrachten, die einen Punkt im Unendlichen gemeinsam haben, auseinandergesetzt[1]).

Gewiß kann die Darlegung dieser Entstehung nicht dazu dienen, den Gebrauch uneigentlicher Punkte in der Geometrie in aller Strenge zu rechtfertigen; auch weiß man andrerseits nicht, wie Desargues ihn rechtfertigte, der wahrscheinlich (wie Leibniz es ausdrücklich tat) auf Stetigkeitsbegriffe zurückging. Aber die genannte Rechtfertigung erfordert eine kritische Prüfung der fundamentalen Sätze der Wissenschaft, die nur von dem reifen, unserem Jahrhunderte eigenen analytischen Geiste geleistet werden kann.

Andrerseits bieten sich bei der Projektionsmethode die uneigentlichen Punkte von selbst dar, und, insoweit man sich nicht von der

1) Die analoge Vorstellung, zwei parallele Ebenen als solche zu betrachten, die eine Gerade im Unendlichen gemeinsam haben, tritt viel später auf (bei Poncelet).

genannten Methode entfernt, finden sie in ihr die Grundlage für ihren gerechtfertigten Gebrauch.

Und die Geschichte der Mathematik weist uns darauf hin, daß alle fundamentalen Begriffe, welche die in ihren verschiedenen Gebieten herrschenden Vorstellungen erweiterten, in analoger Weise in die Wissenschaft eingeführt worden sind und erst später ihre vollständige und strenge Rechtfertigung gefunden haben[1]).

2. Der generalisierende Geist, der, wie wir erkannten, in den geometrischen Methoden des Desargues und des Pascal sich äußerte, findet seinen höchsten Ausdruck in der von Descartes durch Anwendung der Algebra auf die Theorie der Kurven im Jahre 1637 geschaffenen analytischen Geometrie.

Indem er davon absah, Figuren zu benutzen, und unter ein und derselben Gleichungsform geometrische Dinge von verschiedener Gestalt zusammenbrachte, führte er in die Geometrie denselben Charakter der Abstraktion und Allgemeinheit ein, der dem analytischen Verfahren eigen ist.

Die Anziehungskraft, welche die neue Wissenschaft auf die vornehmsten Geister ausübte, war so mächtig, daß von nun an einen langen Zeitraum hindurch jede andere geometrische Forschungsmethode fast vernachlässigt war. So fanden sich infolge der Neuerung, die durch die Ideen des Descartes in die Mathematik hineingetragen worden war, während die Infinitesimalrechnung entstand, nur wenige, die die Desarguessche und Pascalsche Richtung fortsetzten. Doch sind die Namen von De la Hire (1640—1718) und von Le Poivre (1704) zu nennen, zwei Geometern, die teils an die genannte Richtung, teils an die Geometrie der Alten anknüpften und die Theorie der Kegelschnitte mit schönen Resultaten bereicherten. Im besondern legte De la Hire die Grundlagen für die Polarentheorie, die, wie es scheint, in dem Pascalschen Werke nur im Keime enthalten und jedenfalls nach ihm nicht überliefert worden war. Auch wollen wir des „Traité de Perspective“ von Lambert (1759) gedenken, in dem von der Projektionsmethode zu technischem Gebrauch, wie es schon Desargues lehrte, Anwendungen gemacht wurden, indem zahlreiche Aufgaben der Gnomonik u. s. w. behandelt wurden.

3. Aber, wenn der analytische Geist in dem auf die Entdeckungen von Descartes und Leibniz folgenden Jahrhundert fast souverän in der Geometrie geherrscht hatte, die Reaktion konnte, wie Hankel

1) Das kann man z. B. von der Einführung der irrationalen, der negativen und der komplexen Zahlen in die Algebra sagen, die das ursprüngliche Gebiet der Arithmetik erweiterten.

bemerkt[1]), nicht ausbleiben. Sie knüpfte aber mehr an die Technik als an die Wissenschaft an. Die Künste und die Industrieen und die Aufgaben, welche die Perspektive, die Gnomonik, der Steinschnitt, die Maschinen, die ihnen von Wichtigkeit sind, stellten, erforderten, entsprechend den vorgeschrittenen Bedürfnissen, gewandtere und direktere Lösungen, und hierbei konnte auch nicht die Technik des Zeichnens durch analytische Verfahrungsarten ersetzt werden.

Indem Monge diese verschiedenen technischen Aufgaben in eine wissenschaftliche Theorie zusammenfaßte, schuf er die Deskriptive Geometrie (1795), in der er verschiedene Richtungen der reinen und der angewandten Mathematik harmonisch mit einander zu verschmelzen wußte (ein vortreffliches Kennzeichen eines genialen Menschen!). Und wie hoch er in der Theorie sich erhoben hatte, das wird dadurch bezeugt, daß er „mit Hilfe von Geometrie Algebra hervorbringen konnte, wie Cartesius mit Hilfe von Algebra Geometrie hervorgebracht hatte“[2]).

In der Geometrie des Monge und seiner Schule existiert noch nicht die projektive Geometrie. Dort wird nur in dem besondern Falle orthogonaler Projektionen von der Projektionsmethode systematischer Gebrauch gemacht. Aber die von Grund aus angeeigneten und in lichtvoller Weise umgewandelten analytischen Begriffe haben nunmehr die Auffassung der geometrischen Dinge auf einen höheren Grad von Allgemeinheit gebracht, nämlich mit der Einführung der imaginären Elemente und mit der des Prinzips der Stetigkeit, von dem später Poncelet einen so fruchtbaren Gebrauch machen sollte, wenn er vielleicht auch nicht dazu gelangt ist, es in durchaus genügender Weise zu rechtfertigen.

Und nun erscheint die von dieser weiteren Auffassung der geometrischen Dinge erfüllte „Géométrie de position“ von Carnot (1803), in der z. B. der den Alten bekannte Begriff des (einfachen) Vierseits in der Betrachtung des vollständigen Vierseits verallgemeinert erscheint, und diesem gesellte sich später das vollständige Viereck hinzu.

Die erwähnte „Géométrie de position“ und der „Essai sur la théorie des transversales“ desselben Verfassers müssen (nach Chasles) dem Werke von Monge an die Seite gestellt werden, insoweit man diese Arbeiten mit den Methoden der Desargues, Pascal, De La Hire und Le Poivre verknüpfen und sie als eine Fortsetzung

1) Vgl. die historische Vorrede zu seinem Buche „Die Elemente der projektivischen Geometrie“ (B. G. Teubner, Leipzig, 1875).

2) Vgl. Chasles „Aperçu historique ...“.

dieser in den beiden Klassen der visuellen (oder deskriptiven) und der metrischen Beziehungen betrachten will, die nunmehr unterschieden werden.

Aber das Werk von Monge als dasjenige, welches eine außerordentlich große Verallgemeinerung der Methoden der Perspektive enthielt und die Geometrien der Ebene und des Raumes in eine enge Beziehung gegenseitiger Abhängigkeit setzte, muß als die wirksamste Vorbereitung der neuen Wissenschaft betrachtet werden, die später es möglich gemacht hat, alle Zweige der Geometrie zu durchdringen und dort mit Erfolg die Verfahrungsarten der Geometrie der Alten zu ersetzen.

4. Die aus so vielen Elementen hergerichtete neue Wissenschaft, die projektive Geometrie im eigentlichen Sinne des Wortes, kommt mit dem „Traité des propriétés projectives des figures“ von Poncelet (1822) zum Vorschein. In diesem Werke wird von Projektionen und Schnitten im allgemeinsten Sinne systematischer Gebrauch gemacht und werden geradezu systematisch diejenigen Eigenschaften der ebenen Figuren aufgesucht, die in Bezug auf die genannten Operationen den Charakter der Invarianz haben (projektive Eigenschaften); unter diesen befinden sich in erster Linie die visuellen Eigenschaften und dann diejenigen metrischen Eigenschaften, welche mit dem Begriff des anharmonischen Verhältnisses (oder Doppelverhältnisses) verknüpft sind.

Das ganze Werk Poncelets wird von der Idee beherrscht, das Studium der ebenen Figuren mit Hilfe von Projektionen auf das irgendeines bemerkenswerten besonderen Falles zurückzuführen; so das Studium der Kegelschnitte auf das des Kreises (wie schon bei Desargues und Pascal), das Studium eines Vierseits auf das eines Parallelogramms, u. s. w.

Außerdem verdankt man Poncelet die allgemeine Betrachtung der körperlichen Homologie, der Grundlage der Reliefperspektive, während die ebene Homologie (die an den Satz von den homologen Dreiecken, den man Desargues verdankt, anknüpft und jetzt einfacher nach Mongescher Methode bewiesen wurde) sich schon bei De la Hire findet, um die Kegelschnitte aus dem Kreise abzuleiten.

Hohes Interesse muß man auch der Entwickelung entgegenbringen, die Poncelet der Theorie der Polarität in Bezug auf einen Kegelschnitt zu Teil werden ließ, dieser Theorie, deren Grundlagen, wie wir gesagt haben, man De la Hire verdankt. Im besondern besteht ein Verdienst Poncelets darin, daß er die Polarität als ein allgemeines und fruchtbares Hilfsmittel aufgefaßt hat, um systematisch neue (visuelle und metrisch-projektive) Eigenschaften der Figuren abzuleiten. Dieses Hilfsmittel gestattete z. B. Brianchon, aus dem Pascalschen Satze von dem einem Kegelschnitte eingeschriebenen Sechseck den Satz von dem umgeschriebenen Sechsseit, der seinen Namen trägt, herzuleiten.

Aber es steckt in der Anwendung dieser Betrachtungen etwas mehr als eine zur Entdeckung neuer geometrischer Eigenschaften führende Methode; Gergonne (der Herausgeber der „Annales de Mathématiques" von 1810 bis 1831) erhob sich aus ihnen zu einem der schönsten Prinzipe der modernen Geometrie: dem Prinzipe der Dualität.

5. Wenig später als das Werk von Poncelet, mit dem in Frankreich die projektive Geometrie ersteht, ist der „Barycentrische Calcul" von Möbius (1827), der eine analytisch-projektive Richtung verfolgt und daher für diese Wissenschaft einen neuen und wichtigen Beitrag liefert.

Man verdankt Möbius einen der Grundbegriffe der modernen Geometrie, nämlich den allgemeinen Begriff der umkehrbar eindeutigen Beziehung oder Transformation in der Ebene und im Raume. Und ebenso gehört Möbius die Betrachtung derjenigen besondern Beziehungen an, welche der projektiven Geometrie zu Grunde liegen: der Kollineationen oder Homographien. Sie nehmen in der projektiven Geometrie eine Stelle ein, analog der, welche dem Begriffe der Bewegung in der metrischen Geometrie zukommt. Wie es durch Bewegung möglich ist, die Lage einer Figur des Raumes zu verändern, ohne die in ihr vorhandenen gegenseitigen metrischen Beziehungen (die alle Beziehungen in sich begreifen, die der Geometer betrachtet) zu verändern, so liefert die Kollineation eine Transformation der Figuren, bei welcher im allgemeinen nicht alle in ihr vorhandenen Beziehungen, sondern nur die visuellen (und die metrisch-projektiven) Beziehungen erhalten bleiben. Und es sind auch unter den umkehrbar eindeutigen Beziehungen die Kollineationen die einzigen, welche die Eigenschaft besitzen, die visuellen Beziehungen zu erhalten, da der wesentliche Inhalt dieser Beziehungen in dem Einanderangehören von Punkten und Ebenen oder von Punkten und Geraden besteht und die Bedingung, daß dieses Einanderangehören sich nicht verändert, gerade zur Definition der Kollineationen zwischen Räumen oder Ebenen dient (§§ 85, 43).

Möbius verdankt man, so haben wir gesagt, die allgemeine Betrachtung der Kollineationen; es ist hinzuzufügen, daß die Kollineationen zwischen zwei Ebenen sich nicht von der durch Projektionen und Schnitte hergestellten Beziehung, deren Begriff an Poncelet anknüpft, unterscheiden, und man muß auch anmerken, daß Möbius für die Kollineation die Eigenschaft der Stetigkeit voraussetzt, eine Eigenschaft, die umgekehrt aus der Definition abgeleitet werden kann, wenn der v. Staudtsche Fundamentalsatz gegeben ist.

Aber nicht nur die Kollineationen, sondern auch die Korrelationen oder Reziprozitäten, die den (später von Plücker außerordentlich erweiterten) Begriff der Vertauschung der Elemente in sich schließen, finden in dem Werke von Möbius ihre Stelle, und es treten also in ihm zum erstenmale in ihrer ganzen Ausdehnung die Projektivitäten auf, wie man sie heutzutage in der projektiven Geometrie betrachtet.

6. Neben Möbius muß unter die Begründer der projektiven Geometrie Steiner[1]) gesetzt werden, dessen „Systematische Entwickelung ...“ 1832 veröffentlicht wurde. Die Projektivitäten übernehmen unter seinen Händen einen neuen Dienst, indem sie zur Erzeugung der geometrischen Figuren führten; so z. B. verdankt man Steiner die projektive Erzeugung der Kegelschnitte (§ 61), die Newtons organische Beschreibung in sich begreift.

Und auch unter diesem Gesichtspunkte kann der Dienst, den die Projektivitäten leisten, mit dem der Bewegungen verglichen werden.

Der Kreis, die Kugel, der Zylinder und der Rotationskegel entstehen auf verschiedene Weise durch die Bewegung eines erzeugenden Elements; in analoger Weise können viele Kurven, Flächen u. s. w. (die Kegelschnitte, die Flächen zweiter Ordnung, die Raumkurven dritter Ordnung, die Flächen dritter Ordnung, u. s. w.) in einfacher Weise mit Hilfe der Projektivität zwischen Grundgebilden erzeugt und auf diese Weise leicht studiert werden.

7. Wenn wir nun einen Blick auf die projektive Geometrie werfen, wie sie, besonders durch die Arbeiten Poncelets, Möbius' und Steiners, sich gestaltet hat, so sehen wir, daß, während ihre Hauptresultate von denen der metrischen Geometrie sich getrennt haben, der Beweis vieler visueller Sätze noch geführt wird, indem man den Maßbegriff zu Hilfe nimmt. Da nun die visuellen Begriffe sich auf eine geringere Zahl von Begriffen und Axiomen stützen, so werden dadurch nicht notwendige Begriffe und Axiome, welche die Allgemeinheit der Wissenschaft unnütz beschränken, eingeführt. Und es tritt auch

---

1) Er war einer der fruchtbarsten geometrischen Geister aller Zeiten. Mit ihm hebt eine neue Periode in der Geschichte der Geometrie an mit dem Beginn der höheren Geometrie, die durch die Arbeiten von Chasles, Plücker, Cayley, Cremona, Clebsch, u. s. w. bald eine hohe Entwickelung erreichte.

nicht der innerste Geist, der doch die neue Wissenschaft hat entstehen lassen, hervor, demzufolge zwei projektive Figuren als vollkommen analog zwei gleichen Figuren in der antiken Geometrie aufgefaßt werden. Von diesem Gesichtspunkte aus mit Hilfsmitteln, die der Natur der zu erforschenden Eigenschaften entsprechen, untersucht, werden solche Figuren dieselben Schwierigkeiten bei der Untersuchung darbieten müssen. So wird z. B. der Kreis nicht einfacher erscheinen als irgendein Kegelschnitt, so daß es nicht zweckmäßig sein wird, auf seine Definition die Definition der Kegelschnitte zurückzuführen, deren visuelle (oder projektive) Eigenschaften vielmehr in natürlicherer und lichtvollerer Weise aus einer allgemeinen projektiven Definition, wie aus denen, die man Steiner (§ 61) oder v. Staudt (§ 56) verdankt, hervorgehen werden.

Das Ziel, die projektive Geometrie in ihren Methoden und in ihren Prinzipien von der metrischen Geometrie unabhängig zu machen, charakterisiert die letzte Entwickelungsperiode der neuen Wissenschaft, in der sie durch die Arbeiten v. Staudts[1]) ihre endgültige schöne Ordnung erhalten hat.

Als die fundamentale Aufgabe, mit der die Erreichung des erwähnten Zieles verknüpft ist, kann man die Bestimmung der Projektivität zwischen zwei Geraden betrachten. Wenn diese Projektivität als eine durch Projektionen und Schnitte hergestellte Beziehung definiert wird, so erkennt man sofort, daß sie durch drei Paare homologer Punkte bestimmt ist, indem man sich auf die Konstanz des Doppelverhältnisses von vier Punkten bei den erwähnten Operationen stützt; aber es wird dabei in den Beweis ein metrischer Begriff eingeführt, von dem man doch absehen will.

Nun bietet sich der einzuschlagende Weg von selbst dar, sobald man die Aufmerksamkeit auf die Kollineation zwischen zwei Ebenen (oder Räumen) richtet. Zwei homologe Gerade dieser Ebenen stehen in einer umkehrbar eindeutigen Beziehung zu einander, deren Studium sofort interessant erscheint, sei es um tiefer in die Betrachtung der Kollineation einzudringen, sei es weil diese Beziehung auf den ersten Blick als eine (scheinbare) Verallgemeinerung der durch Projektionen und Schnitte definierten Projektivität sich darstellt. In der Tat beweist man sofort, daß die erwähnte Beziehung die Eigenschaft besitzt,

1) „Geometrie der Lage" (1847); „Beiträge zur Geometrie der Lage" (1856—57—60).

Von dem Leben und Wirken v. Staudts handelt Segre in einer Studie, die der italienischen Übersetzung der Geometrie der Lage (Geometria di Posizione, Torino, Bocca, 1889) vorausgeschickt ist.

die harmonischen Gruppen zu erhalten (§ 44), d. h. den Wert des Doppelverhältnisses von vier Punkten immer dann ungeändert zu lassen, wenn er — 1 beträgt; es entsteht also die Frage, ob das genannte Doppelverhältnis immer ungeändert bleibt, auch wenn es irgendeinen von — 1 verschiedenen Wert hat; mit andern Worten, es entsteht die Frage, ob, wenn zwischen zwei Geraden eine umkehrbar eindeutige Beziehung gegeben ist, die die harmonischen Gruppen erhält, sie einer zwischen den beiden Geraden durch Projektionen und Schnitte hergestellten Beziehung gleichwertig ist.

So wird man auf die fundamentale Frage geführt, die v. Staudt in bejahendem Sinne beantwortet hat, indem er jenen Satz bewies, der eben den Namen Fundamentalsatz der Projektivität erhalten hat.

Auf diese Weise ist der Begriff der harmonischen Gruppe, der in visueller Weise mit Hilfe des Vierecks aufgestellt werden kann (Desargues) und andrerseits einer so einfachen metrischen Definition entspricht, die Grundlage des von v. Staudt errichteten Gebäudes geworden, indem er von ihm zum Ausgangspunkte einer neuen Definition der Projektivität zwischen zwei Geraden (oder Gebilden erster Stufe) genommen worden ist. Diese Definition bietet, weil sie eben aus der Untersuchung der Kollineation hervorgeht, beträchtliche Vorteile in deren Behandlung dar, indem sie die überflüssige Bedingung der Stetigkeit, die Möbius hier eingeführt hatte, auszuschalten gestattet.

Bei v. Staudt werden die visuellen Beziehungen, die den wesentlichen Bestandteil der projektiven Geometrie bilden, in ein Lehrgebäude gebracht, das von dem der metrischen Eigenschaften vollständig verschieden ist. Diese Reinheit der Methode ermöglicht die kritische Prüfung der Axiome der neuen Wissenschaft (Klein, Lüroth und Zeuthen, Darboux, Pasch, De Paolis u. s. w.) und läßt deren ausgezeichneten allgemeinen Charakter erkennen, infolge dessen sie auch die (nicht-euklidische) Geometrie, die von dem Euklidischen Parallelenaxiom absieht, in sich begreift.

Außerdem erscheint das Prinzip der Dualität, das ursprünglich aus einer Transformation der Figuren durch Reziprozität hergeleitet wurde, nunmehr a priori dadurch bewiesen, daß die Grundelemente in den elementaren visuellen Sätzen, die die Axiome der projektiven Geometrie bilden, symmetrisch vorkommen (wenn man für die Ebene die Betrachtungen hinzufügt, die wir im § 9 angestellt haben).

8. Aber die Wichtigkeit, die man der Trennung der visuellen Eigenschaften von den metrischen beimißt, darf das grosse Interesse

nicht vergessen lassen, das diese letzten selbst darbieten; überdies ist die Möglichkeit, die metrische Geometrie in systematischer Weise der projektiven einzuordnen, als eine der schönsten Errungenschaften der neuen Wissenschaft anzusehen.

Daß die besondere Betrachtung der uneigentlichen Elemente es möglich macht, metrische Relationen aus projektiven Relationen herzuleiten (wobei diese letzten wieder auf visuelle Relationen zurückführbar sind), geht schon aus den Arbeiten von Poncelet, Chasles u. s. w. hervor; aber es ist das bedeutende Verdienst von Cayley[1]), hervorgehoben zu haben, daß alle metrischen Eigenschaften der Figuren angesehen werden können als projektive (oder visuelle) Beziehungen zwischen ihnen und jenen besonderen Dingen, die das Absolute bilden (§§ 50, 54, 91), nämlich den Kreispunkten (der absoluten Involution) in der Ebene und dem Kugelkreise (der absoluten Polarität) im Raume.

In der Folge erkennt man, daß nicht nur die gewöhnliche euklidische Geometrie, sondern auch die nicht-euklidische in analoger Weise der projektiven Geometrie eingeordnet werden könne (Klein unter Bezugnahme auf Cayley, 1871). Und die gegenseitigen Beziehungen zwischen der projektiven und der metrischen Geometrie erschienen durch die Gegenüberstellung der projektiven Richtung und der denkwürdigen Untersuchungen von Riemann, Beltrami, Schläfli auf Grund der Einführung des fundamentalen Begriffes der Transformationsgruppe beleuchtet (Klein und Lie).

9. Ausgehend von wesentlich technischen Aufgaben der Perspektive, der Gnomonik u. s. w. hat sich die projektive Geometrie aus dem Gebiete der Praxis in das Gebiet einer immer höheren und fruchtbareren Theorie erhoben, die den darauffolgenden Entwickelungen der höheren Geometrie zur Grundlage dient. Sie hat so das allgemeine Entwickelungsgesetz der Wissenschaften befolgt, das eben in einem Abstraktions- und Generalisationsprozeß besteht. Aber wie die anderen Wissenschaften, so hat auch die projektive Geometrie, entsprechend ihrem theoretischen Fortschritt, das Gebiet der Anwendungen sich erweitern sehen, indem sie ihrerseits nicht nur dahin gelangte, auf die technischen Fragen, die ihr zu Anfang einen Anstoß gaben, zu antworten, sondern auch noch neue und unerwartete Resultate von großem praktischen Wert hervorbrachte.

Wir haben bereits auf die zahlreichen Aufgaben hingewiesen, die

1) „A Sixth Memoir on Quantics". Coll. math. pap. II. Vgl. übrigens auch Laguerre, „Note sur la théorie des foyers". Nouvelles Annales de Mathématiques, 1853.

ihre Lösung durch die deskriptiven Methoden des Monge und seiner Schule finden, und wir haben in diesen die Keime des Ponceletschen Werkes erkannt. Mit der so erreichten ausgedehnten Anwendung der Projektionen muß man wiederum die neue Perspektive von Cousinery (1826) verbinden und die Bedeutung, welche in der deskriptiven Geometrie die Methode der Zentralprojektionen erlangt hat, aus der Fiedler alle andern Darstellungsmethoden hervorgehen ließ.

Aber eine neue Klasse von Anwendungen gibt es auf dem Gebiete der graphischen Statik. Diese verdankt man hauptsächlich Culmann[1]) („Lehrbuch der graphischen Statik", Zürich, 1866) und Cremona („Le figure reciproche della Statica grafica", 1872), die auf einfache und elegante, durch die projektive Geometrie gegebene Konstruktionen zahlreiche technische, die Herstellung von Gewölben, Brücken, u. s. w. betreffende Aufgaben zurückzuführen wußten.

Wenn man diese Anwendungen unserer Wissenschaft ihrer theoretischen Entwickelung gegenüberstellt, so kommt eine bemerkenswerte Lehre zum Vorschein, die bei jedem Schritte durch die Geschichte der Mathematik bestätigt wird. Die verschiedenen Zweige der reinen und der angewandten Mathematik sind durch unvermutete Wege mit einander verknüpft und verbunden, und die Ideen, die in elementaren Aufgaben der Praxis ihren Ursprung finden, müssen, wie es scheint, in langer Denkarbeit in den höheren Regionen der Theorie heranreifen, bevor sie fruchtbar auf das Arbeitsfeld des Lebens herabsteigen können.

1) Dem teilweise Maxwell (Phil. Magazine, 1864) vorausging.

Berichtigungen.

S. 3, Z. 16 lies: zweier statt: zwei
S. 4, Z. 18 „ Begriffe statt: Betriffe
S. 39, Z. 18 „ körperliches statt: körliches
S. 66, Z. 8 v. u. lies: besteht statt: lautet
S. „ Z. 6 v. u. „ darin daß statt: daß
S. 67, Z. 2 v. u. „ Gerade statt: Geraden
S. 82, Z. 7 v. u. „ Es existiert nur eine solche Projektivität, statt: Diese Projektivität ist die einzige
S. 83, Z. 4 v. u. „ unendlich statt: unendlichen
S. 89, Z. 25 lies: überdies: wenn statt: überdies, daß, wenn
S. 90, Z. 1 v. u. lies: beachte statt: beobachte
S. 155, Z. 5 v. u. lies: alle diese statt: jede dieser
S. 163, Z. 6 lies: Inhalt statt: Wert
S. 169, Z. 12 v. u. lies: in einer statt: durch eine
S. 172, Z. 5 v. u. rechts, S. 173, Z. 2, 7, 19, S. 174, Z. 7 v. u. und 13 v. u., S. 175, Z. 2 lies: Polare statt: Polaren
S. 182, Z. 1 v. u. lies: Normalen statt: Normale
S. 186, Z. 9 lies: Axiome statt: Axione
S. 192, Z. 9 v. u. und 14 v. u. lies: Normalen statt: Normale
S. 209, Z. 1 und 22 lies: zweien statt: zwei
S. 210, Z. 7 lies: konstruiert statt: konstriert
S. 214, Z. 12 „ O' statt: O
S. 217, Z. 11 „ dritte statt: andere
S. 232, Z. 7 v. u. lies: Kegelschnitte statt: Kegeschnitte
S. 264, Z. 16 v. u. lies: in der Herstellung statt: im Zeichnen
S. „ Z. 15 v. u. „ die Herstellung statt: das Zeichnen
S. „ Z. 11 v. u. „ Herstellung statt: Zeichnung
S. „ Z. 9 v. u. „ zur Herstellung statt: zum Zeichnen
S. „ Z. 5 v. u. „ ihrer Herstellung statt: des Zeichnens
S. 268, Z. 6, 7 v. u. lies: die Herstellung statt: das Zeichnen

Sachregister.

(Die Zahlen bedeuten die Seiten.)

M.

N.

O.

P.

R.

S.

www.ingramcontent.com/pod-product-compliance
Lightning Source LLC
LaVergne TN
LVHW020603110826
845149LV00002B/365

9781418183301